公共管理硕士（MPA）系列教材

U1020238

公共管理导论

竺乾威　朱春奎　李瑞昌 ／ 著

INTRODUCTION TO PUBLIC MANAGEMENT

中国人民大学出版社
·北京·

作者简介

竺乾威　我国知名公共管理学者，国务院政府特殊津贴获得者，复旦大学国际关系与公共事务学院公共行政系主任，教授、博士生导师；兼任中国行政管理学会学术委员会委员、上海行政管理学会副会长、国家社会科学基金评审专家等；曾任第一届至第三届全国公共管理专业学位研究生教育指导委员会委员。主要研究领域为公共管理理论、比较公共行政、当代中国公共行政等。著（编、译）有《公共行政的改革、创新与现代化》《公共行政学》《公共行政理论》《公共行政学：概念与案例》《古典自由主义与自由至上主义》等学术专著和教材多部。

朱春奎　复旦大学国际关系与公共事务学院教授、博士生导师，上海市科技创新与公共管理研究中心主任，第四届全国公共管理专业学位研究生教育指导委员会委员。主要研究领域为公共管理理论与实践、科技管理与公共政策、城市与区域治理。著（编）有《公共政策学》《公共部门绩效评估：方法与应用》《自主创新与创新型城市：上海科教兴市战略研究》《政策网络与政策工具：理论基础与中国实践》等学术专著和教材多部。

李瑞昌　复旦大学国际关系与公共事务学院教授、博士生导师。主要研究领域为公共管理理论、中国公共治理与政府、公共政策分析、政府间关系、风险危机与安全管理等。著（编）有《风险、知识与公共决策》《危机、安全与公共治理》《干预式治理：公共安全风险源辨识与管理》《政府间网络治理：垂直管理部门与地方政府间关系研究》等学术专著和教材多部。

内容简介

由复旦大学竺乾威、朱春奎、李瑞昌三位教授精心打造的 MPA 核心课教材《公共管理导论》一书，是全国公共管理专业学位研究生教育指导委员会组织编写的《“公共管理”教学指导纲要》的配套教材。本书按照“谁来管、管什么以及如何管”的逻辑线索来设计全书内容，系统阐述了公共管理的基本概念、基本理论和基本方法。

全书首先简要论述了公共管理的概念、特征和原则，梳理了公共管理理论和实践的发展，分析了公共管理的研究对象和研究方法。在此基础上，从政府与治理、组织和领导的角度论述了“谁来管”的问题；从公共政策制定与执行、公共预算与财政管理、公共部门人力资源管理、公共部门信息管理、公共部门绩效管理、公共危机管理的角度论述了“管什么”的问题；从法治与监督、公共责任与伦理的角度论述了“如何管”的问题。最后，从理论和实践的角度对公共管理改革进行了分析和探讨。

与同类教材相比，本书的本土化导向鲜明，作者尽可能地用公共管理的基本概念、原理和方法去分析中国的公共管理现象和问题，包括政府职能转变、政府治理创新、中央政府与地方政府间关系的演变、法治政府建设、党和国家机构改革等。本书既注重概念、原理和方法的国际化，又注重将相关理论运用于解决中国问题，因而可以说是一部融国际化与本土化于一体的公共管理教材。此外，本书特别强调公共管理的公共性，认为它是公共管理最重要的特征，并强调，为公共利益服务是政府存在的理由，公共管理者在处理公共事务的过程中应秉承公共利益至上原则。

出版说明

公共管理硕士（Master of Public Administration，MPA）专业学位研究生教育是以公共管理学科及其他相关学科为基础的研究生教育项目，其目的是为政府部门及非政府公共机构培养高层次的应用型专门人才。

我国的 MPA 教育始于 1999 年。1999 年 5 月，国务院学位委员会第 17 次会议审议通过了《公共管理硕士（MPA）专业学位设置方案》；2001 年 10 月，我国进行首次 MPA 招生考试；2002 年 3 月，首批 MPA 研究生正式入学。经过十多年的发展，我国的 MPA 培养院校从最初的 24 所发展到 2014 年的 200 余所；截至 2015 年 7 月，全国 MPA 培养院校累计招收 MPA 研究生 15 万余人，授予 MPA 学位 8 万余人，MPA 教育成为我国公共部门人才培养的重要渠道。

为了满足国内 MPA 教育对教材和教学参考资料的需要，不断探索和回应公共管理实践中的各种问题，同时反映国内外公共管理研究的最新成果，自 2001 年起，中国人民大学出版社组织有关专家编写"公共管理硕士（MPA）系列教材"。本套教材涵盖国务院学位办确定的《公共管理硕士专业学位培养方案（试行稿）》（2000 年发布）和《公共管理硕士专业学位研究生指导性培养方案》（2012 年发布）中规定的各门 MPA 核心课程教材，也包括公共管理各领域的专业方向必修课程教材及部分选修课程教材。本套教材不仅适合 MPA 学生使用，同时也可供公共管理学科的研究生及各级行政管理人员作为参考和培训资料使用。

"公共管理硕士（MPA）系列教材"力求体现如下特色：第一，系统完整，基本涵盖公共管理专业教育的主要知识领域；第二，反映国内外公共管理研究领域的最新成果，为公共管理领域的教育者、学生、实际工作者提供该领域的最新信息、资料及多视角思考空间；第三，反映 MPA 专业教育的特点，重视应用性，注重能力的培养，教材中除讲授一般理论知识外，还提供丰富的案例分析素材；第四，将中国传统的行政管理思想、国外先进的公共管理理论与中国政府的管理实践紧密地结合起来，理论联系实际。

在“公共管理硕士（MPA）系列教材”策划出版之初，中国人民大学出版社邀请国内公共管理领域有关专家成立了阵容强大的教材编审委员会。同时，本着将国内公共管理领域有影响的学校和有影响的学者都吸收进来以博采众家之长的原则，我们广邀全国各地公共管理知名学者，使得本套教材的作者突破了一个学校和一个区域的界限。参与本套教材编写工作的有中国人民大学、北京大学、清华大学、复旦大学、中山大学、厦门大学、南开大学、上海交通大学、北京师范大学、华中科技大学、国防科学技术大学、国家行政学院、中国社会科学院等国内知名高校及科研院所的学者，他们都是公共管理教育领域的专家，具有丰富的教学经验，同时又注重公共管理实践，能够较好地将理论和实践结合起来。

自2001年首本教材出版以来，“公共管理硕士（MPA）系列教材”受到了国内公共管理学界的广泛好评，被誉为“与中国MPA共同成长”的一套高质量的MPA教材。国内众多高校将本套教材选为MPA相关课程教材，“十二五”初期，本套教材的累计销量突破百万册，成为广受读者欢迎的MPA教材品牌。

随着公共管理教育和实践的不断发展，公共管理学科的研究和教育也在不断发展与完善，这就要求MPA教材也要不断修订和更新。在国内公共管理学界的热情支持下，我们编写的这套教材取得了一定的成绩。今后，还请广大读者，特别是在教学一线的MPA任课教师继续给我们反馈意见，对这套教材提出批评和建议，以帮助我们不断对相关教材进行修订和完善，实现这套教材“服务中国MPA教育事业，与中国MPA共同成长”的目标。

中国人民大学出版社

前　言

本书是受命之作。全国公共管理专业学位研究生教育指导委员会为了提高 MPA 的教育质量，组织编写了《“公共管理”教学指导纲要》，而本书是此纲要的配套教材。

写作公共管理的教科书是一项极富挑战性的任务，因为对公共管理是否是“学”（尽管一个共识是公共管理作为一种现象和活动是可以被研究的）本身就有争议，更不用说它的内容和边界了。因此，尽管写作大功告成，但我还是心有惶恐。细心的读者可以看到，本书的书名用的是“公共管理导论”，而不是“公共管理学”，因为对“公共管理”本身进行定义就是一件比较困难的工作，正如对“公共行政”的定义在过去 20 年时间里有 12 种之多一样（见斯蒂尔曼：《公共行政学：概念与案例》，中国人民大学出版社 2004 年版，第 2 页）。一个有百年历史的概念尚且如此，更不用说只有数十年历史的一个新概念了。而“学”更是涉及一个体系的问题，“学”要讲理论、讲规律、讲概念、讲方法。罗伯特·登哈特在讲到公共行政理论碰到的一个困境时指出，“从行政人员的立场来看，政治理论仍然是不全面的，因为它不涉及管理的一些基本问题；同样，组织分析理论也是不全面的，因为它不涉及民主责任的问题研究。不管怎样，行政人员面临着协调上述两种观点的理论问题，这是连天赋极高的理论家至今都无法解决的一个难题”（罗伯特·登哈特：《公共组织理论》，中国人民大学出版社 2011 年版，第 11 页），尽管公共行政有它的理论，公共管理也一样（但还是要指出，公共行政和公共管理的很多理论都是来自其他学科的贡献，如果一定要从起源的角度讲的话）。有争议的还有公共管理与公共行政之间的关系。它们是有联系有区别的还是两者完全分属不同的领域？两者在我国的学科分类上属于两个不同的学科，公共行政属于法学，而公共管理属于管理学，但是我们看到两者涉及的很多内容又是重叠的，这使得至少公共管理和公共行政在边界上有它的模糊性。以上两点无非是表明写作《公共管理导论》一书的难度，以及或许可以预见本书出版后可能会引发的一些不同看法，尤其是在框架和内容上，尽管我们力图在这方面提出尽可能多的为大家认可的看法。

本书的基本框架是按照“谁来管、管什么以及如何管”来设计的，这涉及了管理的主体、管理的客体以及如何可以管好的知识、理论、概念、原理和方法。从管理的角度来讲，这三个方面构成了一个比较完整的管理过程。

本书的写作也遵循了教科书写作的“三基”原则，即讲基本概念、基本理论和基本方法。本书尽可能向读者展示一个比较完整的公共管理的知识体系，向读者展示公共管理领域的基本概念、基本理论和基本方法，并尽可能运用这些基本概念、基本理论和基本方法来解释与分析相关的公共管理现象。

本书在写作过程中的另一个追求是努力使本书反映中国的一些特点。尽管教科书讲的是公共管理的基本知识、理论、概念、原理和方法，但我们还是力图运用这些知识、理论、概念、原理和方法来解释与分析中国的一些公共管理现象。这既是公共管理研究本土化的要求，也是教科书的读者尤其是 MPA 学员的期望。

本书没有配置案例。开始写作本书之时，有关本土公共管理的案例一是不多，二是质量还有待提高。一段时间过去了，全国公共管理专业学位研究生教育指导委员会在组织案例写作上的努力获得了可喜的回报。全国 MPA 案例大奖赛中涌现了不少优秀的案例作品。讲授这门课的老师可以在案例库中找到一些很不错的案例。

本书的写作得到了许多人的关心和帮助。全国公共管理专业学位研究生教育指导委员会为本书的写作组织了五期师资讲习班，分别由天津大学、深圳大学、中央民族大学、西南财经大学和中山大学具体承办。这些学校为讲习班的举办付出了巨大的努力。我尤其要感谢参加师资讲习班的一些老师对本书的写作和修改提出的宝贵意见，他们的一些意见和看法有的已经反映在本书中。

我还要对我的两位同事朱春奎教授和李瑞昌教授表示感谢。他们自始至终参加了写作的过程，参加了师资讲习班的讲课和研讨。他们的勤勉、尽责以及他们的才干促使了本书的面世。本书是我们三个人合作的产物。

当然，我也要对我们三人的家人表示感谢。她们一如既往的支持是我们前行的动力。

本书具体章节的写作分工是：竺乾威，第 1、2、3、4、7、13 章；朱春奎，第 6、8、9 章；李瑞昌，第 5、10、11、12 章。本书最后由竺乾威定稿。

正如前面讲到的，本书是受命之作。在本书面世之际，我心中不免忐忑，希望不辱使命。本书的不足和缺点在所难免，真切地希望读者能提出宝贵的批评意见。

最后，我要对编辑朱海燕表示感谢，她的信任和耐心也促成了本书的面世。

竺乾威

于复旦大学国际关系与公共事务学院

目　录

第1章

绪　论

1.1　公共管理概述

1.1.1　公共管理的含义

现代意义上的公共管理作为一种活动，经历了一个从公共行政到公共管理的变化。从时间上讲，“公共行政”的表述要早于“公共管理”。在20世纪80年代之前，“公共行政”是一种更为流行的表述方式，即便是今天这一表述也还在被大量地使用。随着20世纪80年代西方国家新公共管理改革运动的兴起，“公共管理”的表述有逐步取代公共行政的趋势，其原因在于有一种观点认为，公共管理较公共行政而言，代表了一种新的管理范式。鉴于两者的密切联系，首先有必要对公共行政做一理解。

尽管学界对公共行政有很多不同的定义，但一般来说，公共行政指的是一种国家行政机构依法管理社会公共事务的活动。这里包含着以下几层意思：（1）公共行政是一种活动，这一活动的主体是国家行政机构，也就是我们通常所说的政府（不是包含立法、司法和行政在内的大政府的概念，而是作为行政系统的小政府的概念，尽管从活动的角度讲，立法、司法与行政有着密切的关系）。（2）这一活动的客体是社会公共事务。由于公共事务（比如教育、治安、环境保护等）事关社会的每一个人，因此它需要有一个具有公共权威的机构来履行这样的使命，而这样的一个机构非政府莫属，因为政府具有一种其他组织所没有的维持社会运转的强制力。但是政府只是处理公共事务的权威性机构，私人事务不属它的管辖范围。（3）作为一种活动，它必须依法进行，依法行政是政府活动的首要原则。所谓依法行政，就是政府必须以它的法定身份和地位、法定权力和程序进行活动。此外，作为一种活动，它通常包含了POSDCORB（计划、组织、人事、指挥、协调、报告和预算）七种功能。

“公共管理”的表述是随着20世纪80年代西方新公共管理运动的兴起而开始流行的，这一点在中国尤其如此。那么，这两者的相同点和不同点在哪里呢？事实上，“行政”一词的英文“administration”在中文中既可以翻译成行政，也可以翻译成管理。行政学在西方用的是“public administration”的表述而不是public management（公共管理，它是80年代后才流行的），因为“administration”还有一种执行的含义，而按照现代政治学理论，政府本身就是一个执行机构。在美国，“行政当局”一词常常被用来指政府。因此，“administration”的表述是更偏政府的，更具有政治性含义的。“管理”一词的英文“management”没有执行的含义，它指的是管理、经营、安排，从词源上讲更多的是与企业相关的一种活动，正如通常讲企业管理而不讲企业行政一样，正如“manager”一词指的是经理，而政府机构里面并没有经理这一职位一样［20世纪20年代美国政府在向企业学习的过程中产生了一种叫作“city manager”（城市经理）的职位，这可以说是将企业方式甚至名称用于政府的首次尝试，远远早于20世纪80年代向企业学习的新公共管理运动］。这表明管理作为一种活动是更多地与企业联系在一起的，更多地与操作性和技术性联系在一起的（在这一点上，可以看到管理与领导的不同，领导者的层次一般要高于管理者，尽管两者也往往混用）。当在管理前面加上“公共”两个字从而与政府联系起来后，它的偏向操作性和技术性的一面依然保留了下来，这与更多地与政治性相连的“行政”是有区别的。

一种比较有影响的观点认为，“行政”基本上指服从指令和服务，而“管理”则指：(1) 取得某些结果；(2) 取得这些结果的管理者的个人责任。也就是说，公共行政注重的是过程、程序和符合规定。公共管理涉及的内容则更为广泛，一个公共管理者不仅仅是服从指令，它注重的是取得“结果”和为此负有的责任。在这一观点看来，在公共部门使用“管理”已经变成了一种趋势。公务员日益把自己看作管理者而不是行政者，他们认识到，他们的职能是进行组织，以实现他们对其结果负有真正责任的目标，而不仅仅是服从命令。正因为如此，使用“公共管理”一词正在成为人们的偏好，“公共行政”一词即使还未被人丢弃，似乎也已经过时了。①

尽管“公共管理”一词确实（尤其在中国）被越来越多地接受，但“公共管理”并未完全取代“公共行政”，以“公共行政学”为书名的书籍到处可以看到。更何况即使用公共管理一词，如果这里面没有公共行政的内涵，尤其是公共行政所涉及的政治性层面，“公共管理”一词也是不成立的。这表明这两者之间有许多相同的方面。首先，无论是公共行政还是公共管理，其管理的对象是一样的，也就是社会公共事务。其次，就管理的主体而言，两者都认可政府（在后来的公共管理的发展中出现了“治理”，因而在管理主体中增加了其他的主体）至少是最重要的主体。再次，无论是公共行政还是公共管理，借助的管理组织形式和人员体制都是官僚制和文官制度，即便新公共管理想对此做一改革，但事实上这一组织形式和人员体制基本上没有改变。最后，作为一个过程，公共管理和公共行政一样，也会涉及POSDCORB这样的功能。

两者之间最大的不同，在于理念的不同。公共管理更多考虑的是在一个财政资源有限

---

① 休斯. 公共管理导论. 彭和平，等译. 北京：中国人民大学出版社，2001：6-7.

的环境里政府如何花最少的钱做更多的事。这一想法导致了政府运作方式上的不同。除了上面提到的行政是过程取向的、管理是结果取向的之外，运作过程中的市场机制和企业式的成本-效益考虑也是公共行政所缺乏或没有的。此外，从学科背景上讲，公共行政更偏向于政治学，偏向于价值理性；而公共管理则更偏向于经济学，偏向于工具理性。

在指出了公共管理与公共行政的异同后，可以对公共管理做这样的定义：公共管理是一种以政府为主要主体，依法管理社会公共事务并以有效手段取得管理结果和达到管理目的的活动。这一定义表明了以下几层意思：其一，公共管理的主体除了政府之外，社会各方也在不同程度上参与到管理中来。这不仅是一种管理方法的改变，更重要的是一种向民主行政发展的价值取向的转变。其二，公共管理不仅仅是执行命令，更重要的是取得成效，而取得成效需要借助各种有效的方法和手段，这里不仅包括行之有效的官僚式的传统方法，也包括运用市场机制和一些企业式的方法。其三，管理结果和管理目的的一致，取得管理结果最终是为了达到管理目的。公共管理的目的是从终极意义上讲的，也就是人的幸福，这是全部公共管理活动的意义和价值所在。管理结果与管理目的的一致体现了工具理性和价值理性的统一。

1.1.2 公共管理的特征

公共管理是一种管理社会公共事务的活动，简单来说，就是一种为公众谋福利的活动。这一性质决定了公共管理应当具有以下特征：

第一，公共性。公共性是公共管理的最重要的特征。首先，公共性指的是一种公共精神，它具体表现为：(1) 民主精神。这里涉及作为管理主体的政府的合法性来源问题。现代政府的权力来自人民的授予，这就决定了政府的公共管理活动的宗旨是为人民服务，人民需要在最大程度上参与公共管理，并且是这一公共管理活动的最终评价者。(2) 法的精神。公共管理活动必须依法进行。宪法、法律和规章制度是公共管理活动的依据，任何不符合法律和规章制度的管理活动在程序上都是不能被接受的。(3) 公平和公正的精神。公共管理要维持社会的公平和公正，因为公平和公正是社会得以稳定运转的一个基本条件。公平地处理社会公共事务必须在制定公共政策时考虑："这是个人的公平、分部化的公平还是集团的公平？它是直接的公平，还是手段的或预期的机会公平？"① 就公正而言，必须承认社会公民具有平等的权利，并对这一权利加以保护，这一权利不能受到公权力的侵害。事实上，这也是宪法的精髓所在。(4) 服务精神。公共管理的本质是服务，服务于社会公众。服务不仅仅体现在公共服务和公共产品的提供上，它体现在政府的所有活动中。这要求政府部门的公务人员具有天下为公的情怀、敬业的精神以及优秀的办事能力。

其次，它表现为一种公共理性。公共管理的一项功能是培育品德高尚的公民。在公众日益参与公共管理的今天，公民品德高尚具有重要的意义。有什么样的公民就有什么样的政府，一个好政府必须有一群它所代表的好公民。哈特曾指出品德高尚的公民的四个特征：(1) 有好的判断力，能够根据法律和原则对公共政策做出判断；(2) 对政体及其价值

---

① 弗雷德里克森. 公共行政的精神. 张成福，等译. 北京：中国人民大学出版社，2003：108.

的信念，能够承担个人的道德责任，当政体的价值受到损害时应当起来加以捍卫；(3) 具有容忍和宽容的操守，容忍指不能对制度抱有过高的期望，因为过高的制度要求会损害人民的自由；(4) 宽容，指不能通过道德对话来压抑观念的表达，但必须制止有害政体价值的行为。[①] 公共性有助于公民公共理性的培养，提升公民的理性能力。这一理性能力的主要表现是，在处理纷繁复杂的公共事务中，在解决矛盾冲突的公共事务中，通过协商对话使多元的利益达成共识，并建立彼此间的信任和理解。

最后，公共性指的是一种价值追求和管理原则。公共管理活动追求的最高价值是实现公共利益，政府本身就是为此而存在的。它既是一种价值，也是一种管理原则。从管理角度来说，政府要做的无非是有效地配置社会资源、公正地解决社会矛盾和冲突以及公平地分配公共产品和有效地提供公共服务。在这一过程中，公共利益构成了政府活动的起点和归宿，对政府所做的任何事情的评价也是以是否符合公共利益作为标准的。

第二，从属性。公共管理活动的最重要的主体是政府。现代国家的管理组织形式通常由立法、行政和司法三大部分构成。立法是民意代表机构，而行政则是立法的执行机构，这表明了政府的从属地位，政府的权力来自立法机构的授予，政府所做的事从本质上讲是在执行立法机构的意志。这样一种关系的确立表明了历史的伟大进步，它是人民主权思想的一种实现形式。从历史上看，它是对封建专制时期国家的管理从属于一个人的意志的彻底否定，是对皇权和君权的一种彻底否定，它把人民及其权力提到了一种前所未有的高度，尽管在后来的行政实践中，如何真正实现人民的意志一直是管理需要解决的问题。这一从属性同时也决定了政府官员的地位，即他们是人民的公仆，公务员的称谓本身就表明了他们是公众的服务员。政府的从属性有时会因政府所握有的权力而造成一种官高民低的错觉，仆人变成了主人，变成了救世主和施恩者。从根本上讲，这是政府权力合法性来源不清、官员产生与民众无关、民众的宪法权利得不到有效保护所致。因此，强调公共管理活动的从属性，强调政府只是执行者而不能肆意妄为是十分重要的。

第三，非营利性。政府与其他组织的一个区别在于它的非营利性，这一非营利性在相当程度上是由政府的公共服务性特征以及它的财政来源所决定的。政府同企业不一样，企业是经营性的，营利是企业的主要目标，否则企业就无法生存，企业的财富来自自己的创造。对政府来说，政府自身并不直接创造财富，政府的财政收入源自纳税人。政府的财政收入主要用于公共福利，财政收入的增加意味着公众福利的提高。因此，政府如此看重 GDP 就可以得到理解，因为 GDP 的增加意味着社会财富的增加，也意味着政府财政收入的增加。在这里，经济的发展是首位的，而政府在这里是可以发挥它的作用的，比如为企业的经营活动提供良好的环境条件，制定相关的规章制度来规范市场的运行和规范企业的活动，制定财政金融政策来调节经济的发展，等等。在今天的公共管理活动中，还有一些政府以外的公共组织（如我们所说的事业单位，主要指公益类的事业单位）也参与到公共服务和公共产品的提供中来，尽管有的实行“使用者收费”的做法，比如公立大学的收费，但这些收费不以营利为目的。

---

① 弗雷德里克森. 公共行政的精神. 张成福，等译. 北京：中国人民大学出版社，2003：40.

第四，服务性。公共管理的另一特征是它的服务性。正如前面所指出的，政府所做的事从本质上讲是服务，服务于公共利益。因此，如何向公众提供优质的公共产品和公共服务是政府在进行公共管理活动时必须解决的问题。今天的公共管理与以往的一个不同在于，作为降低成本的一种方法，市场化的服务提供方式开始兴起，越来越多的政府以外的组织投入公共服务中来。这里政府面临了两个方面的问题。一是一些政府组织为了减轻自身的负担，以市场化为借口，将本来应该由政府提供的服务推向市场，从而导致资源的紧张和费用的提高。二是对其他组织提供的服务和产品缺乏监管，以致服务质量不高。由于这些组织提供公共服务和产品是与政府相关的（比如养老服务的购买），在这样的公共服务的购买中，政府与相关的组织形成了一种类似委托人和代理人之间的契约关系，政府作为委托人事实上要承担最终的责任，政府的声誉也会因代理人的表现而受到影响。在这两种状况下，政府的公共管理活动都失去了它的服务性特征。

1.1.3 公共管理的原则

（1）公共利益至上原则。为公共利益服务是政府存在的理由，它也构成了政府活动的起点和终点。首先，公共利益至上原则要处理好公共利益与政府本身利益的关系问题。政府作为社会的一部分，正如社会的其他部分一样，也会形成自己的利益，也有自己的利益追求。这些利益有的与公共利益并不矛盾，在达成公共利益的同时也达成政府自身的利益，这是一种最好的状况。但是，政府有的利益与社会的公共利益有时是有矛盾的，比如追求自身政绩而不顾公众的利益甚至损害公众的利益。公共利益至上要求公利与政府的私利发生冲突时，将公利置于私利之上。其次，要处理好公众之间的利益关系。今天，公众在一些利益上也是分化的，社会中形成了各种利益集团，这些集团在一些利益问题上会产生冲突。公共利益至上原则要求在处理这些关系或冲突时，以符合社会大多数人的利益为准则，以国家和民族的进步为准则，因为国家和民族的进步从根本上符合全体人民的利益。

（2）依法行政原则。依法行政提供了政府行为的合法性基础。中国的法治政府建设随着改革的进程在进步，但行政过程中的人治现象依然存在。这主要表现在：第一，人格化的行为表现。法治化的政府行为要求具备非人格化的特征，也就是要求政府官员照章办事，就事论事，排斥人情因素。第二，潜规则盛行。规则是对人们行为的约束，有正式和非正式之分。在通过正式规则无法达到目的的情况下，人们往往会通过一种非正式的渠道来做。潜规则会产生道德风险，它会藐视正式规则的权威，甚至会取代正式规则而使规章制度变成一种装饰。第三，以权代法。领导人的重要性超越了制度规则的重要性，对领导人的遵从超越了对法律的遵从。中国社会正在从一个传统社会向现代社会转型，转型时期事实上是一个正式制度、潜规则和人治此消彼长的过程，三者的共存构成了这一时期的特点。但此消彼长的最后结果应该是不断地向制度化和法治方向前进，以最终达到法治。政府在这个转型过程中有着双重使命。一是政府必须依宪治国，依法行政。二是依法管理自己，把自身的权力关进制度的笼子里，以法治政府的形象来推进社会的法治进步。

（3）责任原则。权责一致是公共管理必须遵循的一个原则。政府行使权力，就要承担相应的责任。政府要有责任意识，不能乱作为，也不能无所作为，因为这是政府的责任所不允许的。这里的责任有两个方面的意义：首先是政府对民众承担的责任，其次是政府公务员对上级承担的责任。在强调对民众的回应性的今天，责任原则碰到的一个伦理问题是对上级的责任与对民众要求的回应性之间的矛盾和冲突，这一问题在中国社会的转型期也有所表现，比如一些政府对政绩的追求伤害了公众的利益。这就将公务员置于一种两难的境地，因为等级组织的原则要求下级服从上级，对上级负责，而公共管理的运作也要求公务员对民众负责和对民众回应。一旦冲突，怎么取舍？因此，责任原则不仅要处理政府与民众的关系问题，也要处理政府内部上下级之间的关系问题，而处理第一个问题（也就是如何使政府真正地对人民负责、真正地为公共利益服务）的准则在于政府的公共政策必须代表最广大人民的利益，这是政府责任制的核心。

（4）效率原则。效率是政府运行追求的目标，是判断政府行为的一个重要指标。这里的效率通常是与效益联系在一起的，即以尽可能少的投入取得尽可能大的预想的结果。效率往往被认作一种工具理性，而与价值理性无关。但事实上，效率不仅是一种重要的行政价值，还是一种重要的政治价值，因为不管怎样，一个办事有效率的政府总是受到公众欢迎的。效率通常被认为是与民主相悖的，民主意味着效率降低。但是，如果把这里的民主看作一种制度性民主，那么两者的关系或许可以得到一种新的理解。制度性民主指的是一种体制性安排，它是保证效率的一个必要条件，因为效率不仅要做事迅速，还要做对的事情，如果做的事情是错的，那么这一效率也就失去了意义。为了迅速地做对的事，现代政府在组织结构的横向和纵向两个方面的权力配置设计上做了努力。横向的权力配置是权力之间的制约，尤其是立法对行政的制约，这一制约旨在使政府做对的事，纵向的权力配置是行政系统采用一人决定的首长制结构，以便做事迅速。因此，从这一意义上讲，制度性民主在保证政府迅速地做对的事情上具有无可比拟的作用。强调效率原则，更重要的是强调公务员的一种责任感和工作热情，一种对公共利益有所作为的精神。

（5）公开原则。公开原则是与透明政府联系在一起的。公开原则要求政府行为公开，让权力在阳光下运行。由于政府是人民建立的，政府有责任告诉人民它做了什么、正在做什么和将要做什么，人民对政府的活动有知情权和参与权。透明政府首先要求政府信息公开，凡是应该让社会知道的，都应该公开。此外，这一民主特征还体现在人们对公共事务管理的参与上。随着社会的进步和民主的发展，民众日益参与到公共管理中来，参与到政府的决策过程中来。这方面存在的一个问题是政府决策的“暗箱操作”现象，一些政府在事关公众重大利益的决策上往往排斥公众的参与，最终导致利益的冲突，带来社会的不稳定。

1.2 公共管理的理论与实践

1.2.1 公共管理理论的发展

正如前面所指出的，公共管理是从公共行政发展而来的，两者不是一种断裂的关系，而是一种互为包容的关系，一种我中有你、你中有我的关系，尽管我们可以把它们看作两种不同的管理模式。从理论发展的渊源来看，公共行政学首先是作为政治学的一个分支而发展起来的，因此，公共行政学无疑包含了政治学的内容。在公共行政学后来逐渐演变成一门独立的学科的发展过程中，它增加了管理学的内容。公共管理学作为公共行政学一种晚近的发展，它的理论基础除了具有政治学和管理学的内容之外，还具有经济学内容。因此，公共管理理论可以说主要包含了三个部分的内容：政治学理论、管理学理论和经济学理论。

1. 政治学理论

与公共管理学相关的政治学理论最重要的当然是政府理论，因为政府是公共管理的最重要的主体。有关的现代政府理论可以追溯到十八九世纪西方的一些政治理论，其中比较著名的有洛克的有限政府理论、孟德斯鸠的分权理论，以及美国《联邦党人文集》体现的有关政府的理论。这些理论在相当程度上确立了现代西方政府在整个政治体系中的位置。如果说这些理论更多的是从权力角度来论述政府的话，那么，从管理角度来论述政府的首推美国的伍德罗·威尔逊。威尔逊的一个基本考虑是“如何将天生考虑大众控制和参与的民主制的概念与有效的、专业的行政管理（它们强调与民主监督和影响不同的系统规则和内部程序）结合起来”[①]，这一考虑使他撰写了被认为是行政学开山之作的《行政学研究》一文。

威尔逊认为，英国人长期以来在研究如何抑制行政权力方面卓有成效，然而对如何改善行政方法则并不在意。他们旨在控制政府，而不是加强政府。他们关心的是政府变得公正、温和而不是精简、有秩序和高效。英国和美国的政治史不是一部行政管理发展史，而是一部立法监督史；不是一部改进政府组织的历史，而是推进立法和政治批评的历史。因此，有必要迫切进行行政管理的研究和创新。那么，解决威尔逊考虑的将民主制与有效的行政管理结合起来这一问题的途径是什么呢？威尔逊对政治和行政做了一个区别。这一区别就在于“行政管理置身于政治所特有的范围之外。行政管理问题不是政治问题，虽然政治为行政管理确定任务，但政治无须自找麻烦地去操纵行政管理机构”[②]。威尔逊就此提出了著名的政治-行政两分法，把政治和行政分开，政治指的是由民选官员的大多数来决定有关行政管理要做什么样的选择，行政指的是通过相对独立于政治干预的有效程序

① 斯蒂尔曼二世. 公共行政学：概念与案例. 竺乾威，扶松茂，等译. 北京：中国人民大学出版社，2004：6.
② 同①13.

来执行大众的意志。古德诺后来以更加简练的语言说道：政治就是政策的制定，行政就是政策的执行。威尔逊的政治-行政两分法同马克斯·韦伯的官僚制理论一起构成了传统公共行政的两大支柱。尽管威尔逊的两分法后来受到了批评，但不可否认的是，西方（尤其是美国）的政治体系和文官制度的架构还是体现了两分法的特点。公共行政由此也开始与政治做一切割，行政学也由此开始成为一门独立的学科。

马克斯·韦伯在很多场合下被更多地认为是社会学家，事实上，他的官僚制理论既可以说是社会学理论和政治学理论，也可以说是行政学理论。它涉及了公共管理的一个重要载体，那就是组织问题。韦伯的官僚指的是一种以管理为目标的社会组织的特定形式。在他看来，这是一种能够最有效地达成经济和社会目标的组织形式，因为它的理性是与工业社会所强调的理性相吻合的。它在“精确性、稳定性、纪律的严格性和可靠性”方面是其他组织不能比拟的。在韦伯看来，这一组织的优越性得益于它的以下几个方面的特征：（1）层级制结构中的每一个职位都是构成一个完整的组织形态的不可缺少的因素；（2）在此结构中有明确的分工制度，为完成工作目标，每一个职位都有相应的法定权力；（3）各种工作决定有一定是记录在案的法定公式；（4）行政权和立法权分离，行政人员只是具有管理专长的管理者而非立法者；（5）每一层级的行政人员必须具有特殊的才能和经过特殊的训练；（6）人员的选拔通过公开竞争考试进行；（7）每一个职位必须规定明确的职责范围；（8）职位不属私人所有。

韦伯认为，官僚组织的优越性表现在它的理性、表现在训练有素的行政人员以“可计算原则”和“非人格化”方式去执行任务，这符合资本主义的市场经济对行政管理提出的精密、明确、连贯和尽可能迅速的要求。在韦伯看来，官僚制是一种精确的工具，即使是具有不同利益——政治的、经济的或者其他利益——的掌权者也都可以使用。作为一种社会结构尤其是一种政治结构的官僚组织通常会产生深远的经济和社会结果，官僚制对这些结果产生的影响取决于操纵这一机器的当局给它制定的方向。韦伯勾勒的官僚制组织成了公共管理的一种最重要的组织形式，尽管后来这一组织形式遭到了批评。

2. 管理学理论

管理学理论首先来自对企业管理的研究，然后逐步被吸收到公共行政学中。从管理的角度讲，公共管理和企业管理有相似的一面（比如效率和人际关系管理、决策、人的行为管理、组织管理等），这是管理学理论成为公共行政学知识的一部分的一个重要原因。

管理学的理论规模宏大，内容繁多。对公共管理产生重要影响的理论，择其要之，有以下几种：

第一，科学管理理论。泰勒的科学管理理论无论对企业管理还是对政府管理的影响都是首屈一指的。泰勒开创了一个追求效率的时代，企业和政府对效率的追求几乎都是由他的“时间-动作”研究带动起来的。泰勒的科学管理理论有四项原则：（1）将劳动方法标准化，对工人操作的每个动作进行科学研究，通过建立科学的作业方法来取代原来的凭经验办事的做法。（2）科学地挑选和培训工人，按照试验的作业标准、方法对工人进行培训，使他们能够用最好的方法工作。（3）将科学与工人结合起来，以保证一切工作都按照已经确立起来的科学原则进行。（4）劳资双方的友好合作，均分劳资双方的工作和职责。泰勒的科学管理理论往往以提高效率出名，但在泰勒看来，这不是最主要的。像计件工资制、时间-动作研究、职能工长制等等本身不是科学管理，而只是科学管理的有用附件。科学管理的实质在于它是劳资双方的一场思想革命，这一场思想革命要使劳资双方认识到，双方的友好合作，不纠缠于现有利益的分配，而是把利益做大，这对双方来说是最好的选择。没有这样的思想上的革命，科学管理就不会存在。

差不多与泰勒同时代的法国人亨利·法约尔也是值得一提的。法约尔的贡献在于他首先提出了管理是企业的一种职能（其他的职能有技术职能、运营职能、财务职能、安全职能和会计职能），并指出管理有五大功能，即计划、组织、指挥、协调和控制。古立克的管理的七功能说（POSDCORB，也就是计划、组织、人事、指挥、协调、报告和预算）显然是遵循着法约尔的这一思路的。法约尔还提出了著名的14项管理原则，即分工、权力、责任、纪律、命令一致、指挥统一、公利先于私利、报酬、集权、等级制、秩序、公正、主动精神、集体精神，并强调集体精神在企业管理中的重要性。此外，法约尔还提出了著名的“法约尔跳板”原理。这一原理指出，在一个由一些部门构成的等级制组织中，其通常的运行方式是各部门的情况汇报一级一级向上传递，而命令指示则一级一级向下传递，由于部门之间没有横向的联系，即便两个部门之间有问题要解决，也要经过这种上下的渠道，导致效率低下。“法约尔跳板”原理的解决之道是在两个部门间有问题先自行协商解决，只有在解决不了的情况下才通报上级，由上级协调，以便迅速而及时地解决问题。

第二，行为科学理论。从时间上讲，行为科学理论要晚于科学管理理论。两者的不同首先在于对“人”的假设。科学管理时期包括泰勒的理论对人的假定是经济人，而且是一个个体的人，人首先为经济利益而活着，因此泰勒认为提高效率、增加产量是受工人欢迎的，因为产量的提高意味着收入的增加。但这一假定受到了由哈佛大学教授梅奥领导的著名的“霍桑实验”的挑战。霍桑实验表明，人不是单纯追求经济利益的，人也不是一个个体的人，而是一个团体的人，因为他活动于组织和团体中，生产效率主要取决于士气的高低。这样，霍桑实验就用“社会人”的概念取代了“经济人”的概念，同时引入了非正式组织的概念。

霍桑实验开创了对人这个重要的管理因素的研究，在后来的发展中，出现了一些有影响的有关人的行为的研究，其中主要有马斯洛在20世纪40年代提出的“需要层次理论”。马斯洛认为，人的需要可以分成五大类，按先后次序分别为：（1）生理需要。这是人类最基本的需要，如得不到满足，就无法生存。（2）安全需要。满足了生理需要，接着会产生安全需要，比如摆脱失业、社会保障等，也就是有一种安全感。（3）社交需要。人活在世上，就要进行彼此的交往，需要友情、爱情和亲情，彼此关心和照顾。（4）尊敬的需要。它包括自尊和受人尊敬，比如个人的成就和才干得到承认。（5）自我实现的需要，即实现理想和抱负。马斯洛认为，只有当低一级的需要得到满足后，人们才会去追求高一级的需要。马斯洛的需要层次理论实际上指出了人类的两大需要，也就是物质的需要和精神的需要。同时，这一理论也表明了在管理中了解人的需要并尽可能地满足这些需要的重要性。

麦格雷戈在20世纪60年代提出的X理论和Y理论也是一种有影响的有关人的行为的理论。这一理论建立在两者对人性的不同假设之上。X理论的人性假设是恶，认为人生来好逸恶劳，没有上进心，大多数人的行为建立在对生理和安全的需要上。基于这一对人的认识，X理论主张采用一种强硬的监督和控制的方式来进行管理。与X理论相反，Y理论（也是麦格雷戈主张的）对人性的假设是善，认为人并非天生好逸恶劳，只要给予机会和鼓励，人们会努力，会承担起责任，大多数人具有一定程度的想象力和创造力。基于对人的这种认识，Y理论主张权宜应变的管理，发挥人们的聪明才智和能力。麦格雷戈的理论对20世纪六七十年代后西方企业和政府中兴起的管理热潮起到了推动作用。

赫茨伯格的双因素理论也是一种有影响的有关人的激励的理论。这一理论把影响人们行为的因素分成保健因素和激励因素两种。保健因素也称为"不满因素"，这些因素大多来自周边的环境状况，比如上级的管理和监督、工作条件、人际关系、工作报酬等。激励因素也称"满意因素"，这些因素大多来自任务本身，比如工作的内容、性质、工作成就、受到承认、工作责任和工作能力的提高等。双因素理论认为，包含保健因素的事件能导致人们对工作的不满意，因为人具有避免不满意的需要，但它对人不起激励作用；而包含激励因素的事件能导致人们对工作满意，因为人具有成长和自我实现的需要。赫茨伯格认为，使人产生工作满意和受到激励的因素与产生工作不满意的因素是彼此鼓励、各不相同的。这两种感受也不是互相对立的，即工作满意感的对立面不是工作不满意感，而是没有工作满意感。该理论提倡用工作丰富化等方式来激励人们。此外，弗鲁姆的期望理论、豪斯的目标-途径领导理论等也是有影响的激励理论。

第三，组织管理理论。切斯特·巴纳德被认为是第一个把组织看作一个社会系统的理论家。他认为组织是一个协作系统，包含三个要素，即协作的意愿、共同的目标和信息联系。巴纳德从静态和动态两个方面对组织做了极为透彻的分析。在他看来，组织的静态，也就是他讲的结构性的概念有个人、协作系统、正式组织、复合正式组织以及非正式组织。主要的动态概念有自由意志、协作、信息交流、决策过程、反动态均衡。在巴纳德看来，组织就是一个组织与其成员交换的系统，这一交换是通过组织向其成员提供刺激，成员对刺激做出回应进行的。组织成员的努力和贡献是由组织提供的诱因引起的，自我保存和自我满足的利己动机是支配的力量，组织只有满足这些动机才能存在，除非它改变这些动机。因此，组织管理的实质就在于在组织提供的诱因和个人为之做出贡献之间维持一种平衡，如果这一平衡被打破，那么组织就无法很好地运作，这就是巴纳德著名的均衡理论。巴纳德的"权威在于接受"的理论也是很出名的。他认为，一个命令是否有权威取决于接受命令的人，而不是权威者或发布命令的人。下属对命令的反应有三种形式：不考虑命令的好处就接受，考虑了以后才接受，拒绝。第一种反应就是巴纳德所说的"无关心区"，是一个命令自动得到执行的区域。巴纳德认为，较大的"无关心区"对于（就下属来说）促进组织的顺利运作是必要的。此外，巴纳德对正式组织的富有洞察力的分析、对非正式组织概念的引入以及对管理人员责任的明晰阐述等都对组织理论的发展起了重要的作用。

组织管理理论在20世纪80年代的一大发展是学习型组织理论。学习型组织的真谛在于，通过学习，组织成员可以重新创造自我，能够做到从未做到的事情，重新认识这个世界及我们与它的关系以及扩展创造未来的能量。在吸取系统动力学以及其他理论的基础上，彼得·圣吉著的《第五项修炼——学习型组织的艺术与实务》是学习型组织理论的一部代表性作品。"为什么在许多团体中，每个成员的智商都在120以上，而整体智商却只有62？为什么1970年名列《财富》杂志500大企业排行榜的公司，到了80年代却有1/3已销声匿迹？”在圣吉看来，这是因为组织的智障妨碍了组织的学习及成长。这些组织的学习智障表现在思考的局限性、归罪于外、缺乏积极主动的整体思考、专注于个别事件、忽视渐进缓慢的变化、从经验学习的错觉、以为经验可以适应所有时空条件、管理团体的迷思。圣吉认为，可以通过五项修炼来克服这些智障。一是自我超越，也就是不断厘清个人的真正愿望，厘清什么对个人来说是最重要的，它是学习型组织的精神基础。二是改善心智模式，有效地表达自己并以开放的心灵容纳别人的想法。三是建立共同愿景，将大家凝聚在一起。四是团体学习，团体学习不仅有助于团体整体产生出色的成果，也有助于个别成员的成长。五是系统思考，它是将其他四项修炼整合成为一体的理论和实务，缺少了它，就无法理解各项修炼之间的互动。系统思考可以帮助了解学习型组织的最重要的部分，也就是以一种新的方式使我们重新认识自己与所处的世界。

第四，政府再造理论。组织理论在20世纪80年代的又一发展是政府再造理论。奥斯本和盖布勒的《改革政府：企业精神如何改革着公营部门》对于美国的新公共管理改革运动起到了巨大的推动作用，这本书被认为为新公共管理的改革提供了一幅蓝图。政府再造理论提出了新政府的十个方面，推进了改革运动的发展（见第13章）。

第五，整体性治理理论。这是英国学者在20世纪90年代对新公共管理改革在英国导致的管理碎片化现象提出批评，并在此基础上发展出来的一种理论和治理模式，其代表人物是佩里·希克斯和帕特里克·登力维。整体性治理理论建立在两个背景之上：第一个背景是盛极一时的新公共管理的衰微。登力维把新公共管理概括为三个方面：（1）强调分散化；（2）强调竞争；（3）强调激励。公共管理功能的碎片化导致了一系列的问题，如让其他机构来承担代价的转嫁问题、互相冲突的项目、重复浪费、目标互相冲突、因缺乏沟通引起的不恰当干预、在对需要做出反应时各自为政等。所有这些问题正是治理中的一些协调、合作、整合或整体性运作想解决的。第二个背景是信息技术的发展，即数字时代的来临，政府信息技术成了当代公共服务系统理性和现代化变革的中心。

希克斯认为，整体性治理可以从一些关键活动（如政策、管制、服务提供和监督）以及这些活动涉及的三个层面来进行，也就是整体性运作要求在三个层面上取得一种一贯性：（1）它可以将不同层次的治理或同一层次的治理进行整合，比如地方机构内部的不同部门、中央机构与地方机构之间。（2）可以在一些功能内部进行协调，比如健康保障和社会保障。（3）整合可以在公共部门内进行，也可以在政府部门与志愿组织或私人公司之间进行。整体性治理着眼于政府内部机构和部门的整体性运作，主张管理从分散走向集中、从部分走向整体、从破碎走向整合。这一理论尤其在进入21世纪后具有巨大的影响力。

第六，决策理论。决策作为一种重要的组织功能引发了大量的研究，各种理论层出不穷，比如精英决策理论、团体决策理论、理性决策理论，以及许多的决策模型。这里比较有影响力的有西蒙的有限理性决策理论。西蒙是决策理论的开创者，他在20世纪40年代出版的《行政行为：行政组织中决策程序的研究》一书开创了对决策的研究。在他看来，如果把所有的理论都考虑进去，那么决策是行政的中心，管理就是决策。西蒙对建立在经济人基础上的理性决策模式提出了批评，认为理性模式忽略了决策过程中的目标、选择和结果的不确定性，这一模式不能充分地说明行为，其结果便是不能有效地预测决策的结果。针对理性模式主张的“最优”模式，西蒙提出了“满意”模式，也就是“满意人”简化决策过程并在感到满意时即做出决定，而不是非要达到最优时才做出决定，因为人的理性是有限的，人缺乏寻求最优的才智。西蒙的决策理论综合了多学科的研究成果并将其熔于一炉，在管理学中有着独特的影响力。林德布洛姆在 20 世纪 50 年代确立的渐进决策理论也是非常有影响力的决策理论。他也是从有限理性的角度出发，把决策方法分成两种：一种是他所说的“根本方法”，也就是理性方法。他对这一方法进行了批评，然后对他自己提出的第二种方法，也就是分支方法进行了论证。在他看来，政策的制定不过是对以往的政策所做的小步修正而已，政策上的大起大落是不可取的，因为它会危及社会的稳定。渐进决策注重量的积累，以量变导致质变，最终修正并改变政策。把理性模式和非理性模式结合起来的是“综视决策模式”（也称为“混合扫描决策模式”），其提出者是艾米泰·埃佐尼。他把决策分成根本性决定和非根本性决定两种。渐进决策方法适用于非根本性决定，而在涉及根本性决定时，理性模式则更适用。正如爬上一座山需要两幅地图一样，一幅需要表明山的整体区域位置（类似理性决策），另一幅需要表明通往山顶的山路（类似渐进决策），两幅图都是需要的。

3. 经济学理论

经济学中的公共选择理论、委托代理理论和交易成本理论对 20 世纪 80 年代后的公共管理产生了巨大的影响。公共选择理论用经济学中的经济人假定（也就是“人是自我利益的最大化者”）来分析政治问题，认为政治领域中的个人也是自我利益的最大化者。企业家追求的是钞票最大化，政治家追求的是选票最大化。威廉·尼斯坎南认为官僚的首要目标就是他们的“预算最大化”，因为这一最大化是他们获取工资、庇护、权力、公众声望和政府绩效的最佳途径。这样，这一假定就与传统政治学的“政府代表公共利益，官员的目标是社会利益最大化”做了切割。由于官僚可能会利用他们的权力去不正当地获取国家资源，政治家有可能出于党派偏见和短期选举考虑而不顾公众的利益，如果再加上制约他们的法律和规章制度有漏洞，这就有可能导致政府失败。为了防止出现这种状况，公共选择理论提出了一些对策，比如：在政治家和纳税人的利益之间，以及官僚和他们为之服务的公众之间建立更好的联盟；加强法律和规章制度的建设，以制约他们的行为；使政府及其官员更好地受到民众的监督；提高政府的透明度；对政府进行问责；等等。

委托代理理论是 20 世纪 70 年代后对公共管理产生重要影响的理论。这一理论最初来源于企业所有权和经营权的分离。委托和代理的关系是通过合同建立起来的。这一合同通常有两种形式：一种是正式的、以文本形式出现的具有法律效力的合同；另一种是隐性的、以承诺或关系形式出现的合同，它取决于双方的信任而不是法律的制约。委托代理理论对人的行为的假设与公共选择理论一样，即人是自我利益的最大化者。为了防止双方对自身利益的追求而伤害对方，需要用合同的方式来制约对方可能伤害自己的利己行为。同时，由于信息不对称（它会导致逆向选择和道德风险，通常情况下相对于委托人来说，代理人占据了信息方面的优势），委托代理理论提出了如何谈判合同并对合同进行监视以减少代理人的机会主义行为的问题。合同通常有两种，一是结果取向的，二是行为取向的。当结果相对具体、容易评判，通常会选第一种，否则会选第二种。委托代理理论对公共管理通过外包提供服务还是由政府自身提供服务起了指导的作用，比如，偏向于结果取向的合同，一般会采用外包的形式。此外，这一理论也影响了官僚制组织的运作，比如新公共管理改革中英国和新西兰的执行局与部的关系不再是上下级的关系，而变成委托人和代理人的关系，把掌舵与划桨分开，以此来提高公共服务的质量。

交易成本理论。交易成本指的是为促成交易的发生而形成的成本，比如信息成本、决策成本、监督成本等。由于社会中人与人、人与组织、组织与组织之间会发生交往活动，因而也就会产生交易成本。交易成本理论旨在为各种不同的交易设计最佳的治理结构，比如组织生产和物品服务交换的最佳途径。尽管交易成本理论最先用于分析经济体比如企业的交易，也就是如何以较低的成本来促成交易，但后来也被引用到了公共管理之中。比如，在交易成本理论看来，有些政府的活动和交易适合于由市场安排，而有的可能有政府部门来做更有效率、成本更低。如果物品和服务的提供相对来说可以通过竞争进行，而交易成本又低，并且当物品和服务的数量与质量比较容易被辨别和衡量，因而对合同的监督和执行也比较简单和耗费较低，那么外包就有可能是一种最好的选择，这方面典型的例子有垃圾清理、伙食供应、洗衣服务等。反之，政府提供服务可能是更好的选择，比如外交、公安和征税等。①

1.2.2 公共管理的三种模式

从最先的公共行政到今天的公共管理，公共管理在其发展过程中经历了不少的变革和变化，形成了具有不同特点的三种模式，这就是传统行政模式（也称官僚模式）、管理主义模式（也称新公共管理模式或经济理性模式）以及新公共服务模式。这三种模式是基于对政府角色的不同理解以及政府在运作过程中表现出来的不同特点来加以区分的。需要指出的是，这三种模式不是彼此间截然不同的或彼此间的边界一清二楚的。今天的公共管理在不同程度上都有着三种模式的一些特点。

1. 传统行政模式

从时间上讲，这一模式是最早的。传统行政模式中，政府的角色通常被认为更多地与法律和政治标准相关。这一模式从西方来说建立在两个基础之上，这就是现代官僚制和政治-行政两分法。政府的运作需要借助一个组织体制，这一体制必须是理性的、非人格化的、以规则为基础的、以成就为导向的、有效率的，而这一组织形式在马克斯·韦伯看来非官僚制莫属，因为这一组织纯粹的技术上的优越性，使得它在精密性、速度、明确性、对公文档案的了解、连续性、自由裁量权、统一性、严格的隶属关系、减少摩擦和人力物力开支等方面都优于其他的组织形式。它的从上到下的等级结构保证了命令指示的有效传递，并迅速形成组织的一种共同行动；它的分工结构保证了组织各项职能的效率得到发挥；它的以规章制度为依据的行动使得这一行动排斥人的随意干预；它对人员需要经过特殊训练、有特殊才能的要求使得组织具备了一批素质较高的做事者，而成就取向又促成了组织目标的实现；它的非人格化的运作方式保证了组织按照规章要求去做；官员职位的终

① BOSTON J. Basic NPM ideas and their development. Aldershot: Tom Christensen Ashagate Publishing Limited, 2011: 28-29.

身制使官员的专长得以发挥，使官员的独立性和权利得到保障。

政治-行政的两分从背景上讲是要解决原来两者不分的状况，要表明行政与政治的不同，即行政是事务性的、技术性的工作，行政官员不是政务官员，而是事务官员。政治官员是决策者，而行政官员是执行者。两者在选拔途径、运作方式、任职期限、作用地位上都是不一样的。伍德罗·威尔逊在他著名的《行政学研究》中写道，需要注意的最重要的一点是文官制度改革家全力支持的一条真理，即行政管理置身于政治所特有的范围之外。行政管理问题不是政治问题。威尔逊引用德国学者的话说，政治是在一些重大且带普遍性的事项方面的国家活动，而行政管理则是国家在个别和细微事项上的活动。因此，政治是政治家的特有领域，而行政管理则是技术性职员的事情。① 西方的文官制度就是按照这样的两分建立起来的。尽管后来政治-行政两分法受到了批评，但这并没有改变文官制度的基本格局和行事方式。

这两个特征使得传统公共行政在其运作过程中表现出以下几个方面的特点：(1) 由官僚组成的政府构成了公共行政活动的中心。政府是公共资源唯一的调配者，也是公共产品和服务唯一的提供者。简言之，公共事务由政府一手包办。(2) 政府与市场和社会三者之间有明确的边界，三者各行其是，行政手段通常被用来解决这三者之间的矛盾和问题。(3) 政府以及公务员的行为属公法管辖范畴，这在一定程度上使得文官享有其他部门人员无法享受的特权，比如终身制、公务活动不得受到妨碍和干扰等。(4) 官僚制组织内部是一个封闭的系统，从上到下的等级结构决定了组织内部人员的基本关系和活动准则。奉命办事、服从上级是基本的行为准则。(5) 行政运作注重的是过程而非结果，按程序和规章制度办事是必须遵循的原则，即便有时与结果不符。比如，明知一些政府采购会导致浪费也要去做，因为程序做了这样的规定，必须服从。(6) 对效率的追求主要通过良好的组织结构获得，公务员忠于职守就是有效率的表现，职务晋升差不多是对公务员唯一的褒奖。

如果说传统行政模式的政治-行政两分带有非常明显的西方特色的话，那么现代官僚体制则具备了它的普遍性，因为它反映了工业社会的要求，它所追求的理性、效率、技术、控制和成就取向是工业社会所需要的。

传统行政模式也有它的问题。这主要表现在：由于政府是唯一的服务提供者，因而缺乏竞争，使服务质量下降；官僚体系往往培养的是因循守旧者而非创造革新者；注重过程而非结果往往导致资源浪费；政府权力的过于集中容易产生寻租问题；政府权力的独享使得它缺乏对民众偏好的回应；公众参与的缺乏导致难以对政府问责。这一模式在进入后工业社会后遭到了挑战。

2. 管理主义模式

如果说传统行政模式中政府的角色通常被认为更多的是与法律和政治标准相关的话，那么管理主义模式中的政府角色则被认为更多的是与经济和市场的考虑相关，新公共管理可以说是这一考虑的典型产物。新公共管理改革的锋芒直指传统的公共行政模式，在改革者看来，这一模式已经过时了。之所以如此，是因为西方国家的社会、政治、经济状况发

① 威尔逊. 行政学研究//斯蒂尔曼二世. 公共行政学：概念与案例. 竺乾威，扶松茂，等译. 北京：中国人民大学出版社，2004：14.

生了深刻的变化。这一变化主要表现在：(1) 从国际背景上看，出现了一个经济全球化的过程，这一过程把国家竞争力提上了议程。国家竞争力在相当程度上是与政府的能力相连的。传统的行政模式缺乏竞争力。(2) 从国内背景来看，出现了一个从生产者社会向消费者社会的转变。这一转变要求政府改变以往的管理模式，也就是从以往官僚式的、以作为公共产品生产者的政府为主的管理模式转向以服务于作为消费者的公众的管理模式。这样，传统行政模式无疑成了改革的对象。

戴维·奥斯本对传统模式的支柱之一的官僚制进行了批评。他认为，在官僚体制走过的岁月里，它的确起过重要作用。但在最近20年里，官僚体制已经面临土崩瓦解。当今世界瞬息万变，技术革命，全球范围内的经济竞争，市场日益分化，从业者受过良好的教育，使得自上而下的垄断专权显得过于老态龙钟、反应迟钝，在变革和创新方面显得无能为力。[①] 巴泽雷则指出了官僚制受到挑战的原因。在他看来，政府组织应该是"以用户为驱动"并且应该是服务性的，因而要把公共部门转变成更贴近客户、方便用户、有活力、有价值并具有竞争力的服务提供者。巴泽雷把官僚机构和"以用户为驱动"的机构做了比较：(1) 前者关心自己要什么、自己怎么看，而后者关心的是用户的要求和看法——客户至上。(2) 前者的作用通过它所控制的资源和它完成的工作量来体现，而后者则通过它为顾客所实现的成果来体现——注重结果。(3) 前者只会控制费用，后者创造的价值大于投入的成本——成本-效益。(4) 前者按惯例办事，后者根据服务需求的变化改变自己的工作——灵活性。在巴泽雷看来，越来越多出现的诸如顾客、质量、服务、价值、创新、授权和灵活性等概念，表明官僚体制已经不是美国政府官僚中唯一主要的观点和论据了。[②] 传统行政的另一支柱政治-行政两分法也获得了新的理解。传统模式是偏重从政治角度理解的，认为公共行政由于其与政治过程的关系而独具特色，这种关系要求公共行政更多地关注正义、自由和责任等规范性问题。而新公共管理则偏重从管理角度的理解，认为在以民主的方式做出决定后，行政执行有赖于与私人企业管理相同的技术和方法。因此，我们可以看到新公共管理的改革主要涉及的是管理层面，涉及的是管理的流程和技术性方面的内容，很少涉及政治价值方面的内容。

新公共管理开创了一种新的管理模式，其取向是企业化和市场化，把企业管理和运作的方法、手段与技术运用到行政管理和运作中。改革要达到的目标是提高公共部门资源配置的效率，缩小政府规模，减少政府开支，提高服务质量。简言之，就是以企业精神改造公共部门，以尽可能少的成本来获得尽可能多的管理成果（"用最少的钱做最多的事"）。改革采取的以下新的方法和手段表明了它与传统模式的不同：注重结果而不是注重过程；公共服务的提供从原有的政府垄断走向多元提供；外包使得原来官僚制的等级运作开始走向网络的运作；引入企业的用人制度和绩效评估制度；对顾客做出承诺，保证服务的质量；将竞争机制引入公共部门的公共服务提供之中；强调资源使用的节省。在欧文·休斯看来，新公共管理模式具有以下特点："第一，它代表着一种与传统公共行政不同的重大

① 奥斯本，普拉斯特里克．摒弃官僚制：政府再造的五项战略．谭功荣，刘霞，译．北京：中国人民大学出版社，2002：18.

② 巴泽雷．突破官僚制．孔宪遂，等译．北京：中国人民大学出版社，2002：9.

变化，它更为关注结果的实现和管理者的个人责任。第二，它明确表示要摆脱古典官僚制，从而使组织、人事、任期和条件更加灵活。第三，它明确规定了组织和人事目标，这就可以根据绩效指标测量工作任务的完成情况。同样，还可以对计划方案进行更为系统的评估，也可以比以前更为严格地确定政府计划是否实现了其预期目标。第四，高级行政管理人员更有可能带有政治色彩地致力于政府工作，而不是无党派和中立的。第五，政府更有可能受到市场的检验，将公共服务的购买者与提供者区分开，即将掌舵者与划桨者分开。政府介入并不一定总是指政府通过官僚手段行事。第六，出现了通过民营化和市场检验、签订合同等方式减少政府职能的趋势。在某种情况下，这是根本性的。一旦发生了从过程向结果转化的重要变革，所有与此相连的连续性步骤就都是必要的。”①

管理主义模式的问题在于过于强调工具理性而忽略了价值理性，公私部门之间的边界被淡化从而导致公共部门受到削弱，这是它后来受到批评的一个重要原因。

3. *新公共服务模式*

如果说前两个模式更多地被认为分别与政治和管理相关的话，那么，新公共服务模式中的政府角色则被认为更多地与民主和社会标准的考虑相关。新公共服务模式对管理主义模式同时也对传统模式提出了批评，认为两者的一个相同点在于都信奉理性模式，而理性模式的局限在于它是建立在一种片面的人类理性观点以及对知识获取的不完整的理解之上的。此外，在政治-行政两分方面，新公共服务也摆脱了政治或管理两极的理解，而是把两者进行了调和，认为“公共管理者处在政治领域和行政领域的连接点上，因而他既不是一个独立的行动者，也不是政治系统中的一个工具。由于这种独特的地位，公共管理者会接受、诠释并影响一些指导公共管理者的知识和技术应用的价值”②。新公共服务模式尤其对新公共管理提出了批评，认为新公共管理对企业化以及市场化的运作方式的崇尚，使得诸如顾客服务、绩效衡量、私有化、市场化模式等日益成为公共管理的实践，但问题在于，在引入企业的技术和方法的同时，也吸收了企业的价值，尽管一些企业的方法被证明的确有益，但价值是需要考虑的，因为企业的价值与政府的价值是不一样的。

新公共服务模式旨在替换前两个模式。这一模式重视民主、公民权和为公共利益服务，“民主治理”是这一模式的核心内容。在这里，一种参与并且开明的公民权是至关重要的。其所以重要，在珍妮·登哈特和罗伯特·登哈特看来，人的行为不仅是一个自利的问题，而且还涉及价值观、信念以及对他人的关心。③ 公民是政府的主人并且能够为追求更大的利益而一起采取行动。因此，公共利益超越了个人利益的聚集，公民应该提供广泛的对话和参与来追求共同的价值观和共同的利益。从这个角度出发，公共行政官员的职责主要不是控制和使用激励，而是服务。这里可以看到这一模式与前两个模式的最基本的不同在于对人的假定，以及在此假定之上发展出来的管理思想和方法。前两个模式对人性的假定是追求自我利益的“理性经济人”，因此在管理上采用的基本方式就是控制和激励，而新公共服务模式主张的民主治理的一个人性假定在于人也是利他的，这是民主治理得以

---

① 休斯. 新公共管理的现状. 中国人民大学学报，2002（6）.

② 登哈特. 公共组织理论：第五版. 扶松茂，丁力，译. 北京：中国人民大学出版社，2011：14.

③ 登哈特 J V，登哈特 R B. 新公共服务：服务，而不是掌舵. 丁煌，译. 北京：中国人民大学出版社，2006：165.

可能的一个道理，也就是为什么要强调民主、公民权和公共利益的道理所在。在这一模式看来，尽管前两个模式并没有完全丧失对民主、公民权和公共利益的关注，但这种关注被置于次要的地位。因此，新公共服务模式“不只是最新的管理时尚或者管理技巧。更确切地说，它是对我们是谁以及我们为他人服务的原因的一种界定。它是一种对价值观的根本改造”①。对这些价值的信奉不仅在于它可以增加满足感、动机、持久性、效益、服务和改进决策，而且在于这些指导行动的价值是民主体制的必要组成部分。

登哈特认为，效率和生产力等价值观不应丧失，但应当被置于民主、社区和公共利益这一更广泛的框架中。未来的公共服务将以公民对话协商和公共利益为基础，并与后两者充分结合。基于这样一种认识，登哈特勾画了新公共服务的七个方面：(1) 服务于公民而不是顾客。(2) 追求公共利益，公共利益在政府服务中居于中心地位。(3) 公民权比企业家精神更重要。(4) 思考要具有战略性，行动要具有民主性。(5) 承担责任。(6) 政府的职责是服务，而且不是掌舵。(7) 重视人而不只是重视生产率。

新公共服务模式建立在民主公民权理论以及社区与社会理论基础之上，它更多强调了公共管理的政治价值问题，强调民主治理，强调公共官员基于与民众共同价值的领导，强调民众对于公共管理和决策过程的参与，强调人的公利而非私利的一面，突出民众的作用、社区的作用和信任的作用。正是这些方面使它有别于前两种模式，但它的问题是，社区或社群组织的凝聚力在于成员的共同价值和规范，它以信任为基础，但是社群的利益与个人的利益有时很难保持一致。此外，这一模式缺乏实现它所倡导的良好治理的路径和具体的操作方法，这使得它在很大程度上还停留在理念的层面上，而不同于新公共管理模式的可操作性。

一般认为，新公共管理在20世纪90年代后进入了后新公共管理时期。此时新公共管理改革过程中的一些缺陷和不足也日渐显现，因而引来了不少的批评意见。90年代中期有针对新公共管理导致的破碎化而提出的整体性治理理论，21世纪初有登哈特对新公共管理提出全面批评的新公共服务理论，接着就有奥斯本的新公共治理理论，以及其他的公共价值管理理论、数字时代的管理理论等。

公共管理史上经历了两种比较公认的模式，即传统的官僚行政模式和新公共管理模式。新公共服务的提出者登哈特夫妇认为自己的新公共服务也是一种模式。按照他们的说法，三种模式的不同在于，官僚模式是建立在政治和法律标准之上的，新公共管理是建立在市场和经济考虑之上的，而新公共服务则是建立在公民参与和民主治理之上的。这一模式主张重视民主、公民权和为公共利益服务，“民主治理”是这一模式的核心内容。由于新公共服务偏重的是理念方面的问题，因而对其是否是一种模式还有争议。

新公共治理是一种正在形成中的模式。在这一模式的提出者斯蒂芬·奥斯本看来，在21世纪之前，整个公共管理史经历了传统公共行政和新公共管理两个阶段；而在进入21世纪之后，出现的则是新公共治理，新公共管理只是传统公共行政走向新公共治理的一个过渡而已。传统公共行政的特点在于强调官僚等级，公民只是作为自上而下的政策制定和

---

① 登哈特J V，登哈特R B. 新公共服务：服务，而不是掌舵. 丁煌，译. 北京：中国人民大学出版社，2006：167.

服务提供机制的被动接受者，控制和等级而不是多元和参与表现了官僚与公民的关系；新公共管理则强调合同机制，公共管理者与顾客的交易反映了个人的私利，并由市场原则规定。新公共治理将公民而不是政府置于中心，公共利益不是由民选官员或市场机制来决定的个人利益的集中，而是公民利益的分享。马克·鲁宾逊指出："作为公共政策和公共服务的共同生产者的公民的中心位置区分了新公共治理与传统公共行政的集权的方法，以及以市场为基础的方法，而不只是提出一个新的公共行政形式。"① 在斯蒂芬·奥斯本看来，传统公共行政、新公共管理和新公共治理在理论基础、国家特点、关注焦点、强调的重点、资源分配机制、服务系统和价值基础等核心要素上有差别（见表1-1）。

表1-1　　传统公共行政、新公共管理和新公共治理的核心要素

关键要素 范式	理论基础	国家（政治系统）特点	关注焦点	强调的重点	资源分配机制	服务系统	价值基础
公共行政	政治学及公共政策	单一集权型	政治系统	政策制定和实施	等级制	封闭	公共部门的精神
新公共管理	理性/公共选择理论及管理科学	管制型	组织	组织资源管理和绩效	市场和古典主义或新古典主义契约	开放理性	竞争效率和市场效率
新公共治理	制度和网络理论	公共服务提供主体多元化和政策制定过程复杂性	组织及其所处的系统	价值、意义和关系的协商	网络和关系契约	开放自然	价值是分散与相互竞争的

资料来源：奥斯本. 新公共治理?：公共治理理论和实践方面的观点. 包国宪，等译. 北京：科学出版社，2016：8.

奥斯本认为，新公共治理的特点在于它"抓住了21世纪国家在一个多组织和多元的复杂性中公共政策执行和公共服务提供的现实。"② 新公共治理是围绕公共政策的执行和公共服务的提供进行的，而这种执行和提供发生在一个多组织（plural state，也称复数国家，与后面提到的单一国家相对）和多元主义的国家（pluralist state）里，正是后者，使得公共政策的执行和公共服务的提供产生了新的情况。

与传统公共行政和新公共管理相比，在多组织国家和多元主义的国家中，公共政策执行和公共服务提供产生了日益增长的复杂性、多元性和破碎性，这一点在进入21世纪后变得更为明显。正如雅各布·托夫林和彼得·屈塔费罗指出的，互相作用的、组织间的以及非直接的治理形式在当今看来在西方国家不同程度上展现出来。这种或多或少有点新的形式围绕着参与和网络过程（它们建立在互相依赖、合作和信任之上）进行，它们根据不断增长的期望、需求以及复杂性和破碎化，强调改进公共政策决定和公共服务提供的过程

① ROBINSON M. From old public administration to the new public service: public sector reform. [2017-05-23]. http://www.undp.org/content/undp/en/home/librarypage/capacity-building/global-centre-for-public-service-excellence/PS-Reform.html.

② OSBORNE S P. The new public Governance: a suitable case for treatment? //The new public governance. London: Routledge: 6-7.

和结果①。这样，作为多组织国家和多元主义的国家这两种多元形式的结果，新公共治理的重点在于组织间的关系以及过程的治理，强调公共服务组织与其环境互动基础上的服务效益和结果。这里的中心的资源配置机制是组织间的网络以及在这些网络中组织间和个人间经谈判而成的可问责性。重要的是这样的网络很少是平等的结合，权力不等的各方需要通过谈判来形成有效的工作机制。因此，这一网络的价值基础常常是分散的和竞争的。因此，新公共治理既是21世纪公共政策执行和公共服务提供日益增长的复杂性、多元性和破碎性的产物，也是对它的回应。

奥斯本认为，新公共治理的思想来源可以由下面五个方面组成：(1) 社会-政治治理，主要涉及社会中的机构关系。为了理解公共政策的制定和执行，必须完整地了解这些关系及其互动。政府不再是公共政策中最显著的角色，它必须依赖社会其他的行动者来获得自己的合法性和影响力。(2) 公共政策治理。主要涉及政策精英与网络如何互动来产生和治理公共政策过程。(3) 行政治理。涉及有效地运用公共行政及其重新定位来解决当代国家的问题。(4) 合同治理。与新公共管理的内在机制相关，特别与公共服务提供中的合同关系的治理有关，现代合同国家中的公共机构已经对公共服务提供系统负责，而不控制这一系统。(5) 网络治理，它与"自我组织的跨组织网络"如何与政府一起或独自提供公共服务有关。②

当然，也有对治理包括新公共治理持否定的一些看法。比如一种观点认为，理性地走向治理会使公共行政失去其灵魂。治理重塑了政府机构和过程，治理重新定位了政府机构和过程，治理代替了政府机构和过程。治理会使公务员再也不关心他们传统上力图保护和管理的政府的基础，会使公务员远离宪法和一些基本的原则，公共管理者因而也成为不受宪法和其他政治规矩约束的另一类强有力的、专业的社会行动者。不过，尽管有批评，但新公共治理作为一种新的公共管理实践正在形成之中。

1.2.3 中国公共管理的实践

中国公共管理的实践从新中国成立至今经历了两个阶段，这两个阶段可以以改革开放作为一个分界线，改革开放前后的中国公共管理呈现了非常不同的状况。总的来说，发生了以下几个方面的变化：

第一，公共管理的思想发生了一个从服务于革命事业到公共利益至上的变化。"公共管理"这一表述的产生本身就说明了问题。在改革开放之前，不存在公共管理这一用语，通常用的是行政管理。行政管理首先涉及的不是公共性问题，而是作为革命事业的一部分如何服从这一革命事业并为这一革命事业服务。这是与当时的历史状况相关的。革命产生了新中国，然后在新中国成立后30年的时间里，继续革命和阶级斗争还是社会的主旋律。因此，革命的意识形态追求的终极目标——共产主义成为整个社会追求的最高目标，行政

① TORFING J，TRIANTAFILLOU P. What's in a name?：grasping new public governance as a political-administration system. International review of public administration，2013，18 (2)：9-25.

② 奥斯本. 新公共治理?：公共治理理论和实践方面的新观点. 包国宪，等译. 北京：科学出版社，2016：6.

管理毫无疑问被置于这一目标之下，也就是说，行政管理所做的任何事情都是为实现共产主义做贡献。行政管理是为了实现革命目标，而不是公共利益。这一点在改革开放后发生了根本性的变化。“公共管理”这一表述就是在改革开放以后用的，这一表述突出了公共性，以表明公共管理与其他管理的不同，也就是公共管理要追求的首要目标是实现公共利益，这成了改革开放后中国公共管理的一条最重要的原则。政府本身就是为实现公共利益而存在的。这是管理思想的一个重大变化，使政府的存在有了一个准确的定位，这一定位影响到了政府职能的确立及其运行。

第二，公共管理借助的经济体制发生了一个从计划经济向市场经济的变化。按照马克思的观点，经济基础决定上层建筑。在这里，经济体制对政府的影响是巨大的。中国在改革开放前 30 年选择的经济体制是计划经济。这一体制是一种自上而下的体制，它本身就决定了政府是经济发展的计划者、执行者和监督者。这一定位本身就要求权力高度集中于政府，由政府统一指挥。因此，计划体制下的政府通常就是一个无所不包的政府，政府不仅要管经济，而且还要管社会的方方面面，甚至管私人的事情，对整个社会实行大一统的管理。改革开放的最大变化之一就是用市场经济体制取代原来的计划经济体制。这一变化也从根本上带来了政府的重新定位和政府职能的变化。市场经济的运作是一种自下而上的运作，它要求市场而不是政府在市场的运作中起主要作用。尽管它不排斥政府在这个过程中的监管作用，但绝不是像以前那样的指挥作用。计划经济体制被社会主义市场经济取代就表明了这一点。

第三，公共管理的主体也就是政府发生了一个从全能政府到有限政府的变化。这一变化首先是与经济体制的变化相关的。计划经济要求集中，因而政府大权在握。其次，按照列宁主义的原则，党的领导是排他的和不能分享的，党/政府同时掌控了方方面面的社会事务，形成了一种国家凌驾于社会的管理模式。整个社会只有国家，没有市场，没有社会，而政府就是一个最高指挥者，产生了一种人们所说的全能政府模式。改革开放的最大变化之一就是国家、社会和市场三大块的形成。市场和社会的形成使政府从全能政府走向有限政府，因为这一变化要求政府改变原来包揽一切的做法，市场的事情让市场管，社会的事情让社会管，政府管自己的事情。这一变化要求重新确立、调整或转变政府职能。

第四，公共管理的运作发生了一个从政府垄断到社会参与的变化。这一变化是同政府的有限角色相关的，也是同新的管理模式相关的。这一新的管理模式的一个原理是，政府并不是在任何场合下都是一种最好的资源配置的手段。传统的行政模式是政府在包揽社会事务的同时，也包揽了自身的公共服务的提供。由于政府的资源有限，以及民众需求的提高，这种政府垄断的运作方式和服务的提供方式已经无法满足社会的需要。因此，改革开放后的一个变化是社会日益增多地参与到政府的管理之中。这表现在两个方面：一是民众日益增多地参与到政府的公共决策之中，公众参与公共决策逐步成为一种制度性的政府运作方式，以提高公共管理的民主性，改变原有的政府在管理中的专断性。二是政府的一些职能由社会其他组织来承担，也就是通常讲的政府职能的外包，比如政府公共服务的购买，也就是利用社会的资源来提高公共服务的数量和质量。

第五，政府本身的工作人员管理体制发生了一个从干部制度到公务员制度的变化。原来的干部体制表现了一些传统的特点。一是法制化的程度较低。尽管新中国成立后也建立了一些干部管理的规章制度，但整体上显得零散和不完备，更重要的是在现实的运作中，人格化的管理占据着重要的分量。二是管理体制上的非现代性。这表现在干部选拔录用不是建立在平等竞争的基础之上，而是首先考虑对方的政治背景和家庭出身，这使得当初被认为家庭出身不好的人丧失了与家庭出身好的人进行平等竞争的机会。三是干部的提升偏重其政治立场而不是功绩，提升也不是建立在公开的基础上，没有事先公示，少数甚至一个上级领导人便可以决定一个人的升降。四是退出机制不完善。五是缺乏正常的干部培训制度，尤其缺乏专业知识和技能的培训；对于干部的激励主要采用以晋升激励为主的方法，几乎没有物质上的激励。六是考核体系，无论就其标准还是就其程序来说都是不完备的，不存在今天意义上的绩效评估制度。新的公务员制度的建立在以下几个方面表现了它的现代性：首先，它具备了相对完整的一套法律和规章制度。其次，这一制度建立在功绩制基础之上，无论是选拔录用还是提升，功绩成了最重要的标准。这是现代人事体制区别于传统体制的一个最重要的标准。最后，公务员体制的运作体现了职业化的特点，这表现在像其他职业一样，公务员的进入要经过选拔，其表现要得到评价，公务员可进可出，有了择业的自由，公务员到时退休，等等。

改革开放以后政府的公共管理实践也可以分为两个阶段，这两个阶段可以以服务型政府的提出作为界限，通常把前一阶段称作建设型政府，后一阶段称作服务型政府。这两个阶段展示了中国政府公共管理实践的新的变化。

第一，管理思想上发生了一个从注重工具理性到注重价值理性的变化。中国的改革一开始是围绕着脱贫致富和追赶西方发达国家进行的。在发展的最初阶段，偏向效率而不是偏向公平表明了这一改革的工具理性倾向。公共管理的改革也充分反映了这一倾向。整个改革是围绕如何提高政府绩效进行的。在这一过程中，三个方面的发展促成了这一工具理性倾向。一是西方国家的新公共管理改革运动，这场以管理主义为取向的改革是围绕如何节省管理成本和提高政府效率以及提高公共服务的质量进行的。改革过程的一些行之有效的方法和手段也被中国的公共管理借鉴了过来，比如重结果、成本-效益分析、外包、提高服务质量等等。二是信息技术的发展。信息高速公路是在20世纪90年代初实现的，它带来了政府管理上的革命。办公自动化、电子政务提升了管理的效率，倒过来也使得政府更加注重利用信息技术来提高管理效率。政府2.0已经开始向政府3.0发展，所有这些都加强了对信息技术的倚重。三是经济全球化的进程。中国加入世界贸易组织（WTO）是中国加入全球化进程的一个标志性事件。全球化意味着国家之间的竞争，而国内生产总值（GDP）则是一个国家实力的体现。因此，政府几乎毫无悬念地加入以获取最高GDP发展速度的“政治锦标赛”中去了，这最典型地表现在政府行为的“企业化”上。转向价值理性更多是在“服务型政府”提出以后。经济发展带来的一些负面结果，比如环境遭到污染、资源遭到破坏、贫富两极分化、优质公共资源严重不足等等，推动了这一转变，使社会开始思考经济发展到底是为了什么，经济发展是目的还是手段。正是在这一背景下，政府的管理开始从重效率转向重公平，从重经济生产转向重公共服务，从单纯追求GDP转向追求民众的幸福，GDP不再作为评价政府表现的最重要的指标。

第二，与此相联系的是政府的职能从注重经济增长转向注重民生福利，这是中国政府职能的一大变化。从计划经济到市场经济对政府来说是其职能的一大变化，政府职能的全能性转向了有限性。从市场经济发展到服务型政府的提出，政府的职能发生了一个从注重经济发展到注重公共服务的变化。正如前面指出的，改革前期政府的主要目标是脱贫，尽快改变中国经济的落后面貌，使国家和人民变得富裕。政府在效率和公平之间毫不犹豫地选择了效率。GDP的增长被看作政府最重要的成绩，也是衡量政府绩效的最重要的标准。在经历了一段时间的经济高速增长后，一些上面提到的内外因素使社会开始反思经济增长的目的何在。事实上，经过一段发展后，经济发展带来的民众公共需求的增长和政府公共产品提供的不足已经成为社会的一个主要矛盾。随着积累的增长和财富的增加，政府的职能也从原来的生产开始转向分配，从原先的强调效率开始转向强调公平。也正是在这一背景下，政府开始将其职能归结为“经济调节、市场监管、社会管理和公共服务”，而后两者成为政府相对来说更为重要的职能。

第三，从管理转向治理。管理和治理的最大区别在于管理主体的变化，管理的主体通常是一元的，也就是政府；而治理的主体是多元的，也就是除了政府这一最重要的主体，还有社会的其他部分（包括团体和个人，通常意义上的利益相关者）也介入管理中来。这一变化出现在20世纪90年代中期和后期，尤其是进入21世纪以后。推动这一变化产生的原因有三个方面。首先，市场经济的发展和社会的成长带来了多元利益的形成，这改变了长期以来在计划经济体制下利益单一的状况，它增强了政府管理的难度。在原有体制下，政府通常被认为代表了社会所有人的利益，因为当初社会所有人的利益也几乎是一致的，政府是没有自身利益的。但是市场经济改变了这种情况，它不仅使社会的一些阶层有了自己的利益，甚至连政府也有了自身的利益（即便在政府之间，利益有时也是不一致的，比如中央政府和地方政府，这就有了政令不通之说）。对政府来说，社会的管理首先要使这些利益得到表达，得到表达的一个途径就是让它们参与到公共管理中来。从成本-效益的角度来讲，这是一种比较好的选择。因此，政府的管理开始出现一系列鼓励公众参与公共管理的新的举措，比如从制度上保证政府信息公开、政府决策中的公众听证和专家及社会组织的参与，协商民主已经成为公共管理中的一个比较普遍的现象。其次，政府市场化的运作方式带来了相关社会组织和部门的参与。市场化运作的一个方式就是政府的一些公共管理职能交由社会的其他部门包括企业来承担，从而表现了对社会的多元治理。今天，已经有越来越多的政府职能以委托人-代理人的方式转型到了社会其他组织和部门之中，换言之，这些组织和部门开始承担原来属于政府的职能。最后，信息技术带来了公众参与的便利。政府网站的建立对于了解民意、了解民众的看法从而改变或完善公共政策的制定起了非常重要的作用。

1.3 公共管理研究

1.3.1 研究对象

公共管理研究的对象毫无疑问是公共管理活动及其规律。但是，对于这一活动的主体，传统的公共管理只是定位于政府，政府承担所有的公共管理活动。而现代的公共管理则把这一主体扩大到了政府之外的其他组织和团体，包括由个体组成的以利益组织和集团名义出现的组织和团体。这样，公共管理的研究对象除了要研究传统的政府职能之外，还要研究政府与这些组织和团体之间的关系，以及由这些关系的改变带来的公共管理活动的变化。

这里有几对比较重要的关系。首先是政府与企业的关系。与企业的关系主要涉及管制、服务外包和企业民营化。我国改革开放的一个大变化就是在经济体制上打破了原有的国有企业一统天下的局面，私营企业开始出现并成长起来。原有计划体制下不存在私有企业，政府与国企的关系是政企不分的关系。市场经济的引入需要打破这种政企不分的关系，改革的方向是让企业成为市场真正的主体。在市场条件下政府如何处理与市场和企业的关系，包括对企业的监管、让企业承担政府的公共服务职能等等，构成了公共管理研究的一个重要方面。

其次是政府与事业单位的关系。事业单位在我国是一个庞大的群体，其中有不少在履行着政府职能。长期以来，政府与事业单位的关系是政事不分的关系。改革开放以来，政事分开构成了改革的一个重要内容，其基本的方向是缩小事业单位的规模，具有行政执法功能的事业单位转向国家行政系统；具有可以在市场进行竞争功能的走向企业系统，其余的承担一般服务功能的保留在事业系统。尽管这一基本方向非常明确，也是解决政事不分的途径，但实际操作过程中遇到的种种问题使得这一改革的进展并不尽如人意。因此，如何在比较好的程度上解决困扰了多年的政事不分问题，也构成了公共管理研究的一个重要内容。

最后是政府与各类社会组织及团体的关系。改革开放带来的一大变化是以民间组织的成长为代表的社会的形成。随着利益的分化，围绕利益建立的各种组织也急剧地增长起来。今天，遍布社会的各种组织（如慈善组织、环保组织以及各种各样的各个领域里的组织）的存在产生了政府与社会之间的关系。让社会组织（在计划经济时代是不存在的）成长的本意是社会的事情让社会去管，从而降低国家管理社会的交易成本。但是政府与社会关系的现状则是政府的越界和包揽，管了许多本来社会可以管理的事情，从而使得社会的成长有限，社会的自治能力不强，以及交易成本的提高。如何更好地处理政府与社会之间的关系无疑也构成了公共管理研究的一个重要内容。

除了这些以往较少或不涉及的关系方面的研究之外，公共管理还要研究政府管理的功能，这些功能大致包括以下几个方面：（1）组织。组织是公共管理活动得以进行的载体，是公共管理最基本的要素之一。组织涉及基本的结构形态、组织的协调、组织的功能以及组织的变革。（2）领导。领导涉及领导类型、行为方式、领导的能力及其提升，以及领导的战略管理。（3）决策。决策涉及公共政策的制定和公共政策的执行，以及决策过程中的公众参与。（4）预算。公共预算涉及预算管理，包括公共预算的模式、过程与技术；涉及公共收支管理，包括公共收入和支出管理，以及财政管理体制改革。（5）人事。涉及公共部门人力资源的管理过程，包括人力资源的获取、保持与开发，以及公务员制度和事业单位人事制度的改革。（6）信息管理。涉及政府信息管理的过程、信息公开制度以及电子政务与电子治理、学习型组织和知识管理。（7）绩效管理。涉及绩效管理面临的挑战、绩效管理的流程以及绩效管理的方法。(8) 公共危机管理。公共危机管理是一种非常态的管理，涉及公共危机的类型、公共危机的管理环节和评估、公共危机的特征以及危机管理的公众参与。(9) 法治与监督。涉及行政与法律的关系，行政监督的类型、组织体制与运行机制，以及法治政府的建设。(10) 伦理建设。涉及公共责任的类型、回应性与行政问责、伦理与道德以及公共伦理的建设。(11) 改革与发展。涉及行政改革的动因、改革的过程、改革的策略选择、西方国家的公共管理改革以及中国的公共管理改革。

1.3.2 研究方法

公共管理是一种活动，要把握这一活动的规律，进而提高公共管理的效能，就需要我们对公共管理进行研究。就公共管理作为一种活动而言，它实际上包含了几个方面的层次：首先是哲学层次，其次是理论层次，最后是方法层次。所谓哲学层次指的是对于人和事的一些基本看法或基本假定，这一假定可能被证实，也可能被证伪，理论也在这一过程中产生出来。而理论一旦成立，就会对人的行为产生指导。比如，在公共行政理论的发展中，西蒙对人的“有限理性”假定发展出了决策过程中的“满意模式”，也就是当决策者感觉满意时，决定就做出来了，而不是像原先“理性模式”假定的，一定要等到最优的情况下才做决定。西蒙也就在这样的基础上构建了他的行政行为理论。而这样的一种假定带有方法论的特点，也就是“最优模式”是从规范的角度，也就是“应当是什么”出发的，而“满意模式”则是从实证的角度，也就是“是什么”出发的。

从历史来看，公共管理研究主要有规范研究和实证研究两种类型。实证研究是近几十年来备受推崇的一种研究方式。实证研究中经常采用定性（或质性）研究方法和定量研究方法。而问卷调查、访谈法、民族志法、新制度主义方法和比较研究方法又是运用最多的几种定性研究方法。本书重点介绍实证研究及其中的新制度主义方法和比较研究方法。

实证研究是一种通过对研究对象进行观察、试验、调查和访谈，获取客观材料，并从中得出一般结论的研究方法。“实证”一词指的是通过经验、观察或试验来获得信息。科学方法的核心在于所有的证据都必须是实证的，也就是它是建立在事实和证据基础之上的。在科学方法中，实证指的是运用可行的假设，这一假设是可以通过观察和试验来加以检验的。

实证研究方法最早始于18世纪法国的一些哲学家倡导将自然科学实证的精神用于社会现象的研究，从而使社会现象的研究也像自然科学研究一样精细和准确。实证研究方法被运用到行政学领域是20世纪40年代的事，西蒙的《行政行为研究》在一定程度上开创了这一研究。实证研究在一定程度上与行为主义的研究方法相关，比如行为主义的研究方法强调形式和手段的精确化与数量化，因而注重定量研究，强调经验分析，主张研究应该是经验性和描述性的。戴维·伊斯顿曾将行为主义政治学基本特征归纳为八项设想目标：规则性（政治行为具有可观察、预测进而实证研究的规律性）、验证（政治行为具有的规则性可以被经验把握和证明）、技术（强调获取资料进行分析的科学方法，方法本身成为研究的对象）、数量确定（观察、记录、分析的过程尽可能量化以取得科学性）、价值（区分价值与事实，研究者应把价值偏好排除在研究过程之外）、系统化（政治学研究应系统化，保持理论的一致性)、纯科学（强调研究主要为解决社会问题提供逻辑上的基础，反对关注解决实际社会问题的实用主义)、一体化（社会科学的整体性要求政治学与其他学科的交融渗透)。实证研究强调科学结论的客观性和普遍性，认为经验事实对所有的观察者来说都是一样的，不会因人而异。相比之下，非经验的事实是主观的，取决于不同的观察者。实证研究强调知识必须建立在观察和试验的经验事实上，通过经验观察的数据和试验研究的手段来揭示一般结论，并且要求这种结论在同一条件下具有可证性。因此，实证研究采用的主要方法是观察法、访谈法、测验法、个案法和试验法。格鲁特（A. D. De Groot）指出了实证研究的一个循环：(1) 观察，数据事实的收集和组织，形成假设。(2) 归纳，形成假设。(3) 推理，推断假设（作为可检验的预测）的结果。(4) 检验，用新的实证资料来检验假设。(5) 评估，评估检验的结果。①

实证研究方法是在20世纪80年代被引入我国公共管理研究的，但其真正获得发展是在进入21世纪以后，这得益于改革开放后我国学术界和西方国家学术界的交流，得益于我国公共管理研究在进入21世纪以后的迅猛发展。今天，实证研究方法已经成为我国公共管理研究的主流方法之一。

新制度主义方法。新制度主义是20世纪80年代后首先在美国兴起的一个学派，通常认为它根源于美国政治学家马奇（James G. March）和挪威政治学家奥尔森（Johan P. Olsen）两人于1984年发表的一篇有影响力的文章《新制度主义：政治生活中的组织因素》以及1989年出版的一本著作《重新发现各种制度：政治的组织基础》，两人在20世纪90年代的《民主治理》一书中再次用制度分析的方法进行了分析。在他们看来，为了更好地理解政治体制中个体政治行动者的行为，政治学家需要重新发现制度分析的作用。在他们看来，不从制度的角度来研究个体的政治行为，那么对政治现实的理解将是片面的。90年代初诺贝尔经济学奖获得者道格拉斯·诺斯将制度用于对经济的分析，这使得新制度主义尤其是新制度经济学的分析风靡一时，新制度经济学的分析方法后来几乎涵盖了社会科学研究的所有领域，这一方法也被运用于公共管理的研究。

新制度主义是相对于早期的制度主义而言的。早期的制度主义主要是从静态的角度来进行研究的，它研究的对象是政治制度（包括立法、行政与司法等政治机构)，主要关注自上而下的制度设计问题，研究的主要资料是宪法、法律、政府文件、议会日程等资料，从这些资料中分析特定社会的政治价值，并设计出符合某种目的的政治机构或制度。相比之下，新制度主义强调制度的动态运动对政治活动的影响，尤其是制度与行为和观念的关系，着眼于制度的性质以及制度如何影响人的行为。两者的相同点在于强调制度在政治发展、经济发展和社会发展过程中的重要作用。

新制度主义包含了不同的流派，其中主要的有理性选择制度主义（主要研究既定制度约束下个人寻求利益最大化的过程，以及制度对个人选择过程的影响)、历史制度主义（主张在一定历史发展中形成的稳定的制度是推动历史沿着某条道路前进的重要因素，注重以制度为核心来考察历史，以国家、政治制度为中心来分析历史)、社会学制度主义

① HEITINK G. Practical theology：history，theory，action domains：manual for practical theology. Grand Rapids，MI：Wm. B. Eerdmans Publishing Co.，1999：233.

（认为人的行为不是自身的偏好，而是受到了既定社会制度的制约。制度的选择更多的是既定文化下的合法性问题）。新制度主义的分析方法在今天的公共管理和公共政策的研究中也逐渐成为一种重要的方法。正式制度、非正式制度、制度供给、制度需求、制度均衡与非均衡、制度变迁以及制度同构等概念已经相当多地被运用于公共管理的研究中。

比较研究方法。按照《牛津高阶英汉双解词典》的定义，比较研究方法就是对物与物之间和人与人之间的相似性或相异程度的研究与判断的方法。比较研究方法具有悠久的历史，比如古希腊的亚里士多德就对 158 个城邦的政治制度进行了比较。公共行政的比较研究在 20 世纪 70 年代出现过一个高峰。今天，比较研究方法仍然是公共管理研究的一种重要方法，我们可以看到很多比较公共管理的著作，这其中有国别的比较、国内公共管理的历时比较、公共政策的比较等等。比较研究方法的运用，其价值在于可以通过比较社会或公共管理现象的异同来提高对这些现象的认识，从而把握事物发展的规律。

比较研究从类型上可以分单项比较与综合比较、横向比较与纵向比较、求同比较与求异比较、定性比较与定量比较几个大类。比较研究方法的运用没有一个固定的模式，一般来说，比较研究的步骤包括：确定比较的问题—确定比较的标准—收集和整理资料—比较分析—结论。美国学者贝雷迪在《教育中的比较方法》（*Compartive Method in Education*）一书中在谈到比较研究的基本操作步骤或实施程序时，把比较研究方法的实施分成四个阶段：描述、解释、并列、比较。这样的四阶段说也可以运用于公共管理的比较分析中。比如，比较两国的公共政策，首先需要对两国的某项政策进行周密、完整和客观的描述，因此需要收集相关的资料文献。接下来，在这一基础上，就要对这些情况加以解释，这一解释要指出为什么是这样的，要寻找相同或相异的原因。然后是并列，即把已描述并解释过的相关材料进行整理，并按可以比较的形式排列起来且设立比较的标准，提出比较分析的假设。最后是比较，即对并列阶段提出的假设按照“同时比较”来证明正确与否，然后做出结论。比较研究方法的运用有它的要求，比较研究的对象必须符合同一性（对象必须是同一范畴、同一标准、同一类事物，否则就不可以比较）和可比性（对象之间具有一定的内在联系，具有本质上而不是表面上的共性）原则。此外，比较研究需要准确界定比较分析的单位和拟定客观有效的标准，样本的选择需要具备客观性和随机性。在今天，比较研究方法越来越多地被运用到我国的公共管理研究中来，无论是国别的还是本国的，无论是共时的还是历时的，无论是宏观的还是微观的，因为这一方法有助于拓宽视野，从比较中获得有益的经验或知识，从而使实际的管理运作有较好的参照，并在此基础上推进一步。

第2章

政府与治理

2.1 现代政府基本概述

2.1.1 现代政府的起源与特征

现代政府是伴随着现代国家而产生的。现代民族国家产生于十七八世纪，在此之前，国家体制经历了封建君主、君主专制和民主共和这样几个阶段。共和体制（当然也有少数君主立宪的形式）的产生展示了现代政府的现代性，因为现代政府的标志是国家的领导人通过民主的选举程序产生，其任期是有限的。这就从根本上颠覆了以往权力世袭的状况。这是从专制走向民主的一个转折，表现了这一国家体制的进步性。

这一进程是与资本主义的发展相关的。资本主义的民主是与封建主义的专制相对的。因此，在国家权力的配置上，打破了原来的权力集中在专制君主一个人手里的局面。政府的权力被分割成立法、行政和司法三块，三种权力互相平衡和互相制约，以防止权力的独断，防止独断的权力可能造成的对社会和公共利益的伤害。在这种结构中，行政第一次被置于立法之下，它决定了政府是民意执行者的地位和角色，这是人民主权思想在国家体制结构设计上的一个表现，反映了历史的进步性。在进入20世纪后，人类社会又出现了一种新的国家类型，也就是社会主义国家。尽管社会主义国家在很多方面表现了与资本主义国家不同的特点，但从国家的体制上讲，后来的社会主义国家也建立了政府的立法、行政和司法三大部门，只是这三大部门不是西方意义上的平衡和制约关系。此外，与西方国家相比，中国共产党在国家事务的管理中发挥着领导的作用，政府不仅是立法部门的执行机构，它同时也贯彻和执行党的指示，这是与西方国家的体制不同的。

现代政府与现代国家相伴而生，在它后来的发展过程中，现代政府展示了以下几个方面的特征：

第一，权力有限特征。现代政府的权力是有限的，这意味着权力的运行是有限度的，而且这一权力是受到制约的。中国政府经历过从权力无所不包到权力有限这样一个变化过程。在计划经济时代，中国政府是一个全能型政府，政府权力垄断了整个社会事务，甚至是私人事务，没有权力不涉及的空间，政府管了一切，管了它本来不该管、管不好和管不了的事。此外，这一权力几乎不受到制约，也没有人想到要去制约，因为政府被天然认为是为人民谋利益的，政府不会犯错，不会侵害民众的利益，政府没有自身的利益，政府的利益就是民众的利益，政府的利益不会与民众的利益产生冲突。所有这些造成的一个结果就是政府权力膨胀和无节制地运用，以及民众对权力的顺从。改革开放打破了政府权力一统天下的局面，社会逐渐形成了国家（以政府为代表）、社会和市场三分的局面。但是，由于历史的惯性加之特定历史阶段的需要，政府在这三者中还是占据了独大的地位。权力的独大是同权力界限不清和权力不受制约联系在一起的。因此，要建立有限政府，必须先确定政府的权力边界，以法律或规章制度的方式确定哪些是政府可以做的、哪些是政府不可以做的。此外，必须对权力加以制约。权力导致腐败，绝对权力导致绝对腐败。对权力加以制约是防止权力腐败的一条有效途径。这一制约不仅仅应该是法律的，也应该是社会的，动员社会力量监督权力的运行是确保权力行善而不作恶的一个有效手段。

第二，民主特征。这一民主特征的核心在于政府权力的合法性来自人民，政府通过民主的选举程序产生，它是人民选择的结果，政府被置于立法机构之下，是作为民意代表的立法机构的执行机构。《中华人民共和国宪法》明确规定政府是各级人民代表大会的执行机构，这里体现了人民主权的思想。民主的特征还表现在民众参与公共事务的管理上。公共管理的历史展示了一个从统治到治理的变化。传统的管理模式是政府独断，政府是公共政策的唯一决定者，是公共服务的唯一提供者，是民众利益的唯一表达者。这一传统的模式已经不能适应社会发展的需要，治理应运而生。治理也就是民主治理，公众参与公共管理，公众成了治理主体的一部分。“参与不只是提高生产积极性的一种工具性手段，而且是促进公共服务核心价值观的一种手段。更重要的是，参与和包容的方法是建立公民意识、责任意识和信任的最好方法，而且，它们可以促进公共利益中服务的价值。”①

第三，法治特征。法治是现代国家和现代政府的一个基本特征，在现代国家，法律是至上的，没有一个人或一个组织可以凌驾于法律之上。法律也是社会得以良好运转的一个基本条件，因为社会秩序就是由法律来保障的。法治政府的精髓在于：（1）政府的权力是由法律规定并受到法律制约的，政府的任何行政行为都不能超越法律和制度的框架。（2）政府依法行政，这就需要有法可依，执法必严。（3）政府行政违法必究，政府的行政行为不仅受到司法的监督，也受到整个社会的监督。

---

① 登哈特 J V，登哈特 R B. 新公共服务：服务，而不是掌舵. 丁煌，译. 北京：中国人民大学出版社，2006：161-162.

第四，责任特征。现代政府也是一个责任政府，政府享有权力，也承担责任。权力和责任是一体的两面，行使权力就要承担责任，这是天经地义的事。传统的管理往往强调前者而忽略后者。责任政府首先要求政府在任何场合下都把公众利益放在第一位，这是政府的职责所在。因此，在政府自身利益与民众利益发生矛盾和冲突的情况下，公共利益应该是政府的首要选择。其次，责任政府要求政府的工作是可以问责的。这一问责就把政府与民众联系了起来，民众是政府的服务对象，政府工作的好坏的最后评价者应该是民众，而不是政府自己。问责通过将政府机构及其工作人员直面公众而提升了他们的责任感，同时也提升了民众的主体意识和参与热情。最后，责任政府要求勇于对权力行使的后果承担责任。在这里，建立一套有效的责任追究制度是必要的。对责任不加追究，它一方面会导致权力行使中的机会主义和权力滥用，另一方面也会导致政府形象受损，一个做事没有担当的政府肯定不会是一个人民满意的政府。

2.1.2　现代政府理论

现代政府是伴随着近代资本主义制度和现代民族国家的确立而建立和成长起来的，它的建构深受政府理论的影响。资本主义的政治体制是一种立法、行政和司法互相制衡的体制，这一体制在历史上第一次打破了君主权力一统天下的局面，展示了它的历史的进步性。这一历史的进步性首先表现在行政（政府）必须从属于立法的意志，而立法就是民意的表达，这至少第一次在形式上体现了人民主权的思想。

西方政府的这样一种基本架构很大程度上来源于洛克和孟德斯鸠的权力分立理论。洛克对权力集于一体保持了一种警觉，他认为："如果同一批人同时拥有制定和执行法律的权力，这就会给人们的弱点以绝大的诱惑，使他们动辄要攫取权力，借以使他们自己免于服从他们所制定的法律，并且在制定和执行法律时，使法律适合于他们自己的私人利益，因而他们就与社会的其余成员有不相同的利益，违反了社会和政府的目的。"① 这一社会和政府的目的就是保护人民的生命、权利和财产。"如果没有关于权利和财产的经常有效的规定来保障他们的和平与安宁，人们就不会舍弃自然状态的自由而加入社会和甘受它的约束。"② 因此，"使用绝对的专断权力，或以不确定的、经常有效的法律来进行统治，两者都是与社会和政府的目的不相符合的"③。孟德斯鸠深化了洛克的分权理论，他认为，一切有权力的人都容易滥用权力，这是一条万古不易的经验。要防止滥用权力，就必须以权力约束权力。④ 孟德斯鸠提出，应当将政府权力分为立法权、行政权和司法权，三种权力之间需要互相制约。立法权尽管是最高的权力，但是对这一权力也必须加以限制。在洛克看来，这些限制在于：(1) 立法机关应该以正式发布的既定的法律来进行统治，这些法律必须对所有人一视同仁。(2) 这些法律的唯一目的在于为人民谋福利。(3) 未经人民及其代表同意，不得对人民的财产课税。(4) 立法权不能转让给他人。⑤

---

① 洛克．政府论：下篇．叶启芳，瞿菊农，译．北京：商务印书馆，1996：89.

②③ 同①85.

④ 孟德斯鸠．论法的精神：下册．张雁深，译．北京：商务印书馆，1963：154.

⑤ 同④89.

这一分权的理论奠定了近代西方政治文明的理论基础，奠定了西方国家政府的结构形式，也派生了后来一系列有关有限政府、责任政府、法治政府等概念和理论。就有限政府而言，比如美国的体制就是以横向的立法、行政和司法的分权和纵向的联邦与州的分权建立起来的，政府的权力受到了很大的限制。就责任政府而言，比如英国的议会制度要求内阁对议会负责，政府的重大政策需要得到议会的通过，议会可以宣布解散内阁。在像美国那样的总统制国家，总统直接向选民负责，总统因过错可以受到弹劾。责任政府不仅包括了政府向议会或选民负责，也包括了政府公务人员向行政相对人负责。

俄国十月革命开创了一种新型的无产阶级的或者说社会主义国家的政府形式。这是一种有别于西方的政府形式，它把政府更多地与党联系在了一起，形成了一种党政一体的模式，尽管形式上存在一个最高权力机关的苏维埃（一句著名的口号是“一切权力归苏维埃”）。在这样一个模式中，党被置于中心地位。正如列宁指出的：“我们党每年召开一次代表大会……由大会选出 19 人组成中央委员会领导全党，而且在莫斯科主持日常工作的则是更小的集体，即由中央全会选出的所谓‘组织局’和‘政治局’，各由 5 名中央委员组成。这样一来，就成为最地道的‘寡头政治’了。我们共和国的任何一个国家机关没有党中央的指示，都不得决定任何一个重大的政治问题或组织问题。”① 叶海平也指出：“唯一的执政党这一特点决定了党的领导机构和国家领导机构的一体化，决定了党的领导权力和国家领导权力的一体化，决定了党的领导人和国家领导人的一体化，决定了党的干部和国家官员的一体化，当然也就决定了党的方针、政策与国家的方针、政策的一体化。”②

一些后起的社会主义国家也都效仿了苏俄的模式。1952 年，毛泽东在《中央关于改变管理干部的方法和建立财经工作部的决定草案》上写道“一切主要的和重要的方针、政策、计划都必须统一由党中央规定”③，尽管 1954 年中华人民共和国的第一部宪法明确指出全国人民代表大会是中国最高权力机构，而中央人民政府即国务院则是它的执行机构。党的作用后来就发展成了党的一元化领导。毛泽东对党的一元化领导的解释是：在组织上应体现在两个方面：第一，在同级各组织的相互关系上，工、农、商、学、兵、政、党这七个方面，党是领导一切的，不是平行的，更不是相反的；第二，在上下级关系上，下级服从上级，全党服从中央。④ 这一模式在改革开放时期受到了批评。邓小平认为，必须搞政治体制改革，“解决党如何善于领导的问题。这是关键，要放在第一位。第二个内容是权力要下放，解决中央和地方的关系，同时地方各级也都有一个权力下放问题。第三个内容是精简机构，这和权力下放有关”⑤。因此，理解中国政府的政策制定也好，运作也好，需要从党政的角度去理解，而不是从纯政府角度去理解，不是从纯人大-政府角度去理解。无论是人大、政府还是党，党是这当中最核心的力量。

---

① 列宁．列宁选集：第 4 卷．北京：人民出版社，1995：157.
② 叶海平．社会主义国家制度学说研究．南昌：江西人民出版社，2013：15.
③ 毛泽东．毛泽东文集：第 6 卷．北京：人民出版社，1999：22.
④ 中国革命博物馆．中国共产党党章汇编：第 2 卷．北京：人民出版社，1979：222.
⑤ 邓小平．邓小平文选：第 3 卷．北京：人民出版社，1993：177.

2.1.3 政府职能及其演化

政府对社会的管理主要体现在两个方面，一是管制，二是服务，因而管制与服务也就成了政府的两大基本职能。之所以如此，是因为政府首先要维护社会的秩序，这一秩序有时需要用强制力做后盾，而国家就是一个合法的暴力机关。政府作为一个公共权威机关，其权威体现在对价值做权威性的分配上，也就是说，政府所做的决定，公民必须服从，舍此难以维持社会的稳定与秩序，而稳定与秩序是社会生存和发展的必要条件。在现代社会，没有一个别的组织可以承担这样的职能。政府存在的另一个理由是需要向社会提供公共产品。所谓公共产品，指的是这种产品的消费具有非竞争性和非排他性。非竞争性指的是一个消费者对一种公共产品的消费不影响其他消费者对该产品的消费和使用；非排他性指的是每个社会公众都可以享受这种产品，因而不能被排除在对该公共产品的消费之外。公共产品的这两个基本特征导致了这种产品供给的稀缺性，因为社会的其他部门无力或因无利可图而不愿意提供，因此只能由政府来承担这一职能，来提供社会所需要的公共产品。

从历史来看，政府管理社会的职能发生了一个从消极到积极的变化。政府最初扮演的只是守夜人的角色，这与当时政府要管理的社会事务比较简单有关，比如美国联邦政府成立之初只有三个部。同时，从西方的历史来看，商业革命带来了城市自治以及由此产生的比较高的社会自治，甚至宗教组织在某种程度上都分担了政府的职能，比如宗教组织的一个职能就是救济穷人。就政府的管制和服务两大职能而言，政府管制的一个重要方面是对经济的管制。在这里，政府的角色变化受到了几位经济学家的影响。

首先是亚当·斯密。斯密认为政府在经济活动中不应该扮演积极的作用，而应该让市场这只看不见的手发挥作用。这样他就基本上奠定了政府在经济活动中的守夜人的角色。政府从消极角色向积极角色的转变是与凯恩斯的学说联系在一起的。凯恩斯认为政府可以通过投资来促进需求，从而解决就业问题。凯恩斯理论的产生正值世界经济大危机时期，他认为挽救资本主义制度的唯一切实可行的办法就是扩大政府职能，让国家的权威与私人的策动力互相合作。它的理论帮助美国总统罗斯福在新政中采用各种措施解决了问题。由于新政的成功，自此后，政府对经济的积极干预被认为是一种解决经济问题之道。随着后来尤其是一些福利国家的形成，资本主义国家政府对经济所起的作用越来越大。在萨缪尔森看来，这表现在：（1）政府开支不断扩大；（2）国家对收入进行再分配；（3）政府对经济进行干预和控制。①

但这一情况在 20 世纪 70 年代遭到了逆转。当时由石油引发的全球经济危机使得凯恩斯的理论失灵，因为这一理论无法解决当时出现的滞胀问题。危机使政府的财政收入受到影响，进而使得福利的提供受到影响。这样，哈耶克的新自由主义便应运而生。新自由主义在某种程度上回到了亚当·斯密那里，再次强调政府的消极作用，强调让市场发挥作用。事实上，哈耶克在几十年前的一本著名的著作《通往奴役之路》中就阐发了他的观

---

① 萨缪尔森，诺豪斯．经济学：第十九版．萧琛，译．北京：商务印书馆，2014：356.

点，只是在当时他被凯恩斯的光芒给遮蔽了。但在20世纪80年代，它最终“最强有力地启发了英国的政策重返市场经济原则”[①]，引发了一场后来波及整个西方世界的声势浩大的、以“新公共管理”为名号的政府改革运动。哈耶克的新自由主义在90年代的“华盛顿共识”中达到了顶点。自80年代起，这一思想差不多统治了西方世界30年，直到2008年全球金融危机的爆发。这一危机在一些人看来意味着新自由主义的破产，理由是政府的无所作为导致了危机的爆发。其结果是新凯恩斯主义再次大行其道。政府的积极干预再次被认为是解决问题之道。

发展经济学家阿瑟·刘易斯则从另外一个角度来谈政府（尤其是发展中国家的政府）与经济的关系。他认为：“政府可以对经济增长具有显著的影响。如果政府做了正确的事情，增长就会得到促进。如果政府做得很少，或者做错了事，或者做得太少，增长就会受到限制。”[②] 在他看来，政府的政策正确与否对经济的增长才是更重要的。他指出了政府会导致经济停滞或衰退的9种做法：不能维持秩序；掠夺公民，比如受贿和任意征税；保护一个阶级对另一个阶级的剥削；给对外交往设置障碍；忽视公用事业；过分自由放任；过分控制；支出过多；发动代价高昂的战争。刘易斯进而论道：“无论政府的一般统治是好，是坏，还是不好不坏，所有的国家在不同的时期都有过好政府或坏政府。持续100多年的好政府倾向于永存，因为高标准的政府行为会包括在一国的传统中，并且限制着以后几代人的行为。”在这里，刘易斯认为政府的形式并不重要，“政府的质量取决于统治者的质量而不取决于政府的形式”[③]。但是，他对如何取得有质量的统治者并且至少100年时间里的政府由这些有质量的统治者来把握，并没有给出进一步的说明。尽管如此，政府质量的角度开拓了另一个理解政府干预或管制经济的途径。

政府服务职能出现的一个变化是政府从公共服务和公共产品的生产者与提供者两者的合一走向两者的分离。公共服务的购买、公私合作、公共服务的外包等在今天已经成为公共服务提供的一种常见现象，这一变化的起因是成本-效益的考虑。交易成本理论旨在设计降低成本的治理结构，因此，凡是一些政府能比市场更好地提供的服务就由政府提供，而一些通过市场提供能获得更好结果的服务就由市场提供，这就打破了传统公共管理模式中政府对公共服务的生产和提供的垄断，它带来的积极的结果便是服务质量的提高和成本的降低，以及政府的瘦身，表现为政府规模的缩小和人员的减少，以及政府本身开支的节省。

2.1.4 政府、市场与社会

在我国，政府、市场和社会三大块的格局是在20世纪80年代形成的。改革开放之前，中国只有国家，没有市场，没有社会，企业和其他组织都是政府的附属物。它是一种马克思批评的国家高于社会的模式，国家涵盖了一切，国家掌握了所有资源，在经济

① 多林. 世纪之作//哈耶克. 通往奴役之路. 王明毅，冯兴元，等译. 北京：中国社会科学出版社，1997：7.
② 刘易斯. 经济增长理论. 梁小民，译. 上海：上海三联书店，1995：515.
③ 同②526.

上实行计划经济，在政治上实行高度集权，在文化上实行一元主义。政府、市场和社会三大块的形成表现了中国社会的一大进步，市场的事情由市场管，社会的事情由社会管，政府的事情由政府管。从政府管理的角度来说，它打破了原来政府一统天下的格局，降低了它管理社会的交易成本，有助于提高管理的效率。三大块的形成也产生了这三者之间的关系，这一关系目前的格局是政府主导，政企不分、政事不分、政府与中介组织不分的现象没有得到根本的改变。因此，处理好这三者之间的关系对政府的管理来说是一个挑战。

从西方的历史来看，其市场经济的发展是一种自然演进型的发展。市场失灵提供了政府介入的理由。中国的市场经济尽管首先由政府推动形成并由政府主导，但只要有市场，其运作也会出现失灵现象，因此政府介入的理由与西方是一样的，即纠正市场的失灵或市场失败，尽管在方式方法上可能不一样，比如中国政府行政干预的方法用得较多，而西方政府经济干预的方法用得较多。

市场之所以会失灵，是因为以下几个因素：(1) 竞争失效。在自然垄断情况下无法形成充分的竞争，从而影响市场机制自发调节经济的作用，降低了资源配置的效率。政府可以通过自己生产或对私人生产进行管理来达到一个更有效率的产出。(2) 公共产品问题。公共产品的非竞争性和非排他性会产生搭便车行为，产生市场本身无力解决公共产品有效提供的问题，因而政府的干预就显得很有必要。(3) 外部性问题。一些产品在生产时会产生负外部性问题，比如对利润的追求而不惜伤害环境，因此必须有政府的介入。(4) 市场的不完全，有效产品生产无法提供或无法充分提供，这里就存在了产生不完全的问题。比如私人生产不能为个人面临的很多重要风险提供保险，私人部门不愿投资一项风险大、获益周期长的产业，这时就需要政府介入。(5) 偏好不合理。个人偏好的合理性是市场机制结果合理性的前提条件，但在现实中会出现优值品（消费者的评价低于合理评价的产品，比如低估了教育带来的好处而不愿意为子女受教育付出代价）和劣值品（消费者的评价高于合理评价的产品，如高估了香烟的好处，高价购买毒品）问题，这需要政府进行干预。(6) 信息不完全。私人生产提供的信息往往不足，信息的不充分会影响到竞争的充分性，由此也会影响到生产机制的运转效率，因此需要政府来生产和提供信息。(7) 失业、通货膨胀及经济的失衡。当经济衰退、投资不足时，会带来大量的失业，从而危及社会的稳定。因此，政府需要出来加以干预。(8) 收入公平分配问题。市场竞争在实现效率的同时，有可能产生极大的收入分配不公平，甚至会使一些人缺乏基本的生活必需品，因此需要政府干预来实现收入分配的公平合理。①

市场失灵是政府介入和进行干预的理由，但政府干预以什么方式进行，在多大规模和范围之内进行干预，这不仅取决于市场的失败本身，还取决于社会意识、利益集团的选择和决策者的价值观。比如，偏向于"政府少管"哲学的决策者会偏向于程度较低、范围较小的干预，偏向于采用更多经济手段的干预方式。尽管政府干预的方式、规模、程度等有不同，但一般来说，政府对经济的干预通常遵循以下三个基本原则：(1) 政府干预应对的是市场机制无法有效配置资源的领域，是弥补市场的缺陷和不足。反过来，在市场机制能

① 樊勇明，杜莉，等. 公共经济学. 上海：复旦大学出版社，2001：33-37.

够对资源最佳配置发挥作用的领域，政府就不介入或干预，不做本来可以由市场去做并且实践已经证明市场能够做好的事情。(2) 政府干预的目的或出发点是促使市场机制恢复功能，而不是替代市场，否则会扭曲市场运行。此外，由于经济形势和发展处在一个变化之中，因此，政府干预的方式和力度不存在一个固定的模式，它必须因势而异。(3) 政府干预的结果应当是情况有所好转，否则这一干预是没有意义的。但现实的情况往往会出现一种越差越干预、越干预越差的循环。因此，对干预的结果做一个正确的判断是需要的，在干预失败的情况下要适时住手。简单来说，政府在与市场关系中的基本定位应该是弥补市场不足，促进社会公平。

市场的失败导致了政府的介入，但是，政府也会失灵或失败。在布坎南看来，政府失败指的是个人对公共物品的需求在现代代议制民主政治中得不到很好的满足，公共部门在提供公共物品时趋向于浪费和滥用资源，致使公共支出规模过大或者效率降低、预算上出现偏差。简言之，政府不那么有效。布坎南认为，以下几个原因导致了政府失败：(1) 公共决策失误，导致失误的原因有：公共利益的难以界定；即便可以界定，决策机制也会妨碍实现公共利益，比如少数服从多数的原则会出现多数人对少数人利益的漠视；决策信息的不完全性以及选民的短视效应和“理性的无知”，即出于搭便车的心理，寄希望别人投票而自己坐享其成。(2) 政府机构工作效率低下，其原因在于政府缺乏竞争性压力，没有降低成本的激励机制，这导致政府的很多活动不计成本，导致社会资源浪费。此外，对政府的监督因信息不完备而失去效力。(3) 政府的扩张。由于政府官员也是个人利益的最大化者，因此他们总是希望扩大机构规模，提高机构和个人的级别待遇，从而导致社会资源浪费、经济效益降低、资源配置效率低下和社会福利减少。(4) 政府的寻租活动。寻租指利用行政和法律的手段来阻碍市场要素在不同产业之间的自由流动和自由竞争，以维护和攫取既得利益，其存在的前提是政府权力对市场交易活动的介入，它会使政府决策和运作受利益集团和个人的摆布。①

如何来防止和纠正政府失败？公共选择理论认为，可以采取以下几个方面的举措：(1) 限制国家权力的增长。具体方法是提高社会的民主程度。多数投票法则不是最好的，因为它不考虑个人偏好的强度。需要有一种新的方法，使得所有参与集体选择的个体都有充分的激励。(2) 在公共部门恢复自由竞争，改善官僚体制的运转效率，其方法是：在行政管理体制内部创新，建立竞争结构；引进利润动机，在部门内部建立激励机制，允许政府部门对节省成本的财政剩余有某种自主处置权；精简机构，将一些公共服务外包以及加强监督。(3) 进行宪制改革。避免政府失败的关键在于宪制改革，这里首先是改革规则，避免决策失误。其次是减少福利国家的浪费。具体的做法有：财政立宪，从立宪的角度说明什么样的财政体制是合理的；税制改革，合理的税收结构应该包括通行税、累进税和间接税；平衡预算，以宪法的形式确保其实现；对政府的税收和支出加以约束；货币供给要按规则确定而不是随意决定，要相对稳定而不是随机变动。总而言之，一旦发生公共生产低效率的问题，就应该从现行体制上寻找原因，确立一种选拔和制约政治家的程序和规

① 竺乾威. 公共行政理论. 上海：复旦大学出版社，2008：324-326.

则，以减少政府失败。[①]

中国政府与市场的关系自改革开放以来有一个变化的过程，这一变化主要表现在从改革前期阶段的政府主导到进入经济新常态后的市场主导。2013 年，党的十八届三中全会通过的《中共中央关于全面深化改革若干重大问题的决定》指出："经济体制改革是全面深化改革的重点，核心问题是处理好政府和市场的关系，使市场在资源配置中起决定性作用和更好发挥政府作用。"这样的一个转变对长期以来起主导作用并常常跨越政府、市场和社会边界的政府是一大考验。正确处理好政府与市场的关系，避免市场失败和政府失败，尤其是在新的发展阶段避免政府职能的"越位""错位""缺位"现象，对于我国社会主义市场经济体制的发展和完善具有重要意义。

政府与社会的关系主要表现在以下方面：政府对社会的管理，社会对政府的支持与监督，两者的合作和良性互动。在我国，国家对社会的管理的一个重要部分是培育社会的自治能力，其原因在于长期以来的政府强势模式阻碍了社会组织能力的提升。这表现为民间组织对政府的依赖性较强，民间组织的行政化现象严重，民间组织的独立性和自主性不高。因此，培育社会的自治能力，也就是解决多年来存在的"政企不分、政事不分、政府与社会中介组织不分"的状况，是政府需要解决的问题。这一关系还表现为政府把社会组织更适合于做而且可以做得更好的事交给社会，正如把市场可以做得更好的事交给市场一样。这不仅可以降低政府管理社会的交易成本（比如环保组织在环境保护和资源保护中发挥的积极作用，慈善组织在帮助弱势群体方面发挥的积极作用，更不用说政府项目的外包，这些都降低了政府的运作成本，因为这些本来都是政府的功能），也可以使社会这一部分更好地成长起来，具备更强的能力来接手更多的社会事务。两者的良性互动，从社会方面来说，表现在对政府的支持以及对政府的监督上。社会需要对政府权力进行有效的制约，尤其是防止政府权力的滥用。

在政府与市场和社会的关系上，中国一直在明确三者的边界。比较有意思的是，自 20 世纪 80 年代后，西方国家出现的一个共同的现象是这三者的关系从清晰走向模糊，呈现出一种与中国相反的运动。这是公共管理的市场化和企业化改革所造成的，政府职能的外包导致了企业和社会其他组织对公共管理的参与，相对模糊了这几者之间原有的边界，也使公共管理在处理这三者关系中面对了新的挑战。

2.2　中国政府的职能及其演变

2.2.1　转型期中国政府的基本职能

政府职能从大的方面讲也可以分成政府的政治职能、经济职能和社会职能。按照马克思主义的国家理论，国家的政治职能主要是维护统治者的利益，这一职能展示了它的阶级

---

① 竺乾威. 公共行政理论. 上海：复旦大学出版社，2008：327-330.

性的一面，国家的暴力机构就履行这样的功能。国家的另一个职能是它要履行的社会职能，没有这一职能，社会就无法存在下去，这一社会职能就是社会管理运作方面的职能，其基本的就是管制和服务，也就是政府对社会的政治、经济、文化等活动要加以管制，并向社会提供公共产品和公共服务。

政府职能的一个特征是具有动态性，这一动态特征尤其表现在其社会职能的变化上，这一变化通常是由背后的社会政治或经济形态的变化引起的。以中国为例，在改革开放之前，社会的主旋律是阶级斗争，因此整个社会强调的是国家的政治职能，强调专政和暴力机构的作用。随着改革开放后中国进入以经济建设为中心的新的阶段，中国政府的职能发生了一个从注重政治职能转向注重社会职能尤其是经济职能的变化。

自改革开放至今的整个转型期中，中国政府的职能又发生了一个从注重经济发展到注重社会管理和公共服务的转变，这一转变可以以 2004 年服务型政府的提出作为分界线。

改革开放之初，中国政府在经济发展方面扮演了最重要的角色，这是因为中国的市场经济体制是政府在否定计划经济体制后建构起来的。作为建构者，它自然担负了市场的发育和成长的责任，这使得政府即便在市场体制建立起来后仍然需要在一段时间里发挥重要的作用。同时，中国从计划经济过来，政府的控制模式显然带有它的惯性。更重要的是，中国在改革之初选择了东亚而不是南美的经济发展模式。前者是政府主导型的，后者是自然演进型的。选择前者的理由在于，这一模式以更快的速度推进了经济的发展。而中国当时面临的最重要的任务就是以最快的速度推进经济发展，以最快的速度改变国家贫穷落后的状况。

因此，发展经济成了政府工作的重中之重，政府在公平和效率中毫不犹豫地选择了效率。在经济高速发展时期，由于政府最重要的目标是以最快的速度发展经济，因此对 GDP 的追求成了政府工作的中心。以经济为中心还表现在，尽管改革开放一改以往国家一统天下的管理模式，推动了市场和社会的形成，但由于在政府、市场和社会三者间并没有确立明确的权力边界，这使政府得以在经济领域里大展拳脚，也为政府主导或者政府的深度干预提供了合法性基础。此外，地方政府围绕 GDP 指标的竞争性运作进一步推进了经济的快速增长，各地层出不穷的经济开发区、各种诱人的优惠条件、五花八门的扶持政策、源源不断的资源供给等，所有这些使得地方政府一度表现出了企业化的行为特征。另外，绩效评估制度和官员晋升条件增强了政府官员对经济发展的重视。在相当长的时间里，对政府和官员的考核唯 GDP 是举，GDP 成绩亮丽往往是得到晋升的一个重要条件，这是官员对经济增长全力以赴的又一个重要的推动力。这种对经济发展的主导、关注和干预形成了一种中国特色的政府主导的市场经济，它使 GDP 每年以近两位数的速度增长 30 多年，改变了中国贫穷落后的面貌。

但是，政府主导的经济发展也带来了一些问题，这些问题表现在：

（1）政府经济职能的强化导致政府其他职能的弱化。事实上，经济职能只是政府的一种职能，政府要履行很多的职能，其中重要的是监管职能和公共服务职能。由于监管职能的缺失，高速经济发展时期出现了安全事故频发、食品药品安全性差、环境遭到污染、资源被破坏等一系列问题。专注于经济发展也导致公共服务职能遭到忽略。2003 年的“非典”事件集中反映了中国政府在公共卫生服务方面一种相当窘困糟糕的状况，医疗资源、教育资源等一系列民生方面的资源短缺，满足不了民众的需求。

(2) 对数量的追求导致了对质量的忽略。中国高速发展的经济事实上是一种低效率、高成本和高消耗的经济，尽管 GDP 每年差不多以两位数的速度增长，但是经济运行的质量是不高的，经济的结构是不合理的，是一种粗放型的发展。尽管这样的发展在一定时期有它的合理性，但这种发展缺乏可持续性。低效率、高能耗成了增长时期中国经济发展的一个重要特征，中国单位 GDP 的能耗是日本的 7 倍，美国的 6 倍，印度的 2.8 倍，中国在人均 GDP 400～1 000 美元时，出现了发达国家人均 GDP 3 000～10 000 美元期间出现的严重污染。但这一问题在高速经济增长的光环下被掩盖了，因为 GDP 成了评价政府绩效的最重要指标。事实上，这样的问题早已被发现，政府曾提出产业结构转型、提高经济运行的质量和淘汰落后产能等一系列措施。但是，对高速发展和高指标的尊崇妨碍了这样的转型。

(3) 对经济的深度干预导致了寻租空间的扩大。权力运行的不透明和对权力缺乏制约致使官商勾结、以权谋私和贪污腐败的现象难以得到有效的遏制。这从另一方面也反映了政府在关注经济发展的同时，忽略了法治的建设，忽略了现代市场经济本质上是一种法治经济。法治是市场经济得以健康运行的保证，是市场得以排除权力干预的保证。法治的缺失使中国的经济在某种程度上变成了一种掠夺性的经济。此外，政府在 GDP 一路高歌猛进下也忽略了自身的建设。在对权力制约薄弱的情况下，在权钱紧密交织、存在大量寻租空间的情况下，忽略政府官员的行政道德伦理建设造成了贪污腐败现象的出现。

(4) 权力的无节制使用导致政府公信力的下降。政府权力对市场的高度干预导致的市场扭曲，监管缺失导致的食品安全危机和生态环境的恶化，有限的优质教育、卫生、社保等公共产品的供给导致的资源紧张，寻租导致的官员的贪污腐败，由权力使用不当引发的社会风险，所有这些导致了政府公信力的下降、政府声誉的跌落和政府权威的受损。

如果说前期政府注重经济发展可以表述为注重生产的话，那么，在经历了几十年的经济发展、有了积累后，政府的职能需要转向分配。2003 年的“非典”事件是一个转折点，因为它暴露了中国政府在公共卫生服务领域里一种非常窘迫的状况。公众对公共服务的需求的增长和公共产品与资源的有限提供日益成为一个社会的基本矛盾。因此，2004 年中国提出要建设服务型政府，政府的职能被界定为经济调节、市场监管、社会管理和公共服务，而后两项是更为重要的职能。从经济建设转向社会管理和公共服务，这表明了政府职能的一次重大转变。在后来的发展中，中国政府尤其在解决民生问题方面采取了一系列的措施，比如坚持民生优先，调整收入分配关系，加强社会保障体系建设，维护公共安全，推进保障性安居工程建设，加大对科技、教育、文化、卫生和体育事业的投入，等等，使改革发展的成果惠及全体人民，促进社会公平正义。

2.2.2　新常态下政府职能的转变

中国经济发展的速度从 2012 年开始放缓，从原来的两位数的增长下降到一位数的增长，由此中国经济进入了一种新常态阶段。经济新常态有三个方面的特征：第一，从高速增长转为中高速增长。第二，经济结构不断优化升级，第三产业、消费需求逐步成为主体，城乡区域差距逐步缩小，居民收入占比上升，发展成果惠及更广大人民。第三，从要素驱动、投资驱动转向创新驱动。

中国经济的发展同政府是息息相关的。那么，进入新常态对政府来说意味着什么？经济发展形态的调整是否意味着政府的职能和行为方式也要做相应的调整？答案是肯定的，因为中国的经济一直以来是政府主导的经济，高速的经济增长在相当程度上可以说是政府推动的，而进入新常态后，政府要做的不再是设法推动经济重回两位数的高速通道，因为这已经不现实，也有违经济发展的一般规律。政府要做的是在新常态中维持经济中高速的可持续的增长。从推动到维持，表明了政府行为方式的一个大的转变。它要求政府职能再一次发生变化，也就是在政府与经济的关系上，从以前的政府主导转向市场主导。这样的一种转变，要求政府的行为发生如下的变化：

（1）从重经济到重保障。正如前面指出的，中国政府一度是生产型的，推动经济的增长曾是政府工作的重中之重。随着社会财富和资源的增加，政府的工作重点事实上也开始转向分配和提供保障，服务型政府的提出本身就表明了这一点。但政府在高速经济增长时期形成的 GDP 情结老是挥之不去，以经济增长论英雄还是大有市场。新常态的到来在某种程度上为政府从重经济转向重保障提供了契机。如果说新常态的特征是告别高速的经济增长，那么从政府的角度来说，也就意味着政府告别以往自身是市场经济主角的角色。新常态要求政府转向重社会保障，是因为随着经济的下滑，一些潜在的不确定性风险（如楼市风险、地方债风险、金融风险等）会浮现，甚至不排除会出现一些大的经济风险和社会风险，抵御这些风险的有力武器则是一套良好的社会保障制度。因此，进入新常态，政府必须花大力气解决民生问题，提高社会保障的水平。同时，“逐步建立以权利公平、机会公平、规则公平为主要内容的社会公平保障体系”①。这些保障体系是防范风险和危机的安全阀，是社会即便在发生风险和危机的情况下仍然得以平稳运行的保证。

（2）从重权力到重责任。政府是权力的行使者。传统的管理模式是政府运用权力，但权力的边界不清楚，缺乏对权力合法性来源的认识，缺乏对行使权力必须承担责任的承诺，也缺乏对权力的制约。这造成现实中政府权力的越界、傲慢和滥用。由权力推动的经济发展在一定程度上造成了对权力的迷信和崇拜，部分人认为有了权力就可以解决一切问题；只要经济绩效亮丽，权力甚至可以不受法律法规的制约；即使权力导致失误、过错或损失，也可以不追究权力行使者的责任。从重权力到重责任的转变，不仅要依靠官员的自觉，更重要的是要有一套体制和机制来保证权力的正当行使和对责任的承诺。这里首先要确定政府权力的边界，在确定政府权力边界的同时，规定“法无授权不可为”。其次是权力下放，尤其是审批权力的下放，规定市场主体“法不禁止即可为”，赋予市场自由权。最后是强调责任意识，改变以往重权轻责的现象，把重心转移到承担责任上来，转移到问责上来。

---

① 胡锦涛. 坚定不移沿着中国特色社会主义道路前进，为全面建成小康社会而奋斗.（2012-11-17）[2017-04-18]. http://news.xinhuanet.com/18cpcnc/2012-11/17/c_113711665.htm.

（3）从重审批到重监管。传统行政管理模式的一大特色是政府注重事先审批，往往忽略了事中和事后的监管。这种做法不仅产生了大量的权力寻租空间，也束缚了社会的活力。新常态要求市场在资源配置中起决定性的作用，这也意味着必须改变传统的审批模式，从重审批走向重监管，把重心放在事中和事后的监管上。事实上，审批项目的减少和取消本身就意味着政府监管职能的增强。简言之，政府要把该管的事情管好，不该管的放开，总的原则是不越位、不错位、不缺位。监管长期以来都是中国政府运作的一个弱项，由于监管不到位所产生的食品安全、生产、环境等问题时有发生。新常态更加强调社会和经济的平稳运行，因而也把政府的监管职能提到了新的高度，因为任何由监管不力导致的问题都会对社会和经济造成很大的伤害。

（4）从重管理到重服务。政府角色从管理者转向服务者，其原因在于社会发生了一个从注重生产者转向注重消费者的变化。如果说传统的管理模式是民众围绕政府转，那么现在则变成了政府围绕民众转。随着经济进入新常态以及市场在资源配置中起决定性的作用，政府需要越来越多地扮演服务者的角色，而不是在经济高速增长期那种带领、指挥企业冲锋陷阵的角色。这就要求政府考虑如何更好地为市场服务，比如为市场竞争建立一个公平公正的环境，建立完善的法律和规章制度体系，保证市场主体在这样的环境中自由竞争，从而推进经济和社会的进步。它也要求政府思考如何更好地为市场的主体（企业和企业家）服务，比如让所有企业享受平等的市场主体地位，向企业家提供发展其才干的机会，提供让他们公平竞争和自由成长的良好环境。简言之，从经济的角度讲，政府的重心要转向建立现代经济体系并服务于这一体系。这一体系的特点就是市场经济主导，企业家是经济活动的主角。从社会的角度讲，也就是如何更好地向公众提供公共服务和公共产品，这甚至是新常态中政府更为重要的职能，因为公众对公共服务的需要的无限性和政府提供公共服务的资源的有限性将是中国社会未来的一个基本矛盾，也是政府面临的一个最大的挑战。

（5）从重领导到重协商。新常态意味着政府不再担任市场领导者的角色，它更多表现的是监管者和服务者的角色。监管者的作用在于为市场和企业行为设定不能跨越的红线，服务者的作用在于为市场和企业提供服务。这样就把以往政府和企业的上下关系改变成平行的关系。作为行为主体，两者都在法律的框架内行动。因此，政府必须一改以往对企业发号施令的做法，以平等的身份提供企业所需要的服务。这样一种关系的改变对于建立现代市场体系是非常重要的，否则企业在市场的主体地位是无法建立起来的。从重领导到重协商还表现在政府本身运作的变化上，这一变化就是政府将其越来越多的职能或项目通过外包的方式让社会组织或企业来承担。这里就有了委托人和代理人两者平行的关系。在新常态时期，政府和社会以及市场之间要形成一种新的关系，这一关系的基本特点就是法律之下三者各司其职，市场的事情市场管，社会的事情社会管，政府的事情政府管，三者互为依赖，互为补充，而不再是政府独大，独揽权力。

（6）从重数量到重质量。政府的运作从重过程到重结果是政府行为的一大变化。传统的管理模式重过程而不问结果，新的管理模式强调结果，因为这是管理的意义所在。中国政府事实上已经完成了从重过程到重结果的转变。但是，结果通常还可以有数量和质量之分。从这意义上说，中国政府还面临一个从重数量到重质量的转变。新常态更需要的是经济发展的质量而不是数量。但是，以往政府运作的一个惯性是注重数量，而对在获得这一数量过程中付出的代价却很少加以考虑。这表现为中国获得经济增长的成本要高于西方国家，环境遭到破坏，经济结构、产业结构不良，浪费和无效屡屡发生，如此等等。总而言之，中国的经济发展事实上是一种质量还有待进一步提高的发展。在新常态，重质量意味着政府不要去干预市场和企业的行为，以往一些问题的产生往往是市场扭曲或权力寻租的结果。政府要做的就是规范市场和企业行为，提供良好的环境条件。

随着政府职能的转变，政府行使职能的方式也要发生相应的变化。一般来说，政府行使职能的主要手段有行政手段、经济手段和法律手段。中国政府以往在处理经济问题时，较多采用的是行政手段。尽管有的行政手段也能解决问题（有时候也需要），但一般来说，采用经济手段来解决经济问题可能是一个更可行的办法，因为经济手段具有的间接性、有偿性、平等性和关联性等特点，比起行政手段具有的强制性和无偿性，较适于管理经济活动和调节经济利益关系。

2.3 政府治理创新

2.3.1 治理与善治

从政府管理的角度来说，治理和善治是 20 世纪八九十年代开始强调并在 21 世纪变得引人注目的一个公共管理概念。罗伯特·罗兹认为，在今天，治理不再是管理的同义语。管理通常被看作一种活动，一种过程，一种管理社会的体系和方法，它一般与传统的官僚制相关，有一致的规则，官僚承担管理的责任。在罗兹看来，治理表明了管理含义的一个变化、一种新的管理过程、一种变化的规则条件和治理社会的一种新的方法。①

那么这种新的过程和方法是什么？事实上，学界对什么是治理有许多不同的看法。比如，一种观点认为，治理是一个决策的制定和执行（或不执行）的过程，可以在各种背景下使用，比如政府治理、公司治理、地方治理或全球治理。这种理解强调决策过程中的正式和非正式的行动者，以及正式和非正式的达成决定和执行决定的结构。在有关公共管理的活动中，政府是行动者之一而非全部，其他一起参与的行动者同样在这一过程中发挥作用。宾厄姆等人认为，治理是新世纪公共事务管理中出现的一个令人瞩目的新的词汇。这是一种与旧的、组织决策的等级结构相对的新的结构，其特点是平行的网络状结构，或是作为新的结构形式的公私非营利组织结构。"当一些拥有合法和正式权力以及拥有强制权的人行使权力或进行活动时，管理就出现了。而治理指的是具有共同目标的，或有或没有正式权力和强制权的公民与组织展开和进行的活动。"② 治理最终事关为有秩序的规则和

① RHODES R. The new governance：governing without government. Political studies，1996（44）：652-667.

② BINGHAM L B，NABATCH T，O'LEARY. The new governance：practices and processes for stakeholder and citizen participation in the work of government. Public administration reviews，2005，65（5）：547-558.

集体行动创造条件。管理和治理的产出是不同过程的产物。

一个一般同意的定义是，治理指的是“确立一种治理方式，其特征在于公私部门之间以及公私部门内部边界模糊。治理的实质是强调治理的机制，这些机制不再依赖政府的权力或强制，而是多元治理的互动，以及行动者互相影响”①。这样看来，治理的内涵是非常广阔的。罗兹认为，治理可以包括六个方面：(1) 作为最小国家的治理，即将国家的干预降到最低限度，利用市场或准市场的方法来提供“公共服务”。(2) 作为公司的治理，有三个可以同时适用于公私部门的原则，即信息公开、直截了当和全面解决问题、责任感(对自己的行为负责)。(3) 作为新公共管理的治理。“新公共管理”的主旨在于把私人部门即企业的管理手段和方法引入公共部门，以及将激励因素（如市场竞争）引入公共服务中，强调效率、低成本和高质量地提供公共服务。(4) 作为“善治”的治理，善治包括系统意义的、政治意义的和公共管理意义的三个方面。系统意义上的治理涉及政府内外部的管理。政治意义上的治理指的是“一个从民主授权机制中获得合法性和权威的国家”。公共管理意义上的治理指的是一种有效的、开放的、负责的和受到监督的公共服务体系。(5) 作为社会控制系统的治理，即治理的结果是所有参与的行动者互动的结果。(6) 作为自组织网络的治理，网络是市场和等级制的替代，这一治理强调信任、声誉、互惠和相互依存。与等级制强调控制、市场强调竞争不同，网络的核心是信任与合作。

“善治”一词来自英语的“good governance”，事实上就是“好的治理”。翻译成善治，有时会造成歧义，把简单的东西复杂化。比如，有人把善治发挥成善者治理、善意治理、善于治理和善态治理。因为用了一个中文翻译的“善治”，有人就认为这是出自老子《道德经》的“正善治”，老子在这里提出了系统性的“善治”社会管理理论。如果译成“好的治理”，就不会有这样的发挥。西方讲的善治（实际上这不是一个好的翻译，但因为已经约定俗成，下面也用善治）的一个前提性的条件是公民享有权利和承担义务，而这些东西在中国传统社会里是根本不存在的。它是现代社会的产物，同传统的中国因素没有任何关系。

善治是在治理的基础上发展起来的。在格里·斯托克看来，善治目标的出现，源于治理的失效。他列出了治理失效的具体表现：(1) 与治理相关的制定政策过程这一复杂现实，与据以解说政府而为之辩护的规范相脱离；(2) 各方面的责任趋于模糊，易于逃避责任或寻找替罪羊；(3) 由于对权力的依赖，不良的结果愈加恶化；(4) 既然有了自治网络，政府对社会应负什么责任便难以明确；(5) 即使在政府以灵活方式控制和引导集体行动之处，治理仍然可能失败。于是，一些学者和国际组织提出了善治的概念。②

那么好的治理表现在哪些方面？玛丽-克劳德·斯莫茨认为，法治、效率、责任和透明是有效治理的题中应有之义：“(1) 公民安全得到保障，法律得到尊重，特别是这一切都须通过司法独立即法治来实现；(2) 公共机构正确而公开地管理公共开支，即进行有效的行政管理；(3) 政治领导人向人民负责，实行责任制原则。(4) 信息灵通公开，即具有政治透明性。”③

---

① STOKER G. Governance as theory：five propositions. UNESCO，1998：17-28.

② 斯托克．作为理论的治理：五个论点．国际社会科学（中文版），1999 (2).

③ 斯莫茨．治理在国际关系中的正确运用//俞可平．治理与善治．2版．北京：社会科学文献出版社，2004：268.

俞可平认为，善治包含了以下几个方面：(1) 合法性。合法性可以很清楚地由民主与法治原则获得，即通过由人民选择和授权的、通过合理的法律和政治程序并通过政治竞争上位和存在退出可能性的政权就天然地获得了合法性。除此之外，没有什么的别的程序可以使得一个政权获得合法性。(2) 法治。法治的基本含义是，法律是公共政治管理的最高准则，任何政府官员和公民都必须依法行事，在法律面前人人平等。(3) 透明性。透明性不仅仅指政府单方面的信息透明，还包括整个社会内部的信息透明，透明性是社会公共产品供给水平的最优和社会妒忌程度下降的前提。(4) 责任性。责任性指的是“在公共管理中，与某一特定职位或机构相连的职责及相应的义务”。责任性本质上不会通过公职人员自发的动机实现，而是需要竞争的压力和第三方契约的力量，也就是责任性本质是可以由民主和法治原则实现的。(5) 回应。回应指的是“公共管理人员和管理机构必须对公民的要求做出及时和负责的反应”，显然回应也是可以由竞争性和法治原则所确保的。(6) 有效性。有效性指“公共管理的效率”。效率只可能由竞争和第三方的约束共同作用形成。(7) 参与。参与指“公民对政治和其他公共生活的参与”。显然，参与是由第二条基本条件“公民偏好的表达和选择”所涵盖的。(8) 稳定性。稳定性指“国内的和平、生活的有序、居民的安全、公民的团结、公共政策的连贯等”。(9) 廉洁。廉洁来自三个基本条件的共同约束：政治上退出的约束，法治下的惩罚，信息透明下的监督。(10) 公正。公正指不同性别、阶层、种族、文化程度和宗教信仰的公民在政治权利和经济权利上的平等。①

善治可以被看作加速增长、平等、可持续发展的目标和过程。总体来看，治理的第一个层面与民主治理相关，这意味着合法性、责任和可问责。第二个层面与有效的管理有关，这涉及政府的能力，而同政府的组织形式无关。第三个层面与协调功能有关，它导致作为国家与其他组织互动的结构的秩序。秩序通常是通过包括等级统治、市场交换和共同的价值的各种模式而得到保证的。归纳起来，善治包含着八个方面，即参与、遵法、透明、回应、共识、平等和包容、高效、可问责（见图 2-1)。

善治的基石是公众的参与，尤其是弱势团体的声音在决策过程中得到反映。参与需要被告知和组织，这意味着结社和表达的自由，表明善治的社会是一个有组织的社会。遵法，善治需要有公正的法律体系以及法律得到无偏私的执行，后者需要司法独立，保护人权，特别是保护少数人的权利，要有一支不腐败的执法队伍。透明，这意味着决策和执行按法律和规则进行，也意味着信息可以免费获得，受决策影响的人可以直接接触信息。回应，要求机构和过程在合理的时间内服务于利益相关者。共识，社会有很多的行动者和各种观点，善治需要调节社会中各种不同的利益，并在社区最大的利益上达成一个大致的共识，同时对可持续的人类发展、如何取得这样的目标有一个长远的看法。平等和包容，社会的福利取决于保证其所有成员感到他们在其中有利益，没有遭到主流社会的排斥，这要求所有团体，尤其是弱势团体具有维持和改进其福利的机会。高效，善治意味着机构和程序在最佳使用资源的同时满足社会的需要，效率包括可持续地使用自然资源和保护环境。可问责，这是善治的一个关键性要求。政府部门需要对公众负责。谁对谁负责是不一样的，

① 俞可平. 增量政治改革与社会主义文明建设. 公共管理学报，2004 (1).

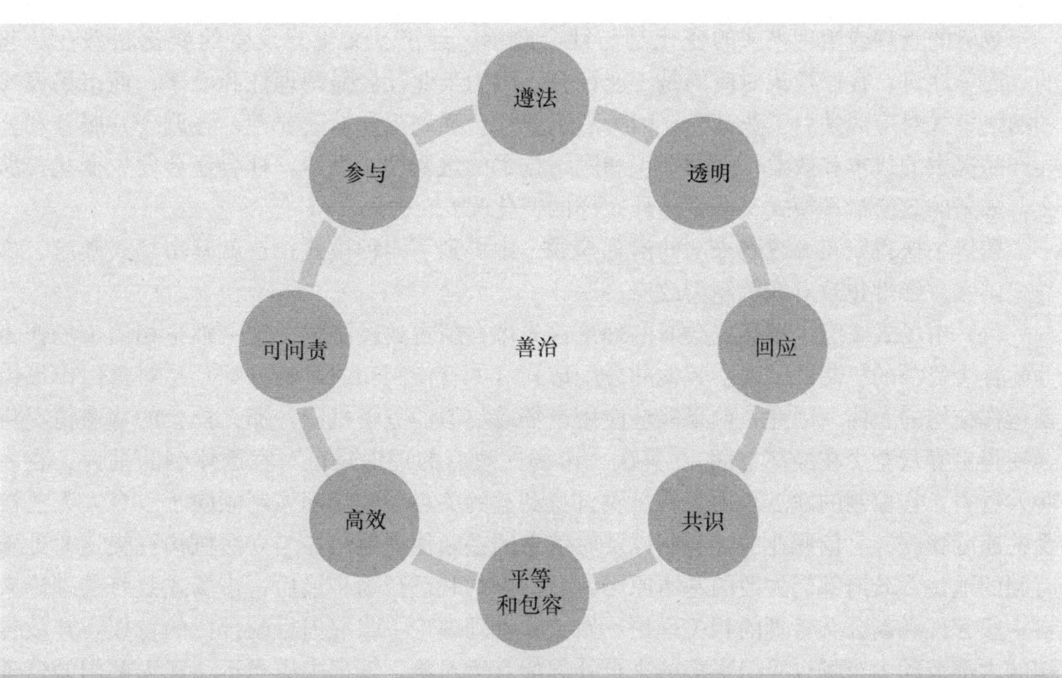

图 2-1　善治构成

资料来源：What is good governance?. http://www.unescap.org/pdd/prs/ProjectActivities/Ongoing/gg/governance.asp.

这取决于决定和行动是在组织内还是组织外采取的。一般来说，组织或机构对受其决策影响的人负责。没有透明性和法制，问责是无法得到实施的。可以看到，治理的这几个方面是理想性的，现实中要全部做到很难。但是，这些方面毕竟指出了治理努力的目标，也可以作为衡量实际治理效果的一个尺度。

2.3.2　治理模式

尽管有一种观点认为，治理比较管理来说是进入了一个新的阶段，但两者在本质上是一样的，你可以把治理说成是管理的一种新的方式（比如强调管理中的民主意识、社会对公共管理的参与和共同管理），管理和治理都涉及管理主体、服务对象、组织结构、管理过程、结果评价等这些最基本的方面，只是在做法上有不一样的地方。正因为如此，两者的运用有时是互通的，治理可以讲是一种模式的转变，但不是范式的转变，因为范式的转变是带有革命性的，它在一些本质属性上不同于原有的模式。本书在第一部分讲到了公共管理的三种模式，即传统行政模式、管理主义模式和新公共服务模式，这三种模式是目前公共管理中同时存在、互为补充的模式。传统行政模式更多的是基于政治考虑，强调命令服从。管理主义模式更多的是基于经济的考虑，强调市场和竞争。而新公共服务模式则基于社区的考虑，强调民主、信任与合作（事实上，这也是治理强调的方面）。这三种模式用另外的语言来说，也可以表述为官僚模式、市场模式和网络模式（强调政府与社会各种组织的共同管理）。

政府的管理或治理模式的变化是与社会政治、经济、文化等发生的变化联系在一起的。简单地讲，官僚模式对应的是工业社会，因为工业社会强调理性和效率；而市场模式和网络模式对应的是后工业社会，因为后工业社会强调福利的重要性，强调公共服务和公共产品提供的成本和效益，强调知识和网络技术的重要性。当然，社会还会发生变化，那么，未来的政府治理模式又会发生什么样的变化呢？

盖伊·彼得斯在《政府未来的治理模式》中讲到了四种模式，这就是市场式政府、参与式国家、弹性化政府和解制型政府。①

（1）市场式政府。市场式政府的理论首先来自新古典经济学。这一理论相信市场作为分配社会资源的机制的效率，其他的分配形式（如官僚制和法律的分配）是对自由市场体系运作结构的歪曲。因此，如果能够应用市场或类似的竞争机制，那么社会的普遍情况将会变得更好（至少在经济方面）。其次，市场式政府的理论来自对官僚体制的批评。在一些人看来，官僚制的缺点表现为官员对自身利益的关心导致管理体制倾向于以令人无法接受的速度膨胀。官僚职业的终身制以及对信息的垄断使得他们在与立法机构打交道时处于有利的地位。政府部门失败的基本原因就是官僚的利己行为。最后，市场式政府的理论来自一般管理和新公共管理的相关理论。新公共管理理论主张取消行政部门的特权，开放传统的内部劳动力市场以吸引更多的来自外部的竞争对象。管理中应当运用私人部门的管理技术和激励手段，这样有助于以较少的施政成本打造一个运作良好的政府。

市场式政府主张以分散决策权和政策执行权的方式来解决公共组织在结构上存在的问题。打破大政府垄断的最基本的方法是利用私人组织或半私人组织来提供公共服务。权力分散也可以通过将大的部门分解成若干个小的机构或通过将职权下放给较底层的政府机关等方法来实现。权力分散有时候也意味着向地方分散权力，即赋予地方政府更多的决策权。市场式政府还主张在人员管理上以绩效工资取代原有的刻板的工资报酬制度，工资报酬取决于表现的好坏。在财政管理上主张将全部政府机关区分为购买者和提供者。政府通过中心机关向实际提供服务的部门购买所需要的服务，这些服务的成本全部被计算在内，而以往公共部门在预算中常常将这些因素排除在商品和服务的内部定价之外。此外，还有在政府内部成立与服务提供有关的“成本中心”，以更精确地分配提供每一项服务所需的全部成本。同时，市场式政府主张将官僚体制的职能分散到一些机构，使它们可以根据市场信号来独立自主地制定政策，但市场式政府也主张这些机构遵守上级部门制定的政策或意识形态方面的命令。

（2）参与式国家。参与式国家的产生出于这样一个想法，在今天这样一个时代，如果没有公众的积极参与，政府很难使其行动合法化。参与的方法认为公共部门常见的层级化、规则化组织是有效管理和治理的严重障碍。不过，与市场方法不一样，市场方法注重公共组织中较高的管理阶层，这些人一直被看作政府的原始企业家，而参与方法则关注较低阶层的员工和组织的服务对象。其假设是，如果这些人能得到很好的使用，其思想和才华能得到适度的发挥，那么政府的表现会变得更好。因此，参与可以说是一种价值，这种价值属于政治民主的意识形态范畴，因为参与除了涉及改善政府组织本身的管理外，还涉

① 彼得斯. 政府未来的治理模式. 吴爱民，夏宏图，译. 北京：中国人民大学出版社，2001：27.

及国家和社会之间的关系问题。

“参与”并不是一个全新的概念，从西方国家的历史来说，它与 20 世纪 30 年代后兴起的组织人本主义有关，与 60 年代的新公共行政运动有关，也与七八十年代的全面质量管理（全面质量管理旨在创造一种鼓励各方参与的机制，而不仅仅凭借自上而下的方式来从事管理活动）有关。参与的一个观点是官僚体制内的官员无法获得制定政策所需的全部信息，或得不到正确的信息，因此，如果排斥公众的参与，往往会造成政策上的失误。如此而言，政府应该更加开放，而不能制局限于内部的少数人。公众想参与政府决策，这是问题的一个方面。另一方面，公众也希望政府采取果敢有力的和迅速的行动。在彼得斯看来，对于政府而言，可能唯一有助于其做出复杂困难的决策的方法是限制参与，而不是鼓励参与。政府的任务是平衡及时决策的需要和参与的需要，同时制定出采纳未来参与者提出的相关意见的标准。协商式民主的产生正是顺应了这样的需要。比如，美国曾经产生过“协商制定规则”的做法，也就是允许参与者之间以及参与者与有关机构之间将可能会转变为法律的规则的性质进行协商，它有助于强化民主程序的本质，也有助于提高所制定的规则的质量。

（3）弹性化政府。弹性化政府指的是政府及其机构有能力根据环境的变化制定相应的政策，而不是用固定的方式回应新的挑战。弹性并非完全与稳定性和永久性相对立。稳定性和永久性有它的优点，比如稳定性是组织记忆的重要来源，这有它积极的一面。认为所有的旧政策都不好，就如同假定所有现行政策非常完美一样，都是一种错误的推论。但是，在一个变化的社会里，政府必须适应不断变化的情况，从而使自身的运作更有效。比如，恒久不变的政府结构往往是政府有效治理的障碍。因此，在新公共管理的改革中，一种做法就是将过去一个大部门执行某种职能转而由几个较小的组织去做，这种组织通常叫“执行机构”。此外，由于需要适应经济上的变化，政府发现雇用兼职人员是一种省钱和提高组织弹性的方法，因为至少从效率的角度来看，没有理由保留一群只在工作高峰时段或紧急时期才需要的员工。

弹性方法的基本设想是在政府内部采用可选择的结构机制，以取代那些自认为拥有政策领域永久权力的传统部门和机构，对不断变化的社会和经济情况做出反应。在这里，虚拟组织的思维在今天的组织理论中已经变得相当普遍。虚拟组织指的是在组织间建立网络系统，其基本逻辑是，任何政策领域或几乎任何人类行为所涉及的领域都存在着很多组织，它们之间彼此互相作用并建构了社会制度。这些网络系统将制定出引导其行动的非正式或正式的规则以及规范，系统中的成员也会彼此分享一些价值观和义务。政府的任务在于丰富组织的生活，并将之运用于政策建议、执行和计划协调之中。弹性化的人事管理制度可以使政府快速而有效地对所面临的危机或迅速增加的服务需求做出反应。在政策制定方面，弹性化政府的观念对政府经费的分配具有重要意义，比如，渐进主义所提供的边际分析捷径即有助于政府经费的合理分配。

（4）解制型政府。解制型政府指的是政府本身内部的管理，它不是试图限制公共官僚组织的制定政策的权力，而是通过解制（放松管制）来取消一些限制和制约，释放公共部门蕴藏的能量，以提高政府行动的水平，也就是解除内部的繁文缛节的限制，使政府的活动更具有创造力、效率和效能。解制模式也被认为与市场模式有关，两者是改造政府的互补方法。尤其是解除人事管理、采购等相关的内部限制，将使公共管理者的行为如同私人经理一样，从而促使公共部门更有效率。解制也被认为与参与模式有关，不同点在于解制几乎只强调提高效率，而参与模式注重的是自我实现、参与等价值。如果说市场模式趋向于重视垄断带来的负面结果，参与模式强调层级制的负面影响，弹性模式关注组织永久性引起的负面结果，那么解制模式强调公共组织的内部管制是造成公共组织功能失调的主要原因。

解制模式不强调集中化的控制结构，相反，它允许单个的组织制定并执行自己的目标。从管理上讲，解制后的政府要求公共组织内部的管理者承担起更多的实现目标的责任。公共管理者不仅应具备市场模式所要求的企业家的创新精神，而且也应具备参与模式所要求的民主领导人的某些品质，他们必须是有道德的领导者。在政策制定方面，解制模式主要关心的是做出决策与执行法律的程序。解制模式认为，应该赋予官僚组织更强的决策角色，其逻辑在于，既然官僚组织是思想和专业知识的汇集之地，那么就应该允许它们有更多的决策权。解制模式的本质是用其他的控制形式来替代法令规章式的控制。参与模式强调公众的作用，认为他们的参与是监督公共部门的最佳手段，而解制模式则认为公务员大都是由具有奉献精神和有才干的人所组成。他们愿意为公众提供尽可能好的服务。因此，即便放弃一些控制措施，系统仍然能很好地运作。当然，完全解制是不可能的。解制进行到什么程度，不同的国家有不同的答案。

四种模式当然都有其不足。比如，弹性模式的代价是组织记忆的消失和员工责任感的降低，参与模式可能减缓决策的速度，解制模式与市场模式一样，会使协调和政策的连贯一致变得困难。需要指出的是，彼得斯指出的四种模式是对西方国家来说的，对于一些处于其他发展阶段的国家来说，由于这些国家面临的情况与西方国家有所不同，它们发展出来的管理模式可能会表现出不同的特点。这四种模式也不是互相孤立的，它们可能同时存在于政府的管理之中，而且互相之间也可能起互补的作用。同时，这些模式也不一定表现为纯粹的某种模式，它们可能互相之间是交叉的。另外，必须对信息技术对管理模式的影响给予足够的关注，未来技术对管理模式的影响是不可忽略的。

2.3.3 中国政府的治理创新

2013年，党的十八届三中全会提出，要“更加注重健全民主制度、丰富民主形式”，同时提出“推进协商民主广泛多层制度化发展，发展基层民主”。治理的核心是参与公共事务管理的主体的多元化、多元合作、共同治理。随着我国改革过程中市场和社会的出现，多元的合作就具备了一个现实的基础。尽管政府在这一过程中仍然占据着最重要的位置，但是这一过程已经开启，其背后的原理是提高管理的民主程度，减少管理社会的交易成本，向民众提供更好的公共产品和公共服务。中国政府在治理尤其是基层治理方面进行了一些比较具有自我特点的创新。简单归纳一下，可以看到以下几个方面的发展：

（1）协商民主建设。2015年，中共中央印发了《关于加强社会主义协商民主建设的意见》，对新形势下开展政党协商、人大协商、政府协商、政协协商、人民团体协商、基层协商、社会组织协商等做了全面部署。事实上，这一文件也是对一段时间以来我国协商民主发展的总结。在这个发展过程中，协商民主比较典型的做法是民主恳谈会。

浙江温岭的民主恳谈会是开展得比较早的，在 20 世纪 90 年代末就开始了。经过几年的发展，民主恳谈会由最初的一种工作方法演化为一种稳定的制度，其表现形式有民主沟通会、乡政府决策听证会、乡镇党委决策议事会、村民议事会、乡镇人大表决会、党代表建议回复会、重要建议论证会和村民代表监督管理会。我们可以把民主恳谈会看作基层民主治理的一种形式。基层民主的内涵有民主选举、民主决策、民主管理和民主监督四个方面，由于选举有制度性的规定，因此，温岭的民主恳谈的重点在民主决策上。恳谈主要涉及议题、对策和公告。就镇一级而言，议题通常涉及的是公共事务，为了使恳谈有集中和明确的议题，镇里会事先进行调查，拟出可供讨论的议题。在讨论产生初步的方案后，将其公布，使与会者更具代表性。恳谈会中，民众只是参与，最终还是由党和政府来决定。

民主恳谈会的程序（以乡镇为例）一般由镇党委书记召集、主持，镇长讲恳谈会的议题、基本情况及镇里的初步方案。群众充分讨论后，恳谈会暂时休会由镇领导根据群众意见进行讨论，修改原方案。然后会议重新开始，由镇党委书记或镇长宣布镇里的最终决定。当恳谈会意见不统一不能达成共识时，由镇人大代表按法定程序进行表决产生。

温岭的民主恳谈会是一种党领导下的公众参与模式。因此，这一恳谈会坚持四个原则，即坚持党的领导原则、依法办事原则、民主集中制原则和注重实效原则。那么，一个现实的问题是，既然民主恳谈是吸收民间意见，当这一意见与党的意见发生冲突时，如何解决？“在民主恳谈的过程中，党委始终起主导作用，议题的提出、恳谈会的组织以及决策的落实，整个过程基本上由党委主导。村级议题的提出，实际上也是由党支部最终拍板。如当有些村民提出召开民主恳谈会或村民代表大会讨论分村里集体资产的问题时，如果召开这样的会议的话，结果可想而知，因为村民肯定更愿意把资产掌握在个人手中，所以党支部起的作用就是在恳谈会或村民代表大会召开之前取消这个议题”①。

那么，为什么会有这样的民主恳谈会？它的实际作用如何？温岭的民主恳谈会的出现事实上是由于人大的缺位。民主恳谈会发挥的作用实际上应该由人大来行使，那么为什么不通过加强人大自身的决策机制，使人大承担其功能呢？“这可能是大的体制环境所决定的，因为党委、政府不愿意对人大放权。对人大的放权跟对民主恳谈会的放权是不一样的，因为对民主恳谈会放权，通过恳谈会的方式来决策，党委、政府还是能起主导作用的。如果放权给人大的话，党委、政府的权力就有可能被削弱，这是党委和政府不愿意的。”② 另一个原因可能在于乡镇人大制度的局限，因为根据《地方各级人民代表大会和地方各级人民政府组织法》规定，乡镇人大不设常设机构，每年至少举行一次会议。而一年一度的会议，加之代表人数不多使得人大作用的发挥受到了限制。从这个意义上说，民主恳谈会也弥补了乡镇人大体制的缺陷，因为有的镇一年进行了差不多 50 次的恳谈会。恳谈会无疑也提升了民众的参与意识。此外，它对于党和政府在决策过程中吸纳更多的意见和看法从而提高决策的质量也是有助益的。按照贾西津的说法，民主恳谈会召

---

①② 贾西津. 浙江温岭的“民主恳谈会”.［2017-04-18］. http://wenku.baidu.com/link? Url.

开后产生的变化主要体现在“推动了两个转变，即领导方式的转变和干部作风的转变。原来就是两委会班子研究，在群众不知情的情况下决策就做出来了。现在则不同，一些重大事情必须经过民主恳谈会。这就要求领导干部要做好调查研究，积极思考工作中存在的问题，同时掌握一定的法律法规知识。对于一般干部，则要求他们广泛听取群众意见”①。

但民主恳谈会还是一种比较初级的协商民主，还处在一种比较初级的治理阶段。它的存在从某种程度上反映了现有体制的不足，它同建立在公民社会基础之上的参与和合作治理还有一段距离，尽管这一创新并非没有意义。

（2）参与式预算。参与式预算是我国地方治理创新的又一个有意义的发展。它最先是在21世纪初由温岭的民主恳谈会发展出来的，然后在其他一些地方推广。在这里，云南盐津的参与式预算模式比较有典型性。盐津县的乡镇参与式预算的核心机制是“民主议事会”。议事的主体是各村推选出来的群众议事员，群众不直接参与预算决策。参与式预算过程包括了以下几个环节：1）推选群众议事员。议事员由“村委会”和村民小组（体制内和体制外）推荐的代表组成，这有助于整合基层社区不同的利益，议事员有任期。2）项目准备，涉及两个方面：一是确定资金总量，在形成项目前，政府首先确定群众参与预算的资金总额，并在项目提交前通报议事员。二是建立项目库。谁有权提项目是一个重要的问题。盐津的做法是群众议事员和政府都可以提出项目，但以前者为主。村议事员一般考虑的是本村的事，而镇政府考虑的是全镇的事，因此可以形成互补。在这一点上它超越了其他地方的一些做法，比如温岭、顺德等地是政府提出，群众参与讨论。3）项目审查。由县政府出面组织相关人员和部门对纳入项目库的各类项目进行独立的技术性和政策性审查并公开。只有通过审查，才能交民主议事会审议。4）民主议事。公民参与预算，关键的问题是在项目的决定中，代表的影响力有多大。盐津的模式是将项目的决定权授予群众议事员，也就是项目选择是由参与群众投票决定的。5）执行反馈。镇政府将议事会决定的项目编入政府预算草案。在人大通过后，在预算的执行过程中，群众议事员负责监督自己提出的项目的执行。②

总体上看，盐津模式已经在更大程度上表现出公民权利的空间，“其在启动层级、预算层级、预算范畴、组织结构、预算投票等方面，都具有体现出公民权利的制度特色，比如将乡镇‘财力余额’全部交由公民参与，将村（社区）竞争性事务与乡镇本级公共事务预算一并纳入参与式预算，政府不参与决策而开放由群众议事员提议项目、竞争表决，程序交由中立主持人、制度性屏蔽政府干预，设立政府领导、人大监督、专家技术支持的三方架构等，整个过程体现的公民参与权力程度是相对较高的”③。

盐津的参与式预算模式比较之下是一个群众参与度相对更高的模式，是基层民主治理的一个发展，但是这一模式目前还没有上升到一种制度层面，因而它的可持续性和可复制性还是一个问题。

（3）公共服务购买。政府向社会力量购买服务，就是通过发挥市场机制作用，把政府

① 贾西津．浙江温岭的“民主恳谈会”．［2017-04-18］．http://wenku.baidu.com/link?Url.

② 马骏．盐津县“群众参与预算”：国家治理现代化的基层探索．公共行政评论，2014（5）．

③ 贾西津．参与式预算的模式：云南盐津案例．公共行政评论，2014（5）．

直接向社会公众提供的一部分公共服务事项，按照一定的方式和程序，交由具备条件的社会力量承担，并由政府根据服务数量和质量向其支付费用。公共服务购买也可以看作政府治理方式的一个新的发展，因为它改变了传统的政府公共服务的提供方式，使社会组织更多地参与到政府的公共事务的管理中来，这有助于服务质量的提高。从政府的角度来说，这也是职能的一个转变，即将掌舵和划桨的职能分开，政府专注于掌舵，划桨可以由社会的其他组织来做。从公共服务的角度来说，也就是把服务的生产和提供分开。

我国从20世纪90年代末就开始了政府购买公共服务的做法。上海浦东是我国最早开展政府购买公共服务的地方，后来在这方面也一直走在全国的前列。购买公共服务需要政府在当时的条件下对社会组织加以扶持，因为这些组织是购买公共服务不可缺少的一方。浦东新区早在2005年就出台了《关于促进浦东新区社会事业发展的财政扶持意见》，此后相继出台的文件有《关于着力转变政府职能建立新型政社合作关系的指导意见》《浦东新区关于政府购买公共服务的实施意见（试行）》《关于促进浦东新区民间组织发展的若干意见》。2010年，浦东新区出台了《关于"十二五"期间促进浦东新区社会组织发展的财政扶持意见》，明确了一系列不同社会组织发展的细则。因此，浦东新区的各类社会组织在2014年3月的时候就达到了1 675家（其中社会团体356家、民办非企业单位1 319家），具备承接政府购买服务资质的社会组织有1 386家。政府出资购买公共服务的费用从2004年的2 228.2万元到2006年的5 955万元，再到2014年的33亿元，支出成倍增加。伴随着社会组织的快速成长，专业社会工作和志愿服务也得到了蓬勃发展。社工服务已经涵盖养老、助残、社会救助等20个领域，服务项目延伸至农村社区。①

浦东新区政府购买公共服务的做法主要由以下几个方面：1）重构政府与社会组织的关系。随着社会组织的发展及其作用的凸显，政府将原来由其主办、为社会发展和人民日常生活提供服务的事项交给有资质的社会组织来完成，形成"政府承担、定额委托、合同管理、评估兑现"的新型政府提供公共服务方式。2）建立新机制，实现预算管理。将购买公共服务的费用纳入预算，强化契约式管理，政府和社会组织的责任、义务以及服务要求全部在合同中体现，建立评估机制和规则。3）规范程序。一是明确范围和项目，二是明确工作职责，三是明确操作程序，四是明确项目购买方式，五是明确评估方式。从服务提供方、服务承接方和服务事项三个方面对购买公共服务行为进行合理界定；将项目的协调、督办、评估等工作职责分解至各相关处室；对服务供应方的资质、服务质量、服务成果进行评价，并采取服务提供方内部评估和第三方绩效评估的方式，将评估结果作为项目经费支付依据和今后项目招标的重要参考。4）加快政府职能转变。该区12个街道办事处不再直接从事招商引资活动，把主要精力放在社区就业、养老服务等职能上，并将社会和社区可以承担的一些公共职能，通过购买服务方式委托给社会组织和社工机构承担。5）推进政社分开和政社互动。推进政府与社会组织在主体、机构、职能、资产、住所、人员方面"六分开"，厘清公共服务提供方（政府）和承接方（社会组织）之间的职责边界。6）搭建政社合作互动平台。建立社区政务事务受理服务体系作为政社合作的有形平

① 林慧君. 浦东率先探索政府购买服务改革.［2017－04－18］. http://sh.people.com.cn/n/2015/0811/c134768-25930565.html.

台。建立市民中心，政府重大决策、重大事项征询社会组织和社会公众的意见，政府与市民、政府与社会组织、社会组织与市民以及社会组织之间的互动交流都可在这个平台上进行。平台的运作由政府委托区社工协会承担。[①]

政府购买公共服务作为一种新的治理方式，提高了公共服务的质量，因为它实现了政府购买服务与政府服务之间的有效互补。这一互补表现在，“在服务内容上，与政府提供的共性的、普惠的、托底的、均等的公共服务不同，社会工作提供的是差异化、多样化、个性化的服务；在服务主体上，社会组织主要是面向居民，提供专业化的服务帮助，促进社区功能的强化、社区服务的丰富；在服务方式上，与政府的行政化、命令式、号召性的组织动员和服务方式不同，社工的服务方式是柔性的、个性化的、润物细无声的，努力体现‘助人自助’”[②]。

政府购买公共服务作为一种新的治理方式得到了肯定。党的十八届三中全会提出，要“推广政府购买服务，凡属事务性管理服务，原则上都要引入竞争机制，通过合同、委托等方式向社会购买”。其所以如此，正像浦东的例子表明的，它不仅能带来服务质量的提高，带来社会的参与，也转变了政府的职能，简言之，它正在形成一种新的治理模式。

① 上海市浦东新区建立政府购买公共服务机制. [2017-04-18]. http://www.chinareform.org.cn/area/inshore/Practice/201004/t20100401_2446.htm.

② 林慧君. 浦东率先探索政府购买服务改革. [2017-04-18]. http://sh.people.com.cn/n/2015/0811/c134768-25930565.html.

第3章 组　织

3.1 组织结构与组织功能

3.1.1 组织结构与组织功能的关系

公共管理的运作需要借助一个组织形式，因而这一组织就成了公共管理的一个重要的空间。所谓组织，指的是两个或两个以上的人为了达到一个共同的目标而形成的一个协作系统。这样的一个组织，可以从四个角度对它加以观察。首先，可以从静态的角度来加以观察。这涉及组织的结构问题，结构有多种表现形式，比如等级的官僚制形式、矩阵结构形式、网络状结构形式等等。其次，可以从动态的角度来加以观察。这涉及组织的功能，组织具有多种功能，比如计划的功能、决策的功能、沟通的功能、预算的功能、管理的功能等等。再次，可以从心态的角度来观察。心态是功能的延伸，组织是由人构成的，功能也是由人来履行的，组织在运作的过程中会形成一种组织心态。最后，可以从生态的角度来加以观察。它涉及组织的环境，一个组织是一个更大的环境中的一部分，它与环境发生着一种交互关系，环境影响它，它也影响环境。

组织可以说是一种履行某种功能以达到组织目标的结构形式。一般来讲，组织（无论哪种类型的组织、政府、企业抑或军队）通常履行的功能包括：(1) 组织功能。从静态的角度讲，组织功能涉及建构和规定完成任务或目标所需的结构和关系形式，比如层次的安排、职责和职权的确立以及命令关系和协调关系的规定等。从动态的角度讲，就是资源（包括人力资源、财力资源、信息资源等）配置、组织和利用。(2) 决策功能。为实现组织目标，组织需要就有关的事项做决定，它通常构成了组织活动的核心部分，并贯穿了管理的整个过程。(3) 协调功能。组织的活动在某种程度上就是一种协调的过程，包括组织内部关系的协调以及与外部关系的协调。从组织内部来讲，它与命令构成了两种最重要的沟通方式。(4) 控制功能。组织的活动过程也可以说是一个控制的过程，因为组织必须保证其活动按照既定的目标前进，因此，它需要对过程中出现的偏离目标的行动进行纠正。

组织是为解决问题而建立的，比如，企业是为提供某种产品或服务、解决需求而建立起来的，公共组织则是为解决社会公共问题而建立起来的。“事”构成了组织建立的一个原点，事的完成需要通过履行各种功能，需要通过决策、协调、控制等，而功能的履行需要借助一个组织形式。能否有效地履行，组织结构的优劣非常重要。因此，我们看到，结构与功能作为组织两个最重要的构成部分，其关系表现在：

(1) 功能是基础，结构是由功能决定的。没有功能上的需求，结构也不会存在，因为结构只是功能履行所需要借助的一种方式而已。比如，外来人口进入城市，这就有了一种管理外来人口的功能上的需要，因为需要解决外来人口进城后产生的一系列问题，因而也就有了一种如“外来人口管理办公室”之类的组织结构形式来履行这样一种功能，如果没有这种功能上的需要，也不会去建立这样的结构。再比如，大部制结构的建立，是因为原有一些组织的运行存在着功能上的紊乱，如同一功能有多部门介入而形成碎片化，使得功能无法得到有效的运行，因而用一种新的结构形式来履行这一功能。

(2) 结构一旦建立起来，就会对功能的行使产生反作用，结构的好坏或适用性在相当程度上决定了功能行使的有效性。即便就履行同一种功能而言，也会有不同的结构形式，这是视可能产生的结果而决定的。比如，环境比较稳定下的组织运作，一般会采用官僚等级制的组织机构，而环境变动较大下的组织运作，就会采用矩阵或扁平的组织结构，从这个意义上可以看到结构的重要性。传统的组织理论就是以结构的好坏来判断一个组织的效率的，一个结构臃肿、层次过多的组织是不可能有效率的，因为它首先影响了组织沟通协调的功能，进而会影响到组织的决策功能。

正因为组织结构的重要性，不同类型的组织的结构设计就成了一个需要认真考虑的问题。比如，组织的领导结构就有两种类型，一是首长制，二是合议制。可以看到，首长制通常用于办事型的组织，这是因为办事强调快，强调效率，而首长制的特点恰恰在于快，首长决定了就执行，无须再讨论。正因为如此，政府系统一般采用首长制的结构，因为政府是办事机构，强调效率。比如，美国的行政系统实行的是总统负责制，我国把政府系统实行首长制写入了宪法，规定了从最高的中央政府实行总理负责制一直到最低的乡镇政府实行乡长镇长负责制。合议制结构则适应于讨论型的组织，讨论不需要快，而是要周全，而合议制的特点是对一个问题的讨论和决定最后以少数服从多数的方式来解决，这一过程尽管可能会拖延时间，但对问题的彻底讨论有助于决定的做出。在我国，共产党组织和人大组织采用的就是合议制结构，一些问题的最终决定是通过少数服从多数来决定的，因为党和人大不是办事型机构，而是讨论型机构，它们是制定方针和政策的机构，方针和政策的制定不要求快，而是要求周全。

此外，在国家的行政体制上，我们还可以看到两种不同的组织结构设计，一是单一制结构，二是联邦制结构。单一制也就是中央集权的结构，地方政府都从属于中央政府，服从中央政府；而联邦制结构中，中央层面的政府和地方政府之间没有从属关系，地方政府享有自治的权力。选择哪一种结构则更多的是出于一个国家的历史、传统的考虑，出于哪种形式能更有助于国家管理的考虑（当然，这也是可以改革的，中央集权的结构可以改成联邦结构，反之也一样）。比如，中国采用的就是中央集权的体制，而美国采用的则是联邦体制。由于两种结构都有它的优缺点，因此在这一体制的运行中有时有必要加以改革和完善。以中央集权制来看，这一结构的优点在于权力掌握在中央，中央一个号令马上就可以行动，做事效率高；缺点在于下级的积极性、主动性和创造性会受到制约。因此，如何发挥上下两个积极性一直是这一结构需要解决的问题。以我国而言，如何在这一结构中建立使两头积极性都得到发挥的机制一直是一个需要解决的问题。“一统就死，一死就放，一放就乱，一乱就收”非常典型地描述了这一体制曾经面临过的窘境。

结构和功能的关系也是一种动态的关系，这一关系表现为功能的变化会引发结构的变化，功能会分合，结构也会分合。尽管结构在一般情况下因功能而起，但有时在功能还没有提出需求之前，结构的主动变革也会影响功能的运行。

3.1.2 组织结构形式

组织结构自韦伯建构的官僚制结构以来，经历了一个从纵向权力结构向横向平行结构发展的过程。这些结构的表现形式有矩阵结构、扁平结构和网络状结构。今天，我们可以看到在公共管理中这四种结构都在发挥作用，其趋势是从纵向结构走向平行结构。

（1）官僚制结构。这是公共管理所借助的最重要，也是历时最久的一种组织形式。马克斯·韦伯最经典地指出了这一结构的特点：1）等级结构；2）分工；3）记录在案的工作决定；4）行政权与立法权分离；5）行政人员经过特殊训练，有特殊才能；6）非人格化管理。[①] 从上到下的权力等级结构意味着组织有一个中心，它保证了指挥统一，使得整个组织可以迅速有效地行动起来。横向的职能分工使得整个组织进行专业化的运作，从而提高组织活动的效率。记录在案的工作决定意味着整个组织按法律和规章制度进行运作，按程序进行运作，这保证了组织运作的有序性。非人格化管理表明管理是就事论事、照章办事的，不因人为的因素而受到影响，表明了管理的无偏私性和公正性。在韦伯看来，这是一种最理性、能最有效地达成社会目标和经济目标的组织形式。

但是，这一结构的每一个优点的背后都有它的缺点。从上到下的等级结构的最大问题是导致人丧失自我，导致人的异化。因为必须服从中心，下级有时不得不说一些有违自身原则的话和做一些有违自身原则的事，从而使自己变得不再是自己。分工提高了效率，但会加大合作的难度，分工也容易造成部门主义、小团体主义和专业至上，从而丧失整体意识和全局意识。规章制度结构重要，但走向繁文缛节会导致僵化，规章制度具有压抑一个人的创造性和想象力的功能。非人格化也不能走向极端，否则会把人与人的关系变成了一种冷冰冰的机器之间的关系。官僚制结构的这些问题在进入后工业社会后受到了挑战。新公共管理改革甚至要否定这一组织形式。戴维·奥斯本对官僚制批评说，在官僚体制走过

① 斯蒂尔曼二世. 公共行政学：概念与案例. 竺乾威，扶松茂，等译. 北京：中国人民大学出版社，2004：80-82.

的岁月里，它的确起过重要作用。但在最近20年里，官僚体制已经面临土崩瓦解。当今世界瞬息万变，技术革命，全球范围内的经济竞争，市场日益分化，从业者受过良好的教育，使得自上而下的垄断专权显得过于老态龙钟、反应迟钝，在变革和创新方面显得无能为力。① 巴泽雷则指出了官僚制面临的困境，在他看来，越来越多出现的诸如顾客、质量、服务、价值、创新、授权和灵活性等，表明官僚体制已经不是美国政府官僚中唯一主要的观点和论据了。②

但是，尽管有这样的批评，尽管新公共管理开创了一种新的管理模式（企业的方法、手段和技术被运用到行政运作中，如注重结果而不再注重过程，公共服务的提供从原有的政府垄断走向多元提供，等级的运作开始走向网络的运作，企业的用人制度和绩效评估制度被引入，对顾客做出承诺，保证服务的质量，等等），尽管也有一些新的结构形式（如网络状结构）以及新的信息技术的出现，但官僚制事实上仍然是一种最重要的组织形式（因为管理无法避免这个结构所具有的一些基本特征），尽管它发生了一些变化。

（2）矩阵结构。矩阵结构的出现在某种程度上弥补了官僚制结构的不足，这一不足表现为对外部变化的反应较为迟缓。矩阵结构由纵向的部门结构和横向的项目结构交叉构成。矩阵结构形成的原因在于，就完成一个项目（也可以说是一件事情或一个任务）而言，单靠一个部门是不够的，有时需要多个部门的合作才能将任务完成，这就导致了部门间的交叉。比如，教育应该是学校的事情，与警察局没有关系。但是，学校搞交通安全的教育，有时会请警察局的警察来讲这方面的内容。项目越大，事情越大，涉及的部门也就越多。如何利用部门的现有资源来完成项目就成为一个必须考虑的问题。比如奥运会安保，如果不采用矩阵结构的做法，我们需要在奥运会开幕之前招募安保人员，然后对他们进行训练，开幕时把他们派上场，闭幕后将他们解散掉。但显然这不是一个好办法。矩阵结构在这里就显示了它的优越性。横向的项目结构（奥运会）将纵向的各个相关部门（如警察局、武警、安保机构，本来这些部门各司其职，互不相干）打通，这样在奥运会开幕前我们可以从警察局招警察，到武警部队招武警，到安保机构招安保人员，然后进行训练，开会时派上场，完了后各自回自己的单位。这表明了矩阵结构的一个优点：可以对部门的现有资源做最充分的利用，没有必要在一些事情上另起炉灶。但这一结构的缺点在于实际上形成了两个头，因此，如何协调这两者之间的关系是在运用这个结构时需要考虑的问题。

这一结构在现实的公共管理中也经常被运用，它在一定程度上可以解决等级结构难以解决的问题。比如，在我国自下而上的机构改革中，碰到的一个难题是地方因为机构和部门的重组破坏了与上面机构和部门的对应关系而无法将改革进行下去，因为上下的不对应导致上面的机构和部门会中断对下面的支持（比如经费不再拨付、活动不再叫下面参加等），这一直是地方改革的一个瓶颈。浙江富阳用矩阵结构形式的“专委会”较好地解决了这个问题。其设计是专委会对下不对上，原有结构和部门依然与上对应，但是专委会对于划入专委会的部门具有决定作用，这就解决了原来各部门互不通气、互不

① 奥斯本，普拉斯特里克．摒弃官僚制：政府再造的五项战略．谭功荣，刘霞，译．北京：中国人民大学出版社，2002：18.

② 巴泽雷．突破官僚制．孔宪遂，等译．北京：中国人民大学出版社，2002：9.

协调的问题。比如，在原来没有专委会的情况下，一个涉农项目的资金可以在好几个部门重复获得，这导致多得或得不到，因为部门之间互不通气。在建立了专委会后，有关涉农资金由专委会统一分配，这样就避免了资金的使用不当。一个专委会通常由10个左右的部门构成，其结构形式是由纵向的部门和横向的牵头部门（这一牵头部门根据不同的事情由相关的部门来担任）交叉形成，但这些部门同上面依然保持着对应关系。①

（3）扁平结构。扁平结构是对等级结构的改进，也就是减少组织的等级或层次。组织等级的多少与控制幅度（对下属——包括人和机构或部门——的数量的有效控制）相关。比如，在人数不变的情况下，一个等级控制的人数越少，那么等级就会越多，反之就越少。一般来说，随着组织变大，等级就增加。等级过多造成的问题首先是拉大了上下的距离，这使得上层很难迅速地了解第一线的情况并对问题迅速做出反应。其次，等级或层次过多造成了沟通上的问题，使得信息在上下流动的过程中会更多地出现信息失真的情况，这会对上层做决定带来负面的影响，因为上层获得的信息往往是不准确的。最后，等级或层次过多会因多设机构多设人而增加管理上的困难。因此，组织结构走向扁平化是结构改革的一个趋势，企业事实上早就开始了这样一个结构的改革。

扁平结构往往也是与团队结构的运作联系在一起的，团队有时就构成了扁平结构的一个组成部分。就团队结构而言，它在以下几个方面展示了与等级结构的不同：1）等级结构的一个重要特点是有一个中心，谁大听谁的，组织服从最高领导；而团队的原则是谁正确听谁的，大家都在一条船上，正确更重要，因为船沉了大家都得下去。此外，团队的领导人也不是固定不变的，做决定的方式并非一个人说了算。2）官僚组织结构因分工导致了专业性的运作，人员都是有一技之长的专业人员；团队结构往往将多种专业集合到一个团队，它要求团队人员具备更多的专业知识和技能，从而在不扩大团队的组织的情况下来扩大它的能量。比如，一个提供五种外语服务的团队，如果每人讲一种外语，那么这个团队需要五个人，但是如果有两个人都能讲两种外语，另一个讲一种，那么这个团队三个人就行了，团队规模小了，但服务的规模却没有减少。简言之，团队需要的是通才。3）等级结构强调规则，按规则办，这在行为上导致循规蹈矩，按部就班；而团队结构则强调创新，任何事情都是可以改进的。

扁平结构还有一种表现形式，即无缝隙组织结构。无缝隙组织是指“可以用流动的、灵活的、弹性的、完整的、透明的、连贯的等词语来形容的组织形态。无缝隙组织是行动快速并能够提供品种繁多的、用户化和个性化产品和服务的组织，并以一种整体的而不是各自为政的方式提供服务”②。在林登看来，这一结构与官僚制结构的最大区别在于它是围绕过程和结果运作，而官僚制是围绕职能和部门运作的。此外，这一运作是顾客取向、结果取向和竞争取向的。这一无缝隙结构比较好地体现在我国各地建立的“行政服务中心”这样一个组织上，这一中心将政府的多个职能部门打通，从而方便民众从这里得到所需要的服务。此外，在无缝隙结构的基础上，我国还发展出了网格化结构。网格化结构借

① 竺乾威．地方政府大部制改革：组织结构角度的分析．中国行政管理，2014（4）．

② 林登．无缝隙政府．汪大海，吴群芳，等译．北京：中国人民大学出版社，2002：3．

助信息技术、社会力量在政府层级、职能和部门之间进行全方位的打通，以一种整体性的方式进行运作和提供服务，也就是“纵向到底，横向到边”，对网格内的事和人进行全覆盖，提供精细化的管理和服务。

结构的扁平化在我国的机构改革中表现在“省管县”的改革上，尽管这一改革的起因更多的是出于发展地方经济的考虑。起于20世纪80年代的市（地级）管县（企图通过城市的辐射和带领作用来推动县的经济发展），在后来的发展中，一些地方（尤其是发达地区）的县的发展实际上超过了市的发展，而由于我国的行政资源和经济资源是按照行政级别来配置的，这导致县处在一个相对不利的地位，加之市管县的体制对县的资源的剥夺，使得县的进一步发展受到了制约（这里层级无疑在发挥作用）。正是在这样一种背景下，省管县的改革应运而生，从结构上讲，在组织纵向的等级上减少一个层次，也就是将“省—市—县”三级行政管理体制转变为“省—市、县”二级体制。浙江省是最早推行省管县的省份，后来省管县扩及多个省份，如安徽、湖北、河南、山东、江苏、福建、湖南、河北等。

（4）网络状结构。网络状结构的出现是与政府运作的变革，也就是网络化治理联系在一起的。“政府和机构之间的合同、商业化、公私伙伴关系、外包、特许协议和私有化等形式，都应该算作步入网络化治理的核心内容。”[①] 在菲利普·库珀看来，今天的“公共管理者是在垂直的权威模式和平行的协商模式互相交叉的情况下运作的”[②]。也就是说，在等级的官僚制结构之外又多了一个网络状的平行的结构。网络状结构形成的原理是对资源的充分利用，政府在维持原有成本不变甚至在减少成本的情况下向社会提供更加优质的服务。戈德史密斯谈到了网络状结构的几个优点：1）专门化。网络可以聚集最优秀的专业技术人才和管理人才。2）创新性。比如，曼哈顿工程的网络状组织结构把创新的潜能发挥到了极致，网络还可以及时了解公众的需求从而提供更高质量的公民服务，这是等级结构做不到的。3）速度和灵活性。用整齐划一的方式去解决各种不同的复杂的问题在今天已经做不到了，而网络状结构则提供了根据不同对象进行解决的灵活方法，灵活性也提高了政府反应的速度。4）扩大的影响力。网络可以联系政府服务的更广泛的顾客，此外，网络也可以通过借用非营利组织的创新精神和创造力帮助政府在解决主要社会问题时扩大自己的影响力。[③]

自改革开放以来，网络状结构日益出现在我国地方政府的购买公共服务（目前主要集中在社区服务与管理类服务、行业性服务与管理类服务、行政事务与管理类服务）中。在购买方式上，这种购买服务主要有合同制、直接资助制和项目申请制。这种网络化的运作方式产生的积极成果表现在：1）推动了政府职能转变，有利于实现政府角色转型；2）提高了公共服务质量，并对政府部门构成了示范效应；3）提供了事业单位改革的新途径，降低了财政成本；4）促进了社会组织发展，拓展了社会组织成长的社会空间；5）培养了社会志愿者，积累了志愿资源；6）促进了城乡均衡化发展，为城乡基本公共服务均等化

① 戈德史密斯，埃格斯．网络化治理：公共部门的新形态．孙迎春，译．北京：北京大学出版社，2008：9.

② 库珀．合同制治理．竺乾威，卢毅，陈卓霞，译．上海：复旦大学出版社，2007：12.

③ 同②26－32.

提供了新思路。[①]

正如官僚组织体制具有它的缺点一样，上述的几种结构形式也有它们的缺点和不足。比如，矩阵结构因有两个头而容易引发冲突，无缝隙结构会牵扯到部门之间的利益问题，网络状结构会同纵向的等级结构发生冲突，并对人员提出了原来等级结构不曾提出的能力要求，比如商业谈判、政府采购、服务购买等方面的经营能力。尽管如此，这些结构在变动的公共管理中还是展现了它们的适应力和有用性。今天，这几种组织结构同时存在，相得益彰。从发展的角度看，平行的组织结构形式和管理方式展示了更多的前景，原因有二：一是信息技术的发展。纵向等级结构设计的一个很重要的考虑是解决大规模的沟通问题，在计算机技术不具备的情况下，等级是使信息以最快的速度传播的一种最好方式，但是信息技术今天使得大规模的平行沟通得以实现，电子政务也因此而起。随着移动互联网、大数据以及新的信息技术的进一步发展，平行的组织结构形式和管理方式会日益增多。二是人的条件发生了变化。从一个角度讲，人类社会可以由精英和大众两部分人构成，精英有知识有文化，大众以往则连字都不识。因此，这个社会长期以来的形态是精英统治或管理，大众追随或服从。但是，今天出现的一个变化是大众中有越来越多的人成了"知识员工"，也就是说，精英在他们面前已经越来越体现不出原来的优势了，受过良好教育的员工甚至比领导更有知识、更有能力。因此，从管理的角度讲，等级的、居高临下的发号施令模式会日益被一种平等的、商讨式的协商或参与模式所取代，尽管领导负有做最终决定的责任。

3.1.3 中国政府的组织体制及其特点

我国实行的是单一制的国家结构形式，行政系统由纵向的中央政府也就是国务院和地方政府（省、县和乡镇政府）构成，横向（无论是中央政府还是地方政府）由各个职能部门构成，职能部门上下是对应的，比如中央政府有文化部，省就有文化厅，县就有文化局，乡镇就有文化站。从纵向上讲，中央政府也就是国务院居于最高领导地位，统一领导各部和各委员会的工作，领导全国各级地方行政机关的工作。地方各级政府管理本行政区域内的行政事务，领导所属各工作部门和下级政府的工作。

从功能上讲，政府的层次越往下走，履行的职能也越多和越详细。比如，就管理公共事务而言，中央政府的职能是"负责执行国民经济计划与国家预算，管理科学、教育、经济、文化、卫生等工作"。到县级以上政府，则是"执行经济计划和预算，管理本行政区域内经济文化建设、民政和公安等工作"，以及"保护公共财产，维护社会秩序，保障公民权利，保障少数民族的平等权利"。到乡镇一级，则是"执行本行政区域内的经济和社会发展计划、预算，管理本行政区域内的经济、教育、科学、文化、卫生、体育事业和财政、民政、公安、司法、计划生育等行政工作"，以及"保护社会主义的全民所有的财产和劳动群众集体所有的财产，保护公民私人所有的合法财产，维护社会秩序，保障公民的人身权利、民主权利和其他权利"。但是，地方政府部门履行这些职能时，既需要接受本

① 王浦劬，等. 政府向社会组织购买公共服务研究. 北京：北京大学出版社，2010：23-26.

级政府的领导，同时也要接受上一级政府对应部门的领导或指导。这就形成了单一体制下的一种双重领导体制，形成了在管理时需要解决的条块关系。

在上下部门的关系中，有两种不同的结构形式。一种可以称作以条为主的安排，其特征是条上条下是领导和被领导关系，其组织内的人事关系由上面决定，地方政府不插手。类似的职能部门有海关、银行等。这些部门不受地方政府的领导，与地方政府只是业务之间的关系。另外一种是条块相间的安排，业务上接受上级部门领导，而其他比如人事、财务等由本级政府领导。比如各地的审计机关，根据国务院办公厅《关于印发审计署主要职责内设机构和人员编制规定的通知》(国办发〔2008〕84号)，国务院《关于加强审计工作的意见》(国发〔2014〕48号)，中共中央办公厅、国务院办公厅《关于完善审计制度若干重大问题的框架意见》及相关配套文件（中办发〔2015〕58号）的规定，地方各级审计机关由本级人民政府设立，审计机关的人事、财务和日常管理工作由本级人民政府领导比较有利。上级审计机关掌握全局，能够把握审计工作的发展方向，审计业务以上级审计机关领导为主比较有利。这样安排的原因是地方各级政府了解本地经济发展情况，审计机关接受本级政府领导，有利于加强对本级财政、财务收支的监督，解决本地财政经济管理中存在的问题，为本级政府服务。同时，地方各级审计机关向上一级审计机关负责并报告工作，接受上级的业务领导，能更加保障其依法独立行使审计监督权，发挥其在国家宏观经济管理中的作用，同时也有利于保障国家法制的统一和政令畅通，更好地维护国家财政经济秩序。

这样一种对应关系的出发点是保证中央的政令畅通，也使地方的部门得以获得上面的资源。因此，我们可以看到，每一次机构改革，中央政府的机构和部门名称一改，下面也跟着改，为的就是对应，明显地体现了单一制结构的特点。但是，这样的双重领导结构也存在三个方面的问题："第一，难以保证国务院主管部门政策的执行。由于国务院主管部门对地方行政机关没有直接指挥权，更缺乏对地方的直接控制，因而，当地方行政机关不执行国务院主管部门的政策时，没有相应的机制纠正。第二，难以保证地方行政管理的统一与协调。由于在主管事务上，地方各级行政机关分别受国务院主管部门领导，因而不利于地方政府的统一管理，容易造成各自为政，有些领域的管理还难以得到地方政府的支持，如环境保护管理等。第三，难以控制地方政府的规模。政府对政府、部门对部门的管理思路，极易造成机构林立，规模失控。"① 这也就是通常讲到的条块问题。刘圣中把条块的冲突归纳为以下几个方面：(1) 条条利益截留，地方无权过问。比如物流业跨越很多部门，包括交通、铁道、民航、经贸等，这些部门都希望将它纳入自己的管辖范围以获取利益，不让其他部门染指，因而无形中在不同的部门和地方划分了许多版图，出现了严重的条块矛盾。(2) 地方拥权自重，条条管不住地方。尽管地方政府是中央政府的下属，但在现实中，一些地方政府并非完全忠实地执行中央部门的政策。"它们常常希望利用地方的权力关系和地理优势来同化、消解、减弱部门基层组织的权力，使得这些部门对地方政府产生较大的依附性，从而达到垄断地方权力的目的。"② (3) 县域以上的一些条条部门

① 应松年，薛刚凌. 中央行政组织法律问题探讨：兼论中央行政组织法的完善. 公法研究，2002 (1).
② 刘圣中. 当代中国公共行政的组织基础. 上海：复旦大学出版社，2013：221.

成为地方的特殊阶层。当条条的规定不符合其口味时，它拿地方逼条条；当地方政策触犯其利益时，它拿条条压地方。一切以我为中心，以实用主义为准则，逼迫上下左右唯其意愿行事。

同单一制相连的下级政府服从上级政府以及中央到地方的条上部门的上下应对，其背后是政府职能的统一和事权的统一。在中央和地方没有事权的划分，就导致了中央政府有什么职能，地方政府也就有什么职能，这样在结构形式上也就形成了中央有什么部门，下面也有什么部门，上下对应。因此，在这样的一种体制下，产生上述问题并不奇怪。在单一体制不变的情况下，如何在事权关系上将中央和地方做不同的划分而又不落入联邦结构，是非常有挑战性的。

就中国的公共管理来说，行政组织系统与中国共产党的组织系统并存。尽管党的系统不属于国家系统，但是中共的领导地位决定了它在公共管理中的重要性。刘圣中把这一体系描述为“一元双塔”体制，一元指一个核心，即中国共产党，而双塔指两个金字塔般的科层体系，即党的科层体系和政府的科层体系。① 中国的公共管理撇开党的作用是不完整的。

这一体制的第一个特点在于，在组织结构上，有党和政府两个系统或两条线。党政的部门在一些职能上是重叠的，而党的部门则是领导机构。比如宣传部属于党的系统，文广局则属政府部门，文广局要服从宣传部的领导。组织部属于党的系统，而人事部（2008年大部制改革被合并到了人力资源和社会保障部）属于政府系统，但人事部的第一把手通常由组织部的副职来担任。有人把这种管理称作“归口管理”，是党实现其领导作用的一种方式。这方面一个比较典型的例子是1958年中国共产党发出的《关于成立财经、政法、外事、科学、文教小组的通知》，通知指出这些小组是党中央的，直属中央政治局和书记处。“这一决定标志着党对政府权力的高度控制，党委通过归口管理体制对政府相关口的工作进行直接的领导和控制。行政管理中重大问题的拍板权都掌握在分管的书记手中。”②

第二个特点是每一层级的党委和政府之间的关系是以党为核心的关系。党中央需要党的各级组织和政府与它保持一致，保持一致的一个做法是请示报告制度。这一报告制度不仅适用于党内，也适用于政府与党的关系。比如，《莲花县人民政府工作规则》规定了县政府在重大政策、重大措施、干部管理、行政区划变更等方面必须向县委报告。“县政府对行政管理工作有创制权和管理权，但是必须接受县委的领导，而接受领导具体表现为主要工作必须向县委请示报告。所以，在具体的行政管理工作中，县委和县政府是一种以县委为核心的互相协调的关系。”③

第三个特点是中国政府行政体制实行首长负责的领导体制，但一些重大的行政管理问题的决定首先是由同级的党委做出的，行政首长首先——一般来说——是以党委常委或副书记的身份参加党委会议的，他的工作在相当程度上是执行党委通过的决定或做出的决议

① 刘圣中．当代中国公共行政的组织基础．上海：复旦大学出版社，2013：27.

② 庞松，韩刚．党和国家领导体制考察与改革展望．中国社会科学，1987（6）.

③ 杨冬雪．市场发育、社会生长和公共权力构建：以县为微观分析单位．郑州：河南人民出版社，2002：62.

等，尽管在执行的过程中有其灵活性和创造性。

这一体制在 20 世纪 80 年代经历了改革。邓小平指出，“党要善于领导，党政需要分开”①。“中央一部分主要领导同志不兼任政府职务，可以集中精力管党，管路线、方针、政策。这样做，有利于加强和改善中央的统一领导，有利于建立各级政府自上而下的强有力的工作系统，管好政府职权范围的工作。”② 1988 年的第二次政府机构改革就是围绕党政分开进行的，但这一改革最终没有继续进行下去（见本书第 13 章相关内容）。

3.2 组织间关系

3.2.1 中央政府与地方政府间关系

中央政府与地方政府间的关系可以表现在事、人和财三个方面的权力上。

第一，事权。事权主要表现在政府职能的划分上，通常有集权和分权两种不同的设计。在现有的国家行政组织的结构上，一般有单一制和联邦制两种，这两种制度的主要区别在于：在单一制中，权力集中在中央政府，地方政府都服从中央政府，中央政府的职能和地方政府的职能是一致的，也就是说，地方政府的职能是按照中央政府的职能设立的，正如上面指出的，中央有文化部，省就有文化厅，县就有文化局，乡镇就有文化站。而在联邦体制中，权力在联邦政府和地方政府之间是分散的，地方政府有自主权，它不是联邦政府的下级政府，两者的职能是分割的，各自在自己的权力和职能范围内行事。比如在美国，国防外交等职能由联邦政府行使，而如教育等与民众生活贴近的职能则由州政府和地方政府行使，地方政府的部门同联邦政府的部门没有对应关系。

中国是实行单一制的国家，权力掌握在中央政府手中，地方政府都服从国务院。这一国家的行政结构形式是与新中国成立后实行的计划经济体制相适应的，计划经济要求集中，它是一种自上而下的运动。从政治上讲，这也是同党的集中领导相适应的。这一结构的特点是中央统筹、中央决定、地方执行，集中力量办大事，效率高，速度快。但这一体制的缺点在于中央的集权有可能忽略地方的差异性，有可能压抑地方的积极性和创造性，此外，可能产生较大的决策风险，因为它把所有的鸡蛋放到了一个篮子里，一旦中央失误，就会带来全局性的影响。由于缺乏有效的平衡集权和地方自由裁量权的机制，权力过分向中央集中，以致造成“一统就死”的状况。20 世纪 50 年代曾经出现过这种中央高度集权、对地方统得太死，导致地方积极性不高的状况。毛泽东在 1956 年的《论十大关系》涉及“中央和地方的关系”问题时指出：“中央和地方的关系也是一个矛盾。解决这个矛盾，目前要注意的是，应当在巩固中央统一领导的前提下，扩大一点地方的权力，给地方更多的独立性，让地方办更多的事情。这对我们建设强大的社会主义国家比较有利。我们

① 邓小平. 邓小平文选：第 3 卷. 北京：人民出版社，1993：177.

② 邓小平. 邓小平文选：第 2 卷. 北京：人民出版社，1994：321.

的国家这样大，人口这样多，情况这样复杂，有中央和地方两个积极性，比只有一个积极性好得多。我们不能像苏联那样，把什么都集中到中央，把地方卡得死死的，一点机动权也没有。”① 但是，在权力下放后，又出现了分散的现象，这一现象的产生表明中央和地方之间还缺乏一种有效发挥两头积极性的机制。

改革的过程在某种程度上讲也是一种中央权力下放的过程。党的十三大报告指出：“凡是适宜于下面办的事情，都应由下面决定和执行，这是一个总的原则。在中央和地方的关系上，要在保证全国政令统一的前提下，逐步划清中央和地方的职责，做到地方的事情地方管，中央的责任是提出大政方针和进行监督。”这一权力下放的过程从本质上符合市场经济体制的要求，因为市场经济是一种自下而上的运动，它不需要在计划经济时代那样的中央设计者，市场凭自身的规律运行，而政府只是去适应它、引导它，而无法去指挥它。这种自下而上的运动要求在单一制下地方享有以前所没有的较大的自主性，以推动经济的发展。因此，改革开放后中央和地方政府关系中的一大变化就是经济管理的权力有相当部分下放到了地方。以管理社会经济的行政审批权为例，长期以来，中央政府掌握了大量的行政审批权。随着市场经济的发展，过多的行政审批开始成为经济发展的障碍。因此，我国从 2001 年开始行政审批的改革，改革的原则是：凡是通过市场能够解决的，应当由市场去解决；通过市场难以解决，但通过中介组织、行业自律能够解决的，应当通过中介组织、行业自律去解决；即使是市场机制、中介组织、行业自律解决不了，需要政府加以管理的，也要首先考虑通过除审批之外的其他监管措施来解决。只有在这些手段和措施都解决不了时，才能考虑通过行政审批去解决。改革采取的手段就是取消和下放一批审批权限。到 2013 年 5 月，国务院一次性取消和下放了 117 项权限。中央的放权很大程度上增强了地方政府的自主性，一些地方政府纷纷跟进。比如，湖南省在 2013 年 10 月下放 45 项经济社会管理权限给长沙市政府，并认为，只要有利于增活力、促改革、利发展，只要不违反法律法规，都可以放权，放权的形式也可以更加灵活多样，可以通过取消、暂停执行、下放、授权、委托、分级管理、改变管理方式、“一事一放”等多种形式，大胆放权，做到应放尽放。②

改革开放的过程使得地方政府获得了较多的管理社会经济的权力，各地层出不穷的经济开发区就是一个明证。这些开发区提供各自制定的优惠条件来招商引资，形成了一种极富中国特色的地方政府企业化竞争的格局。有人认为，地方政府这种追求经济增长的“政治锦标赛”式的竞争是推动中国经济快速发展的一个重要因素。

但是，在地方获得较大自主权的同时，也产生了分散带来的问题。“改革开放以来，实行权力下放，地方积极性得到充分发挥，有力地推动了改革与发展。这是一条重要经验，应当充分加以肯定。但在这个过程中，也出现了一些新的矛盾和问题。有的地方和部门过多地考虑本地区、本部门的局部利益，贯彻执行中央的方针政策不力，甚至出现了上有政策、下有对策，有令不行、有禁不止的现象；应当由中央集中的则集中不够，某些方

① 毛泽东．毛泽东文集：第 7 卷．北京：人民出版社，1999：31.

② 叶和平．权力下放更利于推动经济上行．[2017－03－21]．http://opinion.voc.com.cn/article/201310/20131015200259668 6.html.

面存在过于分散的现象。”① 随着地方利益的形成，经济上的“地方保护主义”时有发生。最近的一例便是地方政府为了发展房地产业而将中央限制购房的政策置之不理。因此，协调央地关系的机制还需要进一步完善。

第二，人事权。中国是单一制国家，权力集中在中央政府手中。与此相适应，政府主要官员的任免权力掌握在上级手中，而省级以上政府主要官员的任免权力掌握在中央手中。就政府首长（如总理、省长、市长、县长、乡镇长）的产生而言，其程序是：党的组织部门考察候选人→党的常委会通过→向人大建议提名（根据法律规定，这些人选最终由人大通过选举产生）→人大任命。在这里，党的作用是第一位的，党的组织通不过，就进不了后面的程序。党把人事权牢牢地掌握在自己的手中，因为“组织路线确定之后，干部就是决定因素”。因此，从革命战争年代起，共产党就确立了“党管干部”的原则。

党对政府和政府部门人事权的控制表现在：(1) 政府或政府部门的主要官员基本上都是共产党员（除了极个别的民主党派人士之外），作为党员，他们必须服从党的命令和指示，尽管他们同时还具备着政府官员的身份。(2) 在政府部门设立党的组织和系统，这一系统对政府官员及其行为具有一种监督作用，保证政府的政策和运作实现党的路线和方针。(3) 在人大同样有党的组织，其作用之一就是保证党提名的人选能够在人大得到通过。

党还通过一些制度化的方式对官员进行管理。1953 年，中共学习苏联“下管两级”的做法，也就是中央管省部级和厅局级。随后，中共中央颁布了《中共中央管理的干部职务名称表》，具体规定了干部的任免权限，指出凡是列入这一职位名称表的干部的任免与调动，均需报中央批准。同时，要求各级党委均应建立自己的干部职务名称表，并按照职务名称表确定的范围来任免干部的职务。1984 年，中共改“下管两级”为“下管一级”，即中央管省部级、省部级管厅局级。2002 年，中共中央颁布了《党政领导干部选拔任用工作条例》，这成为党政领导干部任用选拔的最重要的依据。今天，干部职务名称表的内容大致可以分为两类：党委管理的干部和党委下属的组织部管理的干部。党委管理的干部一般都是党政群部门重要的正职和一些副职，在地方一般都包括重要的下属正职和职能部门的正职和副职。以“中国共产党邹城市委管理的干部职务名称表”为例，这一表中市委管理的干部范围可以分为九大类：(1) 从市委委员到市委部门一般副职；(2) 从市人大、政协常委委员到职能部门副职，法院、检察院副职；(3) 从市政府党组书记到部门副职；(4) 总工会等群众团体正、副职；(5) 市委市政府研究与服务部门正、副职；(6) 包括市委党校在内的高中、中专类学校的副校长；(7) 镇街党委副书记等职；(8) 外宣、武装、公安等职能部门正、副职；(9) 市属商业集团的正、副职。②

另外，党还通过党的纪律检查委员会来监督党员官员的行为。中共首先制定了一系列相关的规定、条例、准则等来约束党员官员的行为。除了《中国共产党章程》之外，相关

① 正确处理社会主义现代化建设中的若干重大关系.（2012-08-30）[2017-03-21]. http://guoqing.china.com.cn/2012-08/30/content_26378025.htm.

② 刘圣中. 当代中国公共行政的组织基础. 上海：复旦大学出版社，2013：119.

的文件有《中国共产党纪律处分条例》《中共中央纪律检查委员会关于重申和建立党内监督五项制度的实施办法》《中国共产党党员领导干部廉洁从政若干准则》等。在组织上，通过纪律检查委员会来保证这些规定得到落实。

第三，财政权。财政关系是央地关系中最重要的关系。改革开放后央地的财政经历了一个从20世纪80年代财政预算管理体制的“分灶吃饭”到90年代的“分税制”的发展过程。20世纪80年代以前，我国实行的是统收统支的财政体制，即“收支挂钩，总额分成，一年一变”的财政体制，也就是由中央统一安排，指标由上级决定，财政收入增加的多余部分纳入下年的统一计划，不能多支。这种财政体制是与当时的计划经济体制相适应的、同中央集权的体制相适应的。在某种程度上，它是一种大锅饭的体制，影响了地方的积极性。因此，80年代的财政改革开始向地方下放财权，按照经济管理体制规定的隶属关系，明确划分中央财政和地方财政的收支范围，实行“划分收支、分级包干”的财政管理体制，也就是后来俗称的“分灶吃饭”体制。到80年代中期，“分灶吃饭”的具体形式又改为“划分税种，核定收支，分级包干”，即按照税种和企业隶属关系，确定中央、地方各自的固定收入，另有共享收入；支出仍按隶属关系划分。“分灶吃饭”体制的一个结果是“扩大了地方自主安排财政收支的权限，调动了地方增收节支的积极性”①。

但是，随着90年代初市场经济体制的建立，“分灶吃饭”体制的局限也表现了出来。简单来说，这是一种行政性的分权，它“没能够跳出传统体制把企业禁锢于‘条块分割’行政隶属关系之中的基本格局，也未找到处理中央、地方关系的比较合理、稳定、规范的形式，因而难以适应社会主义市场经济发展的客观要求”②，因此，迫切需要一种经济性的分权。正是在这一背景下，“分税制”应运而生。

“分税制”改革梳理了三个重要方面的关系：一是划分了中央财政与地方财政的税收。根据事权与财权相结合的原则，将维护国家利益、实施宏观调控所必需的税种划分为中央税；把同经济发展直接相关的税种划分为中央与地方共享税；将适合地方征管的税种划分为地方税，并充实地方税种，增加地方收入。二是根据财权与事权相统一的原则，在支出范围上对中央财政和地方财政支出做了划分。三是根据具体情况确定了中央财政对地方财政税收返还额。③“分税制”的实质意义在于通过税种征管的划分，确保了中央财政在财政资金初次分配格局中占据主导地位，极大地提高了中央汲取财政的能力。在胡鞍刚看来，国家能力有四种，即汲取财政能力、宏观调控能力、合法化能力以及强制能力。其中汲取财政能力是最重要的能力，该能力由两个指标反映：财政收入占GDP的比重，中央财政收入占GDP的比重。有数据表明，分税制改革后，财政收入占GDP的比重由改革当年的11%增长至2013年的23%，同期中央财政收入占GDP的比重则由3%增长至10.57%。改革后，国家宏观调控能力增强，中央转移支付在缩小地区差异方面起到了重

① 贾康．30年财政改革路径：从“分灶吃饭”到“分税制”．(2008-12-18) [2017-03-21]．http://news.xinhuanet.com/theory/2008-12/18/content_10522035.htm.

② 中央与地方实现财政分灶方案．(2008-09-12)．http://finance.sina.com.cn/roll/20080912/17455302260.shtml.

③ 同①.

要作用。① 但是，与地方政府事务的增加相连的是地方财政的捉襟见肘。因此，如何进一步划分中央和地方的事权和财权，使事权和财权相配，依然是央地财政关系需要解决的问题。

3.2.2 政府部门间的关系

这里的政府间关系涉及两个层面：一是地方政府之间的关系，比如省政府之间、县政府之间、乡镇政府之间以及省政府与下级政府之间的关系；二是政府内部门与部门之间的关系，比如国务院各个部以及地方政府内各个厅局之间的关系。前者的关系主要表现为合作竞争，后者的关系主要表现为协调统一。

地方政府之间的竞争合作关系是在经济发展的背景下形成和展开的。发展经济在相当长的阶段里成为政府的首要目标，而改革开放使得地方政府拥有了相当的社会经济管理权力，这在客观上为地方政府间的竞争，也就是我们通常所说的“政治锦标赛”提供了基础。这种竞争的出发点总的来说有两个方面的原因。首先是改变经济状况的愿望。在经济发展过程中，一些发展得较好的地区的政府在客观上对发展相对落后的地区的政府形成了一种压力，在很长一段时间里，一个最直观的指标就是 GDP 的增长速度。这样一种你追我赶的压力促使地方政府尽可能运用手中的权力来为地方的经济发展开辟道路，遍及各地的经济开发区就是明显的一例。各地纷纷以比其他地区更为优惠的条件和待遇争夺人力资源和经济资源，以希望本地的发展速度可以超越其他地区。这样一种竞争有时也带来了一种负面的结果，比如在 80 年代和 90 年代曾经出现过“地方诸侯经济”，限制外省的一些产品在本地销售。一个山寨产品的制造者在一地被当作罪犯缉捕，而在另一地则被当作英雄对待，因为造假的产品提高了当地的 GDP。其次是官员的政绩考核制度的激励。长期来看，官场存在着一种“以 GDP 论英雄”的文化，绩效同仕途紧密地联系在一起。这样一种激励制度带来了两个方面的结果：一是激励官员有上乘表现；二是带来了一种短期行为，比如为 GDP 的增长而不惜破坏环境、不惜引发群体冲突等。

地方政府之间的竞争是一方面，它们之间的合作是另一方面。这一合作源于它们必须携手解决一些共同面临的问题。经济社会发展及其引发的一些问题跨越了地方之间的边界，这使得跨界合作成为可能，并展示着越来越广阔的前景。比如，共同治理污染、打击犯罪、公共服务提供、维护稳定、外来人口管理、资源保护等一系列的治理问题需要互通信息，有时需要联手治理。区域经济发展（比如长三角、珠三角等）是一个比较典型的例子。这里需要参与方求同存异，去争取对各方来说都是最大的利益。共同的利益会促使地方进行合作，但是，对各自利益的考虑往往又会成为这一合作的障碍。比如一些经济合作区域尽管已经存在多年，但实质的进步却不大。

政府内部门之间的关系主要表现为协调和统一的问题。在官僚制结构下，部门通常是按专业划分的，也就是形成了通常所说的职能部门，比如，教育部管教育，以体现一种专

---

① 胡鞍刚. 分税制改革二十年后.（2014-04-27）. http://www.guancha.cn/hu-an-gang/2014_04_27_224728.shtml.

业的、有效的管理。但这一结构设计带来的一个问题是不同部门之间的协调问题，因为一些问题跨越了职能的边界，需要多个部门共同解决。另外，部门之间在职能上的交叉重复在结构设计上又是不可避免的（比如在我国的食品安全保护过程中，过程的每一个阶段都有不同的部门介入，比如原产地的问题有农业部介入，而产品市场流通则有工商部门介入），这导致沟通不畅和协调困难。从组织结构上说，解决此类问题的做法在我国主要表现为建立协调机构和建立大部制。

以中央政府为例，协调部际关系的组织有国务院议事协调机构和部际联席会议。前者如国家科技教育领导小组、国家国防动员委员会等，这类机构通常由国务院总理、副总理和国务委员以及中央相关部门的正职领导人组成，这使得这一机构具备了等级的特点，从而易于部门之间的协调。部际联席会议不是一个组织实体，这一会议有国务院领导人牵头和部门负责人牵头两种形式，后者侧重于部门之间的平等协商，主要涉及一些跨部门的事项的协调。除了这两种形式外，还有一种部际合作协议，也就是一些部门通过签署部际协议来建立相互之间的协调与合作，比如 2012 年科技部与工业和信息化部签署了《促进中小企业技术创新合作协议》，在推进中小企业创新方面进行合作。

解决部门之间协调问题的另一做法是建立大部制。大部制结构采用“合并同类项”的原则，将一些职能相同或相近的部门合并到一起，建立一个大部，比如 2013 年的食药监的大部制改革就是一个例子。这次改革将原食品安全办、原食品药品监管部门、工商行政管理部门、质量技术监督部门的食品安全监管和药品管理职能进行整合，组建食品药品监督管理机构，对食品药品实行集中统一监管，同时承担本级政府食品安全委员会的具体工作，改革奉行的原则就是：以转变政府职能为核心，以整合监管职能和机构为重点，按照精简、统一、效能原则，减少监管环节、明确部门责任、优化资源配置，对生产、流通、消费环节的食品安全和药品的安全性、有效性实施统一监督管理，充实加强基层监管力量，进一步提高食品药品监督管理水平。以确保食品药品监管工作上下联动、协同推进，平稳运行、整体提升。

大部制结构将原来平行的部门变成了一个大部内的上下关系，它减少了原来平行部门之间的摩擦和协调难度，但是由于部的规模扩大，大部制同时也导致内部运作难度的增加。因此，建立一种什么样的机制使大部制得以有效地运作是一个需要考虑的问题。我国的大部制改革力图建立的是“决策权、执行权和监督权既互相制约又互相协调”的机制。但是，这一机制的建立比较大部制的建立来说进展不大。

政府之间以及政府部门之间的一大问题是如何进行整体性的运作，这是由运作过程中出现的破碎化导致的。改革在某种程度上也是力图解决这一问题，也就是如何在跨界的协调或合作中进行无缝隙的、整体性的运作。整体性运作强调部门、层级、职能的全方位打通。在这个过程中，在希克斯看来，信任、信息系统、责任感以及预算是四种最重要的功能。[①] 这一点对政府间的合作也是一样的。信任是合作协调的基础，信息系统是合作协调的手段，责任感是合作协调的动力，预算则是合作协调的保障，四者缺一不可。

---

① 竺乾威．公共行政理论．上海：复旦大学出版社，2008：463-470.

3.2.3 政府与社会组织的关系

1. 政企关系

政府与企业是两种不同类型的组织，具有不同的使命和任务，两者的边界应该是清楚的。但是两者的关系在我国长期以来表现为政企不分，这与计划经济体制有关。在这一体制下，政府直接管理企业，企业所有权与经营权不分，政府直接干预企业的生产经营活动。这样一种政企不分的状况在市场经济改革后就受到了挑战，市场要求企业是一个独立的经营实体，离开这一点，市场就是不完整的。事实上，中国的改革在 80 年代末就提出了转变政府职能，其中的一项转变就是政企分开（当初主要是针对政府与国有企业的关系来说的）。在市场经济体制建立起来后，明确提出要使企业真正成为自主经营、自负盈亏、自我发展、自我约束的法人实体和市场竞争的主体。政企分开是建立社会主义市场经济体制的内在要求，是政府职能转变的关键，也是中国政府机构改革的一个核心内容。

政企分开的改革经历了一个很长的时期，党的十八大提出要进一步推进政企分开的改革。这既表明了这一改革的重要性，也表明了这一改革的艰难性。政企分开涉及的主要内容包括以下三个方面：

其一，政府与企业社会职能的分开。这里涉及解除政府主管部门与所办经济实体和直属企业的行政隶属关系。随着 20 世纪 90 年代市场经济在中国的建立，一些地方出现了鼓励党政机关兴办经济实体，提倡和支持党政机关干部从事各种经营活动的现象。为此，中共中央办公厅和国务院办公厅专门发文指出必须坚持政企分开的原则，规定：（1）县及县以上党政机关（包括党委机关、国家权力机关、行政机关、审判机关、检察机关）不准经商办企业。所兴办的各类经济实体，必须与党政机关在财务、名称、人事等方面彻底脱钩。（2）严格划清党政机关管理职权与经济实体经营权的界限，严禁用经济实体经营所得增加机关干部的工资、奖金、补贴等收入或用作其他福利开支。严禁党政机关利用自己掌握的权力为经济实体牟取非法利益。（3）凡是经济实体，必须根据国家法律和政策的规定，自主经营，自负盈亏。（4）由政府经济管理部门成建制转为经济实体的，要严格实行政企职责分开，不能"一个机构，两块牌子"，不能再行使政府部门的行政管理职能。（5）县及县以上党政机关在职干部一律不得经商、办企业，不得兼有党政机关干部和企业职工双重身份。已经分离出来从事经营活动的人不能保留原在党政机关担任的职务，不能再以党政机关的名义或以党政机关干部的身份从事经营活动，要与党政机关脱钩。这些措施表明上层认识到，权力与商业的结合、官商不分会扭曲市场运作，会带来以权谋私和贪污腐败。但是，这是针对县和县以上政府的，乡镇和街道并不在此列。这导致在后来一段时间里，乡镇层面的政企不分维持了较长的时间。

其二，企业所有权与经营权的分开。一般对此的理解是实行国有资产所有权与经营权相分离，使企业成为自主经营、自负盈亏、自我发展、自我约束的法人实体和市场竞争主体。但是，有一种较有深度的观点认为，传统经济体制的特点不仅仅在于政府统一组织社会生产和直接管理企业，更重要的是，传统经济体制是社会政治组织和经济组织的合一，或者说在传统经济体制下的企业也在行使着政府的职能，本身就不是本来意义上的经济组织。因此，实行政企分开，不仅要把政府和企业的职能分开，也不仅要实现政府功能的转变和企业经营机制的转换，还必然要以实现社会基层政治组织和经济组织的重构为基础。[1]

其三，政府国有资产所有者职能与行政职能的分开。2003 年国资委的建立在某种程度上是实行政企分开的组织机构上的一个改革。它使得政企关系由过去的政府直接监管变为政府通过授权国资委对国有企业实施监管，从而在形式上实现了政企分离，但问题在于国资委仍然是政府的一个职能部门。因此，一种思路就是如何从国资委的角度来谈政企分开，也就是国资委带头自我改革、自我革命，采取建立权力清单、责任清单、负面清单等一系列改革措施。有人认为，“国资委划出的三个清单，有助于转变政府职能，划清国资委、中央企业以及社会的责任。通过这样的改革，把该企业行使的权力都放给企业，把不该企业负担的包袱都卸下来，切实增强企业作为独立市场主体的活力和竞争力”[2]。

但也有人认为，撤销国资委才有利于国企的改革，其思路是把剩下的国有企业的股权在央企层面的注入全国社保基金，把地方的国有企业的股权注入地方相应的社保基金里面，让那些企业真正能够对全国社保基金还有其他的股东负责。[3] 简言之，通过这样一种方式来摆脱企业与政府在组织上的关系。

事实上，政企关系的核心是建立现代企业制度问题。我国在 20 世纪 90 年代就提出建立现代企业制度，这里涉及一系列诸如产权、治理结构的问题，但“关键是确立‘自由企业制度’的理念”。所谓自由企业制度，指的是“企业有完全自由的创业权、签约权、交易权、经营权以及对剩余的自由索取权。自由企业制度实际上是建立在公民自由的基础上的。中国的一切权力既然属于人民，自由企业制度也就是必然，消除政企不分与政府对企业的干预就成为必然”[4]。

2. 政事关系

政事关系指的是政府部门与事业单位之间的关系，这一关系长期以来表现为事业单位是政府部门的附庸，事业单位行政化，缺乏独立的属性，这极大地制约了事业单位公共服务职能的发挥。改革的一个目标就是让市场和社会成长起来，如果说政企分开的改革涉及的是政府与市场的关系的话，那么政事分开涉及的就是政府与社会的关系。政事分开就是让事业单位回归社会，与政府脱钩，成为社会独立的一员，真正成为经济社会发展中提供公共服务的主要载体。

事业单位的改革是一项涉及面很广的改革，按照 2011 年中共中央和国务院提出的分类推进事业单位改革的指导意见，改革的内容包括：在清理规范基础上完成事业单位分类，承担行政职能事业单位和从事生产经营活动事业单位的改革基本完成，从事公益服务

---

① 崔义成. 怎样理解改革是中国的第二次革命：学习《邓小平同志建设有中国特色社会主义理论学习纲要》的体会. 十堰大学学报，1995 (2).

② 李雯婷. 国资委规划 2015 年国企改革步伐 强调监管工作要“脱胎换骨”. (2014-12-23) [2017-03-21]. http://news.sina.com.cn/o/2014-12-23/150631318227.shtml.

③ 陈志武. 撤销国资委有利于国企改革. [2017-03-21]. http://boao.huanqiu.com/2015/news/2015-03/6021298.html.

④ http://baike.baidu.com/link? url=RfFvOrz6e4pjcE4cxaw7Qu2hXm6b_fR5SDrd5QybvjPZht4Q3qlXTUEVPPnaxc_vkkXjDQ1_FSJz5X80oe5kDa.

事业单位在人事管理、收入分配、社会保险、财税政策和机构编制等方面改革取得明显进展，管办分离、完善治理结构等改革取得较大突破，社会力量兴办公益事业的制度环境进一步优化。这些改革大体上涉及了组织体制改革、运作方式改革和人事制度改革三大部分。

首先，组织体制的改革主要是分类改革。分类改革的做法是划分现有事业单位类别。在清理规范基础上，按照社会功能将现有事业单位划分为承担行政职能、从事生产经营活动和从事公益服务三个类别。对承担行政职能的，逐步将其行政职能划归行政机构或转为行政机构；对从事生产经营活动的，逐步将其转为企业；对从事公益服务的，继续将其保留在事业单位序列，强化其公益属性。今后不再设立承担行政职能的事业单位和从事生产经营活动的事业单位。就从事公益服务的事业单位来说，根据其职责任务、服务对象和资源配置方式等情况再细分为两类，即公益一类和公益二类。承担义务教育、基础性科研、公共文化、公共卫生及基层基本医疗服务等基本公益服务，不能或不宜由市场配置资源的，划入公益一类；承担高等教育、非营利医疗等公益服务，可部分由市场配置资源的，划入公益二类。

承担行政职能的事业单位的认定主要看它是否履行行政决策、行政执行、行政监督等职能。改革的实施视不同情况而有所区别，比如，对于部分承担行政职能的事业单位，将属于政府的职能划归相关行政机构；对于完全承担行政职能的事业单位，将其调整为相关行政机关的内设机构，如确需单独设置行政机构的，按照精简效能原则设置。

从事生产经营活动的事业单位的改革则推进转企改制。比如，转制单位按规定注销事业单位法人，核销事业编制，进行国有资产产权登记和工商登记，并依法与在职职工签订劳动合同，建立或接续社会保险关系；事业单位转企改制后，按照现代企业制度要求，深化内部改革，转变管理机制，并依照政企分开、政资分开的原则，逐步与原行政主管部门脱钩等。

从事公益服务的事业单位的改革是涉及内容最多的改革，它包括管理体制的改革，如实行政事分开；包括人事制度的改革，比如建立权责清晰、分类科学、机制灵活、监管有力的事业单位人事管理制度；包括收入分配制度的改革，比如完善工资分配的激励约束机制；还包括绩效考评制度的改革以及一些面向社会提供公益服务的事业单位建立信息披露制度、重大公益服务事项进行社会公示和听证等。

其次，运作机制的主要改革是管办分离。所谓管办分离，指的是将政府部门的监管、决策职能与举办、具体操作与执行的职能相分离。长期以来，中国实行的是一种管办合一的体制，一种行政事业一体化也就是政事不分的体制。管办合一体制的特点在于政府既承担政策制定、监管等行政管理职能，同时也是公共事业的出资者和举办者。行政主管部门与事业单位之间是行政隶属关系，行政主管部门通过各种行政手段干预事业单位的运营。比如，卫生局既制定相关政策、对医院进行监管，同时也是医院的上级，插手医院的具体运作和事务，如医院的人事、财务等。学校也是同一模式。这种方式的一个结果是事业单位的行政化现象。政府对事业单位的过度干预也导致“事业单位长期以来根据主管部门行政指令运行，缺乏独立自主意识，缺乏创新性，缺乏改善管理、提高效率的内在动力”①。

① 朱光明．政事分开与事业单位改革的路径选择．政治学研究，2006（1）．

因此，随着政事分开，管办分离的改革也势在必行。

管办分离可以有四种模式：一是新型隶属模式。这一模式的特点在于建立一个新的机构，将原有主管机构的执行功能赋予新设立的机构，但两者还存在从属关系。我国目前的管办分离较多地采用了这一模式。比如，北京在推进公立医院管理体制的改革中，在管办分离方面就采用了这种形式。其具体做法是组建专门的市医院管理机构，由市政府授权履行市属医院国有资产出资人职责，集中精力履行“办医院”的职能，强化非经营性国有资产监管，提高市属医院的运营水平和社会效益。市卫生局承担北京医药卫生行业管理、公共卫生服务体系建设、医疗服务体系建设等职责，不再直接承担“办医院”的职能。这种管办分离的缺点是不够彻底，但从确保改革的平稳过渡的角度考虑，这也不失为一种选择。

二是契约模式。契约模式在我国有两种形式：一是不改变隶属关系，主管部门和事业单位为签约双方，由于有隶属关系存在，权力很难真正下放给事业单位。二是非隶属关系，主管部门和签约的事业单位是平等关系，权力真正下放给事业单位。这种契约模式在英国的执行局的模式中也可以找到。

三是中介模式。这一模式的前提是赋予中介较为充分的权力，由中介反馈给评价机构，否则真正的评价机构还是主管部门，中介只是摆设。这种模式有几种类型：（1）不改变隶属关系，但引入第三方评价机构。（2）破除旧的隶属关系，建立新的单一性隶属关系，同时引入第三方评价机构。（3）破除旧的隶属关系，建立新的综合性隶属关系，同时引入多方评价机构，以解决新的综合性隶属关系管理机构“专业化”不足的弊端。（4）破除隶属关系，事业单位与主管部门是平等关系，权力真正下放给事业单位，评价机构是第三方的。

四是法定机构模式。法定机构从法律层面上破除隶属关系，不建立新的机构，不用签订契约，直接通过法律赋权，建立法定机构，保证法定机构的独立性。这些法定机构包括：（1）可以直接向业务主管部门负责。（2）可以直接向立法机构负责。（3）可以通过中介机构向业务主管部门或立法机构负责。①

管办分离的目的在于更好更有效地提供公共服务，因为原有管办一体的模式已经无法很好地服务于这一目标。管办分离的实质在于厘清政府与事业单位的责权边界，在于监管关系的改变，因此它的前提是政事分离，使事业单位真正成为具有法人地位的独立的机构。分离后两者的关系更多地应该表现为委托人和代理人之间的关系，从而改变隶属关系，使事业单位去行政化。

3. 政社关系

政社关系也即政府与社会组织的关系。党的十八大报告提出，要“深入推进政企分开、政资分开、政事分开、政社分开”。政社分开的目的是激发社会活力，激发社会组织参与社会的治理。正如前面指出的，改革导致了我国社会形态三大块也就是国家、社会和市场的形成。市场和社会的出现有助于国家降低管理社会的交易成本，这也是政企分开、政资分开和政事分开的一个基本原因。社会的事情社会管，市场的事情市场管，政府的事

① 黄强．事业单位“管办分离”改革探索中的北京模式．北京行政学院学报，2012（4）．

情政府管，三者各司其职。“凡公民、法人或者其他组织能够自主决定，市场竞争机制能够有效调节，行业组织或者中介机构能够自律管理的事项，政府都要退出。”因此，毫无疑问，政社分开是出于治理的逻辑。

政社分开起步于20世纪90年代，但是这一分开在当时还是受到了制约。1998年颁布的《社会团体登记管理条例》规定，任何社会组织必须同时接受同级民政部门登记管理和主管单位的双重管理。这表明，如果没有挂靠单位，社会组织就无法成立，这就在实践中排斥了大量的社会组织。而成立的社会组织由于同政府部门有比较紧密的关系，在现实中也产生了以下弊端：(1) 社会组织有行政化倾向。在政社不分的体制下，社会组织在相当程度上成了政府的下级机构，以至于有“二政府”之称。另外，人员享有行政级别，并以行政级别为傲。(2) 人员众多使财政负担加重，组织运行成本增加。(3) 不具备独立性，缺乏自主性，导致对行政机构的依赖性（不仅仅是资金上的依赖，还有政策等方面的依赖）。(4) 政社不分导致政府和社会组织两方的行为错位，导致办事效率下降，社会组织的优势无法得到发挥。

随着市场经济的发展，尤其是政府职能在21世纪初转向社会管理和公共服务，如何发挥社会组织在社会管理和公共服务中的作用被再次提了出来，因为公众的公共服务需求大幅增加，政府的目标以及政府运作方式由此也发生了变化。从目标上讲，政府从推动经济的迅速发展转向了更多地向公众提供公共产品和公共服务，这一目标的转变也导致了政府运作方式的转变，即利用市场机制和社会化的方式（比如公共服务购买）来提供服务，因为政府靠自身的能力和资源已经无法满足民众对公共服务的需求，社会组织的作用在这里得到了凸显。

在这样的一个背景下，政社分开又向前跨了一步。这表现在一些省份开始降低社会组织登记门槛，可直接向民政部门申请成立，不再需要挂靠主管单位。广州在2012年的《关于进一步培育发展和规范管理社会组织的方案》（简称《方案》）中规定，行业协会、群众生活、公益慈善类、社会服务类、异地商会、城乡基层社会组织、涉外社会组织、枢纽型社会组织等社会组织（除特别规定、特殊领域外），将社会组织的业务主管单位改为业务指导单位，社会组织直接向民政部门申请成立，无须业务主管单位前置审批后再向登记管理机关申请登记。其核心是降低登记门槛，简化登记程序，突出“宽进”。同时，《方案》还明确规定，行业协会将率先引入竞争机制，将允许一业多会，允许按产业链各个环节、经营方式和服务类型设立行业协会，允许跨地域组建，允许合并组建，允许分拆组建。《方案》还将异地商会的登记范围从地级市扩大至县（市），登记管理权限从省下放至地级以上市民政部门。另外，《方案》还探索了非公募基金会登记管理权限从省下放至地级以上市民政部门，支持社会人士成立公益慈善类和社会服务类社会组织。在广东省率先提出后，其他省市也开始跟进，比如北京从2013年4月起，行业协会商会类、公益慈善类、城乡社区服务类、科技类四类组织将“脱钩”政府部门，开始在民政部门申请直接登记注册，这些组织不得再挂靠政府部门，公职人员一律不得在协会中兼职。

政社分开的出发点是各司其职，因此，首先要分开。这一分开基本上包含人员、资金、场地等的分开。以重庆市为例，重庆市民政局、中共重庆市委组织部联合发布的《关于印发〈党政机关与社会团体政社分离改革工作的实施方案〉的通知》中，政社分开的内容包括：(1) 人员分离。党政机关县处级以上领导干部，不得兼任社团领导职务。(2) 办公场所分离。禁止社团常设办事机构与党政机关业务处室合署办公。(3) 利益分离。党政机关必须与社团在财务、利益上彻底脱钩。社团作为独立的法人社会组织，必须严格执行《民间非营利组织会计制度》，单独设立财务账户，不得与政府部门、挂靠单位合账或实行所谓财务集中管理。(4) 资产分离。推进党政机关与社团资产分离，党政机关与社团的资产按相关确定的原则进行界定。(5) 业务职能分离。进一步理顺党政机关与社团的关系，明确界定行政管理职能与社团服务职能。党政机关要结合政府职能转变，把不宜由政府直接承担的服务性职能，通过依法委托的方式移交给社团。

治理的逻辑是促使政社分开的推动力，但是，政社分开背后还存在着一种权力的逻辑，其核心是控制。政社不分有利于政府对其他社会组织的控制，尽管这一控制在某种程度上降低了治理的效率和成效。因此，当治理的逻辑要求政社分开时，权力的逻辑并没有因此而消失。这一权力的逻辑表现为在政社分开的情况下依然对社会组织实行有效的控制。这成为一个新的问题。政社分开以后，政府方面的一个现实考虑就是如何使社会组织成为自己的帮手，而不失去对这些组织的控制，更不能让这些组织成为一种异己的力量。因此，控制是必需的，控制的方法就是在各类社会组织中建立党的组织。从20世纪90年代开始推行政社分开一直到今天，我们都可以看到这一控制的努力。比如，90年代，经社会团体登记管理机关核准登记的社会团体，其常设办事机构专职人员中凡是有正式党员3人以上的，就要建立党的基础组织。党的十八大报告也提出，要“加大非公有制经济组织、社会组织党建工作力度，全面推进各领域基层党建工作，扩大党组织和党的工作覆盖面，充分发挥推动发展、服务群众、凝聚人心、促进和谐的作用，以党的基层组织建设带动其他各类基层组织建设”。

治理的逻辑和权力的逻辑在某种程度上形成了一种悖论。既要放手，又要控制，这解释了多年来政社分开的改革一直无法取得有效进展的原因。政社分开的进展是由这两个变量的变化决定的。在强调治理的逻辑的时候，政社分开的进展会加快；而当强调权力的逻辑的时候，政社分开的进展就会变得缓慢。这也解释了各地政社分开进展不一的原因，也解释了这一进展有时会有反复的原因。

从发展的前景来看，在进入了经济新常态后，市场将会在资源的配置中起决定性的作用。这意味着政府会将其更多的注意力投向社会管理和公共产品及公共服务的提供。从这一趋势来说，让社会组织在这一过程中发挥越来越重要的作用是毫无疑问的，这是善治不可或缺的。

同时，权力的逻辑会如何展现则可能是因地因人而异的。在缺乏刚性规则的情况下，治理的效果取决于对权力，比如对党的监督领导的理解。由于只是强调了党的领导（从政府角度来说，就是政府的监督）的原则，但对党组织如何领导以及政府如何监督缺乏明确的和可操作的规定，这就导致了地方政府做法的不一样，而这种不一样就是因为它们对这一原则的不同理解。政社两者在目前往往呈现出一种你强即我弱的关系，这一关系的主导方在政的一面，因为这一关系的发展在很大程度上取决于政府。因此，要使政社真正得以分开取决于两个方面，一是治理的要求产生的压力，二是政府的自觉。

3.3 组织理论

如果把马克斯·韦伯的官僚制组织理论作为组织理论研究肇始的话，那么自那时以来，产生了不少研究组织的理论。下面简单介绍一下两种有助于理解组织运行和组织活动的理论，即刺激-回报的动态平衡理论和资源依赖理论。前者以简练的方式指出了影响组织内部运行和活动的最基本的关系和条件，后者则指出了影响组织运行和活动的外部关系。这一内一外的两种对组织的阐释理论有助于我们对组织运行和活动有一个较全面的理解和把握。

3.3.1 刺激-回报的动态平衡理论

这是从宏观层面解释组织运行的一种理论，它的提出者是切斯特·巴纳德。巴纳德在其《经理人员的职能》中指出，组织有三种基本活动：协作、目标和沟通。组织需要参与者互相协作，因此组织中有一种激励人们乐于协作的功能，也就是领导，即组织权威。目标则涉及两个方面：一个是“协作方面”，它与整个组织的利益有关；另一个是“主观方面”，它与个人动机有关。相应地，目标的主观方面与刺激系统有关，而协作方面则与组织决策有关。沟通无论对于传达组织目标还是行使权威都是重要的。

巴纳德把组织看作一个组织与其成员交换的系统。人在组织中的努力和贡献取决于组织提供的对其动机的刺激。在巴纳德看来，自我保存和自我满足的利己动机是支配组织成员行为的力量，组织只有满足这些动机才能存在，除非它能改变这些动机。因此，需要在组织提供的诱因或刺激和个人为之做出的贡献之间维持一种平衡，这种平衡一旦被打破，组织就无法运行。

在巴纳德看来，一个人加入组织是建立在成本-效益的分析基础之上的。加入组织是需要付出成本的，比如受到制约，因此，每个人都会对自己付出的成本和组织提供的引诱进行评估和计算。个人在加入组织后是否乐于合作是以不断地对新的引诱和贡献的平衡为转移的。当所有人感到能从组织中获得比他们的贡献更多的诱惑时，组织才处于一种均衡之中。刺激与个人动机有关，当行为使行为的动机得到满足时，个人行为就是有效的。组织的效率也是根据个人动机来界定的。当组织中的个人的动机得到满足时，组织就获得效率，而效率是组织提供充分的引诱（以维持系统）的能力的一种功能。

巴纳德把诱因分成特殊的和一般的两种，前者是针对个别人的，而后者不是针对个别人的。特殊的诱因包括物质诱因、个人的非物质机会、良好的物质条件等。一般的诱因包括扩大参与的机会、社会上的吸引力等。事实上，巴纳德把诱因分成了物质的和精神的两种。巴纳德认为，物质诱因的力量是有限的。因此，在维持生活的最低物质报酬以外的非物质的诱因比如权力、威信在获得合作方面具有极大的重要性。巴纳德把刺激也分成两类，即客观刺激和主观刺激。前者包括团体的吸引力、扩大参与的机会、团结感等。组织不能永远提供所有的客观刺激，一般也不能提供足够的刺激程度。主观刺激指的是说服。当组织不能为人们的贡献提供恰当的引诱时，它就必须设法使人改变其欲望，认为提供给他们的引诱是恰当的。否则组织就无法存在下去。说服有三种形式：一是形成一种强制状态。强制手段指排除不理想的人，这是组织维持其效力的一个必要手段，此举也意在使未排斥的人愿意为组织做出贡献。二是引诱合理化，这是一种更重要的方法，它有两个层次：一般合理化，即把整个社会组织合理化；特殊合理化，即说服个人或团体为组织做出贡献符合他们自身的利益。在这里，最重要的说服方式是动机的灌输。三是地位系统。等级制——荣誉和特权随着地位提高而显赫——是组织中一种重要的非物质刺激因素。尽管巴纳德认为地位系统有分裂倾向，比如因不愿意剥夺一个人的现有地位而限制精英的流动，但它的积极作用是毋庸置疑的，地位系统不仅是一种刺激形式，它也能鼓励一种责任感。

3.3.2 资源依赖理论

资源依赖理论是杰弗里·菲佛和杰拉尔德·萨兰基克在1978年出版的《组织的外部控制》一书中提出来的。这是一种从组织与环境的互动、资源掌握、权力互动以及相互依赖的角度来论述组织动态和组织管理的理论。资源依赖理论认为组织最重要的目标是生存，没有一个组织是可以自给自足的，它需要维持它生存的外部资源。为了获得资源，组织需要同它所处的环境进行互动和交换，并从这些环境中获取它所需要的资源。正如作者指出的："组织根植于相互联系以及由各种各样的联系的网络之中。所需要的各种资源，包括财政资源、物质资源以及信息资源，都是从环境中得到的，因此组织不得不依赖着资源的外部提供者。"①

资源依赖理论认为，在决定一个组织对其他组织的依赖时，有三个因素比较关键。第一，资源的重要性。资源的稀缺性和重要性决定了组织依赖性的本质和范围。资源越是集中，越是重要，那么对资源的依赖程度也就越高，这意味着严重依赖某一资源或少数资源的组织会感受到来自环境的较严重的压力。第二，利益群体对这一资源的分配和使用的控制力。这表现在对资源的所有权和使用权、行使这一权力的人以及制定法规和监管资源所有权、所有权和分配权的能力结果等方面。这种控制力越强，组织对资源的依赖就越弱。第三，替代资源存在的情况，或者利益群体对资源的控制范围。

组织间的资源依赖关系有两种形式：一种是共生依赖关系，也就是组织彼此之间是一种互相需要、一种同命运共生死的关系，任何对一方的伤害往往也是对自身的伤害。另一种是竞争依赖关系。组织之间彼此竞争共同的资源，是一种零和、非你即我的相对依赖关系。当然这两种形式在不同的时候、不同的场合会发生变化，有时候彼此是共生依赖，而在某些情况之下，却变成竞争依赖，有时候在整体上是一种共生依赖关系，但也不排除在部分中是一种竞争关系。

对外部资源的依赖倒过来产生了对组织的外部限制，并影响了组织内部的权力安排。

---

① 菲佛，萨兰基克. 组织的外部控制. 闫蕊，译. 北京：东方出版社，2006：4.

这样，外部限制和内部的权力结构构成了组织行为的条件，由此产生了组织为摆脱外部依赖而采取自主性的行动。资源依赖理论认为，组织是具备大量权力和能量的社会能动者，其中心问题是谁将控制这些能量以及实现什么样的目的。组织对环境的依赖性使得外部限制和对组织行为的控制成为可能，甚至是不可避免的。如果组织不对环境的要求做出回应，组织就不能够生存下去。

如果要做出反应，首先的问题是认识环境。哪些重要的环境维度对组织有影响？组织如何才能努力避免关注环境时出错？资源依赖理论提出了一种评价组织效力的方法。评价外部要求首先要确定外部要求与组织的功能或者特定行动的相关性，比如，哪些资源与活动对组织具有关键作用。其次是要认识到不是所有的东西都是同等重要的，这就需要衡量外部各个组织的相对力量。再次是确定群体评价自身组织的标准或者价值观，评价组织的某一行动或结果是怎样影响群体的各种标准的。最后是获得各种利益群体互相依赖的标准，这一标准的获得也意味着获得其他组织的重要标准。比如，如果顾客是公司利润的最重要的决定因素，那么，只有顾客的利益获得了满足，公司利润方面的利益才会得到满足。①

在资源依赖理论看来，组织的外部环境不仅是一个客观的实际存在，也是组织及其管理者通过自己的选择、理解、参与、设定而产生出来的，是组织和环境交互作用的一系列过程的结果。面对着同一外部环境，不同的组织，或者同一组织的不同管理者会有不同的选择、理解、参与、设定方式。②

这里就涉及如何处理组织和环境两者关系的问题。资源依赖理论提出了管理的三大作用，即象征性的、响应的和自主决定的作用。在象征性的作用中，行动与限制之间没有联系，组织的成果主要是由组织环境决定的，而管理者行动几乎没有影响作用。在响应的作用中，组织的行动是为了回应环境的要求。管理者根据遇到的相互依赖和直接相关的限制与行动来决定自己的行动。在自主决定的作用中，管理人员处理限制因素和环境，使之与组织的利益相适应。管理的职能是指引组织走向更加有利的环境，并管理和建立对组织更加有利的既定环境。这三种行为简单来说就是：(1) 在环境压力面前无所作为；(2) 适应环境；(3) 改变环境。这三种行为不是相互排斥的。简言之，组织力图管理或者消除由外部环境引发的不确定性，因此会通过一系列诸如法律、共谋、合并、增选等战略来适应环境的要求，或者改变环境，从而使自身减少因资源依赖而带来的不确定性和压力。

---

① 菲佛，萨兰基克．组织的外部控制．闫蕊，译．北京：东方出版社，2006：97.

② http://baike.baidu.com/link? url=q2k-QuKk5I6W-g38YNP36CQ0oM6BCMAzyF5-iNwCVJHboLIjTfGqEPd-6KWR2DN16r4V9DSftDZlv9wWEHQTovVenMlUaM1ISuLTc8fzYsmVKJmZ78uRPgNDBv6e4Y4RfJXaXlbmWQ5tE-Ya-H93nEq.

第 4 章 领　导

4.1 领导概述

4.1.1 领导的含义

领导是一种组织行为，但领导却有多种定义。拉夫·斯道格迪尔和巴斯在总结各种看法的基础上，归纳出了 11 种：领导意味着群体过程的中心，意味着人格及其影响，意味着劝导服从的艺术，意味着影响力的运用，意味着一种行动或行为，意味着一种说服的形式，意味着一种权力关系，意味着一种互动中逐渐形成的效果，意味着一种分化出来的角色，意味着结构的创始以及一种实现目标的手段。① 很显然，这些有关领导的定义很庞杂，它们不仅涉及了行为（行动）、结构（权力关系）、人（角色），也涉及了工具（手段）。

领导首先是一种行为，一种组织不可或缺的行为。组织的活动在某种程度上可以说是围绕这一行为展开的。从行为的角度来说，对领导的定义经历过两个阶段。早期对领导的定义主要把它看成一种通过命令指挥从而使组织的活动达到其目标的过程。这一观点与传统行政的官僚制组织有关，偏向于从规则命令执行、从自上而下的等级的组织结构来加以定义。随着组织的发展以及后来人际关系理论和学派的影响，领导被定义为一种通过影响和说服从而使组织的活动达到其目标的过程，这一观点侧重从软性而非刚性的组织上下关系的角度来定义，更多的是从人而非结构的角度来定义的。两个定义的共同点在于领导是一种使组织的活动达到其目标的过程，不同点在于采取的方式方法不同，而事实上，这两

① 刘建军. 领导学原理. 上海：复旦大学出版社，2007：12.

种方式方法在领导实践中都是被采用的，只是视情况不同，方式方法的侧重有所不同罢了。此外，两种定义都是把领导看成一种组织内部的活动过程，没有涉及这一过程受到的外部影响。到20世纪70年代，领导权变理论强调了环境因素对领导行为有效性的影响，人们对领导的理解开始变得丰满。综上所述，可以把领导定义为一种“通过指挥和说服来影响组织内的个体和群体在一定条件下实现组织某种目标的活动过程，致力于这个过程的人，就是领导者”①。

这样，领导就被看作一个动态的活动过程，这一过程由领导者、被领导者和环境三种因素构成，领导活动的结果取决于这三种因素的互动。② 领导者是这三种因素中具有决定性作用的因素，领导者个人的条件和状况（能力、学识、经历等）在相当程度上决定了领导活动的结果，因为他居于整个活动的中心。在历史上的一些重大事件中，我们都可以看到领导者在这些事件中发挥的作用。被领导者也是一种不能被忽视的因素，他们在整个活动过程中对领导者的追随与否也会对最后的结果产生影响，强有力的领导人无一不是善于调动下属积极性从而完成组织目标的人。此外，被领导者在活动的过程中也可能成为领导者，从而影响过程的发展和结果。环境因素也就是通常所说的时空条件，领导活动总是在一定的时空中进行的，环境既会为领导活动提供机遇，也会产生制约，优秀的领导人无一不是善于审时度势、与时俱进，恰到好处地利用环境条件取得想要的活动结果的人。

领导活动不完全等同于管理活动，领导者也不完全等同于管理者，尽管两者有重叠和交叉的地方。一个比较经典的说法是管理者是把事情做正确，而领导者是做正确的事（managers are people who do things right and leaders are people who do the right things）；管理的对象是物，领导的对象是人。这样的理解不免失之偏颇。领导者不一定会做正确的事，他有时也会做错误的事，管理者做事的时候也会把事情搞砸。管理的对象也不可能没有人。英语这句话比较贴切的翻译应该是领导者决定做什么事情，管理者思考怎么把事情做好。如果做这样的理解，那么在层次上领导者要高于管理者。用另外的话来说，一个是决策，一个是执行。当然，管理者在执行过程中也会做决定，但这种决定与领导者的决定是两个层面上的。这也决定了领导活动和管理活动的不同。首先，领导者是确定目标、指出方向、制定大政方针，而管理是负责实施，制定实现目标的施工方案或路径选择。其次，领导人在一般的层面上鼓励组织员工发挥其积极性，而管理者则要制定具体的激励方案和措施。再次，领导者往往是组织变革的倡议者和发动者（尽管有些变革的建议可能来自管理者，但真正决定变革的是领导者），而管理者所做的改革可能更多地停留在过程层面或职能层面，而不是整个组织的层面。最后，领导者承担整个组织活动的风险和责任，而管理者只承担他所管理的部分的风险和责任。当然，还有另一种理解，即管理者包含了领导者，领导者即高层的管理者。

古立克在他著名的七功能说里讲到执行这七个功能的人是 chief executive，这一英语可以翻译成首席执行官（比如美国总统的另一个叫法就是 chief executive，这一词也可以

① 王沪宁，竺乾威. 行政学导论. 上海：上海三联书店，1988：39.

② 同①39.

翻译成总裁、总经理），显然这些人属领导人行列。古立克接着说："如果这七个方面可以被看作是首席执行官的主要职能的话，那么这些职能接下来要各自分配到下一个执行官或经理（executive）那里。"① 在古立克那里，这两者的区别是显而易见的。

一个组织通常由领导层、管理层和基层三个层次构成。就领导层来说，下面两个都是他的下属。当我们讲领导活动过程时，我们必须注意作为下级的管理者对领导人的影响。管理者通常是将领导企图转化为实际运作的关键，因此，他对领导的影响是巨大的，对整个过程目标实现的影响是巨大的。正因为如此，从领导人的角度来说，选择恰当的人来担任管理者的角色是非常重要的。

4.1.2 领导的类型

在实际的领导过程中，产生了一些各有特点的领导类型，每种领导类型都有它的强点和弱点，都有它适用的具体环境。在一个日益变得多元、不确定性日益增多的社会中，要去寻找一种最佳的领导类型是很困难的，也是不现实的。尽管如此，对领导类型做一归纳，了解每一类领导类型的特点，对于进行成功的领导来说还是有意义的。

1. 交易型领导

顾名思义，交易型领导把管理者与被管理者之间的关系看作一种交换关系，认为在管理者与被管理者之间存在一种契约式的交易，你给我什么，我给你什么。这有点类似巴纳德指出的组织与员工之间的一种刺激-回报关系，组织提供刺激，员工做出回报，两者的平衡维系了组织的活动。交易型领导向员工提供刺激（如报酬、实物奖励、晋升机会、荣誉等物质的和非物质的刺激），以满足员工的需要与愿望；而员工则以工作表现、完成交给的任务作为回报。在这一交换过程中，如果员工表现优良，就可以得到奖励，反之就会得到惩罚。两者的关系因员工的表现而定。从领导的效果来看，伯恩斯认为要视领导者与下属之间的心理契约的状况而定。

交易型领导也被称作管理型领导，韦伯首先对此做了描述。一般来说，交易型领导是建立在官僚制组织的权威性和合法性基础上的。20 世纪 80 年代，巴斯对此做了进一步的发掘。他对交易型领导的基本假设是：（1）当指挥链明确和清楚时，员工的表现会达到最好；（2）员工是被奖惩激励起来的；（3）需要对员工仔细监督，以便达到预期目标。很显然，交易型领导是建立在传统的"人是理性经济人"的假定之上的，因而采用的激励手段也就强调奖惩这种外部激励的传统方法。

交易型领导注重绩效，强调任务目标、工资标准和产出，关注目标的完成。在交易型领导看来，规则、程序和标准是最重要的。交易型领导善于设定将组织效率和生产力最大化的标准和期望，并对员工的表现及时反馈，使他们得以及时改进，提高产出。交易型领导注重维持现状，强调执行规则。任何背离程序、方法和流程的行为都是不能容许的，工作结果必须是可预测的，不允许意外发生。界定目标、维持秩序、信守规则和有力控制构成了交易型领导的主要特征。同时，交易型领导通常不是组织成长和变革的催化剂。它们

① 竺乾威，马国泉. 公共行政学经典文选：英文版. 上海：复旦大学出版社，2000：71.

注重维持现状，强调执行规则，因而不鼓励员工创新或用新办法来解决问题。

交易型领导的动力来自对可预测的、可持续的结果的追求。研究表明，交易型领导在问题明确和简单并被明确界定的环境里是比较有效的，因为成员对于完成什么任务能够得到明确的指令，领导奖惩分明，会向下属解释失败原因和提供反馈。在危机状况下交易型领导也是可行的，因为通过分配给员工明确界定的责任，领导能够确保这些事情得以完成。另外，交易型领导也有助于在危机中保持现状，至少不使事态恶化。

交易型领导在一些状况下无疑是有效的，但是对规则程序的执着有时会阻碍员工创造力、想象力和潜力的发挥，单靠奖惩这种外部的激励并不能满足员工的需要，因为员工还有其他的追求。因此，交易型领导只是一种在一定环境下有效的领导类型。

2. 变革型领导

变革型领导通常被看作与交易型领导相对的一种领导类型。如果把交易型领导简单看作一种“按劳付酬”的做法，那么对员工来说，他们则会“按酬付劳”。由于交易型领导缺乏一种内在的激励，因此员工不一定会全身心投入，与领导的关系只是停留在一种纯交易的水平上。这样，组织的潜力就无法得到发挥。

“变革型领导”是政治社会学家詹姆斯·伯恩斯在他的《领导力》一书中提来的。伯恩斯认为：“领导就是具有某些动机和价值观以及具有不同的经济、政治和其他资源的人在竞争和冲突的环境下展开的一种互惠的动员过程，其目的是实现领导者和追随者各自的或共同的目标。”① 也就是说，领导者就是那些能够激发追随者的积极性从而更好地实现领导者和追随者目标的人。因此，他把变革型领导定义为领导者通过领导的教导作用来形成、改变和提升追随者的动机、价值和目标，让员工意识到所承担任务的重要意义和责任来激发下属的高层次需要或拓展下属的需要和愿望，使下属对组织利益的追求超越对个人利益的追求。在巴斯看来，变革型领导很像魅力型领导。他们都假设人们是追随者，需要外在的激励来完成工作。魅力型领导强调团体目标、工作的重要性以及下属超越自利的潜力。显然，这与交易型领导的出发点是不一样的，对人性的基本假定是不一样的。一个较多地从物质层面对员工进行激励，另一个则更多地从精神的层面对员工进行激励。变革型领导通过自身的行为表率和对下属需求的关心来优化组织内的成员互动，同时通过创造组织愿景，在组织内营造变革的氛围，在有效地完成组织目标的过程中推动组织的适应性变革。

阿沃利奥（Avolio）在巴斯等人研究的基础上将变革型领导的行为方式概括为四个方面。其一，榜样影响力（idealized influence）。变革型领导人注重自身的修养、表现和行为的表率作用。如果领导人在下属的心目中是他们的榜样和行为的典范（比如行为正派、品格高尚、能力出众等），那么他们就会认同他、尊重他和信任他。这种认同和信任又可以使领导人对下属产生极大的感召力，使这些下属愿意心悦诚服地追随他去完成组织的任务和目标。这样一种影响力不仅仅来自领导者的职位因素，它更多地来自非职位的因素，即人格的因素，也就是领导人的个人魅力。因此，变革型领导人不仅仅借助职位的权力来行使他的影响力，还利用自身的个人魅力来影响组织成员。其二，期望激励（inspiration-

① BURNS J M. Leadership. New York: Happer & Row Publishers, 1978: 425.

al motivation)。变革型领导人通常对下属寄予很高的期望，并以此来激发员工的工作动机。与交易型领导不同，变革型领导人对下属的激发往往把对个人的期望与组织的目标和愿景联系在一起，为下属提供有意义且富有挑战性的工作，并以此来调动员工的工作积极性，使其产生强烈的向心力和团队精神，从而取得比个人利益更大的绩效和成就。其三，智力激发（intellectual stimulation）。变革型领导人注重向下属灌输新观念、新意识，同时鼓励下属独立思考，鼓励下属用新的理论、方法和手段去解决工作中遇到的问题。变革型领导人同时鼓励下属对自己和组织的价值、理念提出质疑和挑战，通过一种智力的激荡去解决组织面临的问题。其四，个性化关怀（individualized consideration）。变革型领导人关注下属的个人需要、能力和愿望，并对下属进行差别性的对待，以满足个人的需要和发挥个人的所长。同时，变革型领导人也对下属提供相应的条件，使他们能够按照各自的特点为组织做出贡献，并在这一过程中同时实现个人的发展。

变革型领导对人的理解显然带有一种“社会人”的假定，强调人的组织归属感需求。这类领导者力图通过组织的愿景来激励下属，通过改变下属的价值观与信念，使下属能意识到工作目标的意义与价值，从而产生超越个人利益的行为表现，为组织目标的实现做出自己的贡献。但变革型领导的问题在于领导人在下属中建立自身的形象和权威需要时间，此外，如果忽略一些立即的和看得见的奖励，而把激励完全建立在理想上，那么对员工激励的有效性可能就会有问题。

3. 服务型领导

服务型领导是罗伯特·K. 格林利夫（Robert K. Greenleaf）在1970年《领导就是服务》一书中提出来的。他指出，服务型领导者首先是服务，这起源于一种自然的想法，也就是为他人服务。这种有意识的想法使人向往去领导，他与那种首先是领导的人不同，后者可能需要释放一种不同寻常的权力驱动或获得物质的占有。领导者优先和服务者优先是两个相反的类型，两者的中间是不同人性部分的混合和细微差别，这一差别反映在是否以人为本上。这可以表现为服务对象是否作为人在成长，比如他们是否因得到服务而变得更健康、聪明、自由、更自主以及得到更全面的发展。

与传统的领导一般在组织的顶端发号施令和行使权力不同，服务型领导分享权力，强调人和他所在的社团或组织的成长与福利，将他人的需要放在首位，帮助人有最好的发展和表现。格林利夫认为个人和组织都可以成为服务型领导。他深信服务型领导导向的组织能够改变世界。在《机构就是服务》（*The Institution as Servant*）一书中，格林利夫指出了他通常称之为信条的东西：关心他人，尽其所能互相服务，这是建立一个良好社会的基石。他强调了作为服务者的机构或组织的重要性，认为以前只是人和人之间的关心，而现在，这种关心主要通过组织进行。如果要建设一个更好的社会，那么重要的是正义和更多的爱，以及为人提供更多的创造性的机会。这里需要提升服务能力，以及通过激活一些主要机构内部新的能量来提升现有主要机构的服务者的绩效。

拉里·斯皮尔斯（Larry Spears）提出了服务型领导的十项原则：（1）倾听。传统上领导人的价值在于他们的沟通和决策能力。服务型领导必须通过倾听他人的意见和看法来加强这些能力。倾听还包括倾听自己内心的声音。（2）沟通。服务型领导努力理解并与他人交流。人们总是希望他们的特点能被接受或得到承认。必须假设同事的好心，虽然有时必须拒绝他们的行为或表现，但不能拒绝作为人的他们。(3) 激发。这是一种变革和整合的力量。服务型领导最大的优点之一是激发自己和他人的潜力。(4) 认识。认识众人众事，尤其是认识自己，这样可以强化自己，要致力于培养一种认识能力。(5) 说服。服务型领导依赖于说服，而不是利用职位的权力来决策。他使他人确信，而非强制他人服从。这一点是与传统的权威模式很不相同的。他有效地在团体中建立共识。(6) 概念化。服务型领导旨在培育一种“做更大的梦”的能力。从概念化的角度来认识问题或认识组织意味着必须考虑长远的东西，必须在长远和短期的考虑中取得平衡。(7) 洞察力。服务型领导需要从过去的经历中吸取教训，认清现实，并为未来做好的决定。(8) 管家般的责任心。机构也应该如此，所有人像管家一样，在机构里发挥重要的作用。(9) 承诺人的成长。服务型领导认为人作为一个工作者，在他们显著的贡献背后有内在的价值。这样，服务型领导会对组织中每一个人的成长做极度的承诺。(10) 建立团队。服务型领导会为机构里的人指出建立团体的手段和工具。

服务型领导是从领导的本质意义上去讲的。它更多的是一种类似参与式的领导方式。但在现实的领导过程中，不要把这种方式同发号施令的方式对立起来。发号施令作为一种领导的表现形式，其本质也可以是服务的，只是表现形式不同罢了。

4.1.3 领导者与权力

领导者是掌权者，是与权力以及权力的行使联系在一起的。所谓权力，可以说是一种影响力，这一影响力既可以通过强制性的方式产生，也可以通过非强制性的方式产生。这是与领导者所具有的权威相关的。领导者具有强制性的权力或影响力，也就是领导者的命令下级必须服从。这种权力或影响力来自领导者在组织中的职位。但是，一些非领导者尽管没有职位赋予的权力，但也有影响力，使人们追随他或服从他，这是同他个人的因素联系在一起的。

可以看到，领导的权威既来自职位的权威，也来自个人人格的权威。一个理想的领导人应该集这两种权威于一身。仅仅具有职位的权威是不够的。一个不具备人格权威或人品能力很差的领导者尽管可以凭借职位的权威让下级服从，但下级通常是口服心不服。而一个具备人格权威的领导者行使权力要容易得多，因为一个获得下级信任的领导人在下级的心目中就是真正的权威，下级会追随他，会口服心也服地服从他。

这样，从领导者的角度来说，培育自身的人格权威或增强自身的人格感召力是重要的，因为它有利于权力的行使。所谓人格感召力，包括品格、能力、知识和感情四个方面的因素。[①] (1) 品格因素。它涉及领导者的道德品质、价值观、对人对事的态度，品格会在一个人的言行中表现出来。品格高尚、行为端正、做事公正、具有正义感和富有同情心、心地善良、与人为善的领导人总是受欢迎的。反过来，格调低下、行为猥琐、缺乏修养、私利高于公利、言行不一的领导人尽管也可以行使他的权力，但会为下属所不齿。(2) 能力因素。能力强的领导人会使下级对完成组织的任务充满信心，因为他通常会给组

① 罗锐韧．哈佛经理手册．北京：企业管理出版社，1997：321．

织成员带来希望。反之，能力低下的领导人往往会使下级对他丧失信心。(3) 知识因素。知识本身就是一种权力，因为具备某种知识就意味着具备了某种控制力。一个学有专长的领导人会对他人产生更大的影响力。(4) 感情因素。感情是对人对事好恶倾向的一种内在反映，在人际关系中与人为善、处处为他人考虑的领导人容易赢得下属的爱戴。

由于领导者事关组织的成效，因此，从组织的角度来说，挑选哪些人进入领导岗位就成了一个重要的问题。在这里，有以下几个方面是需要考虑的：首先是用人体制。这一体制还必须防止个人在领导人的选拔中说了算的现象，防止第一把手有过分的权力。这一体制也必须防止在领导人选拔中的拉帮结派、搞小团体和搞山头的现象，把领导职位作为一种内部分赃的筹码。这一体制还必须保证在领导人的选拔上有一套公正的程序。其次是选拔标准。品德和能力通常构成了两个主要的标准，德才不能偏废，领导人应该是德才兼备者，这是毫无疑问的。问题在于标准的掌握，以及如何严格地按照标准来选拔。为什么在有明确标准的情况下还会让一些诸如投机钻营者、心怀不轨者、拍马奉承者、品行不端者、能力低下者甚至贪污腐化者进入领导层？为什么一些人得以带病提拔？为什么一些明显不合格者依然身居高位？所有这些在很大程度上与操作有关，同体制的缺陷有关。最后是充分发挥选举的作用。如何使选举成为真正的选举，如何避免选举走过场或只把选举当作一种装饰品，从而使真正优秀的、获得民众认可的人进入领导岗位，这是领导人选拔制度设计必须考虑的问题。

领导者是权力的行使者，权力行使会对组织活动过程的结果产生重大影响，比如决策一错就会导致全盘皆输。因此，对领导者来说，如何用好权力是一个非常实际的问题。在权力的行使过程中，需要遵循以下几个原则：(1) 守法原则。现代领导者的权力来自组织的授予，它本身就是一种规则的产物，但在一个官本位的社会里，权力往往是异化的，作为规则产物的权力往往会摆脱规则的羁绊。权力行使有需要遵循的程序、规则和限度，权力的行使只能在这些限度内进行，任何超越规章制度和权力限度的权力行使都是不具备合法性的。在现实中，权力的行使尤其要防止以言代法、以权压人和滥用权力。(2) 公利最大化原则。领导人行使权力谋求的是公共利益或组织利益的最大化，通过众人的努力来达到组织的目标。权力行使中的一个较常见的现象是以权谋私，把权力作为谋取私利或同金钱进行交换的一种工具。这就从根本上颠覆了权力行使的意义。要使权力行善而不是作恶，谋求公利而不是私利最大化，领导者需要有较高的道德水准。(3) 责任原则。行使权力就要承担相应的责任，权责相等是天经地义的。在现实中，权力责任不相等的情况时有出现，比如行使权力不承担责任、少承担责任，或者有错不追究责任、少追究责任，这导致轻率用权现象的产生。这种状况是与问责制的缺陷相关的。这方面近来的一个积极发展是对领导人的一些重大决策施行终身追责制。比如，浙江省从 2015 年 10 月开始施行的《浙江省重大行政决策程序规定》指出，对决策严重失误造成重大损失、恶劣社会影响的，应当倒查责任、实行终身责任追究，依法追究行政首长以及负有相关责任的人员的责任。(4) 参与原则。组织成员参与决策在今天已经变得越来越普遍。从领导人的角度来说，这是一种权力的分享，这种分享期待员工对问题的解决贡献智慧和员工发挥积极性，从而有助于更好地解决问题。

权力行使与领导者的个人因素有关，也与制度相关。权力行使的结果事实上是领导人与制度互动的产物。制度约束了领导者权力行使的行为，由此凸显了制度的重要性。但是，在同样制度约束的条件下，领导者的行为也并非一致。比如有的行为规范，有的以权谋私，有的勇于承担责任，有的则逃避责任，如此等等，这显然涉及领导者的个人因素。领导者的价值观、品行和能力在这里凸显了其重要性。因此，权力行使过程中出现的问题往往可以从制度和领导者两个方面去寻找。相比较之下，制度的作用可能是更大的。制度不完善或不健全，缺乏对权力的制约，权力往往就会滥用；权力过于集中，出错的概率就会增加；等等。因此，需要从两个方面着手来提升权力行使的正当性和效果。

4.2 领导行为与领导力提升

4.2.1 领导行为

尽管领导者的职能是差不多的，比如都要进行决策、控制、指挥、用人等，但领导者在行使这些职能时所展示的领导行为和领导风格却往往具有独特性，这更多的是与领导者个人的经历、气质、素养、价值观等联系在一起的，尽管环境对领导行为和风格的形成会产生一定影响。领导行为和风格往往因人而异，领导者丰富多样的个性产生了各种各样的领导行为和风格。但是，如果把这些不同的领导行为做一归纳，我们可以在领导行为取向和领导与下级关系两个方面大体上将这些不同的领导方式或风格归入以下几种模式中：

领导行为取向涉及的是领导活动的重人（以人为中心）取向和重事（以任务为中心）取向。领导活动不外乎管人管事，组织成员和组织任务构成了领导活动的两个主要内容。但是，在对待人和事的问题上，有两种不同的做法：一种是重人轻事，另一种是重事轻人。人员取向的领导方式关注组织成员的需求和愿望并努力为这种需求和愿望的实现提供条件，这一领导方式注重在组织内创造良好的人际关系氛围，注重上下之间的交流，注重发挥下级的创造性和积极性，鼓励下级为组织目标的实现贡献自己的力量。比较之下，任务取向的领导方式更注重组织任务的完成，任务完成高于一切，人是为事所用的，极端的做法就是把人当作完成任务的工具。

事实上，两种极端的做法都很少。人和事也不能完全分开，组织要完成目标，但事情又是人做的。因此，一种观点认为最好的做法是既重人又重事。但这一观点无法解决在两者不能同时获得的情况下如何取舍的问题。另一种观点认为重人还是重事要视人的行为成熟度来定，比如在行为不成熟时要重事，但如何判断行为的成熟度本身就是很困难的。还有一种观点认为要考虑环境因素。在领导活动中，如何做到人和事的统一，即既满足组织成员的需求，又完成组织任务，是一个具有挑战性的问题，在很大程度上要依靠领导者的智慧。

此外，在领导与下级关系方面，库尔特·卢因指出了三种不同的领导行为模式。第一种是独断型的领导行为模式。这一模式也被称为专制型、专断型或自决型模式，顾名思义，这种领导行为模式的特点在于以自我为中心，大权独揽，一切皆由领导者个人决定，容不得商量和讨论，下级通常是被动地执行命令。此类领导者通常与下级保持一定的距离，下级往往对他敬而远之。在领导效率和员工满意度两个向度的测量表中，这种领导行为模式属于“效率高、满意度低”的一种。这种领导方式有点类似于前面提到的以任务为中心的领导模式。第二种是放任模式，这是一种与独断型模式相反的领导行为，其特点在于领导者不注重自身权力的运用，放任下级去发挥作用，给下级最大的自由行动的空间。同时，这类领导与下级有较多的情感交流，关心满足下级的需求，在上下之间维持着一种良好的人际关系。这种领导行为模式在效率和满意度测量表上属于“效率低、满意度高”的一种。这一模式有点类似于以人为中心的模式。第三种是民主模式，或称参与模式，这是一种介于前两种模式之间的领导行为模式，其特点在于既注重自身的领导作用，也注意让下级参与到一些决定中来，同时关心下级的成长和进步，在上下之间也维持着一种良好的人际关系。卢因从对任务的影响、士气、人际关系和指导工作的有效性四个方面对三种模式打分，认为民主模式是相对最好的。事实上，在现实中，领导人纯粹属于这当中的哪一种模式是不存在的，他可能只是更多地偏向于哪一种而已。另外，说某一种模式在任何场合下都是一种最佳模式也是不存在的。每一种模式都有它所适用的具体环境和条件。比如在危急关头，需要的就是强有力的、不容争辩的领导。领导者的领导行为会对组织文化产生影响，专制的领导行为通常会使组织的氛围变得压抑。因此，领导者需要非常注意使自身的领导行为产生一种团结奋斗、积极向上的组织氛围，注意在效率和满意度之间取得平衡。

4.2.2 权威与领导力

领导力是与领导者的权威相关的，这一权威表现为对下属的影响力。领导力的英文是leadership，中文中领导力的力可以指能力或力量或能量或气场，简言之，可以把它理解为一种建立在能力基础之上的力量（影响力就是一种影响他人行为的力量）。有能力不一定就有力量，比如一个有领导能力但没有领导职位的人就无法对他人产生一种强制性的力量。但是，有力量一定是有能力的，没有领导职位的人也可以通过自身的魅力或感召力使人们追随他。

领导者通常是具有权威的人，但这一权威从何而来？马克斯·韦伯讲到了三种权威：第一种是魅力型权威。这一权威主要来自个人的魅力，比如英雄人物或天分过人的人对追随者所具有的吸引力，但是，一旦追随者不再信奉他，他的领导权力将顷刻崩溃。第二种是传统型权威。这一权威来自因袭的习惯与规则，若发生反抗，反抗的是掌权者个人，而不是传统制度本身。第三种是法理型权威。这一来自非人格化的制度和法规，服从只是对依据法律建立起来的等级制度所规定的职位的服从。法理型权威是现代的官僚制组织的一个特征，它与工业社会的理性相符。

但在巴纳德看来，权威来自接受。他给权威的定义是：“权威是正式组织中信息交流（命令）的一种性质，通过它的被接受，组织的贡献者或成员支配自己所贡献的行为，即支配或决定什么是要对组织做的事，什么不是对组织要做的事。”① 也就是说，权威在于

① 巴纳德. 经理人员的职能. 孙耀君，等译. 北京：中国社会科学出版社，1997：129.

上下的一种关系，而不在于职位。只有当权威被接受时，这种权威才是成立的。“按权威的定义来说，一个命令是否权威取决于接受命令的人，而不是权威者或发布命令的人。”①这同他把领导定义为“一些通过建立信任来激发协作性的个人决定的人的权力”或“个人行为的质量，以此指导人们及其组织的活动”是一样的，信任就是一种关系。这也与他的刺激-回报的动态平衡理论是一致的，也就是持续的参与取决于引诱和所需贡献之间的平衡。巴纳德指出了四种有效行使组织权威的条件：（1）下属必须理解命令；（2）命令必须同组织目标一致；（3）下属相信命令与其个人利益相符；（4）具有执行命令的能力。②

权威来自下级的接受，下级对上级命令的反应有三种形式：（1）不考虑命令的好处就接受；（2）考虑了以后才接受；（3）拒绝。第一种反应就是巴纳德指出的著名的“无关心区”。所谓“无关心区”，指的是下级不关心命令对他是否有好处，是命令就执行。在巴纳德看来，“无关心区”的大小取决于诱因超过负担或牺牲的程度（后者决定着个人同组织结合的程度），因此，勉强被诱导去贡献的人接受命令的范围是有限的。巴纳德认为，“无关心区”对于（就下属来说）促进组织的顺利运作是必要的。

巴纳德在这里强调了权威的主观方面，他还指出了领导人需要具备的五大特征：有活力，坚忍，有决断力，有说服力和责任性，智力。但是巴纳德并没有否定权威客观方面的重要性，这一客观性表现在权威还建立在职位基础之上，当职位权威加上能力权威时，他就能成为一种非常有效的力量。这里也展示了巴纳德的权威与魅力型权威之间的区别。魅力型权威是一种与个人特质有关但与组织及其职位无关的权威，是一种对下级没有强制力的权威，当下级不愿追随时，这一权威也就不存在了。巴纳德的权威也注重信任，注重一种关系（在这一点上有点类似于魅力型权威），但是他也强调职位权威，而这一权威使领导人具备一种强制性能力。巴纳德的“无关心区”更多地与非正式组织（这一概念是韦伯的一大贡献）联系在一起，在他看来，非正式组织会影响个人的“无关心区”。

这表明，一个优秀的领导人在具备职位的同时，还要具备人格的权威，领导力是与这两方面的权威息息相关的，任何一方面权威的缺失都会使领导力下降。

4.2.3 领导力提升

领导力可以理解为一种建立在能力基础之上的力量。这里凸显了能力在领导力中的重要性。这里讲的领导力提升，主要是指领导能力的提升。

领导力涉及的首要问题就是领导能力的构成。领导能力包含哪些要素？领导能力的构成往往因人们对领导的理解而异。在伯恩斯看来，交易型领导和变革型领导就不同。前者的目标不是与具有共同目标的下级一起去努力实现他们的共同利益，而是与各行其是的个体和团体讨价还价实现他们各自的利益。后者的前提是，个人不管具有什么样不同的利益，要让他们团结起来去追求“更高的”目标。尽管这两种领导形式都有助于实现人的目标，但两者遵循的价值是不一样的。交易型领导偏重的是手段的价值，因此，诚实、负

① 巴纳德．经理人员的职能．孙耀君，等译．北京：中国社会科学出版社，1997：129.
② 同①131.

责、公正、信守承诺是重要的，舍此无法完成交易。而变革型领导偏重的是目的价值，诸如正义、平等、自由等，以提升下级的道德层次。[①] 显然，两种不同的价值追求会产生对两类不同领导类型的能力要求。当然，这两种领导类型是互补的。

也有一些从一般意义上去探讨领导能力的观点，其中比较有影响力的是"领导五力模型"。[②] 领导五力包括：第一，感召力。这是一种最本色的能力，包括五个方面：具有坚定的信念和崇高的理想；具有崇高的人格和高度的自信；具有代表一个群体、组织、民族、国家或全人类的伦理价值观和臻于完善的修养；具有超越常人的大智慧和丰富曲折的阅历；不满足于现状，乐于挑战，对所从事的事业充满激情。第二，前瞻力。前瞻力从本质上讲是一种着眼未来、预测未来和把握未来的能力，包括领导者和领导团队的领导理念、组织利益相关者的期望、组织的核心能力、组织所在行业的发展规律、组织所处的宏观环境的发展趋势。第三，影响力。影响力是领导者积极主动地影响被领导者的能力，主要体现为：领导者对被领导者需求和动机的洞察与把握；领导者与被领导者之间建立的各种正式与非正式的关系，领导者平衡各种利益相关者特别是被领导者利益的行为与结果；领导者与被领导者进行沟通的方式、行为与效果；领导者拥有的各种能够有效影响被领导者的权力。第四，决断力。决断力是针对战略实施中的各种问题和突发事件而进行快速和有效决策的能力，主要体现为：掌握和善于利用各种决策理论、决策方法、决策工具；具备快速和准确评价决策收益的能力；具备预见、评估、防范和化解风险的意识与能力；具有实现目标所需要的必不可少的资源；具备把握和利用最佳决策及其实施时机的能力。第五，控制力。控制力是领导者有效控制组织的发展方向、战略实施过程和成效的能力，一般是通过下述方式来实现的：确立组织的价值观并使组织的所有成员接受这些价值观；制定规章制度等规范并通过法定力量保证组织成员遵守这些规范；任命和合理使用能够贯彻领导意图的干部来实现组织的分层控制；建立强大的信息力量以求了解和驾驭局势；控制和有效解决各种现实的和潜在的冲突以控制战略实施过程。

国家人事部2003年下发的《国家公务员通用能力标准框架（试行）》提出公务员应当具备九项能力。（1）政治鉴别能力。具有相应的政治理论功底，善于从政治上观察、思考和处理问题，贯彻执行党的路线、方针、政策等。（2）依法行政能力。有较强的法律意识、规则意识、法制观念；按照法定的职责权限和程序履行职责、执行公务；不以权代法；敢于同违法行为做斗争，维护宪法、法律尊严等。（3）公共服务能力。牢固树立宗旨观念和服务意识，诚实为民，守信立政；责任心强，对工作认真负责，有较强的行政成本意识，善于运用现代公共行政方法和技能，注重提高工作效率等。（4）调查研究能力。坚持实践第一的观点，实事求是，掌握科学的调查研究方法；善于发现问题、分析问题，能够提出解决问题的建议等。（5）学习能力。树立终身学习观念，理论联系实际，学以致用；掌握科学学习方法，及时更新和掌握与工作需要相适应的知识、技能等。（6）沟通协调能力。有全局观念、民主作风和协作意识；语言文字表达条理清晰，善于团结和自己意见不同的人一道工作；能够建立和运用工作联系网络，有效运用各种沟通方式等。（7）创

---

① 伯恩斯. 领导学. 常健，孙海云，等译. 北京：中国人民大学出版社，2013：426.

② 中国科学院"科技领导力研究"课题组. 领导感召力研究. 领导科学，2006（10）.

新能力。思想解放，视野开阔，与时俱进，具有创新精神和创新勇气；掌握创新方法、技能，培养创新思维方式；善于分析新情况、提出新思路、解决新问题。(8) 应对突发事件能力。正确认识和处理各种社会矛盾，善于协调不同利益关系；面对突发事件，头脑清醒，调动各种力量，有序应对突发事件。(9) 心理调适能力。事业心强，有积极、乐观、向上的精神状态和爱岗敬业的热情；能正确对待和处理顺境与逆境、成功与失败等。

这里的一个问题是这些能力的要求对领导人和被领导人是否一样。比如，领导人和被领导人需要同等的沟通协调能力吗？除了通用能力之外，是否还需要有与职位相连的能力？比如，对领导者来说，决策能力很重要，但对下级来说，更重要的是执行能力。领导五力也有同样的问题。感召力和影响力本身不是一种能力，而是各种能力聚集的产物。此外，这里的影响力应该是一种人际关系能力。除了这些，领导五力的问题在于没有对领导的层次做区分，领导有高中低之分，对领导人的能力要求显然也不是一样的。

领导能力的构成可以借助麦克利兰在 20 世纪 70 年代建构的能力素质模型或胜任力 (competency) 模型。所谓能力素质，指的是直接影响绩效的个人条件和行为特征，这是担任某一特定任务角色的人所需要具备的能力素质的总和。麦克利兰把能力素质分为以下层次：(1) 知识；(2) 技能；(3) 价值观；(4) 自我定位，即一种自我认知；(5) 人格特质，即个人与生俱来的一些特征；(6) 动机，即做事的动力，人有成就、亲和和影响三大需求。莱尔·斯宾塞和塞尼·斯宾塞后来发展了麦克利兰的观点，提出了能力素质的冰山模型。根据这一模型，这些层次可以分成两大类：知识和技能是表层的，就像浮在海面上的冰山；而后面四个方面则是深层的，是在海面以下的。把优秀者和一般者区分开来的不是表层部分，而是深层部分。用另外的话讲，想法、动机、激情、个性决定了在多大程度上一个人会去获取知识和技能，并在多大程度上去运用知识和技能。具备同样的知识和技能但没有做事的激情是不会有绩效的，同样，没有动机也是不会去获得或提高知识和技能的。

领导能力也可以分为两个层次：第一个层次的能力是产生绩效的能力，也就是浮在海面上的能力。这里可以列举很多的能力，例如前面的领导五力模型提到的。但是，有两种能力是基本的，一种是做事的能力，另一种是为人的能力。做事的能力也可以包括很多，但它集中表现在决策能力和执行能力上。决策能力（它由很多能力组成，比如分析判断能力、信息沟通能力、断决能力等）是对高层领导来说的。要产生绩效，首先决策要正确，决策一错，什么都错了。但是，决策的目标需要执行才能得到实现，这一能力主要是对中下层的领导来说的，如果不具备好的执行力，决策再好也不能达到目标。为人的能力也即人际关系能力是领导的另一种基本能力。领导是通过协调众人的努力来完成组织目标的，因此，对员工进行激励，调动和发挥他们的积极性，这是事情得以成功的另一个不可缺少的条件。具备这样一种人际关系能力是对所有领导者的要求，因为只要是领导者，就会有下属。

第二个层次的能力是海面下的能力，也就是诸如动机、价值观、自我定位、激情之类的潜在能力。这种潜在能力与一个人在工作中或某一情境中所表现出的有效的或高绩效的行为有着明显的因果关联。简单来说，它可以预测一个人在一般的、常见的情境下和在一个持续的、特定的时期内的行为方式、思维方式，它决定了要不要做事，把事情做到哪一步。如果没有做事的激情，就不会有作为，哪怕能力再强。

能力素质模型指出，把优秀者与一般者分开的是深层的部分。因此，从领导力的提升来说，既要提升表层的能力，更要注重提升领导者的潜在能力。第一个方面的能力即做事能力，其提升是由环境的变化导致的。社会管理事务的日益复杂和信息技术的进步对领导能力提出了新的要求，它需要领导人具有开阔的视野和掌握新的技能。比如，公共服务的社会化和市场化运作需要领导者具备新的知识、技术、理念、方法和能力，如准商业的知识、成本-效益分析方法、契约概念和契约精神、同社会组织和企业打交道的能力，以及在面临下级越来越多地变成知识员工的情况下如何调动他们的积极性、发挥其智慧，等等。第二个方面的能力即潜在能力，其提升尽管更多地与个人的修养或追求有关，但领导者的外部激励也不失为一种提升其能力的办法，比如理想主义、职业荣誉感、献身精神等激励，以及职业前景和相应的物质待遇等的激励。由于第二个方面的能力区分了优秀者和一般者，因此能力的提升需要更多地从这方面着手，但这方面能力的提升不能仅仅借助精神激励，物质激励同样是重要的。

领导者能力的提升可以借助培训，但更有赖于领导者本人的学习能力和感悟能力。阿尔温·托夫勒在他的《权力的转移》一书中指出，未来高质量的权力来自知识的运用，知识是用途最广的社会控制的根本来源，是未来权力变移的中心。在一个外部和内部环境不断发生变化的环境下，领导者的学习能力显得尤为重要，这一学习是广义上的学习，从理论中学，从实践中学，从他人中学，从一切可以使自己得以提高的地方中学，只有不断地学习，才能适应环境的变化并引领环境的变化，才能走在组织员工前面进行领导。此外，领导者的感悟能力也是很重要的，这一感悟能力指的是凡事善于举一反三，在比较、辨析、归纳中感悟得到的经验和教训，并从中得到提高。

4.3 领导过程

4.3.1 领导过程的功能要素

领导活动作为一种过程，是由决策、人事、协调、控制等功能构成的。

第一，决策。这是领导活动最重要的功能，它构成了整个组织活动的中心，决策的好坏对错影响着组织活动的进展。决策的重要性要求领导者具备较强的决策能力，这一能力是由以下几个方面的能力构成的：

首先是分析问题的能力。决策就是解决问题，因此，对问题的认识和理解就构成了解决问题的一个前提性的条件。对同一个问题会有不同的认识，决策上的争论很多都是由对问题的不同理解和看法造成的，因为不同的理解会产生不同的解决方案。这就像医生治病一样，首先医生要知道病人生的是什么病，然后才可以开药方。如果把病看错了，那么开出的药方是无济于事的。在这里，领导者认识和分析问题的能力是很重要的。这里有一种因素在起作用，即领导者的价值观。持有不同的价值观的人对同一问题的看法是不一样的。比如民众上访，在一种观点看来这是老百姓应该享有的权利，这一权利是不能被剥夺的；而在另一种观点看来，上访就是破坏稳定。不同的看法会产生不同的应对措施，这两种不同的看法都是由领导者的价值观决定的。

其次是领导者的认识能力。在具备同等价值观的情况下，还有对问题的认识能力的不同。有的领导人对问题的认识全面而深刻，有的则表面而浅薄。不同的理解也会产生不同的解决问题的方案。因此，分析问题的能力要求领导者善于把问题进行分解，善于透过现象看本质，抓住问题的要害，并能预测解决方案可能会产生的后果。要提高分析问题的能力，首先要使领导者具备正确的价值观，这一价值观应该同人类文明的主流价值观相符，比如哲学层面上的正义、公正、平等、民主、自由等，这些价值观同我国的社会主义核心价值观也是一致的。再者就是提高领导人认识问题的水平，这种提高不仅来自自身的经验和经历，也来自理论和方法的学习。

再次是系统思考能力。系统思考能力要求全面地看问题。事情都是有联系的，问题的产生通常也是由多种原因造成的。系统思考要求从组织内外环境、当前状况和未来发展、眼前好处和长远利益、组织生存和人的发展、部分和整体等多个角度来考虑问题，从而寻找出一种相对最佳的解决方案。

又次是创新能力。决策是为解决现在和未来的问题而做的，因此，以往一些成功的做法并不一定能用来解决今天的问题，因为问题不一样。比如，战争时期的群众动员和集中力量打歼灭战式的方法就无法用来解决和平时期的经济建设问题，同样，计划经济的一套管理方法也无法用于市场经济。因此，领导者要有创新的意识，敢于打破旧的条条框框，摆脱旧的思想、方法、学说和观念对自己的束缚，勇于改变自己的思维方式和作为方式，用新的思想、理念来武装自己，并用新的方法解决问题。

最后是善用外脑的能力。今天的一些决策已经变得很复杂，单靠领导者个人的力量是不够的。聪明的领导人通常是一些善于利用他人智慧的人。劳动分工和专业化使得今天的领导人都成了专才，但是，领导职位却要求他是全才，能够解决他所面临的各种问题。比如，非经济学专业出身的领导人要对经济问题拍板。没有一个领导人可以样样精通，但决定还得做。因此，一个实际的办法就是让相关的人参与。今天，以智囊团、思想库等形式出现的顾问有很多，也不乏一些具有真知灼见的个人以及与决策问题有关的利益相关者，所有这些都是领导人在决策时可以借助的智力。决策能力也要求领导者运用恰当的理论来指导自己，并运用恰当的方法来解决问题。今天，决策理论的发展，尤其是信息技术的发展为领导者进行决策提供了许多有价值的东西。

第二，人事，也就是用人。领导者的职能是协调众人的努力去完成组织的任务，因此，如何用人，让适当的人在适当的岗位上，激励人的优秀表现是领导过程的又一个方面。用人可以表现为人力资源的管理过程，但对领导者来说，有三个方面对他来说是重要的。一是理念。领导者必须认识到，人力资源在组织的所有资源中是最有价值的。要使人力资源产生它的附加值，首先需要尊重员工，维护其权利，发挥其创造性。其次需要注重对人力资本的投资，尤其是在知识经济时代，这样的投资所产生的价值是对物力资本的投资所不能比拟的。没有这样的投资，人的质量就不会提高，组织就不可能具有竞争力。二是对组织核心人员的管理。“二八法则”（简言之，一个单位里面20%的人做了这个单位里面80%的事情）指出了关键的少数所具有的重要作用。在一个组织里，核心人员尽管不多，但却对组织的生存和发展起着决定性的作用，这种人的流失会使组织蒙受巨大损失。因此，如何吸引这些人进入组织里面来，如何留住这些人，如何发挥这些人的作用构成了领导者在用人中的又一个重要考虑。三是人事制度建设。制度是长久的，而人则是短暂的，领导者或许会调离，任期也会到期，如果没有制度上的保障，在人的管理上难免出现因领导者而异的现象，从而使组织成员丧失一种稳定的预期。此外，制度也可以起制约领导人的作用，比如防止领导人因个人好恶取人，更不用说买官卖官了。

第三，协调。领导活动的过程事实上也是一个人力资源和物力资源配置与协调的过程，人力资源包含着组织活动所需的技术、管理和信息，物力资源包含着组织活动所需的资金和其他的物质条件。资源配置合理到位并使人力、物力资源的流动形成一种合力，从而推进组织目标的实现，这是领导人需要做的。这种协调不仅仅表现为组织内部的协调，它还表现为组织和组织之间的协调。在组织活动（比如政府的环境保护或资源保护工作）越来越跨界的情况下，这种协调也变得越来越多。这种跨界不仅有政府部门之间的跨界，也有政府部门与社会其他组织包括企业的跨界，因为社会治理和公共服务的提供需要政府以外组织的参与。同等级制内领导者可以通过纵向的权力等级进行协调不同，这种协调是以平行的、协商的和谈判的方式进行的，而这样的一种协调方式（尤其是与政府外部组织的协调）在传统的行政中是比较少的，这就对领导者的能力提出了新的挑战。

第四，控制。领导的过程也是一个控制的过程，领导者在一定程度上也是一个控制者。之所以要进行控制，是因为他所确定的决策目标在执行过程中可能会因内外部环境的变化或执行者的变化出现新的问题，尤其对一个时间跨度较长的目标来说。情况变化导致领导者需要对活动进行修正。比如，随着经济形势的变化，政府对经济的调控手段从采用财政政策转向金融政策或倒过来是常有的事。从控制的方式来讲，无外乎刚性和软性两种。刚性控制通常包括以命令、政策、规定等行政手段和法律手段出现的控制，其特点在于规定的东西是不容置疑的，收效快，但是有副作用。软性控制往往以一种指导、协商、合作甚至是人际关系的形式出现，是一种和风细雨、润物无声的控制（尽管控制一词在这里不一定妥当）。控制的方式因事而异，方法的不当会造成不好的结果，无助于决策目标的最后实现。比如对经济事务的控制，在一般情况下宜采用经济的手段，而不宜采用行政的手段，除非出现了一些紧急的或重大的状况。

4.3.2 领导过程的结构要素

领导过程的结构要素表现为领导集体的构成以及运作的制度形式。组织中的领导通常是以一个由多个领导者组成的集体出现的，比如中共中央政治局常委就是一个由七个人组成的领导集体，在一个企业里，通常也有一个由总经理和若干副总经理组成的领导集体。需要一个领导集体本身就意味着集体的作用要大于个人的作用，否则没有必要去建立一个集体。但在现实中，领导集体是否发挥了大于个人的作用，取决于这一集体内的个人之间的互动。这一互动会产生三种不同的结果：第一种是一加一大于二的结果，也就是贝塔朗菲指出的整体大于部分的简单相加的“整体效应”，这是一种理想的结果，是由个体之间的良性互动和优势互补产生的。第二种是一加一等于二的结果，也就是简单相加的结果，这一结果尽管可以接受，但不是理想的。第三种是一加一小于二的结果，这是一种糟糕的结果，是个体之间互不合作甚至内斗产生的一种结果，是一种需要加以避免的结果。

个体构成了集体，个体之间的互动产生了集体的结果。这样进入集体的个体就很重要，因为这会影响他们之间的互动。个体与个体之间是有差别的，这些差别体现在年龄、知识、素质等方面。在建构领导集体时，如何使个体这些方面的因素进行互补，从而使领导集体产生一加一大于二的“整体效应”是需要考虑的。

首先是领导集体的年龄结构。年龄是可以说明一定问题的。美国当选总统的年龄资格是35岁以上，而中国当选国家主席的年龄要求是45岁以上，这至少表明，在如此高的职位上，35岁或45岁以下的人是不适合的。从领导集体的年龄结构来看，一般来说，老中青三种年龄层次都具备是一种比较好的结构。年龄异质性的好处在于每一个年龄段的人都有其不同的经历，这些不同的经历可以使他们对问题的理解和行动的能力形成互补。比如，尽管老年人经历要比年轻人丰富，但在新的知识和技能的学习上年轻人可能具备更多的优势。我国政府各级领导层的平均年龄从下到上是依次递升的，越到上面，平均年龄就越大。这首先是由我国的官员制度决定的，因为中国的官员没有政务类和事务类之分。在分开的情况下，政务类官员通常由选举和任命产生，比如美国肯尼迪总统及其内阁成员的年龄以我们的标准来说都是很年轻的。另外，我国的官员是逐级提升的，因此，越到上面年龄也就会越大，而且造成年龄的同质性，彼此之间年龄差别不大。这一做法的好处是经验丰富，缺点是互补相对较少。

其次是知识结构，领导人都是有其知识背景的，整体上，这一知识背景可以分成文科和理工科两大类。不同学科训练出来的人是不一样的。理工科背景的人逻辑性强，注重数量概念，强调线性思维和工具理性，他们通常更注重把事情做好而疏于问该不该做。而文科出身的人知识面广，思维发散并注重价值理性，做事通常首先考虑该不该做、是否有违相关的价值。显然，从互补的角度讲，异质的结构是一种更好的结构。我国政府领导层的知识结构在过去相当长的一个阶段里呈现的是一种同质结构，学理工出身的人占了领导集体中的大部分，以至于在官方的用语中充满了诸如“系统”“工程”之类的理科字眼。这种状况在一定程度上与国家建设的阶段相关，在经济大发展时期，城市规划、造桥筑路等使得理工出身的人更具备用武之地。美国20世纪30年代的城市经理（市长）理工科出身的占了70%，因为当时他们所在的城市（一般是中小城市）正处在大规模的物质建设时期。到70年代的时候，这一比例发生了倒转，因为社会已经进入了追求生活质量的时期，文科背景的优势开始显现。在我国，领导层中知识背景的同质化现象也已经发生改变，有数据表明，文科背景的领导人的数量在急剧增长。

最后是素质结构。领导者个体之间具备的能力可能是不一样的。有的人思考能力强，有的人行动能力强，有的会说，有的善做，有的精于策划，有的善于执行，有的举重若轻，有的举轻若重，这些异质的能力的互补有助于获得领导的整体效应。反过来，同质性的结构就有其缺陷。比如，领导者个个都会做但不会说，也就是缺乏沟通能力，那么在遇到群体性事件的时候，要解决问题就会变得很困难。同时，人都是有个性的，领导人也不例外。有的人脾气暴烈，有的人性情温和，有的理性，有的感性，有的谨慎，有的冲动，有的宽容，有点狷介，有的大方，有的小气。个性会影响领导者的相处。从领导的整体效应来说，性格需要互补，如果领导集体中的人个个性格刚烈，做事冲动，那么很容易遇到事情就吵架。

当然，要产生一种理想状态的互补和互动是不容易的，但是可以尽可能往这一方向努力。从领导者个体来说，可以通过努力来弥补自身的一些不足，比如，可以吸取一些不同学科的知识，可以培养自身多方面的能力，也可以改变一些性格和个性上的不足。从领导集体来说，需要考虑如何发挥领导者所长，即分管的事务恰恰属于他能力的强项，如何建立一种健康的、和谐的内部文化，使在领导集体中的人心情舒畅。从组织来说，在领导成员的配备上，可以考虑采用多种方式来使这一集体产生“整体效应”。比如，可以运用性格测试的方式对相关的人员进行进一步的了解，对其中的人员可以调离或进行补充，对领导集体也可以进行重组。

领导集体的活动方式通常是用制度的形式来结构的。有两种不同的制度是常见的：一是首长制；二是合议制，也就是集体制。两者的区别在于决定是由一个人做出的，还是由多个人集体做出的。首长制就是由首长一人决定，其他的领导成员事实上都是他的助手，他们之间的关系是不平等的。其他领导人对首长负责，在决策过程他们完全可以提出自己的看法，但最终的决定由首长来做。这里不存在一人一票的问题。其他领导人对首长负责，首长则对事负责，最后的责任由首长承担。首长制一般会采取首长组阁的方式来形成一个领导集体，这是为了发挥首长制的办事有效率的优点。从首长的角度来看，他在选择其他的领导人时，一般会注意两个方面。一是这些人是否与他志同道合，是否具有共同的想法、理念和价值观。他通常不会找一些在政策问题上与他意见相左的人，否则办事就不会有效率。这在西方国家体现在党派关系上，比如，共和党的总统一般不会挑选民主党的成员进入他的内阁，反过来民主党也一样，这是因为在一些政策取向上两党是不一致的。二是这些人是否有能力。如果事情办坏了，最后承担责任的是首长。因此，首长在挑选这些人时，会非常在意此人是否胜任即将赋予他的职位。由于这些领导人由首长挑选或任命，这些人对首长就有一种承诺，在与首长发生意见冲突时，最终都服从首长，除非为坚持自身的原则不愿屈从而辞职。

合议制的方式则是由众人决定，领导集体中的每一个人享有同等的一票，在需要表决的时候，以少数服从多数作为原则。领导集体中通常也有一位负责人，比如党的委员会中的书记、人大的主任等，但与行政首长不同的是，他不能一人决定，尽管他在集体中拥有相对大的影响力。合议制尽管最后以票决的方式来决定，但在决定前通常有很多的沟通活动，无论是公开的还是私下的。因此，在很多情况下，有关问题在表决之前就已经达成或基本达成了一致。当然也会碰到意见相左或两边意见不相上下的情况，那么就以票数来决定。

两种体制都无法保证最后所做的决定一定是正确的。就首长制来说，首长有时会做出错误的决定。就合议制来说，真理或许在少数人手里，被否定的意见最后被证明是正确的；或者决定是正确的，但误了时机，这种例子也不少见。在这里，人的作用是不能低估的。首长制体制下，聪明的领导人在遇到一些重大问题的决策时，通常会听取各种意见，尤其是反对意见，而不会固守己见。同样，在合议制体制下，如果能充分发扬民主，那么犯错的概率就会下降。

4.4 领导理论

4.4.1 强调领导者特质的理论

早期（20世纪三四十年代前）的领导理论是围绕领导者特质进行的。引发这一研究的一个现象是在人群中有的人成了领导人，而有的人成不了领导人。导致这一现象的原因何在？他们之间的差异在哪里？早期的研究认为这是与人的特质联系在一起的。那么，领导人通常具备哪些特质？有关这方面的论述很多，比如斯多格迪尔认为领导人在以下几个方面是超过一般人的：智力、受教育程度、可信度、精力、机警、社交能力、创新精神、自信、威信、适应能力、语言表达能力、果断。瓦伦·本尼斯在研究了90位美国最有效率和最成功的领导人后，发现有四种特质是他们共同具备的，即远见和目标意识、清晰地表达目标、全身心地追求目标、有自知之明。根据相关的研究，有学者提炼了六种对领导人来说比较重要的特质：(1) 领导愿望。领导人都有较强的权力动机，有强烈的愿望去影响他人。(2) 洞察力。领导人通常具有较强的洞察力，因为这有助于判断环境变化并抓住机遇。(3) 自信。一个自信的领导人会受到下属的尊敬和追随。(4) 诚实与正直。这是处理各种关系所需要的品格。(5) 才智。领导者需要足够的才智来进行决策和解决问题。(6) 与工作相关的知识。领导者不仅要有一般的知识，还需要精通专业领域。①

特质理论有时也被称为伟人理论，伟人理论更强调领导人的先天作用的一面，即人与生俱来的不同的特质在相当程度上决定了此人在未来能否成为领导人。当然，这一观点是失之偏颇的，因为它忽略了人活动于其中的环境以及环境对人产生的影响。特质理论认为："一个人拥有一些品质优点的组合并不就能成为一名领导者。领导者个性特征的模式必须包含与追随者的特性、活动和目标相关的一些关系。"② 拥有一些品质和技能能增加领导的有效性，但它们不能保证领导真正有效。拥有一定品质的领导者的领导可能在一种情境下是有效的，但在另一种情境下却是无效的。特质理论在后来影响了领导魅力在领导有效性中的作用的研究。比如，罗伯特·豪斯认为魅力型领导通常具备四个特质，即支配力、自信、热衷于影响他人以及坚定的道德信念。斯蒂芬·罗宾斯总结了有领袖魅力的领导者的几个关键特质：(1) 自信，对自己的判断和能力充满信心；(2) 远见，有理想的目标，认为未来定会比现状更美好；(3) 清楚表述目标的能力；(4) 对目标的坚定信念，具有强烈的奉献精神；(5) 不循规蹈矩的行为，创新、反传统；(6) 作为变革的代言人出

---

① 罗宾斯，德森佐，库尔特. 管理学：原理与实践. 毛蕴诗，主译. 北京：机械工业出版社，2010：491.

② 尤克尔. 组织领导学. 陶文昭，译. 北京：中国人民大学出版社，2004：208.

现，而不是传统现状的卫道士；（7）环境敏感性，能够对需要变革的环境加以限制和对资源进行切实可行的评估。[①] 罗宾斯认为，领袖魅力的领导者与下属的高绩效和高满意度之间有着显著的相关性，这些下属会因受到激励而加倍努力工作，同时因喜爱这一领导而表现出更高的满意度。

4.4.2 强调领导者行为的理论

从特质角度去解释领导的有效性的局限，导致一些研究者开始从领导者行为的角度去加以研究。20世纪40年代美国俄亥俄州立大学开创了这一研究。这一研究首次从人（也称关系取向，即关心下属、平等对待下属、听取下属的意见、对下属进行激励等）和事（也称任务取向，即指导下属工作、安排工作事项、要求下属按程序运作、协调下属的活动等）两个领导活动最重要的维度来研究领导行为。人和事被认为是两种相对独立的行为类别，少部分领导在人和事两个较高的评级上，即或重人或重事，而大部分领导则在比较低的评级上，也就是重人程度和重事程度都比较低。

到了60年代，布莱克和莫顿推进了这一研究，提出了“管理方格理论”。管理方格理论根据人和事两个取向，提出了领导者在这两个取向上的四种行为方式，即重人轻事、重事轻人、重人重事和轻人轻事。在他们看来，最好的领导方式是既重人又重事的方式，一个有效的领导人并不是同时展示两种不同行为或交替使用它们的人，而是那些选择特殊形式的行为并对任务和人都关心的人。但这一理论很难解释在重人和重事不可兼得的情况下做何选择。比如，有时要人们牺牲一些个人的利益才能完成任务，是牺牲人的利益完成任务，还是宁可不完成任务，也不牺牲人的利益？

保罗·赫塞和肯尼斯·布兰查德的情境领导理论在某种程度上推进了管理方格理论。这一理论也延续了关系取向和任务取向两个维度，但是它增加了下属的行为成熟度这一维度。根据这一理论，领导人采用什么样的行为（主要为指导、推动、参与和授权四种）要根据下属的行为成熟度来决定，下属的成熟度可以分成四种，即不成熟（无能力也不愿干）、初步成熟（无能力但愿干）、比较成熟（有能力不想干）和成熟（有能力又想干）。根据这一理论，当下属处在不成熟阶段时，领导行为要重事（进行指导）；处在初步成熟时，以重事为主，但程度可以降低（推动）；处在比较成熟时，以重人为主（参与，发挥下属的积极性）；处在成熟阶段时，重人和重事的程度都可以降低（授权，放手让下属去做）。管理方格理论强调的是一种态度，是对任务和员工的关注，而情境领导理论强调的是一种关系，也就是任务与员工（人与事）的关系。这一理论开始考虑到情境的作用（人的不同成熟度）。但与管理方格理论一样，这一理论在实证的支持上是有问题的。

后来又有研究推进了以上的研究。科瓦尔、爱瓦伦和尤克尔建立了一个三维的模型，也就是在任务取向和关系取向之外，又加了一个变化取向（主要指适应环境的变化，进行一些重大的变革，增加灵活性和创造性等）。与管理方格理论不同的是，这一模型强调的是行为而不是态度。影响下属绩效的任务取向的关键行为是计划、说明和监督。计划指决

---

① 罗宾斯．组织行为学．孙健敏，李原，译．北京：中国人民大学出版社，2005：339.

定目标、资源分配、活动安排、责任委派，说明指解释工作责任、角色和程序等，监督包括评价个人的绩效。关系取向的关键行为是支持、发展和认同。支持指对下属的关心和鼓励，发展包括提升下属的工作技能和职业前景，认同指对他人成就的肯定等。三种不同取向的行为是交织在一起发挥作用的，三者的互动影响了领导的有效性，决定了组织的绩效。领导者需要在这三者之间维持一种平衡，并在变化的环境中适时调整自己的行为。

4.4.3 强调领导环境的理论

领导理论的研究到20世纪70年代开始注重环境因素对领导行为有效性的影响，即领导人必须根据具体情境来选择或确定最好的领导行为。这方面的研究产生了很多理论，比如领导的权变理论即菲德勒模型、领导者-参与模型、路径-目标理论、领导者-成员交换理论、领导替代理论等。这里介绍路径-目标理论和领导替代理论。

路径-目标理论是罗伯特·豪斯等人提出来的一种领导理论。该理论建立在两个假设上。一是领导行为只有在满足下属的当前需要或被看作一种获得未来满足的手段时才是令人满意的。二是领导行为只有在根据有效行为来决定下属满足时才是能激励人的。这样，这一理论的标准在于下级的满意和激励。路径-目标，顾名思义，指的是领导人力图影响下属对目标的看法以及如何实现目标。

罗伯特·豪斯等人认为，有效的领导包括以下几个方面：(1) 认识并激发下属对领导来说可以控制的结果的欲求。比如，领导人必须指出他能控制的、下属向往的提升机会或工作安排。(2) 对完成工作目标的下属增加对他的回报。领导人必须确保完成预期工作的人获得与他们的输出相等的回报。(3) 通过指导和引导来指出通往容易获得这些回报的路径。领导人必须向下属展示完成什么样的目标会产生理想的结果，以及对想得到升迁的下属表明他如何能做到这一点。(4) 帮助下属澄清一些期望。领导人必须告诉下属如何努力才能有好的表现，以及这一表现会产生什么样的结果。领导人也会把与下属一起确定目标作为激励他们的一种方法。(5) 撤除一些令人沮丧的障碍。领导人必须确保下属具备完成工作所需的知识、培训以及所需设施。(6) 向员工提供更多的因有效工作而获得个人满足的机会。领导人必须用内在和外在激励的方式来激励员工的优异表现。比如，只要有可能，就给予一些他们感到有兴趣和有挑战性的任务。

豪斯还指出了指导型、支持型、参与型和成就取向型四种领导风格。指导型领导告知下属对他们的期望是什么，指导他们应当如何做什么以及如何去做。支持型领导对下属友善，关心下属的状况，关心他们的福利以及需要。参与型领导在决策前与下属磋商，倾听下属的意见和建议。成就取向型领导确定具有挑战性的目标，期望下属有最出色的表现，不断地提高绩效，对下属尽责、努力完成难度高的任务充满信心。在豪斯看来，恰当的领导风格取决于下属的能力以及领导人让下属满意的程度，也取决于环境因素，比如下属的任务、权力系统、工作团队等。最好的领导方式是有助于达成个人的满意、完成目标，与此同时人尽其才。

领导替代理论。和绝大多数领导理论强调领导者在整个领导过程中的作用（比如领导者是激发下属动机和满足下属需求的主要决定因素）不同，这一理论解构了组织内正式领导者的重要性。按照一般的说法，两件事对于获得组织的绩效是必要的。一是员工必须知道做什么和怎么做。二是他们必须有做这一事情的理由。领导者的工作通常是这两者的结合。领导者要明确任务，给下属安排工作角色，然后通过激励的手段来促使员工达到他们的绩效。这样，领导的功能可以简单地表述为安排事、激励人。

领导替代理论的提出者克尔和杰米尼则认为，下属、任务以及组织的一些特质有时候是可以替代领导或领导力的。比如，在安排事方面，在有详细规则、制度和政策的组织中，当下属掌握了这些规则、制度和政策时，就只需要很少的指导。当任务本身能够提供任务是否完成的反馈时，领导就不需要提供更多的反馈。在激励人方面，职位本身内在的激励、团结一致和有凝聚力的团队以及同事的尊重也可以替代领导者的作用。在克尔看来，工作场景中对领导替代越多，领导者对下属表现的影响力也就越小。因此，一种恰当的领导行为就是补足可以被替代的地方。比如，某一工作场景已经具备了充足的替代资源，那么领导人提高任何额外的这类资源都是多余的。克尔和杰米尼也注意到直接削弱或否定领导行为影响力的“抵销者”的作用。比如，如果下属有很强的独立意识，对领导提供的奖励漠不关心和无动于衷，或在空间上离上司很远，那么，就领导者对下属的心理影响而言，领导者的行为是无用的。与替代不同，抵销者本身不提供领导力会贡献的任何功能，他们只是简单地压制领导者的影响而已。如果工作场景存在较强的抵销变量的话，那么在领导取向中就不存在好坏的问题。正如克尔指出的，几乎没有一个组织期望有一种强到压倒领导者的领导替代。在大多数组织中，领导的作用是必需的。问题在于，尽管安排事和激励人是必要的，但领导也不必在这两个方面事必躬亲。不同程度的替代假设不同程度的抵销，使得任何所谓最佳的领导方式的说法都无法成立。毫无疑问，领导替代理论提供了一种不同的认识领导行为的视野。

第 5 章

公共政策制定与执行

5.1　公共政策概述

5.1.1　公共政策的含义

公共政策通常指的是政府制定的、用来解决社会公共问题的、具有权威性的解决之道，它通常以文本的形式出现。从形式来看，政府出台的政策文本千差万别。从内容来看，公共政策涉及调节个体行为、构建官僚体系、分配利益、征税，或者同时完成这些事务。[①] 从政府立场来看，公共政策通常反映了政府的偏好。从目的来看，公共政策是政府运用自身所掌握的公共权力对社会价值进行权威性的分配。从决策的角度来说，公共政策的制定是一种政府对各种社会问题进行反应的行为，是一个做出决定、产生政策文本到落实政策的过程。这表明，公共政策过程是决定公共政策效应的关键因素。

公共政策过程产生了公共政策效应，但对政策过程的理解有两种不同的观点。一是阶段论，如安德森（J. E. Andeson）和琼斯（C. O. Jones）等。阶段论者认为，政策过程是由一系列环节或阶段构成的，尽管阶段论者在具体的构成环节和阶段以及这些环节或阶段的顺序上有分歧，但一般认为政策过程包括议程设置、政策形成、政策制定、政策执行、政策评估和政策终结这几个阶段或环节，这些环节构成了政策生命周期。二是反阶段论，如林德布洛姆的渐进决策理论、科恩（M. Cohen）的垃圾桶决策模型、萨巴蒂尔（Sabatier）等人的倡导联盟框架等。反阶段论者认为，现实生活中的问题非常复杂，不太可能以

---

① 戴伊. 理解公共政策. 谢时，译. 北京：中国人民大学出版社，2011：1.

单纯的直线模式呈现，可能出现的往往是“决策—执行—再决策”这样的渐进过程，或者政策一出台便遭搁置；因此，不存在政策过程中的各个阶段或者环节，它们之间也无逻辑顺序可言。

不管公共政策过程是否存在阶段或阶段以怎样的形式出现，作为一个过程，它总是涉及三个方面的因素，即决策者和受政策影响的利益相关者、政策工具以及决策过程所涉及的环境因素，政策是这三者互动的结果。

决策者无疑在整个政策过程中具有举足轻重的作用，因为最后的政策出自他们之手。因此，决策者的价值观念、知识水准、处事方式、行为能力等在相当程度上决定了出台的政策。受政策影响的利益相关者也是政策过程不能忽略的一支力量，因为他们会从自身利益的角度对政策的制定产生影响，他们的有些行动甚至可以直接终结一个决策过程，近几年来我国时有发生的“邻避”运动最后几乎都是以政府的退让作为结局的。由此表明了决策过程中两者互动的必要性和重要性，因为对决策者来说，政策作用的直接对象就是与政策相关的利益群体或个体。

政策的制定涉及政策工具的运用，政策工具运用是否恰当也会影响最后出台的政策。所谓政策工具，指的是完成政策目标和解决公共问题的具体措施，它是一种可辨识的方法，集体行动可通过它被调动起来用于解决问题。① 一般而言，一项政策包括多个政策工具，政策工具以集群的形式出现，并且相互组合成为关联的工具箱。近年来，用于解决公共问题的方式、手段和政策的工具大量增加。这些工具包括直接政府、政府企业、经济规制、信息宣传运动和直接贷款等直接工具，也包括社会规制、外包合同、贷款担保、政府拨款、税收支出、收费、保险、侵权法、福利券和政府支持企业等间接工具。政策工具的选择通常根据政策工具本身的特性以及政治经济社会环境来确定。

政策过程所涉及的环境因素也很重要。一项决定总是在一个具体的时间和空间里做出的，因而它也受到环境因素的影响。比如，环境的变化可能会对政策的连续性产生影响，它也可能造成一种政策的碎片化。当然，环境也会提供机遇，优秀的决策者无一不是利用环境提供的机遇来提出政策目标并实现这一目标的。他们不仅仅对环境做出反应，事实上，他们还会去创造环境或改变环境，以使环境状况更有利于政策制定、政策执行以及政策目标的实现。

5.1.2　公共政策的特征及类型

公共政策的特征表现在四个方面。首先是公共性与政治性。公共性指的是公共政策是以公共利益为导向、代表民众利益并获得民众支持的，而政治性指的是公共政策是由当政者（或统治阶级）制定的，它体现了当政者（或统治阶级）的意志，是政治决策的产物。根据现代民主理论，公共性与政治性是统一的。然而，根据公共选择理论，公共性与政治性是相互冲突的。公共政策是人民意愿和执政者偏好的平衡。

其次是部分性与整体性。公共政策是解决公共问题所采取的作为或不作为的举动。所

① 萨拉蒙．政府工具：新治理指南．肖娜，等译．北京：北京大学出版社，2016：15.

谓部分性，是指公共政策效应的有限性。一个公共问题通常是庞大的社会问题的一部分，因此，解决某一公共问题的公共政策对整个社会可能只有部分的效果，而不能解决与这一问题相关联的其他社会问题。所谓整体性，是指公共政策潜在影响的全面性。公共政策解决社会问题中某一问题之后，必然会有部分人受益、部分人受损或不得益。于是，政策的结果就有可能引发新的社会问题，从而导致整个社会产生“涟漪效应”。因此，公共政策效应的部分性与整体性是同时并存的。

再次是时效性与超前性。所谓时效性，是指公共政策解决当下问题，因而政策工具具有时间的痕迹。所谓超前性，是指政策理念和政策工具要有预见性，因为社会在快速变化，政策时常滞后于政策问题，因此，有必要设置一些超前的政策理念和工具，避免政策刚出台就已经严重落后于政策问题。因此，一项政策中常可见到部分政策工具时效性很强，而另外一些政策工具具有超前性。

最后是公平性与效益性。德博拉·斯通认为，在政策目标中有四个相互矛盾的目标：公平（equity）、效益（efficiency）、安全感（security）和自由（liberty）。[①] 这些目标不仅自身内部含义复杂、含糊不清，而且各个目标之间难以选择，但是，这些目标时常又共存于公共政策之中。在政治与行政二分的体制下，政治家制定政策时更侧重于公共政策所体现出的公平性，符合公平、正义和自由等政治或法治理念；官僚（行政人员）更乐意于公共政策所展示出效益性，符合行政活动所追求的经济、效率和效能等管理理念。由于政治家和官僚是公共政策最重要的制定主体，于是，多数公共政策具有公平性和效益性两重特点。

5.1.3 公共政策的功能

作为公共部门尤其是政府调整社会利益关系的政治和技术过程，公共政策具有以下几个方面的功能：第一，导向功能。公共政策作为约束人们行为的规范和准则，具有直接或间接引导人们行为的作用。这种导向作用不仅包括观念和行为上的引导，而且还包括价值取向的引导。从导向的结果来看，公共政策的导向性功能有正面导向和负面导向之分。所谓正面导向，是指公共政策对事物发展方向的引导合乎事物发展的客观规律；所谓负面导向，是指公共政策对事物发展方向的引导违背了事物发展的客观规律，产生了冲突和矛盾。

第二，调控功能。调控功能是指公共政策对包含于社会公共问题中的各种利益矛盾具有调节和控制的作用。在社会生活中，人们有着不同的利益需求，他们为了达到各自的目标而组成不同的利益集团，在政治决策和政策制定的过程中表达各自的利益主张，这种不同的利益主张会带来冲突和矛盾。从某种程度上来说，公共政策制定的目的就是平衡与协调这些矛盾和冲突，满足社会各阶层和利益集团的需求，从而建立起社会秩序，达到社会的总体平衡。

第三，分配功能。对社会公共利益进行分配是公共政策的本质特征。每一项具体政策

---

① 斯通．政策悖论：政策决策中的艺术．顾建光，等译．北京：中国人民大学出版社，2006.

都涉及“把利益分配给谁？如何分配？”等问题。一些公共政策的出台往往会导致一部分人获得利益，另一部分人没有获得利益；或者是一部分人获得了较多的利益，另一部分人获得了较少的利益，甚至一部分人可能减少或失去了原有的利益。在这里，有三种利益集团和个人较容易获得利益的分配。一是与政府主观偏好一致或基本相同的利益集团和个人；二是最能代表社会生产力发展方向的利益集团和个人；三是属于中间阶层的社会多数者。一项公共政策要完全达到帕累托最优是比较困难的，因此，为了减少社会公众的利益摩擦和冲突，公共政策制定必须站在公平、公正的角度考虑问题，尽可能做到帕累托改进。

第四，管制功能。为了维持或巩固某种秩序或实现某种目标，公共政策的制定中常常会运用干预、制约、禁止等管制性政策工具，这体现了公共政策的管制功能。这种功能通常通过积极性管制或消极性管制两种途径来加以实现。积极性管制是指通过某种正面激励（物质的或精神的奖励）来刺激政策对象表现出某种行为。消极性管制则是指通过某种负面机理（通常是物质或精神的惩罚）来约束政策对象遵守政策规定。

第五，服务功能。公共服务是政府的一项基本职能。政府向社会公众提供规范化、人性化、制度化的公共服务，是实现公共利益的方式之一。尽管随着公共管理形态的变化，政府提供公共服务的方式发生了诸多变化，但是政府的公共服务职能本身没有发生变化。公共政策的重要内容之一就是公共服务的提供，比如提供哪些服务，如何提供更好的服务，以及如何让公民享用公共服务时有更好的获得感。

5.1.4　公共政策的类型

可以根据不同的标准对公共政策划分不同的类型。根据政策适用的领域，可以分为政治政策、经济政策和社会政策。政治政策是为了保持政权正常更替、帮助公民实现政治权利以及提升国家治理的有效性，权力机关为了解决政治问题而制定的原则、方法和措施。经济政策指的是政府部门为了实现充分就业、物价稳定、经济增长和国际收支平衡这些宏观的经济政策目标而制定的解决经济问题的指导原则和措施。社会政策指的是一系列通过国家立法和政府行政干预来解决社会问题、促进社会安全、改善社会环境、增进社会福利的政策、行动准则和规定的总称，其核心是解决市场经济下公民的社会风险问题。

根据政策制定的政府层级差异，可以分为全国性政策、地方政策和国际性政策。全国性政策是由主权国家的全国性政府依据自己合法的权力通过法定程序制定的适用于全国或部分地区的制度或措施。地方政策是由主权国家的地方政府根据辖区的发展需要制订的行动方案。国际性政策是为了非政府组织发展需要，非国家行为主体针对国际性公共问题制定的共同行动纲领。

依据政策所涉利益或成本等的不同属性，洛维（Theodore T. Lowi）与索尔兹伯里（R. Salisbury）将公共政策分为分配性政策（distributive policy）、再分配性政策（redistributive policy）、管制性政策（regulatory policy）与自我管制性政策（self-regulatory policy）。分配性政策指政府机关将利益、服务或成本、义务分配给不同的标的人口享受或承担的政策。再分配性政策指政府机关将某一标的人口的利益或成本转移给另一标的人口享受或承担的政策。管制性政策指政府机关设立特定的原则或规范，以约束利害相关者的某种行动的政策。自我管制性政策指政府机关授权给一群标的人口自行决定或进行特定的活动，政府仅予以宽松的、原则性的规范。

5.2 公共政策制定与执行的三种范式

5.2.1 政策制定与执行关系的变迁

如果说在传统的公共行政模式中政策制定和政策执行二分还是理论上的说辞的话，那么在新公共管理模式中，政策制定和政策执行的二分便成了一种组织上的事实。在传统的公共行政模式中，“政治与行政二分”或“决策与执行分开”是与西方国家的权力分立制度相契合的，它带有一种理论上和制度上的合理性。但是，在现实中，由于议会授权行政机关，这使得行政机关获得了大量的行政自由裁量权。这一自由裁量权的使用在相当程度上模糊了“政治与行政”或“决策与执行”两者之间的边界。因此，传统公共行政尽管在法理上坚持“政治与行政二分”，但在实践上则产生了决策与执行融合的趋势。

在新公共管理的改革中，一些西方国家（如英国和新西兰）设立了专门从事执行公共政策或者提供公共服务的“执行局”，这一举措将决策与执行从组织上明确地区分了开来。在传统公共行政模式中，决策与执行（政治与行政）的二分更多体现的是立法权与行政权分立；而在新公共管理改革中，决策与行政二分的重点则放在了行政机关中决策职能与执行职能的分开，即行政机关更偏重于做出决策或政策制定，然后由执行局（改革后的执行局不再是行政机关中的一个下级单位）具体执行或者外包给其他准公共部门。在英美等新公共管理运动比较兴盛的国家，准公共部门既可以是行政机关设立的，也可以是立法机关设立的，还可以是社会组织设立的。准公共部门的设立来源不一，也引发了准公共部门执行公共政策或提供公共服务时，究竟是按照设立部门的意图实施政策还是按照委托部门来执行政策等问题。

随着新公共治理的兴起，由于参与者构成成分复杂，且采用了多种法律性规范，治理过程中又大量使用了协商等决策方式，这使得协商民主大行其道，决策与执行之间的关系日趋模糊。新公共治理模式不仅改变了行政系统中的决策与执行分开的传统，而且也在一定程度上改变了权力分立的制度基础。权力分立的基础是选举民主，票决不仅是政权更替的方式而且是民主决策的手段。因此，政治与行政分开的逻辑之一在于政治决策是通过票决也就是通过集体决定的方式做出，而行政执行则采用的是集中和行政首长负责制，决定由首长单独做出。然而，新公共治理模式无论是在政治决策中还是在行政执行中，都大量采用了对话讨论、协商民主、缩小分歧和达成共识等方法，逐步形成了“公共决策、共同执行”的混合模式。

5.2.2 政策制定与执行的方法

对于政策制定和政策执行有两种不同的理解。第一种看法认为政策制定和政策执行是“自上而下”进行的，第二种看法认为政策制定和政策执行是“自下而上”进行的。阶段论者主张政策是“自上而下”地制定的，强调高层的作用，认为高层领导者明白政策的目标和价值，掌握着政策执行所需要的资源分配权，只有将政策目标和政策资源有机结合起来，政策才能对政策目标群体产生影响。而反阶段论者则认为政策是渐进决策过程，一线的公共管理者才是直接将政策内容落实到目标群体的执行者，由他们根据政策目标和目标群体情况向上申请资源落实公共政策才是真正有效的方式。因此，政策是“自下而上”地制定的。

首先看一下“自上而下”的政策制定与执行范式。“自上而下”的政策制定模式是以精英政治为假设前提的，即国家的精英集团通过政策形成过程、利益代表集团运作过程、候选人选举过程、民意制造过程、政策合法化过程、执行过程和评估过程，从而将他们的价值观念和兴趣喜好转化为公共政策。这些具体的过程虽有各自的独立性，而且每一个过程都包含一些主要组织机构的专业功能差别，但所有的过程都趋向于纵横交织在一起。在公共政策制定的主体的每一个过程的运作中，精英集团的政策取舍得到同步传达和沟通（见图5-1）。①

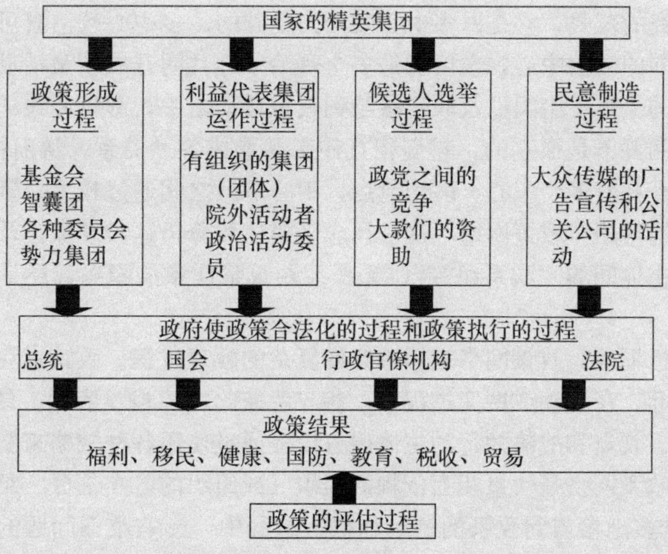

图5-1　自上而下的政策制定模式

其次看一下“自下而上”的政策制定与执行范式。“自下而上”的政策制定模式是以大众政治为预设的，即在一个开放的社会里，任何问题都可以为个人或群体所认识和认

① 戴伊. 自上而下的政策制定. 鞠方安，吴忧，译. 北京：中国人民大学出版社，2002：5.

同，并能够被提交到政治过程来讨论、辩论和找到解决的办法。公民能够确定、界定自己的利益，可以自我组织，说服他人支持他们的事业，能够接近或者成为政府官员，影响政策制定，同时监督政府政策和项目的执行。理论上，“自下而上”的政策制定模式设置了两个基本前提：一是所有的组织必须以公民和选民的意愿为基础，在政治竞争的环境中，组织脱离公民和选民意愿就会被抛弃。二是政策制定的一系列活动的主要内容都应发生在政府之内（见图 5-2）。[①]

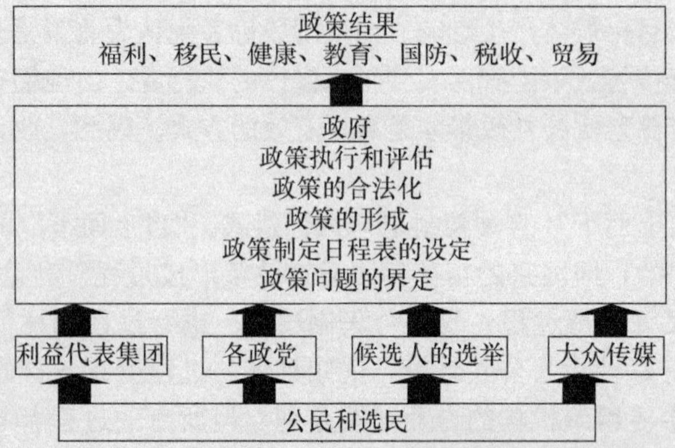

图 5-2 自下而上的政策制定模式

最后看一下政策制定和执行研究的网络范式。这是不同于前两种范式的又一种理解政策制定和执行研究的范式，它是以多中心政治为基础的。多中心政治既可能是一个政治核心和多个能级不同的政治中心，也可能是多个政治中心共同开展政策活动。政策过程中各个环节均有大量的个体、组织以及联盟参与到政策活动之中，影响政策的制定和执行。这些政策参与者之间并不是孤立的，它们相互往来并形成各种关系，从而构成复杂的结构。这种复杂的结构存在着多个中心、多个节点，中心节点之间通过权力、资源等要素相互联系和互动，学者通常用“政策网络”这一概念来描述和分析这种现象。政策网络既是政策领域的各个行动主体间的“联系纽带”，又是某种政策现象的隐喻，还是一种分析框架或分析模型。

作为一种分析框架，政策网络被用来解释复杂的政策过程。政策过程可解释为政治互动过程或政策博弈，在互动或博弈过程中，参与者彼此之间相互依赖，具有不同（或相互冲突）利益诉求、观点和战略的行动主体想方设法通过使用各种战略来影响政策过程及政策结果。因此，政策网络是大量相互依赖的组织（或组织的各个部分）结成的网络（或联盟），它们越来越多地参与到政策的制定和执行过程中，影响政策问题的解决。按照不同标准，政策网络可以区分出不同类型。如根据政策网络中成员属性、组织整合程度、资源与权力分配等因素，可以有政策社群、地域社群、专业网络、府级网络、生产者网络和议题网络等。其中，“铁三角”、议题网络、政策社群和倡导联盟被认为是基本类型的政策网络。

---

① 戴伊. 自上而下的政策制定. 鞠方安，吴忧，译. 北京：中国人民大学出版社，2002：13.

“铁三角”被用来描述由利益集团、国会各种委员会和行政机构构成的“次级政府”。利益集团、国会各种委员会和行政机构的互动不仅直接影响到政府机关的政策制定，而且决定着政策执行的效果。“铁三角”被认为是投票民主制度、协商民主制度和官僚制度的产物。事实上，“铁三角”无法概括参与政策制定和执行的行动者。在政策议程设置阶段，与“铁三角”相比较，政策议题动议的“议题网络”的参与者更多、权力更分散、参与者的行为更加难以预测，具有较低的凝聚力和较少同质性。与参与“铁三角”主要由物质利益驱动不同，人们参与“议题网络”是出于情感或理智方面的因素，并且网络内的成员共同分享特定的利益。因此，也有学者认为，“议题网络”对政策过程影响并不集中。政策社群被用来描述介于“铁三角”和“议题网络”之间的一种网络，它的本质特征是：参与者数量更加受限、所有团体在围绕与政策议题有关的事项上进行高质量的互动、以经济利益或专业群体的利益为主导，以及成员间有稳定的价值和长期存续的成员关系。

萨巴蒂尔等人提出的倡导联盟框架，是解释公共政策制定和执行的最新成果，也是对传统的阶段性政策周期理论的替代，更是对政策网络传统的“铁三角”思想的挑战。倡导联盟框架指出，政策制定者的网络——在倡导联盟的方法体系内被称为政策子系统——由几个（通常在两个到四个之间）相互竞争的联盟组成。每个联盟都是由持有某些共同核心理念的诸多参与者——从各类政府到私人组织——构成的。由于联盟中的成员形成了共同的核心理念，于是，他们会使用各种战略（如诉讼、游说、委托研究和舆论等）将联盟核心信念转变成政策，不仅制定政策，也实施政策。因此，倡导联盟是一个包括了政策中间人和政策倡导者、行动力强以及有着执着信念的组织体。

在政策制定和执行的网络范式中，公共管理者任务繁多，他们不仅要协调和支持组织内部以生产为导向的活动，也要联系外部主体以获得支持和提高执行效果，还要在相互依存的环境中进行外向型的工作。公共管理者需要为公共项目获得利益相关者支持而努力，需要促进公共服务组织与其他组织合作以执行项目。为了保护核心组织免受组织环境的影响，他们不得不结成或取消网络行动主体的联系以改进政策执行效果，甚至用说服和讨价还价的办法来改变相互依存的合作生产的性质。因此，管理者的努力（尤其在运用技能执行项目方面）构成了组织社会资本的一种形式，这种社会资本在今天的政策环境中对于政策制定和实施具有非常重要的作用。

总之，政策制定和执行的网络范式的兴起与公共治理模式勃兴密切相关、相互推进，两者间的互动构成了网络治理方式。在网络治理方式中，公共管理者解决社会问题的方式发生了变化。在传统公共行政中，公共管理者运用的是以实施单向性的解决方案为目标的命令控制方法。在新公共管理战略中则是通过任务分解和外包来实现相互依赖的目标。在网络范式中，公共管理者促使行动者主体参与政策过程，并对这一过程进行安排和管理，从而解决问题。网络范式力图促进行动主体之间形成某种相互依赖关系，并通过这种关系而共同行动。因此，网络范式要求在成员中有多种角色共存，包括过程设计师（process architect）、促进者（facilitator）、中间人（broker）以及调停者（mediator）等。

5.3 公共政策过程

有关政策过程研究有两种基本理论：一是政策生命周期理论，二是倡导联盟理论。政策生命周期理论将政策过程区分为政策制定、政策执行和政策评估等阶段。而倡导联盟理论则认为，政策过程是由多个联盟结合在一起解决问题的过程，并未有严格的阶段和环节区分。换句话说，决定政策结果的不是每个政策环节是否完成，而是联盟是否持续作用于政策全过程。早期多数研究侧重于政策制定和执行环节研究，后来越来越多的研究者发现社会政治问题非常多，有些问题被纳入政策过程而另外一些未被纳入政策过程，于是，政策议程成为研究的热点。与之相应，形成了政策规划（policy formulation）和政策形成（policy formation）两个概念。政策规划，指的是为了解决某个公共问题而采取建议的行动过程的更加独立的阶段。而政策形成，指的是创制或者形成公共政策的全过程。这里从三个方面来对公共政策过程做一描述。

5.3.1 公共政策的形成过程

公共政策形成是由一系列活动组成的，包括政策议程形成和政策制定过程。公共政策制定过程又可以细分为政策规划、政策决定和政策合法化等环节。因此，公共政策形成过程可以包括以下基本环节：政策议程形成、政策规划、政策决定和政策合法化。

（1）政策议程形成是指一个社会问题进入决策者的视野之中的过程。社会每天都会产生大量的社会问题，有些社会问题是私人问题，有些则是公共问题。私人问题由个体或私营部门自行解决。公共问题则一部分由政府出台政策解决，另一部分则由非政府公共部门解决。那些通过政策解决的公共问题就会变成政策问题，一旦变成政策问题，政策议程就开始形成了。那么，为何有些社会问题会成为政策问题，开启政策议程呢？

一般认为，公共问题成为政策问题需要有问题发起者和问题触发机制。问题发起者有四种类型：其一，再调适者（readjustor），指本身感到处于竞争的不利地位，而向政府提出问题的个人或团体。其二，发掘者（expoitor），指为个人私利而提出问题者，即为了某种政治需要，将一些社会问题挖掘成公共问题。其三，环境反应者（environmental reactor）指对某一个不可预知的环境影响事件而提出问题者。其四，行善者（do-gooder）指为了公共利益而提出问题者。社会上常见的公共问题提出途径有：人大代表、政协委员、各种利益团体、大众传媒、意见领袖、公务人员以及抗议者。

问题触发机制是指引发公共问题的各种偶发事件。包括：国内各种突发事件和国际突发事件。国内突发事件包括自然灾害事件、人为灾难事件、科技进步引发的社会问题、资源分配不均造成的问题，以及各种生态环境问题的影响等。国际突发事件包括国家之间的战争、冲突、科技发展以及政治形势所造成的影响等。

科布（Cobb）和埃尔德（Elder）提出了几种类型的议程，其中包括系统议程和机构议程。系统议程又称公众议程，包括所有政府可能采取或者已经在采取行动的问题。机构议程又称公共议程，包括大众或职业阶层正在考虑的所有问题。换言之，系统议程包括有可能经过研究需要政府采取行动的普遍性问题，而机构议程则是那些明确需要决策机构给予积极考虑的问题。但是，这两个议程并未有先后关系和必然相连在一起的关系。

(2) 政策规划。政策规划是指根据政策问题，设计出问题解决的备选方案的过程。因此，政策规划时常被等同于政策制定。从政策方案设计主体来看，政策备选方案有民间方案、半官方方案和官方方案。德博拉·斯通认为，政策备选方案设计包括三大部分：一是政策目标，二是政策问题表达，三是政策解。政策目标主要有公平、效能、安全和自由四方面的目标，这些目标往往相互冲突共存于政策方案之中。政策问题表达有象征表达、数字表达、原因分析、利益界定和决策方式选择等方式，这些表达方式很多时候也相互矛盾但又同时出现在政策方案之中。政策备选方案也有五种政策解：1) 导引，既可以是正面的激励，也可以是负面的刺激；2) 规则，在实践过程中发挥作用的间接命令，包括法律、管制措施、社会习俗和传统等；3) 事实，客观的数据和信息，用来说服目标群体按照某种方式行事；4) 权利，即可以做什么或不可以做什么的规定，权利将个体的行为协调起来以实现集体的目标；5) 权力，权力类似于规则和制裁，是促使变化的一种力量。凭借权力，决策机构被赋予明确的权力区改善决策。因此，"政策悖论"始终伴随政策制定过程。①

(3) 政策决定。政策决定过程是一种科学过程，也是一个政治过程。所谓科学过程，是指过程中会运用成本-效益分析法、支付矩阵法、线性规划法、决策树、概率估算法、平均期望值法和绩效标准决策法等方法来分析政策备选方案的优劣。所谓政治过程，是指各种政治力量在这一过程中会就某个政策备选方案或政策备选方案的某些内容相互斗争或妥协，从而达成部分共识或做出一致同意。

(4) 政策合法化。政策合法化是指政策决定做出，该决定进入法律审查和民意机关表决环节。不同类型政策的合法化过程也不完全相同。一般而言，政策合法化包括三个过程：一是合乎法律的审查阶段，二是代表性决策机关表决过程，三是行政首长或国家元首签署过程。当然，并非所有的决定都要经过这三个过程。我国合乎法律的审查阶段主要是由政府的法制办公室完成的。我国的代表性决策机关表决过程是根据《立法法》的规定，不同法律规范性文件由不同决策机关表决，如法律由全国人民代表大会或其常务委员会表决通过，行政法规由有立法权的行政机关的常委会通过，行政规章由有立法权的政府职能部门的委员会通过，等等。

5.3.2 公共政策的执行过程

政策执行是将已完成合法化审查的决定付诸实施的有关活动，包括组织活动，安排执行资源、执行机构，或者将责任和任务分配到具体执行部门。民主国家中对公民权利的珍视和现代媒体业的发达使得公共政策制定过程变得更加复杂，也使政策执行环节更加繁

---

① 斯通. 政策悖论：政治决策中的艺术. 顾建光，译. 北京：中国人民大学出版社，2006.

杂。在相当长一段时间里，公共政策的执行过程包括政策传播、政策文本再生产、政策落实、政策监测、政策评估、公共政策的调整与终止这些环节。

（1）政策传播。政策制定好后，第一个环节就是传播政策。就传播的受众而言，政策传播包括行政机关内部传播、向公众传播和向特定政策目标群体传播。从传播主体来看，政策传播参与方包括政府及其部门、媒体、公众和目标群体。就传播工具而言，主要有纸质传播、广播传播和电视传播。从传播关系来看，可以分为单向传播和双向传播。就传播途径而言，政府公共政策传播共有三种途径：政府组织传播、大众传媒中介传播和政府与公众直接传播。[①] 从传播方式来看，可以分为红头文件模式、政策解读模式和政策焦点传播模式。

根据政策传播途径的不同和（政府、大众传媒、公众之间的）传播关系的不同，可以把中国公共政策传播模式归纳为六种类型（见表 5-1），即政府组织内部的直线模式、政策宣传模式、窗口模式、波形模式、新闻发布模式和压力模式。政府组织传播的直线模式是指主要依赖于政府行政组织结构，形成以科层制（也称官僚制）为依托的层级递推传播模式。政策宣传模式是指政府主导的对大众传媒和公众进行的以单向传播为主的模式。窗口模式是通过与公众发生直接接触来实现政府与公众直接交流的单向传播模式。波形模式指的是公共政策信息跨越政府层级或社会阶层为公众所获取的双向传播模式。新闻发布模式是指政府通过新闻发布方式，与大众传媒进行双向传播的传播模式。压力模式指的是公众通过非机构化的互联网和手机等新媒体方式来传递信息和表达意见，以及通过网络平台和与大众传媒的互动来强化某些信息。[②]

表 5-1　中国公共政策传播的模式变化

		传播关系	
		单向传播	双向传播
传播途径	政府组织传播	直线模式	波形模式
	大众传媒中介传播	政策宣传模式	新闻发布模式
	政府与公众直接传播	窗口模式	压力模式

传播工具的发展不仅改变了传播方式，也改变了传播关系，它重塑了政策的舆论空间。当前，以互联网为基础的自媒体正在成长为新的传播工具，它引发了中国公共政策传播模式新的变革。自网络技术出现以来，网络就成为继报纸、电视、广播之后新的传播工具。网络是一种价廉质优的传播工具，普通民众皆可便捷使用。这样，传播工具的发展导致政策传播舆论空间发生了裂变，人们从四个不同舆论空间接受政策传播。这四类舆论空间包括：一是国家传统媒体舆论空间，国家借助纸质媒介（包括官办报纸、党政文件、教材）、电视传媒（包括有线电视、无线电视、有线广播和无线广播）等传统媒介塑造的舆论空间；二是社会传统媒体舆论空间，主要指社会团体办的报纸和广播等建构的舆论空间；三是国家新媒体传播舆论空间，即国家利用网络技术打造虚拟国家信息流通空间，包

① 郭钟琪，廖为建．解析政府传播渠道．公关世界，2001（5）．

② 李希光，杜涛．超越宣传：变革中国的公共政策传播模式变革：以教育政策传播为例．新闻与传播研究，2009（4）：71-79；杜涛．影响力的互动：中国公共政策传播模式变化研究．北京：中国社会科学出版社，2013．

括政府网站、政务微博等；四是社会新媒体传播舆论空间，即社会使用网络技术营造的虚拟世界的国民情绪沟通空间，如商业化网站、社会化网站、各种社交媒体及民间账号等。①

四类舆论空间不仅改变了政策传播的方式而且改变了传播参与方相互间的关系。新媒体催生了图片、焦点文字和图解等多种便于快速阅读的传播方式，使政策受众更加准确地、短平快地知晓政策的内容。与此同时，传统媒介下的政府、媒体和公众之间的关系也在发生着缓慢的变化。在传统媒介下，媒体方把持了传播工具，它是传播过程相对独立的一方，不仅有自己独特的专业水准而且有独立的利益诉求，这导致媒体与政府间的关系始终处在一种战友与对手状态。一方面媒体方通过传统媒介将政策传播给所有民众，成为政府的战友；另一方面媒体方又借助传播民众的个案故事指出政策的缺陷，成为政府的对手。在互联网以及新媒体变得流行之后，政府自身也学会了运营新媒体，并利用新媒体来传播政策，而不再仅仅利用媒体方来传播政策。在新媒体的传播力变得越来越强大的时代，无论是政策制定者还是政策执行者都不能游离于传播环境之外，他们需要从传播和沟通角度思考任何一项公共政策的初拟、构思、规划、制定和发布；与此同时，每个政策制定者和执行者都是政策的传播者，唯有如此，才能让公共政策获得民众最大的支持。

（2）政策文本再生产。如果政策是自上而下制定和执行的话，那么，下一级政府在执行政策时，通常会结合本地实际情况制定政策的实施细则，这样就形成了政策文本再生产的过程。中国的行政体制是单一制，政策的制定和执行通常是以自上而下的方式进行的。这样，政策文本流变（或再生产）过程、职能部门政策实施行动过程和公众参与活动过程便构成了中国公共政策实施的三个基本环节。所谓政策文本流变，是指政策在不同层级政府以及不同部门逐级往下传递的过程中，尽管传递的形式经常不一，政策内容也有所调整，但政策宗旨是不能够改变的。在这个过程中，职能部门通常是真正落实政策的部门，而层级中的政府往往忙于再生产政策文本而忽视政策的落实，容易产生“政策空传”现象，即政策经过一系列的实施过程（包括再决策和执行）后，政策目标达成度仍然处于极低的状态。政策空传表现为三种类型：一是政策不实施。所谓政策不实施，是指执行者将政策文本束之高阁，并未将政策文本的内容转化为具体实践行动，政策目标零实现。二是政策虚执行。所谓政策虚执行，是指执行者选择一些短时间内容易实现的政策目标作为工作重点，同时借助一些惩罚性、威慑性的政策工具促使政策目标暂时、部分地实现，其最为常见的是运动式政策实施。三是政策假执行。所谓政策假执行，是指政策执行者采用宣传等政策工具来实施政策，而没有使用实质性政策工具来实现政策目标，象征性执行是假执行的典型特征。政策空传的突出表现在于没有将政策任务转化为具体的政策目标。②

（3）政策落实。政策落实是政府职能部门根据政策内容采取行动的过程。政府内部结构是按照职能分工设置的，不同职能部门承担不同的业务和不同的具体事务。在政策决定做出以后，职能部门就会组织资源和采取行动来实现政策目标。公共政策实施过程也是发动公众和社会各组织参与的过程。在今天，公众和社会各组织既是政策实施的对象，是公

① 李瑞昌. 分类塑造四类舆论空间. 光明日报，2013-09-07（11）.

② 李瑞昌. 中国公共政策实施中“政策空传”现象. 公共行政评论，2012（3）.

共政策实施的参与者和配合者，也是政策实施效果的最终评价者和政策实施的参与者、配合者。政策落实过程中有四项要素非常重要，它们之间的互动会影响政策的结果：1）沟通，政策参与者之间的良好沟通是有效政策执行的首要条件；2）资源，包括人员、经费、资讯、设备、权力等；3）执行者的意图和偏好、本位主义倾向以及对政策指令阳奉阴违，对政策做选择性的执行，敷衍塞责，所有这些会使政策无法得到有效的推动；4）机关结构，执行机关的作业程序与执行权责的配置都会影响政策执行的结果。

在政策执行过程中利用市场力量是20世纪80年代以来的一种新思路，比如在政府管理中运用市场激励办法，以及利用私人部门的组织来实施公共计划。长期以来，政府在社会管理过程中习惯于运用指令控制类的政策工具，通过设定标准、监督检查和惩罚等强制方式落实政策。近年来，政府开始越来越多地采用市场激励类的政策工具，力图将政策目标的公共利益与实施者的私人利益有效平衡起来，并通过运用税收抵免、补贴、奖金或其他奖惩手段来达到政策目标。此外，政府越来越倾向于通过购买公共服务、吸引民营资本投入公共设施等方式来打造公私伙伴关系，推动公共产品和公共服务私有化供给，以降低政府服务成本，提高服务质量。当然，政府在这里也面临如何对私人供应商进行质量控制以及相关的问责问题。

（4）政策监测。政策在执行的过程中必须加以监测，以随时发现执行过程中可能出现的问题并对此加以修正，从这个意义上说，政策监测是一个产出公共政策因果关系信息的政策分析过程。政策监测包括政策行动与政策结果两个部分。政策行动包括政策投入与政策过程。政策投入是指投入政策过程的各种资源，如时间、经费、人员、设备等；政策过程是指从资源投入到转换这一过程中涉及的相关活动（行政的、组织的或政治的）和态度。政策结果包括政策产出（policy output）与政策影响（policy impacts）。政策产出是指政策对象所接受到的服务或资源，政策影响是指由政策产出所导致的政策对象行为上或态度上的变化。

政策监测主要有四个方面的功能：其一，了解执行过程中各参与者是否遵守规则与承诺；其二，检查政策作用的对象是否获得应有的服务或利益；其三，发现效果，即发现政策执行后所产生的改变程度；其四，探索原因，解释政策方案与实际成果之间产生差异的原因。

政策监测的目标有两个：一是调整政策执行，二是为政策评估做准备。公共政策评估是依据一定的标准和程序，对政策的效益、效率、效果及价值进行判断的一种政策行为，目的在于取得有关这些方面的信息，作为决定政策变化、政策改进和制定新政策的依据。它是政策分析的重要方面，是一种具有特定标准、方法和程序的专门研究活动。公共政策评估的目的是调整政策或终止政策。

（5）政策评估。作为一种功能性活动，政策评估可以发生在政策过程的任何时间段，而不仅仅是政策执行的后续行为。政策评估有多种形式和方法。从评估组织活动形式上看，可分为正式评估和非正式评估。非正式评估指对评估者、评估形式、评估内容没有严格规定，对评估的最后结论也不做严格的要求，人们根据自己掌握的情况对政策做出评估。正式评估指事先制订完整的评估方案，并严格按规定的程序和内容执行，并由确定的评估者进行的评估。它在政策评估中占据主导地位，其结论是政府部门审视这一政策的主要依据。

一般而言，在中国的公共行政活动之中，均会采用调研、执法大检查、视察等一系列活动来考察政策执行的情况。从这些监督性的行政活动来看，这些活动更接近非正式评估。正式的评估活动相对比较少，偶尔会就某些特定的项目或者重大政策的调整组织各方面的相关人员进行评估。

从评估机构的地位看，政策评估可分为内部评估和外部评估。内部评估是由行政机构内部做出的评估，它可分为操作人员的自我评估和专职评估人员的评估。外部评估是由行政机构外的评估者所做的评估，它可以由行政机构委托营利性或非营利性的研究机构、学术团体、专业性咨询公司、大专院校来进行，也可以由立法或司法机构组织进行，或由报纸、电视、民间团体等其他各种外部评估者组织进行。内部评估和外部评估各有利弊，在评估实践中，通常会把内、外评估结合起来，以取长补短。

从政策评估在政策过程中所处的阶段来看，政策评估又可分为事前评估、事中评估和事后评估。事前评估是在政策执行之前进行的一种带有预测性质的评估，事前评估的内容包含三方面：对政策实施对象发展趋势的预测、政策可行性的评估以及政策效果评估。事中评估是对政策执行过程中的实施情况的评估，以确认政策是否得到了严格的贯彻执行。事后评估是对政策效果的评估，旨在评估政策目标实现的程度，它通常在政策执行完成以后进行。

从现有的政策评估来看，政策制定之前的事前评估相对比较多，基本上由政府或者官方智囊机构所主导。如 2006 年四川遂宁市出台了《重大事项社会稳定风险评估化解制度》，2009 年 3 月上海市通过了《关于建立重大事项社会稳定风险分析和评估机制的意见（试行）》，2009 年底广州市出台了《关于对重大事项进行社会稳定风险评估的实施意见（试行）》，2010 年四川省制定了《四川省社会稳定风险评估暂行办法》，这些规范性文件均确定了重大政策事项要进行风险评估。政策执行中的事中评估通常会根据政策受到政治领导人关注程度的高低而有所区别，事中评估一般也是由政府内部来做的。政策执行后的事后评估比较少，当需要终止某项政策而开展事后评估时，这一评估主要由学者或研究机构与政府一起来做。

（6）公共政策的调整与终止。公共政策是针对现在和未来一段时间存在的问题而采取的措施，具有时效性。一旦现实情况发生变化或者问题已解决，公共政策就需要做出调整或者终止。但是，诸多法律并没规定公共政策何时终止或进行调整。从长远来看，任何公共政策都有生命周期，需要根据社会情况做出调整、终止或重新制定。就政策过程而言，公共政策的调整与终止通常被设定为公共政策评估的后置环节。如果公共政策评估处于一种非正式状态或不正常状态，那么公共政策的调整与终止就具备了某种不确定性。

2008 年，湖南省出台了《湖南省行政程序规定》，对规范性文件的有限性做了统一规定。规范性文件是指除政府规章以外行政机关和法律法规授权的组织制定的涉及公民、法人和其他组织权利义务，在一定时期内反复适用并具有普遍约束力的行政公文。《湖南省行政程序规定》第 51 条规定：规范性文件有效期为 5 年。标注“暂行”“试行”的，有效期为 2 年。有效期满的，规范性文件自动失效。制定机关应当在规范性文件有效期届满前 6 个月内进行评估，认为需要继续施行的，应当重新公布；需要修订的，按制定程序办理。2015 年新修订的《中华人民共和国立法法》对授权立法的时间效力做了间接性规定。该法第 10 条规定，全国人民代表大会及其常务委员授权国务院制定行政法时，授权决定应当明确授权的目的、事项、范围、期限以及被授权机关实施授权决定应当遵循的原则等。授权的期限不得超过 5 年，但是授权决定另有规定的除外。被授权机关应当在授权期限届满的 6 个月以前，向授权机关报告授权决定实施的情况，并提出是否需要制定有关法律的意见；需要继续授权的，可以提出相关意见，由全国人民代表大会及其常务委员会决定。《立法法》并未规定已经授权制定的行政法规何时需要调整或终止，也未规定行政规章何时需要调整或终止。在一些国家，公共政策调整与终止的规定在行政程序法或立法法里有严格的规定。

5.3.3 公共政策制定与执行的理论

有关公共政策制定与执行的理论非常多。有关政策主体方面的理论有精英理论、团体理论和公民参与理论等。精英理论认为，公共政策是由社会上少数身居高位的精英制定的，如政府高级官员、民意代表、企业家、著名学者等，他们有良好的社会经济地位，有共同的利益，对社会大众具有影响力，并追求自身地位与利益的稳固。团体理论认为，公共政策是各种利益团体讨价还价、相互妥协的结果。政府只是扮演了最后的仲裁者，维持一个公平的竞争环境，在利益团体之间发生冲突时，政府介入协调，以取得各方平衡。公民参与理论主张，公共政策制定应该在人民充分知情的情况下，经由听证会、民意调查、咨询会等多种公民参与方式产生具有共识基础的决定。这三种理论关注的问题是谁掌握公共政策的决定权，这也是公共政策制定的首要问题。

从政策科学角度讲，谁制定和实施公共政策的实质是公共政策制定与执行过程中专业化与民主化、职业化与业余化之间的关系问题。所谓专业化，是指在公共政策制定和执行过程中，应让具有专业知识的专家起决定性的作用。所谓民主化，是指在公共政策制定和执行过程中，应扩大公众参与，尤其是重大政策的制定和执行要有助于公众权利的实现。所谓职业化，指的是应充分发挥专事立法的工作者在公共政策制定中的作用，以及发挥行政人员（官僚）实施政策的关键性作用。业余化则是指在政策制定和执行过程中应发挥社会组织或媒体的作用。公共政策执行的专业化与民主化、职业化与业余化之间关系的本质是专家、民众、立法者、行政官僚、媒体和社会组织在公共政策制定与执行中扮演的不同的角色和发挥的不同作用。大多数政策理论认为专家应该是政策内容的设计者之一，民众则是政策合法化的主体，立法者是政策内容的实质上的审查者，行政官僚是政策内容的形式审查者和政策的实施者，媒体是政策过程的监督者和政策的传播者，而多数的社会组织则是政策内容设计的参与者或者政策议程的推动者。

“何时制定和执行公共政策？”是政策过程中的另一个重要问题。波利特（Christopher Pollitt）在《时间、政策与管理》一书中认为，时间是公共政策与公共管理研究被忽略的一个维度，任何事情都发生在以往强加的限制和成本之中，政策与管理概莫能外。金登的多源流分析理论认为，当问题流、政治流和政策流三流合一时，政策之窗才会打开，政策制定议程就可能启动。林德布洛姆的渐进决策理论认为，政策决定并不是一次完成的，而是经由多次决策和多次修正完成的。理性决策理论则认为，决策或执行的时机并不是由特定情景决定的，它是决策者深思熟虑的选择。而一些政策网络理论则认为时机的判断更依赖于网络中行动者的主观判断，这与行动者的权威、权力、知识以及网络内外环境相关。倡导联盟框架将时间视为政策内容的一部分，因为政策效力有时间约束的问题。

5.4　公共政策过程中的公众参与

民意是公共政策的基础。民意是指一部分人在某一段特殊时间内对某一特定公共事务或问题所表示的意见，民意的形成会受到一定的人员、时间及空间等因素的限制。

就政策环节而言，在问题形成阶段，民意扮演着公共问题提出者的角色；在政策规划阶段，民意往往是政府机关设计政策方案的引导者；在政策合法化阶段，民意扮演竞争、批判与压迫的角色；在政策执行阶段，民意起的是配合、监督、批评政策执行情况的作用；至于在政策评估阶段，民意则扮演评估、批评以及建议的角色。民意可以通过多种中介途径反映出来，如选举、政党、利益团体、大众传播媒体、社会运动（游行、抗议等）、各种民意调查和公众参与（如听证会、宣讲会和座谈会）等。

5.4.1　公共政策过程中公众参与的意义

公众参与是政府获取民意或公共舆论的重要途径，也是公众增加参与兴趣和提升参与技能的重要方式。

公众参与政府决策对于政府有以下意义：(1) 教育公众深入知晓政府决策方案的内容。政府与公众开展政策互动学习，让公众对政府决策方案的相关知识了解得更加清晰。(2) 说服公众支持政府决策方案。政府与公众相互交流沟通，建立起相互间信任，从而缓和政府与公众间长期形成的紧张对抗关系，形成支持政府决策方案的策略性联盟。(3) 政府决策获取合法性。没有公众的支持，政策方案就难以通过，无法获得公众的认同。公众赞同是政策合法性的来源。

政府支持公众参与政府决策对于公众有以下意义：(1) 掌握程序正义。公众通过参与政府决策，可以更清楚地知晓政府决策过程，明确程序正义的重要性，养成依程序参与决策的良好习惯。(2) 学会建言献策。公众通过参与政府决策，可以更加有效地表达自己的政策建议和看法，并使之成为政策方案的组成部分，增加公众参与政府决策的获得感。(3) 培养参政议政技巧。公众要成为积极公民，就必须掌握参政议政技巧。公众参与政府决策不仅有助于增强公众参与能力，而且有利于提高其参与的效能。

5.4.2　公共政策过程中公众参与的方式

在公众参与政府决策的过程中，四个主要因素决定了政府与公众之间的关系模式：

(1) 议题或情景；(2) 行政组织的结构、制度和参与发生的过程；(3) 行政人员；(4) 公民。西方国家在建立代议制之后，就产生了形式化的参与模式（情景1）。形式化参与状况以政策议题为中心加以展开。公众被置于议题的最外层，行政制度/过程则位居最内层，行政人员是行政制度和公众之间的中介。在形式化的参与模式中，行政人员扮演着专家的角色，处于中心地位并且被赋予公众代表、顾问或参与者等多元角色。公众变成了专业行政人员的“委托人”，在行政人员的专业权威和技术知识面前，公众总会显得无助与无奈。然而真正的参与应该将公众置于紧贴议题的位置，而行政制度/过程则位于相对外层，行政人员仍然是沟通二者的桥梁，即实质性的参与模式（情景 2）。在实质性的参与情景中，公众处于中心且与议题直接相关，这有利于他们拥有及时和平等的机会去影响政策过程和决策结果；行政人员的影响力来自他们与公众的密切关系以及他们所具备的专业知识和社会影响力；行政制度/过程则是在公众和行政人员的联系和互动中得以界定的。只有这样，实质性的参与才能促使行政人员从专业知识和技术导向的行政模式走向有意义的参与的治理过程（见图 5-3）。①

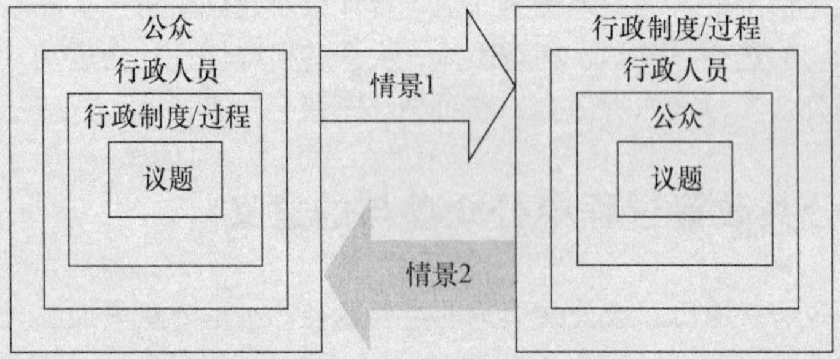

图 5-3　形式化的参与情景和实质性的参与情景

从公共政策制定与执行来看，情景 1 中公众并没有直接参与到政策过程之中，公众仅仅被告知政策备选方案或政策内容，是个被动的接受者。而情景 2 中公众不仅直接参与了政策议题酝酿、方案谋划选择，而且参与到政策具体落实和效果评价。要推动形式化的参与情景走向实质性的参与情景，营造良好的参与环境，确保公众真正参与到公共政策制定和执行过程中来。

就政治体系中的角色定位而言，公众（citizen）的角色可以是被统治者、选民、客户/顾客、合作者、纳税人/所有者，政府（government）的角色则可以是统治者、代理人、管理者、合作者、使用者/支配者，公众和政府之间的整合（integration）可以是强制、委托、回应、合作、公众控制的关系。公众与政府角色配备之间形成了不同的关系，比如统治者与被统治者之间的强制关系、代理人与选民之间的委托关系、管理者与顾客之间的回应（或服务）关系、合作者之间的伙伴合作关系、税收使用者/公共资源支配者与纳税者/

① 金，菲尔蒂，苏赛尔．参与问题：通向公共行政中真正的公民参与//王巍，牛美丽．公民参与．北京：中国人民大学出版社，2009：54-57.

公共资源所有者之间的公众控制关系（见图 5-4）。①

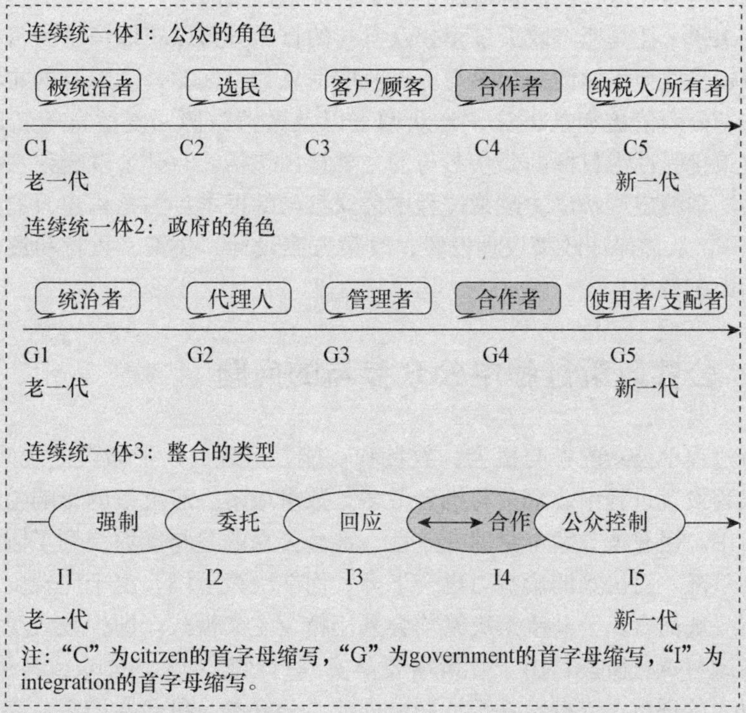

图 5-4 "政府与公众互动"关系演化连续统一体

从公共政策过程来看，政府与公众关系直接影响公众参与公共政策的方式和公众参与的效能。在统治者与被统治者关系中，公众只能服从公共政策、践行公共政策的规定，否则就会遭到惩罚。在代理人与选民关系中，公众不仅要参与政策问题选择而且要直接享有政策方案的投票权，另外，在政策执行、评价、终止等环节中，公众同样保持着发言权和决定权。在管理者与顾客之间的服务关系中，公众作为顾客主要参与政策执行环节，与政策实施者实现良好的互动，从而增进政策执行效果。在合作伙伴关系中，公众和政府在公共政策过程各个阶段相互合作共同推进政府决策和实施决策。在纳税人与使用者之间的控制关系中，公众是政策过程的控制者。尤其是在分配政策、管制政策和再分配政策的制定和执行中，公众参与这些政策过程，不仅是这些政策的决定者，而且是政策受惠者。

从公众参与类型来看，阿恩斯坦（Sherry Arnstein）曾对公众参与类型做了步骤层级体系的划分，即"参与阶梯"，其中"非参与性"活动包括被操作和治疗，"象征性"活动包括安抚、咨询和磋商，"公众权力"活动包括伙伴关系、权力委派和公众控制。从目前的情形来看，中国公众参与的具体形式（如听证会、咨询会等等）基本上属于"非参与性"和"象征性"活动。阶梯的底端是被操作的参与，从底端逐级上升的顺序是公众治

① 维戈达. 从回应走向合作：治理、公民和下一代公共行政//王巍，牛美丽. 公民参与. 北京：中国人民大学出版社，2009：76.

疗、公众安抚、公众咨询、公众磋商、伙伴关系、权力委派和公众控制，公众控制处于参与阶梯的顶端。当然，这种说法也遭到不少学者的批评与质疑。

约翰·克莱顿·托马斯将政策过程公众参与的目的分为以获取信息为目标的公众参与和以增进政策接受性为目标的公众参与。以获取信息为目标的公众参与的主要技术有：关键公众接触法、公众信访和投诉法、公众调查以及微信微博回复留言等新的信息技术方式。以增进政策接受性为目标的公众参与的主要技术包括：召开公众会议法、建立公众参与咨询委员会法和斡旋调解法。政策过程中公众参与的根本目的是构建政府与公众间强有力的合作关系①，从而保证政策议程设置、政策方案设计、决策、执行和评价等环节中公众支持政府的政策行为。

5.4.3 公共政策过程中公众参与的问题

公共政策过程中公众的参与机会、数量和功能，呈现“U形微笑曲线”状（见图5-5）。其中，议程设置过程中公众参与机会最多、数量最多、对决策的影响力也最大。政策方案设计环节中，因政策方案本身的专业性，部分公众的参与能力受到了限制，于是，公众参与数量会下降，对决策的影响力也会下降。而在决策阶段，由于比较少采用全民投票表决等方式，一般而言，公共政策决策均会采用精英主义模式，即少数人决策，公众参与机会很少。在政策执行阶段，由于政策需要落实到行政相对人（公众或各种组织）身上，需要行政相对人的理解、支持，甚至认同，因此，公众参与机会会增多，参与人数也会增加，甚至因为利益受损而参与的意图也会增加。而到了政策评估阶段，由于政策实施后，对社会、政治与经济都产生了效果，作为利益相关人的公众均会对政策进行评价，以期待政策调整或终止。

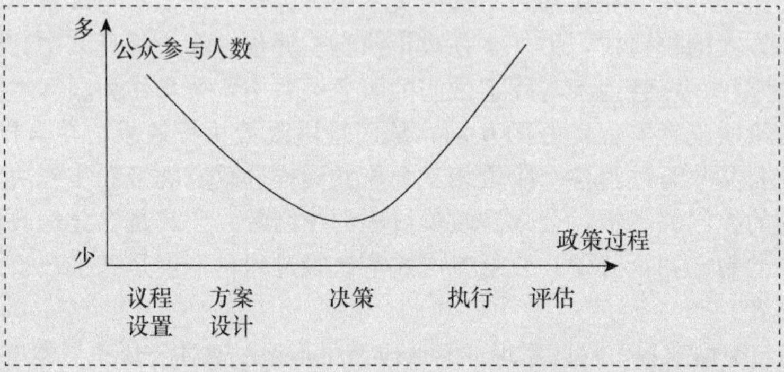

图5-5 公共政策过程中公众参与的变化

针对公共政策过程中公众参与数量、参与动机、参与能力和参与效果的变化，就国家制度设计而言，可以因势利导，设计一系列制度提高公众参与机会和提升参与效果。具体

① 托马斯. 公共决策中的公民参与：公共管理者的新技能与新策略. 孙柏瑛，等译. 北京：中国人民大学出版社，2005：117.

而言，在公共政策议程设置阶段，可以考虑开通丰富多样的参与渠道，并将公众参与作为决策必要的环节要求决策部门强制实施，以了解民情、广纳民意。而在方案设计阶段则要针对特定群体设计相应的参与制度，包括利益相关方的协商制度、专家学者方案设计讨论制度等，实现大尺度开放，从而使决策方案更加科学、更加民主，充分体现民意、反映公共利益。而在决策阶段，由于决策时机涉及诸多利益调整，故不宜过于开放，要根据公共政策本身特性考虑设计参与制度。而在政策执行阶段，则需要设计更多参与执行的制度，将专业执行与公众认可有机结合起来。最后，在政策评估阶段，应继续启用议程设置阶段的参与制度，鼓励公众评价，为政策调整和终止造势，赢得民意支持。

第6章

公共预算与财政管理

6.1 公共预算与财政管理概述

6.1.1 公共财政管理

公共财政管理是公共组织处理有关公共资金的所有管理活动。和其他的管理过程一样，公共财政管理是一种由参与管理的有关人员构筑和协商的结果。财政管理者与其他管理者的行为并无二致，二者都在努力减轻因资源来源以及资源量的不确定带来的模糊现象，同时二者也都在努力把关键的外部利益需求或突发的利益需求与组织成员的能力和利益联系起来。① 公共财政管理主要研究资金如何流入各个公共机构、如何在机构内流动以及如何流出的过程②，所涉及的专业领域有预算、会计、收支、采购、闲置资金投资、公债、风险管理、审计等。

公共财政管理不同于企业财务管理，虽然二者在强调资金的运用与效率管理方面，存在许多共通的分析观念与技术，但二者在应用层面有很大的不同。私人财务管理主要考虑对私人资产、负债的处理以及通过销售商品、提供服务来获取收入或利润③；而公共财政管理注重处理预算限制下的收入与支出，以达到资金的合法与有效率使用的目的，除强调财政资源的有效配置外，更注重财政的控制，以改善民主监督行政的功能。私人部门财务

---

① 米勒．政府财政管理学．谭新娇，译．北京：经济科学出版社，2004：1-2.

② 理德，思韦恩．公共财政管理．朱萍，等译．北京：中国财政经济出版社，2001：3-4.

③ 同②4.

的限制主要是生产要素的供应、经济活动的法令规定及市场条件等；而政府财政的限制主要是政治环境、预算规模与地方规章等。公共财政管理面临更为复杂的环境，公共财政管理决策受到法律、政治环境、财务技术和组织安排这些基础要素的影响。法律为其提供规定、授权或限制；政治环境经常通过预算程序提供一般的指导；财务技术对公共财政管理是必要的，不同的技术在某一特定的情况下所适用的程度是不同的；组织安排则是由宪法、法律与政府政策所构成的。① 法律、政治环境、财务技术和组织安排都对特定条件下所发生的情况起到一定的制约或决定作用。

公共财政管理的目标是：通过财政资源的配置与预算的编列，帮助政府将其决策转化为行动；通过掌握财务信息提升政府决策水平；通过考核财务结果促进政府的行政效率。② 公共财政管理的主要任务包括控制、管理、计划与问责。③ 控制是要努力确保组织完成其特定任务及组织成员行为不偏离既定政策。由于行动的采取依赖于信息的收集，所以控制目标较多地关注会计、审计和支出管理。从预算制度的演进看，传统的预算制度强调民主监督与行政功能，预算按采购投入成本编列，正是着重预算的控制目标。管理关注每日经营的成效与效能，要求的是投入产出关系的测量与达成的情形，所以管理目标强调成本分析、购买、现金管理与风险管理。在着重管理的时代，预算按计划编列，以计划的绩效进行考核，来达成管理的目的。计划集中于规划组织目标与达成目标方法的选择。这一目标导向需要的是对未来事件的推测、未来的蓝图及达成的方法，所以计划目标强调财政预测和资本预算。在强调规划的时代，预算的编列首先强调目标的制定，再进行计划选择、方案评估与预算编列。问责强调的是预算与财政的弹性、授权、绩效与责任。在企业型政府运动下，为使政府行政更加反映民意，必须利用预算与财政管理的改革以提升政府绩效。

公共财政管理在实践领域的发展历程可追溯到两千多年前，进入学术视野却只有五六十年的历史。20 世纪五六十年代以来，随着政府在整体财政纪律、预算分配效率和财政管理技术效率等方面遭遇财政改革压力，通过公共财政管理调节财政状况、改进国家治理逐渐成为共识。④ 早期公共财政管理偏重纯技术性的视角，面向公共资金处理的各种技术问题，探讨预算编制、预算执行、预算控制、审计等环节的操作细节，以追求财政的可持续性、高效的资源配置效率和技术效率。⑤ 随着全球财政危机和宏观经济调整，过去试图建构公共财政管理"最佳实践"的做法遭遇了质疑乃至否定。如何在传统技术视角下，发展公共财政管理的政治经济视角和制度视角成为新时期公共财政管理领域的重要议题。

大部分财政管理理论都围绕不同的方法来解释怎样减轻模糊程度、获得确定性而进行，财政管理理论在变化过程中出现了三种不同发展方向的理论，分别是正统理论、现行

---

① 徐仁辉. 公共财务管理. 台北：智胜文化事业有限公司，2009：4.

② 同①.

③ REED B, SWAIN J W. Public finance administration. New Jersey: Prentice Hall, 1996; RUBIN I. Budgeting for accountability: municipal budgeting for the 1990s. Public budgeting & Finance, 1996 (2): 112-132.

④ 刘琼. 面向发展的公共财政管理：评 The International Handbook of Public Financial Management. 公共行政评论，2015 (6).

⑤ 斯基亚沃-坎波，托马斯. 公共支出管理. 张通，译. 北京：中国财政经济出版社，2001.

理论和替代理论。这三大理论在技术、财政管理者的作用、组织过程模式及决策等方面有着不同的观点，如表 6－1 所示。每种理论都竞相对公共管理活动进行解释，试图确定财政部门在财政管理中的作用、应采用的技术与方法、与更广范畴的组织理论及组织间动力相通的因素以及不同的决策模式等。①

表 6－1　　财政管理的三大理论的比较

理论	技术	财政管理者的作用	组织过程模式	决策
正统理论	公司财政	商业模式	封闭系统	理性的
现行理论	战略管理	利益集团模式	应付不确定性	分散的渐进论
替代理论	过程设计 规则设计	象征主义 虚构 语言	松散耦合的系统	“垃圾罐” 事后回顾理性

资料来源：米勒．政府财政管理学．谭新娇，译．北京：经济科学出版社，2004：34.

正统理论是商业财政理论在公共部门的变种，它是一种使用效用最大化的规范性方法，所采用的方法和现代财政理论紧密相关，强调在政府和非营利性的框架下使股东的利益最大化。财政管理者的作用就是以财政管理理论作为指定组织目标和决定组织成就的主要手段，引导本部门达到利益和负担分布的帕累托最优。正统理论所采用的方法与理性决策模式相关，认为人们对偏好的满足是有先后顺序的，这种有序性应该成为引导需求满足偏好的最有效方法。

现行理论在组织中通过创立管理程序来获得确定性，认为相互脱节的、渐进的变化是以满意的行动者之间的相互调整为基础的。该理论的技术基础是一种战略管理模式，其目标是通过规定使用该方法以启发或帮助决策的制定，使得按照至少是部分理性的方式指导非最大化行为。该理论的主要方法是对财政管理参与者作用的衡量，参与财政管理的利益集团的冲突为财政管理提供了信息，各集团的不同境况和运气使得有可能达成大范围的一致性。该理论的决策机制是分散的渐进论，决策者根据对决策要素的现有知识相互调整结果与方法，以适应持续不断的变化。

替代理论摒弃了其他理论的理性基础，探索描述和解释在模糊情况下发生的事情，尤其是在作为引导程序或引导人们达成一致性的指路标变得随机的情况下。替代理论模式是从两个完全不同的领域发展起来的。第一个领域是模糊理论，它的中心论点是目的和手段是相互脱节的，认为任何决策的制定都存在一种内在固有的模糊不定性。第二个领域是社会构筑理论，它强调意义的相对性，注重现实的社会构筑性，认为任何一个组织在本质上都处于暂时和永恒之间某个位置上的社会结合，包含着一套能够解释组织成员所作所为的共同世界观。模糊条件下的财政管理者的作用不关心怎么达到目标，而更关心如何建立价值观念。替代理论认为组织从整体上来说并不会因占主导地位的利益联盟的影响而偏移，相反，组织内的分部门和同一组织的其他单位之间倾向于没有联系或联系微弱，正是这种联系的松散性使得偏好及替代偏好的产生具有独立性。松散耦合的系统导致了“垃圾罐”的形成，使得对各要素（问题、问题的解决、参与者和选择机遇）的选择变成一种巧合。

① 米勒．政府财政管理学．谭新娇，译．北京：经济科学出版社，2004：34.

6.1.2 公共预算管理

公共预算是政府在一定时期内为实现特定目标，按法律程序编制、审查、批准的公共财政收支计划。公共预算主要考虑公共部门取得和使用资源的计划，涉及收入如何取得以及费用如何支付的决策。从形式上看，公共预算是所在财政年度的预期收入和支出的一览表。从本质上看，公共预算是政府具有法律效力的文件。从内容上看，公共预算是政府对财政收支计划的具体安排，政府预算反映了可供政府集中支配的财政资金的数量多少，公共预算的执行是财政收支的筹措和使用过程，政府决算则是政府预算执行的总结。

预算可以被看作一个计划、一种程序以及政治事件，同样，预算也可以作为一种控制、管理和计划的工具。① 政府通过编制预算可以对预算收支规模、收入来源和支出用途做出事前的设想和预计，但预算必须通过规定的合法程序，预算计划的制订和执行过程本身就是法律的制定和执行过程。公共部门组织预算很重要的部分是对控制、政策和明确方向的介绍，组织所追求的是合法性、利益的正当性和公共资金收入的持续性。② 公共部门预算不可避免地带有政治色彩，威尔达夫斯基将其描述为试图通过政治程序分配财政资源的过程。③ 预算反映了社会各方面对政府角色和资源配置的不同认知，无论是妥协或谈判、共识或冲突，都体现在预算过程中。④ 对决策者而言，通过对公共部门收入和支出进行决策可以实现他们为公共组织工作，以满足民众的要求或愿望的职责。从民众角度来看，预算可能会反映他们对公共服务和收入的偏好。对经济学家而言，预算用于配置资源、分配收益成本和保持经济稳定，同时代表在资源稀缺条件下的选择。而对管理者而言，预算通过控制可使用资源的提供量来对他们的行为加以约束。⑤

就政治层面而言，公共预算是落实民主政治与达成特定政治、经济、社会等政策目标的有效工具；就经济层面而言，公共预算与国民经济的运作关系密切，对国民经济资源的配置与总体经济的均衡发展有举足轻重的影响；就行政管理而言，通过政府预算管理，政府能够有效地、经济地和有效能地完成各项施政目标。⑥ 预算提供了最佳的辩论与决策机会，让有限的资源做适当的配置，以实现政府施政的优先次序与计划目标。政府可以根据市场经济运行状况选择适当的预算总量政策，用预算差额去弥补社会总供求缺口，以保持经济的稳定与发展。预算可以通过资金分配过程和会计制度实现对支出的控制，使预算支出合法、有效、适当、确实和诚信，通过转移支付让各层级政府能按非固定比例共同分担国家事务。预算收入的规划既要考虑国民经济的分析与评估等技术性问题，又要考虑政治偏好、社会公平、经济与非经济目的等因素。每一年度的预算循环为政府行政部门和立法部门提供了一个很好的定期工具，去检视各机关的工作计划绩效和资源使用状况。预算还

① 理德，思韦恩. 公共财政管理. 朱萍，等译. 北京：中国财政经济出版社，2001：12.

② 威尔逊. 公共服务财政管理. 高鹏怀，孙健，译. 北京：清华大学出版社，2008：72.

③ WILDAVSKY A. Budgeting：comparative theory of budgetary processes. Boston：Little，Brown，1975.

④ 徐仁辉. 公共财务管理. 台北：智胜文化事业有限公司，2009：8.

⑤ 同①13.

⑥ 同④45.

能解决向一般纳税人说明税款将被用到何处和使用的情况，通过预算将纳税人与政府官员结合在一起。

公共预算过程应根据哪些原则，才能保证预算充分发挥上述各项功能？针对传统预算所强调的民主政治监督功能与财政收支规划功能，公共预算应遵循以下八项原则：第一，公开原则。政府预算内容应公开，让所有国民都能充分料及政府的收支状况、财政计划和施政内容。第二，明确原则。政府预算的收入来源和支出用途、项目与分类都应明确。第三，事前决定原则。政府预算应该在每一年度开始前，通过法定程序审议通过。第四，严密原则。政府预算应对各支出项目产生约束力，并力求与将来的决算一致。第五，限定原则。预算的各个项目相互间应有明确的界限，禁止经费相互流用，同时限定须在统一年度支出。第六，单一原则。国家的财政收支应纳入一个预算内综合表示，不得另有独立的预算，即预算须单一，不得有多个。第七，完全原则。所有收入与支出完全列入预算中，不得有任何预算外收支，以维持国家财政的完整。第八，不相属原则。任何财政的收入与支出，不得有个别相属关系。随着政府职能的复杂化，政府预算与国民经济和全民福祉关系密不可分，上述传统预算原则的适用性也颇受争议。例如，由于预算规模的庞大与复杂，要形成单一、明确、严密、完全的预算，会面临很多难题。

预算的规范性原则并非一成不变的，预算原则将随着预算的时代功能及制度的演进而改变。基于预算的经济稳定、资源配置及行政管理等功能，现代预算原则不再局限于民主监督控制，而更加强调政府行政责任与行政职能的加强。提升行政绩效的预算原则包括以下八条：第一，计划原则。政府所有预算都应按照计划编制，预算反映政府计划，两者具有密切关系。第二，责任原则。行政人员对预算的责任是使行政机关的计划符合立法部门所反映的民意，并以最低的成本来执行计划。第三，根据报告原则。预算的编制、立法与执行，都应根据政府各机关的财务及业务报告，而非盲目地任意决定预算。第四，具备适当权力原则。行政机关为有效执行预算，必须具备执行预算的权限及执行职权的必要人员。第五，多元预算手续原则。政府预算的手续，可依行政活动、工作计划的不同而有差异，无须要求一致。第六，自由裁量原则。对于政府各支出项目及内容，不宜过分详订并限制流用，在不违反施政方针或目标的前提下，可给予各机关自由裁量的空间，以更有效地使用资源。第七，预算时间弹性原则。为充分发挥预算的经济功能，政府施政计划的实施及经费支出时期，可随总体经济状况做必要的调整。第八，预算机关关联原则。中央预算机关与各机关负责预算及计划的部门，应相互保持充分联系、协调与合作的关系。

公共预算过程是一种决策过程，其最终目的在于决定资源的配置，通常可分为四个阶段，分别是预算编制、预算审查、预算执行、决算与审计。

公共预算编制的程序因各国政治制度的差异而各不相同，但一般认为，最健全、最便于执行的预算编制程序，应包括以下三个步骤：

第一步，政府最高行政机关决定预算编制的方针步骤。一般而言，政府最高行政机关制定公共预算政策，安排整体性的年度预算收入，财政部门则具体安排预算收支计划。地方各级政府最高行政机关依据国家最高行政机关预算编制的方针政策，制定本地方的预算编制方针政策，并由本级财政部门具体贯彻执行。

第二步，各部门、各单位具体负责编制预算。中央和地方各部门根据本级政府行政机关编制预算的要求和本部门各单位事业计划的安排，具体部署本部门各单位预算的编制。各部门对所属单位的预算经审核汇总成为部门预算草案。

第三步，各级财政部门汇总和审核预算草案。各级政府财政部门具体负责审核本级各部门的预算草案后编制本级预算草案，并汇编下级政府上报政府的下级预算草案，形成本级总预算草案。通过各级财政部门层层汇总上报，最后由财政部汇编成为总的全国政府预算草案，提交权力机构批准。

各国公共预算的审查批准通常有一套较为严格周密的审查批准内容、手续及程序，世界各国批准公共预算的权力都属于立法机构。我国公共预算草案编成以后，由财政部门代表政府提请人民代表大会审查批准。人民代表大会对公共预算草案的审查批准又分为两个步骤：第一步由人民代表大会的专门机构对预算草案进行初步审查；第二步由各级人民代表大会对各级政府预算草案进行批准审查。

预算审查的内容主要包括编制审查、收支审查、平衡审查三部分。编制审查的内容包括：预算是否按程序编制；编制预算资料是否齐全，预算报表与资料的衔接联系是否符合逻辑；预算报告是否完整、准确和真实，是否符合现行财政体制和规章制度的要求；预算指标是否遵守制度和手续等。收支审查的内容包括：预算收入计划是否与国民经济计划相衔接；预算支出计划是否体现厉行节约、讲究效果的要求；各项支出是否按员定额和各项具体开支标准核定；预算资金分配中有无盲目安排、无效益投资及计划安排失误；预算收支指标数是否与上级下达的任务数一致，能否适应本地区的实际情况和发展要求等。平衡审查内容包括：收支计划有无“假平衡、真赤字”或“假赤字、真结余”的问题，有无隐蔽的不平衡要素；是否根据现行规定按预算总额设置一定的预备费用等。

预算执行是指各级财政部门和其他预算主体在组织预算收入、安排预算支出、组织预算平衡和进行预算监督中的实践性活动，它是财政收支的筹措和使用过程，是把公共预算由可能变成现实的必经步骤。预算执行着重分配预算的控制、收支管理及会计的稽核等工作，以便让各项支出与用途及收入来源，都符合法律规章和预算编制的目的。在预算执行中，各级财政部门、税务部门、海关以及国家金库共同担负着组织预算收入、拨付预算支出、组织预算平衡和加强预算监管的职责。

预算执行的基本任务在于确保预算执行的结果能够同预算的初衷相一致，但与此同时，预算执行不应简单地遵循初始的预算，预算调整也是预算执行中的一项重要程序。所谓预算调整，是指经过立法机构批准的各级预算，在执行中因特殊情况需要增加支出或减少收入，使原批准的收支平衡的预算总支出超过总收入，或使原举债的数额增加的部分变更。按调整幅度不同，预算调整可以分为全面调整和局部调整。预算的全面调整是指国家对原定的国民经济和社会发展计划做较大调整时，公共预算也对预算收支的总盘子进行相应的大调整。预算的局部调整是为了适应客观情况的变化、重新组织预算收支平衡，通过动用预备费、追加或追减预算、经费流用、划转预算几种方式，对预算进行的局部变动。

预算决算是经法定程序批准的反映政府预算最终执行结果的会计报告，是整个预算程序的总结和终结。通过决算的编制和分析，可以从资金积累和资金分配的角度总结一年来各项经济活动情况，预算决算成为财政统计资料的主要来源，也为国家决策机关研究经济问题、决策经济政策提供了依据。根据我国宪法和国家预算管理体制的具体规定，一级政权建立一级预算，凡是编制预算的地区、部门和单位都要编制决算，各级财政部门还要编制预算收支决算。这些机构、部门和单位编制的各种年报或决算，都是各级总决算和政府决算的有关组成部分。

《中华人民共和国预算法》规定了预算编制草案的基本原则，要求必须符合法律、行政法规，做到收支数额准确、内容完整、及时报送。决算草案的编制同样要进行一系列的准备工作，包括拟定和下达政府决算的编审办法、进行年终清理、制定和颁发决算表格等，而具体的决算编制通常采用自下而上、逐级汇编的办法。政府决算的汇编程序大致包括：首先，财政部在收到中央主管部门报送的汇总单位决算和各省（市、自治区）报送的总决算后，进行全面审查；其次，根据中央各主管部门报送来的汇总的单位决算，汇编成中央总决算；再次，根据各省（市、自治区）报来的总决算，汇总为地方总决算；最后，根据中央总决算和地方总决算汇编成政府决算。

决算草案的审批的主要内容包括收入审查、支出审查、结余审查、资金运用审查、数字关系审查以及决算完整性和及时性审查。各部门在审核汇总所属各单位决算草案的基础上，连同本部门自身的决算收入和支出数字，汇编成本部门决算草案并附决算草案详细说明，经部门行政领导签章后，在规定期限内报本级政府财政部门审查。财政部根据中央各部门决算草案汇总编制中央决算草案，并报国务院审定后，由国务院提请全国人民代表大会常务委员会审查和批准。县级以上地方各级政府财政部门根据决算草案汇总编制本级决算草案，报本级政府审定，并由本级政府提请本级人民代表大会常务委员会审查和批准。乡、民族乡、镇政府根据财政部门提供的年度预算收入和支出执行结果，编制本级决算草案，提请本级人民代表大会审查和批准。各级政府决算经批准后，财政部门应当向本级部门批复决算，从而让各部门了解本级财政部门、政府、人大常委会对本部门决算的审查结果，更好地总结过去一年预算执行情况和做好本年度预算管理工作。

6.1.3 公共预算与公共财政管理的关系

公共预算与公共财政管理有着密切的联系，但它们的职能有所不同。公共预算侧重于与资源的取得和使用有关的政策的制定，而公共财政管理则侧重于为进行预算决策、实施决策以及与公共资金有关的其他方面提供相关信息。① 公共预算解决干什么的问题，公共财政管理回答怎么干的问题。但两者的划分其实并非如此明确，公共预算的过程包括所有公共财政管理技术。就某种程度而言，公共财政管理可以说是为了做好预算决策所进行的具体工作，而公共财政管理技术被用来收集信息，以分析执行预算决策。

公共预算与公共财政管理的联系可以从理论和实务两个角度加以分析。公共预算致力于可选择方案方面，通常从较大的范围和较高的项目层次上进行分析。从理论的角度来看，公共预算与公共财政管理的所有方面都存在联系，但这只是就一般意义而言的。② 公共预算研究的是资源配置的政策决定，关心政府机构资源的取得与使用的计量，国家预算

---

① 理德，思韦恩. 公共财政管理. 朱萍，等译. 北京：中国财政经济出版社，2001：4.

② 同①13.

回答了“做什么”的问题，反映了政府的政策选择及相应的政策成本。① 然而，预算决策不可能剥离了执行体系自动兑现。公共财政管理的职能主要在于提供相关信息，为预算决策、执行决策及其他有关公共资金的运用提供参考，它处理的则是“如何做”的较低层次。公共预算是政治活动家和上层管理者实施的行为，以此来确定公共收入及支出决策；公共财政管理从原则上来讲是由较低层次的公共组织来完成的。在预算决策后，所有关于资金的处理都属于公共财政管理的范畴。在一定意义上，公共财政管理被认为是遵循和执行预算决策的具体工作。

就像政治和管理的区别一样，公共预算和财政管理并不可以完全分开。它们的区别只是概念性的，而在实践中只不过是侧重点不同而已。公共预算决策为公共财政管理行为提供了议程。公共财政管理过程中的技术操作被用来为制定和分析预算议案收集信息。正如政治与管理的区别，公共预算和公共财政管理的区别最终在于公共预算涉及的层次较高，并且与其相关的政治和公共部门的工作有关，而公共财政管理的层次较低。

从实践来讲，公共财政管理与技术操作密不可分。许多技术以不同的方式分门别类。技术可以按控制、管理、计划分为管理类和分析类、资产和负债管理类（从会计角度而言）、预算程序阶段类。为阐明公共预算和公共财政管理的关系，公共财政管理的技术可依其主要功能，分配在公共预算过程的四个阶段中，如表 6-2 所示。

表 6-2　公共预算与公共财政管理的关系

公共预算	公共财政管理
预算编制	预测收入与支出、成本分析、资本预算、债务管理、风险管理、养老金管理、财政状况评估、发展财政
预算审查	重新评估预算编制各阶段信息
预算执行	会计、收入管理、支出管理、政府采购、现金管理与投资
决算与审计	决策审计

资料来源：REED B J，SWAIN J W. Public finance administration，Englewood，Cliffts，New Jersey：Prentice Hall，1990：14.

预算的编制阶段涉及对将来事件的预测和对预算选择的分析。在预算编制阶段，需要的公共财政管理包括预测收入与支出、成本分析、资本预算、债务管理、风险管理、养老金管理、财政状况评估、发展财政。其中，最主要的是预测收入和支出，即需要筹集多少钱以及需要使用多少钱，它为预算的讨论提供了基础。成本分析被用来权衡各种可供选择的方案，以此做出选择。资本项目支出是对具有延续性效用的固定资产的投资，资本预算表示的是资本项目支出的多年度计划。债务管理涉及所借款项的取得和偿还。债务管理、风险管理和养老金管理都具有多年度支出责任的特征。风险管理就是要使未来有可能发生的负面影响最小化，养老金管理涉及当员工不再被单位雇用之后，对他们及他们的扶养者的支付安排。财政状况评估可以通过决定财政优势和劣势的领域，来对预算的编制产生影响。发展财政考虑的是公共部门（主要是政府），可以获得的财政工具以促进有利的经济

① 刘琼．面向发展的公共财政管理：评 The International Handbook of Public Financial Management．公共行政评论，2015（6）．

行为。

在预算审查阶段，政策制定者考察所有预算草案以及在预算听证会上获取的有关信息。在预算审查阶段所需要的公共财政管理信息与预算编制阶段相同。在这一阶段，政策制定者出于调整的需要，往往需要考虑与收入有关的政策问题。政策制定者必须清楚怎样取得收入，管理者则要负责怎样实施收入政策。

预算执行阶段，偏重于会计、收入管理、支出管理、政府采购、现金管理与投资。公共部门会计是指对在预算执行阶段发生的财政行为进行记录。收入管理所要考虑的是寻找收入的基础、估价和从个人及组织中募集资金。支出管理处理预算批准支出项目的支付。政府采购针对的是除雇用人员以外的购买商品或服务的行为，涉及购买什么、何时购买以及怎样购买等问题。现金管理与预算收支两方面的实施都有关系。在现金管理中，管理者希望预测和调整现金流，从而使公共部门受益。这包括及时地将收入送缴国库、及时支付以及投资。手头上不做其他用途的现金被公共部门用来投资是最好的，因为投资可以产生收入。

决算与审计阶段则需要审计作业。决算和评估看似简单，实际上却是最为复杂的领域。这种复杂性来自大量不同的审计目的和技术操作，因为这些技术需要编制和执行阶段的协同行动。一些审计可能会在预算实施阶段或预算实施完成后的任何一个时间点或时间段发生，也就是说，审计会在其他预算阶段正在进行的时候同时发生。绩效审计是审计的一种。在绩效审计中，某些行为被分成预算实施前绩效、预算实施过程中绩效、记录以及绩效审计阶段的分析。其他一些审计包括对会计体系和会计报告、管理程序以及相关效果的审计。因此，运用多种方法对一个机构或部门的预算年度进行评估和报告，是一个非常复杂的过程。

综上可知，尽管公共预算和公共财政管理在概念上是可以区分的，但在实际运用中，公共财政管理势必要涉及公共预算。公共财政管理与公共预算具有不可分割性，因为在从事财政管理活动时，也是在处理公共预算。

6.2 公共预算的研究视角与理论发展

6.2.1 公共预算的研究视角

公共预算是一门交叉学科，具有多种开放性视角。公共预算管理研究虽然并未形成一个统一的学术流派，但总体上传统的公共预算理论研究视角主要有经济学视角、政治学视角和管理学视角，这三类研究视角各有其关注的重点，所采用的解释模型和思考方式也存在差异。

1. 经济学的研究视角

经济学对公共预算的研究，主要是运用福利经济学的理论，分析政府预算的问题，其中既有实证性分析，也有规范性分析。规范性分析的方法可以上溯到18世纪亚当·斯密所确定的租税与政府支出的基本原则，如政府决定采取某种税收所依据的原则是什么，哪种形态的政府支出是最适当的。而实证的方法，则是通过运用计量经济学方法来解答“如何实现社会福利最大化”的问题。

因此，经济学者集中研究公共活动的一些经济特性，例如何种形态的活动应由政府参与，政府支出的适当组合与水准是什么，公共权力如何用于提升社会的经济目标，政府能否改善市场经济的结果，公共经济部门影响市场经济资源配置的角色如何定位，政府预算的规模如何决定，政府支出如何分配在不同的项目，对于政策的经济效率应用何种标准去衡量。① 另外，经济学的研究还关注许多政府预算决策影响市场的实证问题，例如政府的不同收入方案与支出方案对社会目标的影响如何，政府税收与支出如何影响经济和人民福祉，市场经济部门对政府税收和支出改变的反应如何。

上述问题也可归纳为一个简单的问题，即公共选择是如何做成决定的。更明白地说，是依据什么标准来决定将 X 元用于活动 A 而非活动 B。经济学的分析方法建立在公共物品与私人物品的区分模型上。在私人物品方面，有效率的配置是依赖市场制度，通过价格机制能达到的配置。公共预算所提供的公共产品与服务，具有不同于私人产品的非竞争性和非排他性特点，因而难以通过市场机制实现有效供给；而公共预算作为一种公共选择或集体选择，所要解决的主要是非市场化决策如何确定的问题。针对公共产品与公共服务供给中所面临的困难，经济学的研究提出了许多解决方案。例如，公共物品很少完全符合纯公共物品的定义（同时具有非竞争性和非排他性），许多是以准公共物品的方式（具有排他性，可由市场提供）被提供，因此有的学者建议按照物品产生的外部利益（公共性的测量方式之一）予以补贴②，并以公共投票模型来取代市场机制。

然而，经济学对公共预算管理问题的研究与建议，基本上属于理论层面的贡献，对于实际预算操作并未发挥多大的指导作用，例如外部利益的测量虽非不可能，但执行上却相当困难；而多数决定的投票方式牺牲少数人的偏好，也无法完全取代市场机制的全体一致性。同时，由于预算收入的限制，政府大部分政策属于零和的游戏，帕累托效率标准也往往是无法适用的。

2. 政治学的研究视角

从政治学的角度看，公共预算本身就是一种政治产物，研究预算应从分析公共政策的决策过程及预算如何被执行出发。最具代表性的研究观点是威尔达夫斯基在《预算过程中的新政治》中提出的预算策略。威尔达夫斯基试图从政治学的角度解释公共预算的演进过程及其结果，认为公共预算管理只是公共政策分析的一部分，预算过程的模型应考虑组织内的协调与整合、主要利益相关主体的权力分配、政治策略，以及获得预算资金的预期等。③

政治学的研究观点强调预算过程的政治本质，其考虑问题的出发点是政治制度与政治行为之间的互动影响和因果关系。将预算过程视为渐进行为的政治模型确有其存在的理由，许多预算的实例显示，政府预算的编制，每年度都以前一年度的预算额度为基础，以

---

① MUSGRAVE R，MUSGRAVE P. Public finance in theory and practice. McGraw-Hill Book Company，1989.

② STEINER P. The public sector and the public interest // HAVEMAN R H，MARGOIS J. Public expenditure and policy analysis. Boston：Houghton Mifflin，1983.

③ 威尔达夫斯基，凯顿. 预算过程中的新政治. 苟燕楠，译. 北京：中国人民大学出版社，2014.

增进方式累加而成。此外，越来越多的研究文献也主张追求效率的理性决策模式是不正确的，人民或政府预算的决策通常满足基本条件即可。

批评者则针对渐进的定义来做文章：预算结果是否为渐进？预算的参与者是否都采纳渐进型的行为？渐进是否不依大小而是依其规则来定义？一个简单的理论是否能涵盖所有预算行为？渐进主义是否只是保守的意识形态而已？① 有关渐进主义的争论，在 20 世纪 70 年代与 80 年代的美国有了答案，由于联邦政府预算对各机关支出的自动增加设限，以及整个预算过程反映了美国政府的裁减政策，各机关预算不再采取渐进方式编列。总之，渐进主义也许在一个特定时间内是对于预算过程所做的最佳叙述性模型，但绝不是一个能放诸四海而皆准的预算解释模型。②

3. 管理学的研究视角

20 世纪中后期，政府治理领域的重要变革趋势就是管理学、经济学、政治学与社会学在公共部门中的整合应用，将管理学与经济学的分析范式引入政府治理领域，从而掀起了所谓的公共管理革命。公共预算作为公共经济部门的核心范畴，自然也不可能回避这种管理变革的挑战。近年来，东西方各国的公共管理改革，都将政府预算改革作为重点领域之一，管理学的理论、方法与技术日益渗透到公共预算研究之中。③ 管理学的研究主张预算制度应融合更多的分析管理方法，以使得公共决策能更具成效、预算资源的使用能更有效率。管理学的研究将预算过程视为功能性的名词，包含控制、管理与规划等因素，并进一步地将预算形式从传统的按支出用途分类改为按功能与绩效分类，进而按计划编列。

对于公共管理者而言，预算是一把双刃剑，它既是一个控制手段又是一个被控制的手段。每个预算程序都要求公共管理者完成三个任务：一是从组织工作单位的环境中获得资源；二是组织的从属单位分配这些资源；三是跟踪消费以确保资源分配获得关注。④ 这种管理变革体现在预算形式上，要求从传统的按支出用途分类改为按功能与绩效分类，并按项目与计划编制预算。这些预算制度是建立在预算是一个理性决策过程这一基本假设前提之上的，其目的在于将预算过程从支持政府官僚行政资金的被动角色，改为积极地决定政府施政计划与目的的工具，即预算是理性决策的过程。⑤ 这种运用管理学基本原理分析政府预算问题的思考，拓展了传统预算管理研究的范围，这种以管理学的视角来考察政府预算问题的研究范式，很可能成为今后财政学与政府预算管理研究的发展方向。

然而，这种视预算过程为理性决策的模型，在具体应用中面临着诸多困难，最基本的有两个：第一，预算模型是否与实际的预算决策有关，即预算决策到底是由预算模式决定还是由其他因素，如习惯、僵化、不可避免的复杂性或权力关系决定；第二，有关理性决策的问题，这种将预算过程视为中性并产生理性结果的观念，忽视了预算决策过程中的

① LELOUP L. The myth of incremenatlism: analytical choice in budgetary theory. Polity, 1978, 10 (4): 488-509.

② 徐仁辉. 公共财务管理. 台北：智胜文化事业有限公司，2009：71.

③ 马蔡琛. 变革世界中的政府预算管理：一种利益相关方视角的考察. 北京：中国社会科学出版社，2010：12.

④ 科恩，艾米克. 新有效公共管理者：在变革的政府中追求成功. 王巧玲，等译. 北京：中国人民大学出版社，2001：137-138.

⑤ SCHICK, A. A death in the bureaucracy: the demise of federal PPB. Public administration review, 1973 (2): 146-156.

政治本质及利益冲突问题。[1] 就某种程度而言，预算过程固然是决定政府施政计划与目的的工具，但仍应该考虑政治制度对于预算行为的影响效果。[2]

6.2.2 公共预算的理论发展

公共预算理论是在历史演变中逐渐形成和发展起来的，西方国家对预算及预算改革的研究起步比较早，已经形成了丰富的预算理论。目前，公共预算领域的主要理论包括渐进预算理论、公共选择理论、政策过程理论和预算改革理论。

1. *渐进预算理论*

渐进预算理论由威尔达夫斯基在 20 世纪 60 年代提出，它的基本命题是：预算的做出是渐进的，而不是全面的。一个简单的智慧是，支出机构决不会在每个预算年度里根据现有项目的价值和替代项目的价值来积极地评估所有的方案。支出机构的预算要求建立在上一年的预算基础之上，并特别关注边际上的增加和减少。[3] 渐进主义者主张预算过程完全在政府内部进行，政府并未受到社会的控制，而利益团体的存在也无法决定政府支出。[4] 规范性的渐进预算理论主要包含三点理论假设[5]：

(1) 渐进预算理论认为多元主义的决策模式是在竞争的预算要求者中分配资源的最优办法。在渐进主义学派的学者看来，各自独立而又前后相继的政策制定过程允许不同集团的利益输入公共预算。

(2) 渐进预算理论坚信全面而又理性的预算，对于人类行为和政治而言纯属乌托邦，是不可能实现的。因此，像计划-规划预算和零基预算那样试图将完全理性引入预算的改革，是注定要失败的。

(3) 渐进预算理论对于社会试验中的适度的微调有着一种规范性的偏见，它主张渐进的学习而不是大幅度的信念上的跳跃。在渐进预算理论看来，最重要的是我们的民主社会的政治代表都遵循适度原则。因此，从渐进预算理论角度来说，预算过程不仅实际上是渐进的，而且从规范意义上来讲也应该是渐进的。

尽管渐进预算理论一度成为公共预算中占据支配地位的主流理论，但它也一直受到不少理论家的批评。渐进主义者只观察到公共预算过程的一部分，就试图解释所看到的结果，他们并未研究某些间接的影响，例如行政体系内上级主管对下级机关预算要求的限制等。从经验上来讲，渐进预算理论不能准确地描述预算决策的实际过程，在预算过程中一旦实行年度性、预算平衡和全面性的预算原则，就会出现不少背离渐进模式的情况，例如赋权型预算。渐进主义者低估了社会与预算过程的关系，而高估了机关本身决定预算的自

---

① WILDAVSKY A. The political economy of efficiency：cost benefit analysis system analysis and program budgeting. Public administration review，1966 (4)：292-310.

② 徐仁辉. 公共财务管理. 台北：智胜文化事业有限公司，2009：72.

③ WILDAVSKY A. The politics of the budgetary process. Boston：Little Brown，1964.

④ WILDAVSKY A. The new politics of the budgetary process. Glenview，Illinois：Scott，Foresman and Company，1988.

⑤ 马骏，叶娟丽. 公共预算理论：现状与未来. 武汉大学学报（社会科学版），2003 (3).

主性。[①] 此外，渐进预算理论坚持的“多元主义的决策模式是在竞争的预算要求者中分配资源的最优办法”的观点也受到质疑，虽然渐进的预算过程允许多元的利益主体参与预算决策，但是却不能保证所有的利益都在预算结果的协商过程中发挥同样的影响。[②] 在前一年预算支出的基础上，通过讨价还价而产生微小变化的预算过程，并不能保证优先反映大多数公民的支出要求。预算决策不应该是一个由支出机构启动的、自下而上的过程，而应该是一个允许行政首脑从整体上考虑预算并做出决策的过程。[③]

2. 公共选择理论

公共选择学派共同的假设是人类行为基于个人经济性的理性，每个人都追求其个人利益最大化。公共选择的理论家创建的两个最重要的预算模型是，中位投票人模型和尼斯坎南的官僚预算最大化模型。前者是一个关于公共产品需求的模型，后者是一个供给的模型。

中位投票人模型认为在简单多数的规则之下，中位投票人的偏好决定了公共产品的均衡产出水平，由此，预算决策就被转化为中位投票人的效用最大化问题。该理论模型最大的优点是将公共产品产出的均衡水平的决定这一复杂的问题简单化为发现中位投票者的偏好。但是，中位投票人模型对中位投票人的界定是模糊的。与渐进主义模型相比，该模型的解释范围狭窄得多，它不能解释非民主社会的预算。在民主社会中，它的解释能力也受到限制。尽管该模型的“单峰偏好”假设在直觉上是很有吸引力的，但是它的另一个假设，即“单一面向问题”的假设在大多数情况下都不适用。在多面向问题里，简单多数原则容易导致自相矛盾，此时，即使投票者的偏好是单峰的，最终预算结果仍依赖于议程设定。[④]

尼斯坎南提出的官僚预算最大化模型描述了政治家和官僚在预算交易中的关系。官僚预算最大化模型认为，官僚并不服务于政治家们而是服务于他们自己，即最大化他们个人的效用，而要实现这一目标，或者说在实现这一目标过程中他们将会寻求最大化他们机构的预算。[⑤] 在尼斯坎南看来，薪金、津贴、公众声誉、权力、恩惠、产出、变革的难易度、管理官僚机构的难易度都是可能会进入官僚效用函数的变量，除了最后两个之外，这些因素都是预算的正的单调函数。[⑥] 这也就是说，预算越大，官僚效用越大。而且，官僚们为了生存也会尽量将预算最大化。官僚机构被看作一个非营利机构，依靠资助人的拨款，并能够特定地供给某些人所偏好、在大多数情况下也是市场交易无法供给的产品和服务。由于官僚机构与资助人之间的这种双边垄断关系中存在信息不对称，官僚机构拥有绝对支配性的垄断权力，因此，官僚机构在最大化它们的预算时大多数情况下都可能成功。基于上述假设，尼斯坎南建立了官僚预算最大化模型。1974 年，米格和柏兰格对该模型

① 徐仁辉. 公共财务管理. 台北：智胜文化事业有限公司，2009：75.

② RUBIN I，IRENE. New directions in budget history. New York：State University of New York Press，1988.

③ SCHICK A. An inquiry into the possibility of a budgetary theory//RUBIN I，IRENE. New directions in budget history. New York：State University of New York Press，1988.

④ 马骏，叶娟丽. 公共预算理论：现状与未来. 武汉大学学报（社会科学版），2003（3）.

⑤ 於莉，刘罡. 从官僚预算最大化到官僚机构塑造模型：公共预算理论中的理性选择. 江西行政学院学报，2006（4）.

⑥ 尼斯坎南. 官僚制与公共经济学. 王浦劬，等译. 北京：中国青年出版社，2004.

进行了修正。他们认为官僚们最关心的是管理的自由裁量，从而是追求自由裁量的预算（收入超过最低成本的部分）最大化。①

3. 政策过程理论

由于对渐进预算模型和公共选择的预算模型不满，一些理论家开始从政策过程的角度来解释预算过程与结果。这一理论的代表人物当数鲁宾。在鲁宾看来，尼斯坎南的预算模型过于简单，在预算最大化之外，官僚还有其他一些他们非常重视的价值，例如职业主义与公共利益。在鲁宾看来，由于各种新的预算形式的出现，例如各种赋权型预算的出现，渐进预算模型也变得不能很好解释当代的预算过程与预算结果，鲁宾由此宣布了渐进主义的终结。② 鲁宾认为公共预算是一种高度政治性的活动，预算行动者们都期望利用预算过程来获取更多的资源，并进而巩固、扩大他们在政治上的支持度与影响力，而不顾及财政收支平衡的问题，由此，预算过程公共预算不仅仅是技术性的，它一定会涉及权力的重新分配、选票的攫取以及对既有资源的相对剥夺等问题，公共预算在本质上是政治性的，预算过程中的政治体现了权力的分配。③

鲁宾的公共预算模型是一个将宏观预算与微观预算结合在一起的预算模型，它不仅研究预算行动者，而且研究预算过程和环境对于预算决策的影响。在这个预算模型中，预算被分成收入、过程、支出、平衡和执行这五个相互独立而又前后相继的决策束。在每个决策束中，单个预算行动者的策略、预算过程和预算环境这些因素对预算结果的影响都需要考虑。而且，在整个过程中，还需要考虑到公共预算过程的五个主要特点及其影响，它们是环境的开放程度 、目标相异的多元行为主体、纳税人与预算决策者的分离程度、预算文件定义公共责任的有效程度以及公共预算受到的各种限制与约束。该模型的特点是聚焦政策，因而实质上是一个预算领域中的政策过程模型。但是，该模型主要是关于美国各级政府预算的研究，其有效性在其他国家还未得到验证。此外，鲁宾也没形成关于公共预算的一些连贯的可被经验验证的理论假说。这主要是因为鲁宾并没有打算建构一种一般性的预算理论。④

4. 预算改革理论

19 世纪在欧洲国家发展起来的传统预算模式是一种“控制取向”的现代公共预算体制，它的预算重点是投入而不是产出与结果，而且在基数加增长的预算决策模式下很难进行资源再配置，所以，资源的配置效率就无法保证。自从 1930 年起，为了建立公共预算和财政管理的最优体系，美国公共预算实行了一系列的预算改革，比如绩效预算、计划-规划预算、零基预算和现在正在进行中的企业型预算。绩效预算将预算的重点从投入转到产出，即预算投入使用后生产出来的公共服务，重心是完成了什么工作。60 年代出现的计划-规划预算弥补了绩效预算的这一不足，着重分析支出目标的价值。在计划-规划预算看来，资金应该分配给那些生产出社会所需要的产出或服务的项目或部门。70 年代出现

① 敦利威．民主、官僚与公共选择．张庆东，译．北京：中国青年出版社，2004.

② 马骏，叶娟丽．公共预算理论：现状与未来．武汉大学学报（社会科学版），2003（3）.

③ 鲁宾．公共预算中的政治：收入与支出，借贷与平衡．张成福，译．北京：中国人民大学出版社，2001；邓研华．公共预算研究述评：基于政治学的视角．武汉大学学报（哲学社会科学版），2011（5）.

④ 同②.

的零基预算则完全否定预算基数的合法性，要求所有的支出项目都必须从零开始进行审查。此外，20 世纪 70 年代末出现的新绩效预算模式认为产出不是预算资金配置的最终目的，预算资金应该以结果为导向。这些改革模式最后形成了预算改革理论。

这些公共预算的改革理论都具有两个共同的特点：一是它们都试图将完全理性引入公共预算中，二是它们都将政治过程视为缺乏效率的，因而都试图回避政治过程。[①] 这种希望用一种理性的预算分析来取代根据政治判断和预算基数来分配资金的传统预算模式的尝试在理论探索和改革实践上遭遇不断的失败。因为，预算过程不可能按照完全理性来运转，政治过程也是不可能回避的。

此外，还有一些学者试图从诸如新马克思主义、新制度经济学、文化理论、后现代理论等其他视角来解释公共预算。如新马克思主义者主张阶级利益支配预算过程与资源分配，他们认为政府受控于资本家或那些拥有生产工具者，因此资本家可以决定政府支出的优先顺序，政府的某些计划及资金常被利用于帮助资本家进行资本积累。[②] 新马克思主义者观察到了某些被忽视的现象，但他们的理论对于时间与地理环境造成的预算行为差异无法给出合理的解释。[③]

6.3 财政体制理论与实践

6.3.1 财政体制的概念内涵

财政体制，又称政府间财政关系，是指为了处理政府间的财政关系，规定各级政府应承担的职责以及相应财权财力的基本制度。具体来说，它包括财政职能的划分、财政收入权限的划分和政府间转移支付制度三方面的内容。

1. *政府间财政职能的划分*

划清各级政府的财政职能是政府间财政关系的一个关键问题，也是调整中央政府与地方政府的集权与分权关系的基础。市场经济条件下，政府的财政职能主要包括资源配置职能、收入分配职能、经济稳定和发展职能。一般来说，中央政府能更有效地履行经济稳定和收入分配职能，并负责区域经济的协调发展；地方政府则在资源配置领域里发挥重要作用，并负责本地区经济发展。

资源配置职能通常由中央政府和地方政府共同履行。公共产品根据受益范围的大小，可以分为全国性的公共产品和地方性的公共产品，除全国性公共产品由中央政府提供外，一般认为，地方性公共产品应由地方政府提供。地方政府能更有效地解决地方层面的市场

---

① WHITE J. (Almost) Nothing new under the sun: why the work of budgeting remains incremental. Public budgeting & finance, 1994 (1): 113-134.

② O'CONNOR J. The fiscal crisis of the state. New York: St. Martin's Press, 1973.

③ GOTTDIENER M, FEAGIN J. The paradigm shift in urban sociology. Urban affairs review, 1988 (2): 163-187.

失灵问题，更容易鉴别当地民众的偏好，了解民众需求，使地方公共物品的供给与需求更好地匹配。同时，各地政府分别提供地方性公共产品，可以形成政府之间的竞争，有利于提升政府的运作效率，促进地方提供产品和服务的试验和创新。但在公共产品提供的现实中，由于公共产品提供的辖区间外部性和规模经济的存在，完全的分权是无法做到的。若带有外部性，会影响该地对公共产品的提供；当存在规模经济时，中央政府统一提供公共产品可以节约成本。这些都是区分中央和地方政府资源配置职能时应该考虑的问题。

收入分配职能主要由中央政府来履行。收入分配职能以中央为主的解释是以地方之间的流动性为前提的。地方政府通过再分配改变本地区居民的收入分配状况，会引发居民和资本的流动，由于人们可以“用脚投票”，地方政府的收入再分配计划的目标可能会落空。相反，如果由中央政府履行收入分配功能，就不会产生流动性要素在地区间流动所带来的负面影响。虽然从理论上而言，最好由中央政府从事收入再分配活动，但地方政府也可以履行某些再分配职能，如地方政府提供的廉租住房、食品券以及管制房租等，都具有明显的再分配功能。

经济稳定和发展职能也主要由中央政府来履行。实现经济稳定的两大政策工具是财政政策和货币政策，而地方政府缺乏与财政政策工具相配合的货币政策工具。虽然地方政府可以采用财政政策调控经济，如采取增加财政赤字的扩张性财政政策治理本地区经济衰退，但通常这些政策的效果不彰，如扩张性的财政政策的好处会从本地经济中漏出，乘数效应微乎其微，而且地方政府增加赤字融资的支出可能只会取代本地的私人支出，产生排挤效应。同时，稳定经济的财政政策需要政府的预算周期性地发生赤字或盈余，而财政赤字尤其是长期性大规模的财政赤字，大体上只有中央政府才能够实行。虽然一些实证研究表明，地方政府会使用相应的经济手段，在经济波动过程中保持支出和税率的稳定，对经济的稳定起到了一定作用，但中央政府有着广泛的货币和财政政策工具，应当承担宏观经济稳定的主要职能。

2. 政府间财政收入权限的划分

如何科学合理地划分收入关系是处理好各级政府间财政关系的重要方面。从世界上大多数国家的实践来看，无论是联邦制还是单一制国家都普遍拥有一个相对集中的税收体制和相对分权的支出体制。现代政府的主要收入来源是税收，收入划分最主要的是分税问题。考虑到税收对经济和收入的调节作用，有些税种适合作为中央收入，有些税种适合作为地方收入。以马斯格雷夫、鲍德威、明孜、塞利格曼、迪尤等为代表经济学家分别提出了关于税收划分的不同原则，尽管各国学者对税收划分的原则各持己见，但他们对政府间收入划分要遵循公平原则、效率原则、受益原则却达成了一致。

公平原则即全国各地区间税种结构、税基税率大体上平衡，各地居民的税负应平衡。依据公平原则，税基分布不公平的税种应当集权化，防止某一地方辖区的居民被迫承担另一辖区所课税种的经济负担；出于再分配目的而对流动性要素课征的税种应当安排给中央政府，以避免无效率的辖区间生产要素配置。

效率原则以增进经济利益为标准，认为税收的划分应以归属何级政府更有利于经济发展、不减少经济收益为标准。依据效率原则，税基不流动的税种应当安排给地方政府，在征收管理上具有规模经济的税种应当集权化，地方政府应尽可能用使用费和受益性税种为其公共服务提供融资。

受益原则要求各级政府根据支出的需要课征收入，不能单凭税种自身特征确定税种的归属，而应将税种与其在全部税收收入中的地位结合起来进行综合考虑，保证地方支出所需税收主要由地方政府征收。尽管按此原则可能会增加税收征管成本，但它符合“谁受益、谁付款”的原则，可以加强对地方政府经济行为的监督，从根本上提高整个政府体系的服务效率。

从上述原则可以推断，财政体制的稳定目标要求中央政府控制对中央政府预算状况或通货膨胀产生巨大影响的税收工具。地方政府应专有收入相对稳定且不受经济周期影响的税、以长期定居地为基础的税和对完全不能流动要素课征的税。基于税基、税率和税收征管，可将各类税种在中央政府、省级和省级以下地方政府之间进行划分，如表 6-3 所示。

表 6-3　　中央和地方税收的理论划分

税种		税基	税率	税收征管	说明
关税		中央	中央	中央	国际贸易为中央职能
企业所得税		中央	中央	中央	可流动、顺周期
资源税	资源租	中央	中央	中央	再分配职能
	使用、开采税	省、地	省、地	省、地	地方公共服务
	资源保护税	省、地	省、地	省、地	地方公共产品
个人所得税		中央	中央、省、地	中央	再分配、流动
财富税		中央	中央、省	中央	再分配
工资税		中央、省	中央、省	中央、省	受益者付费
增值税		中央	中央	中央	顺周期
单环节销售税		中央	省	中央	管理成本考虑
罪恶税	烟酒消费税	中央、省	中央、省	中央、省	中央、省、地共同职责
	博彩业税	省、地	省、地	省、地	地方职能
抑制性税	二氧化碳排放税	中央	中央	中央	全球性与全国性问题
	能耗税	中央、省、地	中央、省、地	中央、省、地	对全国和地方均有影响
	燃油税	中央、省、地	中央、省、地	中央、省、地	各级政府管理的道路
	排污税	中央、省、地	中央、省、地	中央、省、地	跨地区和地区均有影响
	拥挤税	中央、省、地	中央、省、地	中央、省、地	视收费道路所属
停车费		地	地	地	地方公共产品
消费税		省、地	省、地	省、地	以居住为基础
房地产税		省	地	地	不可流动，受益者付费
行政收费		中央、省、地	中央、省、地	中央、省、地	特殊公共服务付费

资料来源：陈东琪，宋立．新一轮财政税收体制改革思路．北京：经济科学出版社，2009：147.

需要注意的是，财政收入权限划分不仅仅是要确定哪些税种提供的收入或哪些税收收入归中央、哪些归地方的问题，它更重要的是要确立一套约束机制，保证不同级别财政的相对独立性。因此，许多国家都赋予地方一定的税收立法权，保证地方收入的相对弹性。同时，地方还要有一定的发行公债的权力，当收不抵支时，作为相对独立的财政主体，可以通过发行公债弥补其赤字。当然，这些都需要相关法律作为保证。我国分税制改革将税种划分为中央税、地方税、中央与地方共享税，建立了中央与地方两套税收管理体系，分设了中央与地方两套税务机构分别进行相应税种的征管。

3. 政府间转移支付制度

转移支付是一个机构单位向另一个机构单位提供货物、服务或资产，而同时并没有从后一个机构单位获得任何货物、服务或资产作为回报的一种交易。政府间的转移支付是不同级次的政府之间以及同一级次的政府之间，通过财政资金的无偿拨付来调节各预算主体收支水平的一项基本制度。它包括上级政府对下级政府的各项补助、下级政府向上级政府的上解收入、共享税的分配以及发达地区对不发达地区的补助等。

转移支付是规范中央政府与地方政府之间财政关系、执行收入分配政策、调控经济运行、促进地区经济协调发展的重要手段。尽管财权划分是分级分税财政管理体制中的重要一环，但简单依靠税收分割手段并不能实现政府间关系的最佳协调，财政的纵向失衡与横向失衡状况需要相应的转移支付手段进行调节。地区间用自有财源满足支出需求能力存在较大差异，财政能力较弱的地区通常需要更多中央政府和上级政府的补助。纵向转移支付有助于推动一些具有外溢性的地方性公共产品或服务建设，如跨域公路、通信设施、环保项目等。在很多情况下，中央给予地方政府相应的专项转移支付是对政策实施给地方带来的成本的必要补偿，使地方政府行为与中央政府确定的全国性目标相一致。

从不同的角度、依据不同的标准，可以对转移支付进行不同的分类。以获得转移支付资金的地方政府在使用转移支付资金方面的不同为依据，转移支付可以分为一般性转移支付和专项转移支付。一般性转移支付又称无条件拨款或非专项拨款，是一种不对款项的具体使用做出规定或者没有指定资金用途的政府间转移支付形式。一般性转移支付赋予下级政府较大的自由权，使下级政府可以依照本地情况灵活安排资金投向，有利于解决下级政府财政收入与责任不对称问题。专项转移支付又称选择性补助或有条件补助，是指具有明确的资金用途规定，即附有关于资金使用的附加条件的政府间转移支付形式。通常来讲，专项转移支付体现着上级政府对下级政府定向支援或者委托下级政府办理某项公共服务供给的意图。

以转移支付是否需要接收方提供配套资金为依据，转移支付可以分为配套转移支付和非配套转移支付。配套转移支付又称对称补助，是指上级政府对下级政府实施转移支付的同时，也要求下级政府提供相应的配套资金的政府间转移支付形式，意在由上级政府和下级政府共同承担提供公共产品或服务的职责。通常来讲，配套转移支付可以用于解决正外部性问题。配套数额或比例可以根据具体情况的不同而变化，在下级财政较为拮据的情况下，补助金的配套数额或比例相应较低。非配套转移支付又称非对称补助，是指上级政府对下级政府实施转移支付时，不要求下级政府提供相应的配套资金的政府间转移支付形式。这种形式减轻了下级政府在使用上级政府转移支付资金时的财政负担。

以是否进行总额控制为依据，转移支付可以分为有限额的转移支付和无限额的转移支付。有限额的转移支付指转移支付的支付方给接受方规定一个转移支付的最高限额，接受方在资金使用过程中不得突破总额。无限额的转移支付则是指没有总额控制的转移支付，即上不封顶，接受方可以在得到一定量的转移支付资金后申请增加资金数量。

这几种形式的政府间转移支付并非完全割裂，它们是相互联系、互相交叉的。如专项转移支付包括配套转移支付和非配套转移支付，配套转移支付又可以分为无限额的配套转移支付和有限额的配套转移支付。

我国现行转移支付体系是在分税制改革以来陆续出台的改革政策基础上逐渐演变形成的。1994 年伴随分税制改革实施了增值税和消费税“两税返还”。1995 年，《过渡期财政转移支付办法》出台，在不触动地方既得利益的条件下，由中央政府安排一部分资金，解决地方财政运行中的主要矛盾，并体现向民族地区倾斜的政策。1996 年和 1997 年，《过渡期财政转移支付办法》进一步规范，改进了客观性转移支付的计算办法，以标准收入替代财力因素。1998 年，在保持过渡期转移支付总体框架下，标准化收支的测算面进一步扩大，并针对财政数据口径的变化，对部分项目的测算方法进行了改进。2002 年开始，原来的过渡期转移支付概念不再沿用，并为一般性转移支付所取代。随着改革的深入，税收返还占转移支付的比例逐步下降，一般性转移支付和专项转移支付所占比重不断提升。2009 年，我国将中央对地方的转移支付简化为税收返还、一般性转移支付、专项转移支付三类，将地方上解与中央对地方税收返还做对冲处理，相应取消地方上解中央收入科目，简化中央与地方财政结算关系。从目前来看，我国的转移支付制度主要由转移支付和税收返还两部分组成。我国现行转移支付制度比较复杂，与传统财政体制的改进交织在一起。一方面，要缓解财政困难地区的财政紧张状况，实现财政均等化；另一方面，又要照顾传统财政体制下地方政府的既得利益，保护地方政府的积极性。

6.3.2 财政分权理论的进展

财政分权理论起源于发达国家，并在国外成熟的市场经济国家得到了充分实践，目前大多数转轨国家也致力于财政分权的实践。财政分权理论起源于 20 世纪 50 年代，一般认为其兴起的标志是 1956 年美国经济学家蒂鲍特（Tiebout）发表的论文《地方支出的纯理论》。[①] 在财政分权理论的发展过程中，出现了第一代财政分权理论和第二代财政分权理论。

1. 第一代财政分权理论

第一代财政分权理论，或称传统财政分权理论、TOM 模型，其代表人物是蒂鲍特、奥茨（Oates）和马斯格雷夫（Musgrave）等。该理论以新古典经济学的规范理论作为分析框架，对不同政府层级和公共部门职能的财政责任分配问题进行分析，旨在通过优化政

---

① TIEBOUT C M. The pure theory of local expenditure. The journal of political economy, 1956 (5): 416-424.

府间税收和支出的配置来改进社会福利。其核心内容是，将政府视为追求社会福利最大化的慈善家，认为通过资源配置权力的下放，一方面可以促进地方政府在“用脚投票”机制的驱使下产生政府间竞争，提高生产效率；另一方面能够使地方政府在信息优势的基础上更好地满足当地居民的偏好，实现帕累托最优。

蒂鲍特提出的“用脚投票”模型认为，地方公共产品的供给能够通过居民“用脚投票”机制实现公共资源的有效配置，达到帕累托最优；同时，由于各地区的公共产品与税收组合可能有所不同，通过地区之间的竞争，有利于促进政府效率的提高。蒂鲍特的主要贡献在于，将公共产品理论中对全国性公共产品的需求分析扩展到了对地方性公共产品的需求分析，并且看到了居民流动性带来的地方政府之间的竞争，最终使得地方政府能有效提供地方性公共产品。该模型为财政竞争理论的日后发展奠定了基础。

马斯格雷夫①在蒂鲍特模型的基础上，从财政的资源配置、收入分配与宏观经济稳定三大职能出发，分析中央政府与地方政府存在的合理性与必要性，并将三大职能在中央政府和地方政府之间进行了划分。他认为，尽管公共产品在理论上应该公平分配，但是由于空间限制和外溢效应，公共产品应该由中央和地方共同负责，地方政府根据当地居民偏好提供公共产品与服务，而中央政府则主要负责地区之间的公平分配与宏观稳定，以此实现公共产品供给效率与分配公平的平衡。后来，马斯格雷夫还提出了一个非常详细的用于指导中央与地方之间税收划分的原则。他主张通过分税制，即固定中央与地方政府的税权分配来使地方政府拥有较为独立的财政权力。②

奥茨吸收了蒂鲍特模型的特点，详细论述了地区偏好的异质性在分权决策中的重要意义，为地方政府的存在提出了一个分权定理。③ 他认为分权存在两方面成本：一是由于某些公共产品存在正的外部性，如果由地方政府供给则无法达到全国的帕累托最优；二是由于信息的不完全，中央政府无法根据各辖区居民的偏好来提供相应的公共产品。因此，中央政府只应提供具有广泛偏好的相同的公共产品，其他公共服务都应由可将收益与成本内部化的最小地理辖区提供。比如，国防就应由中央负责，而垃圾清理和消防则应由地方负责。此外，他还提出“对应原则”，即决定某一公共产品供给水平的层级政府还应该具体设定相应的个体消费模式。

2. 第二代财政分权理论

第二代财政分权理论，或称财政分权新理论，其代表人物是钱颖一、温加斯特（Weingast）和罗纳德（Ronald）等。该理论运用激励相容与机制设计学说、委托-代理关系等研究路径，对公共产品层次性和市场需求关系的传统分析框架进行了拓展。20 世纪 80 年代，以布伦南和布坎南为代表的学者提出，以往的研究忽视了政府的激励机制，认为政府并不是一个慈善家，而是一个高度集权、寻求收入最大化的“利维坦”，需要通过分权建立竞争，并通过“用脚投票”的机制实现对政府的约束。到 90 年代，以钱颖一、温加斯

① MUSGRAVE R A. The theory of public finance：a study in public economy. New York：McGraw-Hill，1959.

② MUSGRAVE R A. The nature of horizontal equity and the principle of broad-based taxation：a friendly critique. //Public finance in a democratic society：collected papers of Richard A. Musgrave. New York：New York University Press，1986.

③ OATES W E. Fiscal federalism. New York：Harcourt Brace Jovanovich，1972.

特为代表的一批学者将地方政府行为激励和经济增长等纳入财政分权的研究中，标志着第二代财政分权理论的形成。

第二代财政分权理论继承了第一代财政分权理论的核心思想，但第二代财政分权理论在基本假设上发生了根本变化，认为政府与政府官员也和企业经理人员一样，有自己的物质利益，在缺乏约束的情况下，政府也有可能从政治决策中寻租。为此，第二代财政分权理论将政治因素和机制设计等观念引入政府间财政关系的讨论中，在承认政府和政府官员本身有激励机制的同时，认为一个有效的政府结构应该实现政府官员和地方居民福利之间的激励相容。①

布伦南和布坎南提出了著名的“利维坦假说”，认为政府是一个高度集权的、追求税收收入最大化的“利维坦”怪物。以往的研究通常将政府天然地视为慈善家而忽视了对政府激励机制的研究。“利维坦假说”则认为，分权下的地方政府间竞争有助于政府促进自身效率并形成自我约束，从而部分替代甚至完全替代征税制度对政府产生的外生性约束作用。但是，该模型的前提假设是完全意义上的分权，即支出和税收的分权匹配，政府能够独立承担财政平衡的责任，现实中少有国家能够符合这一前提。而即使满足这一前提，选民也无法完全限制中央与地方政府的收入获取，如果存在转移支付，地方的支出与税权不相匹配，就无法形成政府间的有效税收竞争，甚至会使财政分权对政府规模产生扩大效应。②

钱颖一和温加斯特③提出“市场维持型联邦主义”，假定政府并不是普度众生的救世主，政府官员也有物质利益动机，可能从政治决策中寻租。市场维持型联邦主义的运行需满足三个条件：(1) 地方政府对经济有基本的规制责任；(2) 体系中设立没有障碍的共同市场；(3) 地方政府面临“硬预算约束”。④ 该模型从三方面论证了分权的合理性：第一，地方政府之间出于对税基和资本的竞争，会减少对经济的管制，促进市场化改革，推动经济增长。尤其是地方政府在财政分权制下，由于预算约束的硬化，会提高其财政支出效率。⑤ 第二，要素流动下的财政竞争增加了政府援助国有企业的机会成本，地方政府不再有向经营绩效不佳的国有企业提供援助的激励动机，因此有效促进了经济的增长。⑥ 第三，硬化地方政府的预算约束，使得地方政府很难在资源有限的情况去补助亏损的国有企业，它们甚至还会为了提高国企效益而推动国有企业的民营化和重组。⑦ 市场维

---

① 周中胜. 国外财政分权理论研究的进展与启示. 国外社会科学，2011 (2).

② ROODEN J. Reviving leviathan: fiscal federalism and growth of government. International organization foundation, 2003 (4): 695-729.

③ QIAN Y, WEINGAST B R. Federalism as a commitment to preserving market incentives. The journal of economic perspectives, 1997 (4): 83-92.

④ WEINGAST B R. The economic role of political institutions: market-preserving federalism and economic development. The journal of law, Economics and Organization, 1995 (1): 1-31.

⑤ QIAN Y, RONALD G. Federalism and the soft budget constraint. American economic review, 1998 (5): 1143-1162.

⑥ JIN H, QIAN Y, WEINGAST B R. Regional decentralization and fiscal incentives: federalism, Chinese style. Journal of public economics, 2005 (9): 1719-1742.

⑦ CAO Y, QIAN Y, WEINGAST B R. From federalism, Chinese style to privatization Chinese style. Economics of transition, 1999 (1): 103-131.

持型联邦主义最重要的经济效果是导致了辖区间的竞争，由此形成了一系列对地方政府的经济与政治激励、制约。辖区之间的竞争影响了辖区之间的企业在产品成本上的差异。这种竞争会延伸到资本和劳动力要素的竞争上，从而影响地方经济和税收状况。市场维持型联邦主义通过限制中央政府的行为，阻止政府对市场活动的扭曲，削弱了寻租和政治保护。①

3. 财政分权的度量

传统的 TOM 模型中，政治因素被忽视了。公共选择理论以及市场维持型联邦主义将政治因素纳入对政府间财政关系的讨论中来，而一旦将政治因素考虑进来，合适的分权度的规范性建议将变得更为复杂。② 如何度量分权成为衡量分权程度的第一个重要问题。最常见的一种操作方法是以全国的财政总收入或支出为分母、以地方财政总收入或支出为分子，计算出一国地方财政收支的比重。比重越大，分权程度越高。这一指标因为得到国际货币基金组织发布的《政府财政统计》年度数据的支持，而为大量跨国定量研究所采用。在测量中国财政分权的其他指标中，比较重要的有：(1) 各省财政收入分成率或边际分成率；(2) 各省地方支出对中央支出比例；(3) 各省财政净收入占省财政总支出比重，其中，省财政总支出＝ 省财政净收入＋ 中央转移支付收入；(4) 各省县级（包括县、县级市和市辖区）支出占全省财政总支出比重；(5) 各省县级合计财政支出对县级合计自有收入的比例。但地方财政收支占全国或中央财政收支的份额无法衡量中国各省的财政分权水平，可以选择省本级收支占全省收支比重（次省级政府收支比重）、县级收支比重或地市级收支比重来测量各省省内财政和事权划分的结果。此外，中国省级及以下的各级地方政府有权安排自己所辖的各级政府的财政关系，这使得各地区转移支付依赖度也成为度量财政分权的重要指标。③

6.3.3 中国财政体制改革实践

财政体制承担着社会进步与经济发展的双重任务。1994 年所建立的效率型分税制适应了初始经济发展的条件要求，其积极经济绩效业已全面体现。随着经济社会发展和国内外形势的变化，现行财税体制存在的问题日益显现：预算管理制度不规范、不透明，不适应国家治理现代化要求；税收制度不健全、不完善，不利于发展方式转变、社会公平和市场统一；中央和地方事权与支出责任划分不清晰、不合理，不利于建立健全财权与事权相匹配的财政体制。④ 2014 年，《深化财税体制改革总体方案》的出台吹响了新一轮财税体制改革的号角。方案从深化税收制度改革、改进预算管理制度、调整中央和地方政府间的财政关系三个方面进行了部署。

1997 年，我国首先开始了金融保险营业税的改革。2001 年，按照党的十六届三中全

① MONTINOLA G，QIAN Y，WEINGAST B R. Federalism，Chinese style the political basis for economic success in China. World politics，1995 (1).

② 杨之刚. 财政分权理论与基层公共财政改革. 北京：经济科学出版社，2006.

③ 张光. 测量中国的财政分权. 经济社会体制比较，2011 (6).

④ 楼继伟. 深化财税体制改革　建立现代财政制度. 求是，2014 (10).

会“分步实施税收制度改革”的要求，以“简税制、宽税基、低税率、严征管”为原则，进行了1994年之后又一次大规模的税制调整与改革。2002年实施所得税收入分享改革，将按企业隶属关系等划分中央与地方所得税收入的办法改为中央与地方按统一比例分享。2002年中央与地方各分享50%，2003年中央分享60%、地方分享40%，2003年以后根据实际情况确定中央地方分享比例。2002年的所得税分享改革给予了央地分税体制较大的冲击。2003年，考虑到出口政策的变化，我国开始调整出口退税负担机制，并调整出口退税率。2003年4月，农村税费改革试点工作在全国范围推开，这是深化农村改革、促进农村发展的一项重大决策。2004年后，由于经济发展中市场公平的诉求越发强烈，各项税制改革相继展开，包括增值税转型、个人所得税的免征额调整、变动消费税范围、统一企业所得税等，陆续进行的还有资源税的改革以及引人注目的“营改增”①（见表6-4）。2016年，分税制以来最重要的税改——营改增正式实施。改革之后，增值税中央和地方将按照五五比例分成。此次税改从根本上触及中央和地方财政收入的划分，还可弱化地方政府的产业干预，有助于推动企业优胜劣汰和市场出清。

表6-4　　1994年后税制改革进程

时间	改革对象	主要的调整内容
1994	分税制改革	中央税、地方税；出口退税除地方已经负担的20%外，以后全部由中央财政负担；共享收入（增值税）；等等
1997—2001	金融保险营业税	税率（5%改为8%），地方分享税率（5%），2001年起分三年税率（8%改为5%）；全额归属地方
2000	证券交易印花税	税率（3‰改为5‰），中央和地方分成（50∶50改为80∶20），2000年起，分三年调整（80∶20改为97∶3）
2002—2003	所得税收入分享改革	中央与地方分成（50∶50）（2002年），分成比例（50∶50改为60∶40）（2003年）
2002—2005	出口退税负担机制改革	调整出口退税率（2003年），中央和地方的超基数分成（75∶25）（2004年），超基数分成（92.5∶7.5）（2005年）
2004—2009	增值税	东北三省转型试点（2004年），试点扩大（2007—2008年），全面转型（2009年起）
2005—2011	个人所得税	免征额1 600元（2006年）到2 000元（2008年），再到3 500元（2011年）；税率档次（9改为7）（2011年起）
2006	农业税	正式取消
2006—2009	消费税	部分税目税率（2006年），汽车消费税改革（2008年），成品油消费税改革（2009年），烟产品消费税改革（2009年）
2008	企业所得税	全面统一内外资企业税制，税率统一为25%
2012—2014	“营改增”	上海试点（2012年），全国试点（2013年），铁路运输、邮政服务业和电信业试点（2014年）

① 余红艳，沈坤荣. 公平与效率的权衡：中国财政体制改革的路径选择. 经济学家，2016（3）.

续前表

时间	改革对象	主要的调整内容
2010—2011	资源税改革	新疆试点（2010 年），西部油气资源税改革（2010 年），全国原油、天然气资源税从价计征改革（2011 年），煤炭资源税计税方式改革（2014 年）
2011	房产税	上海市、重庆市试点
2012	跨省市总分机构企业所得税分配	总机构、各分支机构分享比例为 25%、50%、25%，各地按一定标准分配

资料来源：余红艳，沈坤荣．公平与效率的权衡：中国财政体制改革的路径选择．经济学家，2016（3）．

预算管理制度改革是深化财税体制改革的重要任务。2001 年 12 月，国务院办公厅转发《财政部关于深化收支两条线改革进一步加强财政管理意见的通知》。以综合预算编制为出发点，以预算外资金管理为重点和难点，以强调收支脱钩为中心，以国库管理制度改革为保障，明确提出进一步深化“收支两条线”改革的步骤与相关措施，成为新时期加强财政资金管理方面的纲领性文件。2002 年，进一步加大和深化了“收支两条线”管理工作。对中央部门区分不同情况，分别采取将预算外资金纳入预算管理或实行收支脱钩管理等办法，编制综合预算。2014 年，国务院出台《关于深化预算管理制度改革的决定》，提出改进预算管理和控制，建立跨年度预算平衡机制。2015 年 1 月，国务院印发《关于实行中期财政规划管理的意见》，决定在全国实行中期财政规划管理，由财政部门会同各部门研究编制 3 年滚动财政规划，强化财政规划对年度预算的约束性。2015 年，新《预算法》开始实施，建立健全规范、公开透明的预算制度的步伐加快。

调整和完善中央与地方政府间财政关系，建立政府间事权和支出责任相适应的制度，是新一轮财政税收体制改革的重要组成部分。为了提高转移支付的效率，对五级财政管理级次进行“扁平化”改革已经势在必行。中国财政管理级次的“扁平化”改革是通过两项政策实现的：一是试点推行“省管县”财政管理体制；二是试点推行“乡财县管”财政管理体制。2002 年，“省管县”财政管理体制进行试点。“省管县”体制是指省市县行政管理关系由目前的“省-市-县”三级体制转变为“省-市、县”二级体制，对县的管理由现在的“省管市-市管县”模式变为由省替代市，实行“省管县”模式，其内容包括人事、财政、计划、项目审批等原由市管理的所有方面。“乡财县管”财政管理体制是在保持乡镇资金所有权、使用权和审批权不变的前提下，以乡镇为独立核算主体，实行“预算共编、账户统设、集中收支、采购统办、票据统管”的财政管理方式，由县财政主管部门直接管理并监督乡镇财政收支。实行“省管县”财政管理体制，其积极作用主要表现在：一是在收入方面，原来的地级市不再集中县（市）财力；二是在各项转移支付以及专项补助资金方面，也不再经过原来的地级市结算，提高了结算效率；三是加强了县级财政的实力，并有利于全省在各县之间的平衡，保证基本公共服务的均等化。至此，分税制改革以来形成的从下到上层层集中财力的局面得到明显扭转。现在变为“强县扩权”，从中央、省向县以及从乡镇向县双向集中财力。2016 年 8 月，国务院发布《关于推进中央与地方财政事权和支出责任划分改革的指导意见》，对推进中央与地方财政事权和支出责任划分改革做出整体部署。文件指出，要适度加强中央的财政事权，并保障地方履行财政事权，同时减少并规范中央与地方共同财政事权，建立财政事权划分动态调整机制。文件要求有关部门在 2016 年制定相关基本公共服务领域改革具体实施方案；在 2017—2018 年，参照中央改革进程，加快推进省以下相关领域财政事权和支出责任划分改革；在 2019—2020 年，基本完成主要领域改革，形成中央与地方财政事权和支出责任划分的清晰框架。

第7章

公共部门人力资源管理

7.1 公共部门人力资源管理概述

7.1.1 人力资源与人力资源管理

人力资源一般指的是劳动人口中创造社会价值的劳动能力。作为一种资源，首先它是有价值的。这一价值体现在它的创造力上。人类是这个世界上唯一的一种能够认识世界和改造世界的资源，正因为如此，开发这一资源的使用价值才显得如此重要。其次，这一资源是可以配置的，这一配置的妥当与否对于发挥这一资源的作用来说是至关重要的。近世以来产生过两种基本的配置手段和方法，即计划配置和市场配置。历史已经表明，市场配置是一种更加合理和有效的配置手段，尽管市场有它自身的缺陷和弱点。最后，这一资源是有时效性的。就一个个体的人来说，其生命是有限的。如何在一个人生命的最好阶段（通常是劳动阶段）把他最好的能力发挥出来以贡献于这个社会，构成了这一资源开发和管理的最重要的考虑。

正因为如此，人力资源管理凸显了它的重要性。正如埃文·伯曼所说的："人力资源管理具有巨大的推动力，促使形成人们可以实现自我的条件。它的日常工作就是一个领域，管理者要对该领域负责并且能对该领域产生真正的影响。人力资源管理不是可有可无的。事实上，管理者最重要的工作就是帮助组织运用其最有价值的资本——人——产生生产力。从决定如何招聘各种职业的员工到如何决定薪酬、培训以及考评，人力资源管理对各种职业的员工都有重大的甚至是无限的影响。立法官员和首席执行官也许拥有设计新项目和批准预算的权力，但却是管理者在实施对下属的雇用、配置、支付薪酬、开发以及考评。他们要花更多的时间用于人的管理上。没有什么比这更重要的了，也没有什么比这更难了。”①

这一重要的管理通常由以下几种活动构成：(1) 获取、保持和发展组织为完成其目标所需要的人力资源；(2) 建立一种促进发展个性、团结向上的组织文化；(3) 运用管理技能和方法使组织内的成员人尽其才；(4) 确保组织履行对组织成员应当承担的社会和法律责任。人力资源管理的过程，简单来说，就是如何使人产生生产力的过程，如何使人在产生生产力的过程中获得自我满足和自我发展的过程。在这里，管理的体制机制和管理的理念及方法起着重要的作用。

今天，人力资源管理是建立在市场机制基础之上的，因为它能实现人力资源相对最佳的配置。劳动力市场的机制表现在三个方面：首先是价格机制，它起一种连接用人单位和求职者的桥梁作用。在劳动力市场上，人都有价格，正是在这一点上，人也成了商品。人在市场上的价格有高有低，如果不能在价格上达成一致，那么用人单位和求职者就无法走到一起，这一市场也就无法形成。其次是供需机制，这是劳动力市场上最具宏观性的机制，它通过供应方和需求方之间的平衡或失衡来调节两者之间的关系，比如，当劳动力供大于求时，价格就会下降，反之就会上升。价格的变化在向市场发出信号，在一般情况下，人们可以根据这一信号来调整自己的职业选择（尽管这一信号有滞后的成分）。最后是竞争机制，劳动力市场上也充满着竞争。这一竞争在求职者中表现在（在一般情况下）谁优秀，谁就可以获得最好的工作；在用人单位中，表现在谁提供的条件好，谁就可以获得最优秀的人选。这样的一种竞争推动了社会的进步。当然，市场也会失灵，比如市场不会保护一些不被市场看好，但为国家或社会所需的剧种和演出人员。市场的失灵往往是政府介入的理由，用看得见的手来纠正市场的失灵，市场不看好的，政府可以施以援手，但不能由此改变为政府在人力资源的配置中起主导作用，因为政府也会失灵，更何况市场机制已经被证明是一种更优的配置手段。

管理的理念表现在对人的价值的尊重，以及最大限度发挥人的才干上。人是一种资源，但另一方面也是一种负担。如果把人看成一种负担，那么在管理中就会力图压低工资福利标准以及各种生活质量和工作环境的标准，以一种榨取的方式来获得对人的剥夺，从而完成自身的利益最大化。而如果把人看作一种资源，那么在管理中就会对这一资源尽量利用，使这一资源产生最大的生产力，并使人在这一过程中获得自身的满足和发展。

管理的方法手段有很多，但这些都基于一个基本的定位，这一基本的定位是由“双重市场”理论提出来的，这一理论区分了第一劳动力市场和第二劳动力市场。第一劳动力市场包括管理、技术、专业职位的申请者，第二劳动力市场包括技术水平较低的劳动和服务等职位的申请者。劳动力市场由此被分割，这两个市场之间隔着一个玻璃天花板，它阻碍了第二劳动力市场职业的升迁。这一理论解释了失业和就业不足同时存在的现象，也就是人找不到工作的同时，工作也找不到人，因为第二劳动力市场的人无法进入第一劳动力市场。从管理的角度来讲，它事实上区分了关键的少数和一般的多数。前

① 伯曼．公共部门人力资源管理．萧鸣政，等译．北京：中国人民大学出版社，2008：2.

者因为带着资本（技术、管理能力、专业知识等）而被雇用，因而被称为资本雇员，后者因为没有这些就被称为成本雇员。由此也就发展出了基本的管理战略，也就是资本扩张战略和成本控制战略。对第一类人，通常提供较好的待遇将他们吸引进来并留住他们，使他们的技术和能力得到最大的发挥；而对第二类人（尽管通常是多数，但其对组织的价值显然不能与第一类人相比，尽管他们在人格上是一样的）通常采用的是控制成本的办法。

7.1.2　战略性人力资源管理

战略性人力资源管理是20世纪80年代后首先在西方产生的一个概念。对战略性人力资源管理有不同的定义。阿普兰和赫德认为，战略性人力资源管理就是一线管理者与员工一起分享任务和过程，以处理以人为基础的各种事务。[①] 战略性强调组织对不同的竞争者采取不同的行动。德斯勒认为，战略性人力资源管理是制定和执行产生组织所需员工行为和能力的人力资源政策和实践，以取得组织的战略目标。巴顿认为，战略性人力资源管理是一个将人力资源功能与组织战略目标结合起来以产生绩效的过程。[②]肖鸣政认为，战略性人力资源管理就是以组织战略为导向的，根据组织战略制定相应的人力资源管理政策、制度与管理措施，以推动组织战略实现的过程。

尽管定义的角度不同，但我们可以看到一些共同的因素，比如组织战略、分享、竞争。简单来说，战略性人力资源管理就是围绕组织的战略目标而进行的人力资源管理，人力资源管理因而也成为组织战略的一部分。这一转变，首先源自对企业竞争力的重新认识，即企业的竞争能力主要来自内部的资源，而在这些资源中，人力资源是核心的竞争能力，人力资本是企业的核心资本。尤其到了知识经济时代，人力资本的价值空前凸显，而人力资源管理也日益显示了它的重要性。

与传统的人事管理相比，战略性人力资源管理有以下几个方面的不同：首先是理念的不同。战略性人力资源管理更重视人的价值。传统的人事管理往往把人看成一种成本，因此在运作过程中的一种做法是节省成本，比如尽量压低员工的工资和福利待遇，而战略性人力资源管理则把人看作一种创造财富的资源，因而尽可能挖掘这一资源的附加值，对这一资源尽量加以使用，发挥人之所长。其次是地位的不同。传统的人事管理往往处在一种边缘的状况，起一种边际的作用，而战略性人力资源管理在整个组织的管理中的作用得到提升，它被纳入组织的战略中，成为组织战略不可分割的一部分。再次是运作方式的不同。传统的人事管理履行单一人事功能，而将其他部门排斥在外，而战略性人力资源管理则把人事部门组织的其他部门整合起来，人事管理不再仅仅是人事部门的事，其他部门也参与了进来，从而提高管理的质量。举例来说，部门进人，以往的做法是从应聘到录取人事部门一手包办。但这一做法的问题在于人事部门录取的人用人部门往往不满意，因为人

---

① APLAN N J，HURD J. Realizing the promise of partnerships. Journal of business strategy，2002，23（3）：38-42.

② http://www.projectguru.in/publications/definition-of-strategic-human-resource-management/.

事部门和用人部门的取向不一样，前者重知识，后者重能力，人事部门看中的人不一定为用人部门所喜欢。而打通后的做法是让用人部门的领导人参与对应聘者的录用，这样用人部门也开始承担人事功能，而这一点是传统的人事管理所没有的。最后，战略性人力资源管理注重人力资源的比较优势，也就是在形成人力资源竞争优势的稀缺性、不可模仿性和不可替代性上下功夫，从而使整个组织在竞争中立于不败之地，因为在今天，组织之间的竞争在很大程度上就是人的竞争。

战略性人力资源管理的核心职能包括人力资源配置、人力资源开发、人力资源评价和人力资源激励，但与传统的人事管理相比，战略性人力资源管理有几个不同的特点。首先，人力资源的配置更注重规划，更注重与组织战略实现的契合，而不仅仅局限于部门的个别需要。配置更具有前瞻性，而不是仅仅满足于眼前的需要。此外，这一配置注重人力资源的存量和增量的关系，不仅注重增量的重要性，而且也注重发挥存量的作用。其次，人力资源的开发更注重发挥人的个性，更注重人的全面发展。这一开发不仅注重发挥人的技能和能力，而且也注重人的道德的培养和人性的修炼。此外，这一开发也注重培养人的团队意识、合作精神和献身精神。再次，人力资源的评价更注重对一个人的全面评价，不仅注重对一个人绩效的评价，而且也注重将一个人的表现与组织的目标连接起来，从而提升其工作的意义。此外，这一评价更注重上下级的互动，更注重评价过程中的沟通。这一评价着眼于员工效率的提升而不是仅仅拘泥于给一个评价结果。更重要的是，这一评价的出发点在于培养员工的职业荣誉感和使命感，以自觉的献身精神去完成组织的任务。最后，人力资源的激励不仅注意物质的激励，更重要的是进行精神的激励，更关注员工精神层面的需求。激励更注意公平的薪酬福利体系，注意公开性和程序的公正性，更注意避免对一些人的激励导致对另一些人的打击，同时也注意激励的适度性，避免过高或过低的奖励和惩罚。

相较于传统的人事管理，战略性人力资源管理更强调以下几个方面的内容：(1) 领导者的选拔和任用。领导人对于组织的重要性是不言而喻的，领导人的才干和能力在很大程度上决定了组织的表现。从这个意义上说，领导人的选拔和任用是极其重要的。战略性人力资源管理注重领导人选拔和任用的程序，注重领导人的培养和发展，以及注重领导人的调整。战略性人力资源管理力图使在位的领导人符合领导职位的要求，并使领导人在其职位上充分施展其才华。(2) 人才的获取和保持。人才是组织最重要的资产，因为它在一定程度上可以决定组织的命运。人才又是一种稀缺资源，不易获得，但任何组织都想获取，因而在获取的过程中往往充满了竞争性。战略性人力资源管理注重运用具有竞争力的手段去获取人才，这不仅表现在提供优良的工作环境和较好的薪酬待遇上，更表现在提供使人才尽其才的条件上。战略性人力资源管理注重不拘一格降人才，在人才的使用中以能力表现和成就来加以评判，反对论资排辈，坚持优胜劣汰，在人才队伍中保持一种竞争性。此外，战略性人力资源管理注重对组织内员工的培训和发展，注重提升员工工作所需的胜任力，包括知识、能力和技能，不断扩大组织的人才队伍。(3) 提升员工绩效。绩效决定了组织目标实现的程度，从某种程度上讲，人力资源管理的成效表现在员工的绩效上。绩效的取得与绩效考核评估以及在考核基础上的激励制度相关。战略性人力资源管理在绩效管理上更注重员工的参与，更注重绩效目标的合理性，注重绩效目标与组织长远目标之间的契合，注重人的能力的发挥，注重员工的物质、精神的奖励或惩罚（如升职、降职、培训、奖金等）建立在绩效评估基础之上，力争通过这样一种绩效管理形成组织的一种力争向上的氛围。(4) 战略规划。战略性人力资源管理注重规划的前瞻性，它不仅仅是一种处理当前人事管理事项的活动，它还是一种融入组织战略、指出未来方向和目标并为此进行未雨绸缪的活动，把当前的管理与未来的发展联系在一起。

这样一来，战略性人力资源管理就被赋予了多种角色，除了人事职能管理者的角色外，它也具备了整合者的角色，即将人事部门与其他部门整合，将人事管理战略与组织战略和目标整合。此外，它还具备了变革推动者的角色，因为在达到组织未来目标的过程中，需要不断地进行人事管理理念、制度、过程和方法的变革。

7.1.3　公共部门的人力资源管理

公共部门是相对于私人部门（主要是企业）而言的，两者最大的区别在于谋利的对象不同，前者的存在是为了解决公共问题（如社会福利、公共安全等），谋取公共利益，而后者则是为了解决私人问题（如发财致富），谋取的是私人利益。解决公共问题，需要有公共权力，政府便应运而生。但公共问题并非完全能由政府一家来解决，因此便有了许多以解决社会问题为目标的公共性组织或公共部门，如公立的教育、医疗机构，以及一些非营利的社会组织（如环保组织、慈善机构等）。因此，可以把公共部门分成政府和非政府的公共部门（如事业单位、国家企业等），两者的区别在于前者是掌握公权力的权威机构，而后者通常是为公共利益提供服务的机构。尽管公共部门不同于私人部门，但就人力资源管理而言，它们有许多相似之处。比如，两者都有一个大致相同的管理过程（人员的招聘、考核、培训、薪酬、激励、退休等），也奉行大致相同的“人尽其才”的用人理念，也有一些相同的理论方法指导，比如激励理论、绩效评估方法等。但是，公共部门的人力资源管理在以下几个方面显示了它的不同：

首先，管辖的法律不一样。政府公务员由《公务员法》管理，而事业单位的工作人员则由《事业单位人事管理条例》管理。《劳动法》的一些相关条文并不适用于公务员的管理。比如，有关节假日加班的工资待遇对公务员并不适用。

其次，公共部门的管理整齐划一，有共同的标准和规范。比如《公务员法》适用于全国的公务员，《事业单位人事管理条例》适用于全国事业单位的人员。各个部门可以根据法律和条例的框架做一些补充，比如在考核指标“德、能、勤、绩、廉”的具体二级指标中可以看到一些不同的设计，事业单位在这方面的余地相对更大一点。相比较之下，私人部门的管理则因单位和部门而异，它通常针对的是本单位和本部门的情况，而且变动性较大。

再次，公共部门的用人并不完全遵循市场的原则。以国有企业为例，一般的管理层和员工都采用市场的方式进行管理，比如这些人都从市场上招聘，拿市场的工资，退休享受企业待遇。而国有企业或一些事业单位的领导人则属公务员行列，按公务员管理，如央企的领导人由中共中央组织部任命，可以在政府和企业之间调动，比如从一个央企的领导人成为一个省或城市的领导人，部级大学的主要领导人享受政府部长级的待遇，等等。相比较之下，私人部门今天的用人都采用了市场的做法。

又次，党在公共部门的人事管理中发挥着实质性的作用，这是中国公共部门人事管理的一大特色。比如，就公务员而言，当处级官员向局级晋升时，党组织在这里就发挥了关键的作用。党的组织对公务员管理的各个方面的影响是巨大的。相比较之下，在私人部门，党的作用和影响力须要增强。

最后，公共部门在人的管理中更强调对员工的精神激励，强调员工的献身精神，因为这符合公共组织的宗旨，符合公共组织的公共性特征。而私人部门对人员的激励一般来说更多采用的是物质激励，以此来激发员工的积极性和提高他们的绩效。

20世纪80年代后，公共部门人力资源管理在西方国家发生了一些变化。这些变化的主要特点是公共部门人力资源管理与私人部门人力资源管理的融合，以及公共部门在人的管理中更多地采用市场机制，主要的做法有：(1) 缩小公共部门和私人部门人力资源管理的差距。在雇佣地位与职业保障方面，打破原有的公共部门劳动关系与私人部门不一样的状况。在新西兰，人事方面的立法条款同时针对公共部门和私人部门，不再有区分，公私部门的人受到同等对待。瑞典也有类似的做法。在瑞典，中央政府在20世纪80年代就明确地表达了这一观点——应该有一种同等的一般雇佣条件。这使得后来中央政府的集体谈判形式越来越像劳动力市场的其他部分。(2) 职业保障面临严峻的挑战。在加拿大、美国等国家，在一些条件下可以解雇员工。这一做法的结果是原来的终身合同逐渐被取代，固定期限的合同在增加。一些国家开始特别为高级职位使用公开和限期固定的雇佣合同。例如新西兰，所有的高层管理者都在合同的基础上被雇用，通常主管在限期固定的合同上被雇用，高级管理者在限期灵活的合同上被雇用。大约有23%的高级管理者雇佣的最长期限是五年。(3) 从成本-效益的角度考虑，缩小公共部门的人员规模，减少公共服务职位。比如德国每年减少1%～1.5%的公共服务职位。另一些国家则通过私有化或改变公共机构的身份地位来精简。在精简过程中，西方政府使用了各种削减的方法，如自然减员、自愿离职、重新安置、提早退休、物质激励等。(4) 雇佣制和职业制两者之间更多地向雇佣制靠拢。西方国家的文官制度就其组织系统而言可分雇佣制和职业制两大类。雇佣制更具市场色彩，是不稳定和没保障的，而职业制是建立在公共服务的专门性原则之上的，职业制公务员有职业保障。尽管西方国家很少纯粹采用哪一种制度，采用的往往是两者的结合，但今天西方国家更关注雇佣制的优点。(5) 从企业引入绩效评估制度，实行结果取向的管理，把工资与绩效或结果联系起来。比如，瑞士和英国执行了一种灵活的支付制度来奖励表现优秀者；美国的一些州政府开始采用绩效支付的形式来分配工资；日本也改变了注重资历的做法，使提升和支付建立在能力和表现之上。

我国公共部门人力资源管理发生的一个变化，也是市场机制的介入。其原因在于，随着中国进入全球经济一体化的进程，随着中国经济的进一步发展，政府能力问题日益凸显。这一能力是全方位的，不仅包括发展经济的能力，也包括治理社会的能力。原有的人力资源管理模式（主要是官僚制模式）已经不足以使公务员在新形势下产生必要的活力，比如激励制度的缺乏导致工作不力或不作为，铁饭碗使人不思进取，缺乏竞争机制使人自甘平庸，等等。因此必须引入市场机制，因为市场机制讲求竞争、优胜劣汰，能者居位；

市场机制讲求绩效取向，以绩效和成就作为评判人的唯一标准；市场机制讲求成本-效益，多少钱养多少人，多少人干多少事，不容人多事少，不容人无所事事；市场机制讲求人力资源的最大化利用而不是资源的浪费；等等。因此，在公共部门人力资源的管理中采用市场机制是一个合乎逻辑的选择。

这一变化表现在以下几个方面：首先是政府雇员制度和事业单位人事聘任制的引入。长期以来，中国政府的公务员和事业单位的工作人员实行的是终身制，职业有保障。政府雇员（国外称政府合同制雇员）制和人事聘任制的引入在一定程度上打破了公务员和事业单位工作人员的终身制。雇员制或聘任制的一个特点是会使雇员产生一种终身制下没有的危机感，从而促使雇员有良好的表现。美国在克林顿政府期间，政府雇员已经占到了联邦雇员总数的 25%。从现状来看，事业单位建立在合同之上的人事聘任制已经普及。从发展的趋势来看，我国政府雇员的比重也会增加。

其次是绩效评估制度的引入。对人的评价和任用建立在什么基础之上？功绩毫无疑问是一个最重要的因素，但这一因素如何体现？长期以来，公务员的评价体系是不完整的，也是不清晰的，这导致评价过程中随意性过大，而领导的评价往往又成了决定性的因素，由此造成评价的不公正。此外，评价的结果往往与用人的其他环节脱节。20 世纪 80 年代后，随着西方国家新公共管理的兴起，企业的绩效管理被引入了公共部门，公共部门的绩效评估开始走向精细化，并在人力资源的管理中发挥日益重要的作用。中国的公共部门也在这一发展中极大地改进了人力资源管理的绩效评估制度，并将评估结果与员工的待遇包括升迁紧密地联系起来。

最后是公共部门人力资源管理的市场化运作进展更大，这主要表现在一些事业单位按市场价格付酬上。对于进不了编制的体制外员工支付低于编制内员工的价格，而对于一些高端的人才则支付高于国家标准的市场价格，在实际的人事管理中形成了员工报酬的双轨制。这一做法的结果是加强了竞争，谁有能力谁就可以进入某一职位，而进入这一职位，就可以拿到更好的待遇，这促使员工更加努力表现自己，也促成了组织竞争力的提升，当然运作不当也会带来公平问题。

从趋势上看，市场机制在公共部门人力资源管理中的作用还会增强，其原因在于：首先，公共部门的财政资源是有限的，这一有限的资源决定了人力的运用必须精打细算，成本-效益是必须考虑的一个原则，政府的冗员是不可接受的。其次，公共部门今天就像社会的其他组织一样需要在劳动力市场上寻找人力资源，这就将公共部门置于与其他组织进行竞争的位置上，使得公共部门需要采用市场的原则，遵循市场的规律。比如，公共部门若要获得优秀的人才和留住优秀的人才，就必须提供具有市场竞争力的工资待遇，否则，在一般情况下，优秀人才不会进入公共部门。再次，政府市场化的运作方式已经在打破并将继续打破原有的管理模式，市场机制的作用会进一步放大。比如，外包带来了政府网络状的运作方式，这需要对人力资源进行最大程度的利用，尤其是起用一些政府不具备的人才。因此，如何从成本-效益的角度来考虑这些资源的运用，就构成了一个很实际的问题。最后，对中国来说，市场化机制的作用会使公共部门的人力资源管理向职业化回归，消除公共部门的一些特权，带来公私部门之间职业的平等。但一个潜在的问题是公共部门竞争和保留优秀人才的难度会增加，这一点随着经济的发展会变得更明显。

7.2 公务员的管理过程

7.2.1 公务员制度的管理原则

（1）党管干部原则。中国公务员制度奉行的首要管理原则是党管干部原则，这一原则在公务员制度建立10多年后最终被写入了《公务员法》。党对干部的管理主要体现为选拔和推荐重要的领导人，在相关的机构建立党的组织，以保证党的人事主张得到贯彻执行。党的组织部门就承担着这样的任务。党的宣传部门担负着向干部进行党的路线、方针、政策、思想方面的宣传和教育的任务。党的纪检部门担负着监督干部（尤其是领导干部）的责任。在公务员管理上，党的文件和政策同样具备着法律的意义，指导着公务员管理。总而言之，现实中党对干部的管理是直接的、全面的管理。

（2）政治非中立原则。与党管干部原则相一致的就是公务员的政治非中立原则。政治中立是西方文官制度的原则，由于西方实行的是两党制或多党制，因而会产生政党的轮流执政。因此，西方的文官被要求在党派政治之间保持中立，以执行法律、执行政府的政策，服务于公共利益作为自己的天职，以便政府在政党轮替的情况下依然稳定地运转。由于中国不存在西方意义上的多党制，不存在党派轮流执政的状况，因而公务员事实上也不存在政治中立的问题。由于中国的公务员奉行党管干部的原则，因此，公务员被要求在政治上与党保持一致，执行并服务于党的路线。就这一点而言，中国的公务员是政治性的，而不像西方的文官，他们是事务性的。

（3）权利义务对等原则。公务员的权利通常指法律规定的有关公务员可以享受某种利益或可以做出一定行为的许可和保障，而公务员的义务则指法律对公务员必须做出一定行为或不得做出一定行为的约束和强制。权利和义务通常是相连的，享有权利就得承担义务，权利和义务必须对等。不能只尽义务而不享权利，同样，也不能只享权利而不尽义务。权利义务是公务员履行其职责的起码条件和评价尺度，也是公务员衡量自身行为的标杆。权利不能受到侵害，义务也不能放弃。权利和义务既是对公务员的保护，也是对公务员的要求，这是人事管理的一项基础。

（4）公开平等、竞争择优的录用原则。这一原则的确立在我国政府部门工作人员的管理史上具有里程碑式的意义。正如西方国家确立的公开平等、竞争择优原则标志着一种新的文官制度的诞生一样，这一原则在我国的确立也在相当程度上宣告了干部制度的结束和新的公务员制度的来临，因为它奉行现代的人事管理原则。这一原则通常可以成为现代人事管理和传统人事管理的一个分水岭，即现代的人事管理强调功绩和成就，而传统的人事管理则看重血缘、出身和关系。新的原则使所有符合条件的人都可以在平等的基础上进行公开竞争。这一原则的确立，其重要性怎么说都不过分。

（5）德才兼备、注重实绩的任用原则。新的任用原则不仅注重被任用者的品德和才能，而且注重工作中的实际表现和成就。比如，作为任用前提的考核，《公务员法》规定，“全面考核公务员的德、能、勤、绩、廉，重点考核工作实绩”。这一任用原则改变了以往只重政治表现而忽视工作实绩的状况。这一原则在现实中的运用，就是自公务员制度建立以来全方位展开的绩效评估，它对公务员在工作中有上佳表现起到了一种激励作用。

(6) 精神奖励与物质奖励相结合、以精神奖励为主的激励原则。一方面，精神奖励与物质奖励相结合是对干部制度时代干部管理中漠视物质作用的一种修正；另一方面，强调以精神激励为主，其原因在于政府组织是一种为公共利益服务的组织，是姓“公”的组织，因而它会更多地强调公务员的奉献精神和牺牲精神。物质可以激励人，精神也可以激励人，而且具有更长久的激励力量。在其他组织是如此，在政府组织更是如此。

7.2.2　公务员管理的运作机制

(1) 党法同治的管理机制。《公务员法》确立了党管干部的原则。这样，在公务员管理规范上就形成了两套系统，一是国家的法律法规，二是以党的名义颁发的各种规定。在现实的管理中，党更多地涉及对领导干部（尤其是高级领导干部）的管理。比如，在领导干部的选拔和任用上，遵循的就是中共中央在 2002 年颁发的《党政领导干部选拔任用工作条例》。党的各级组织部门具体承担了干部的考察、培养、选拔、任用等工作。作为党管干部的一个具体体现，党的组织部的副部长通常兼任同级政府人事部门的正职领导。

(2) 分类管理机制。分类管理经历过两个方面的变化。首先，在公务员制度建立之初，公务员的范围仅仅被限定为政府行政部门的除工勤人员之外的工作人员，党的系统以及其他相关团体系统的人员参照《国家公务员暂行条例》管理。这是针对当时人员庞大、工作性质各异的干部制度提出来的，以更好地进行具有针对性的管理，提高管理效率。《公务员法》的分类管理范围有所扩大，党务人员以及法院检察院工作人员以及相关团体的人员都被列入了公务员行列，尽管比起干部制度来说，其范围还是缩小的。其次，《公务员法》根据公务员职位的性质、特点和管理需要，将公务员职位类别划分为综合管理类、专业技术类和行政执法类。另外，可以根据管理需要增设其他职位类别。这一类别的划分，不仅可以用来解决原有体制中众多人员的晋升都集中在管理类的做法，打开了更多的晋升通道，它也为未来公务员的聘任制的实行准备了条件。此外，公务员的分类管理还体现在厅局级以下非领导系列职务的设置上，综合管理类的非领导职务分为巡视员、副巡视员、调研员、副调研员、主任科员、副主任科员、科员、办事员，综合管理类非领导系列的设置，其目的也是为具备任职资格但因职位有限而无法得到晋升的人开辟更多上升的空间。

(3) 市场化管理机制。市场化管理机制目前主要体现在竞争机制与合同机制上。如何打破论资排辈、让优秀人才进入领导岗位？《公务员法》规定，机关内设机构局级正职以下领导职务出现空缺时，可以在本机关或者本系统内通过竞争上岗的方式，产生任职人员。厅局级正职以下领导职务或者副调研员以上及其他相当职务层次的非领导职务出现空缺，可以面向社会公开选拔，产生任职人选。事实上，在《公务员法》颁布之前，通过竞争的方式公开选拔领导人员已经是一种比较流行的做法，《公务员法》只是以法的形式对这一做法做了肯定。这种公开竞争可以打破平庸，使一些优秀人才得以脱颖而出，并为有志者提供一种激励机制。此外，市场的合同机制也被引入了公务员的管理之中。《公务员法》规定，对专用性较强的职位和辅助性职位实行聘任制，这意味着在中国的公务员制度中产生了以往没有的政府雇员。这种聘任制建立在合同的基础之上。合同制首先体现了一种平等精神，合同的双方是在平等自愿、协商一致的基础上签订合同的。合同也会产生一种责任意识，使合同双方注重对合同权利义务的履行，以及相关条例的遵守。

7.2.3 公务员的管理过程

公务员的管理过程如同其他人力资源的管理过程一样，包含着公务员保障的基础、公务员的获取、公务员的保持和使用以及公务员的激励几大部分。

（1）公务员保障的基础。这里涉及公务员的条件、权利义务、申述控告和法律责任。公务员的条件即年满 18 岁的中国公民，拥护宪法、品行良好、身体健康、具有符合职位要求的文化程度和工作能力，以及法律规定的其他条件。公务员的义务是指国家法律对公务员必须做出一定行为或不得做出一定行为的约束和强制。义务是公务员必须履行的，它具有强制性。公务员履行义务，是因为他享有权利。公务员不能放弃或不履行义务，否则他将承担法律责任。《公务员法》规定公务员必须履行的义务包括：模范遵守宪法和法律；按照规定的权限和程序认真履行职责，努力提高工作效率；全心全意为人民服务；等等。公务员要履行义务，当然也享有权利。公务员的权利指的是公务员可以享受某种利益或可以做出一定行为的许可和保障。《公务员法》规定的公务员享有的权利包括：获得履行职责应当具有的工作条件；非因法定事由、非经法定程序，不被免职、降职、辞退或者处分；获得工资报酬，享受福利、保险待遇；参加培训；等等。此外，公务员的一些合法权益必须受到保护。《公务员法》制定了有关公务员本人对人事处理不服的申诉规定和对侵害公务员合法权益的机关及其领导人进行控告的规定，为公务员维护其合法权益提供救济渠道。

为了使公务员制度得到切实执行，也需要对一些行为加以制裁。如不按编制限额、职数或者任职资格条件进行公务员录用、调任、转任、聘任和晋升的；不按规定条件进行公务员奖惩、回避和办理退休的；不按规定程序进行公务员录用、调任、转任、聘任、晋升、竞争上岗、公开选拔以及考核、奖惩的；违反《公务员法》的规定，滥用职权、玩忽职守、徇私舞弊的；等等。县级以上领导机关或者公务员主管部门可以根据管理权限加以处理，如行为构成犯罪的，则依法追究刑事责任。

（2）公务员的获取。公务员的获取包括公务员的录用、职位聘任、职务任免和职务升降。首先是公务员的录用，它通常涉及录用的原则、标准、资格条件、方法以及程序。比如，中国公务员录用担任主任科员以下及其他相当职务层次的非领导职务公务员，采用公开考试、严格考察、平等竞争、择优录用的办法，也就是对此类职位采取“凡进必考”的原则。再比如，《党政领导干部选拔任用工作条例》规定了提拔担任党政领导职务的人应当具备的工龄和基层工作经历，以及文化程度和所受培训。

其次是录用程序。为了使录用或聘任的原则得到实施，从程序上加以保证是很重要的。我国公务员的录用程序一般是编制录用计划、发布招考公告、对报考者进行资格审查、进行考试（笔试和面试）、对合格者进行考察、体检、提出拟录用名单进行公示以及录用。新录用的公务员有一年的试用期，合格者予以任职，不合格者取消录用。而聘任公务员的程序规定雇佣方和被雇佣方按照平等自愿、协商一致的原则，签订书面的聘任合同。聘任合同经双方协商一致可以变更或者解除。如有争议，则由人事争议仲裁委员会根据合法、公正、及时处理的原则进行处理。

再次是职务的任免。我国公务员的任职通常有四种形式：一是选任，选任制官员通常为政府机构的领导成员，这些人员通常实行任期制。二是委任，即由任免机关在其管理权限内直接委派工作人员担任某一职务。《党政领导干部选拔任用工作条例》规定提拔担任地（厅）、司（局）级以下党政领导干部职务的实行任职前公示制度，公示期一般为7～15天，公示结果不影响任职的，办理任职手续。三是考任，即通过公开竞争考试、择优录用的方式任用。此外，通过公开选拔途径任用的公务员也需要通过公开的竞争考试。四是聘任，即机关与所聘人员按照平等自愿、协商一致的原则，通过签订聘任合同来任用公务员的原则形式，我国的政府雇员就属此类人员。

最后是职务升降。公务员的升职采取逐级晋升的做法，有特别优秀的，可以按照规定破格或者越一级晋升。厅局正职也可以在本机关或本系统内通过竞争上岗的方式产生，厅局正职以下领导职位以及副调研员以上非领导系列职位有空缺时，也可以面向社会公开选拔。此外，《公务员法》规定，公务员在定期考核中被确定为不称职的，按照规定降低一个职务层次任职。

（3）公务员的保持和使用。这里包括公务员的培训、交流、回避、辞职、辞退、退休。培训对于提升公务员的能力和素质以应对不断变化和发展的新情况具有重要的意义。公务员的培训一般有四种类型：1）初任培训，对象是在试用期内的新录用的人员。2）任职培训，对象是晋升领导职务的公务员。3）业务培训，即对从事专项工作的公务员进行专门的业务培训。4）在职培训，这是一种更新知识、提高工作能力的常规性的全员在职培训。此外，还有一种专门针对后备领导人的培训。公务员的培训情况、学习成绩作为公务员考核的内容和任职、晋升的依据之一。

公务员的交流通常是一种用人和培养人的方式。这种交流一般有内部交流和外部交流两类。交流的方式包括调任、转任和挂职锻炼。调任指公务员与公务员系统以外的从事公务的人员的交流。调任人员必须具备拟任职位所要求的资格条件。转任指的是机关内部的一种交流方式，转移到机关内部其他职位上任职须具备拟任职位所要求的资格条件，并在规定的编制限额和职数内进行。挂职锻炼指选派公务员到下级机关或者上级机关、其他地区以及国有企事业单位挂职锻炼。公务员在挂职锻炼期间，不改变与原机关的人事关系。《党政领导干部选拔任用工作条例》对党政领导干部的交流做了专门的规定：地方党委、政府领导成员在同一职位上任职满十年的，必须交流（民族区域自治地方另行规定）；同一地方（部门）的党政正职一般不同时易地交流；党政机关内设机构处级以上领导干部在同一职位上任职时间较长的，应当进行交流或者轮岗；干部交流可以在地区之间、部门之间、地方与部门之间、党政机关与国有企事业单位及其他社会组织之间进行。

为了公正地执行公务，防止公务员利用职务之便为本人和有亲属关系的人谋取私利，公务员实行回避制度。回避的种类有职务回避、公务回避和地域回避。职务回避指有一定亲属关系的公务员在担任一些关系比较密切的职务时要进行回避。公务员在执行公务时，凡涉及本人利害关系、涉及与本人有亲属关系人员的利害关系，以及其他可能影响公正执行公务的，必须回避。此外，在一定级别的机关中担任一定领导职务的公务员，比如担任乡级机关、县级机关及其有关部门主要领导职务的，必须实行地域回避。担任县（市）委书记、县（市）长职务以及县（市）纪检机关、组织部门、人民法院、人民检察院和公安部门主要领导职务的，一般不得在本人成长地任职，民族自治县除外。

公务员可以辞职，这使得公务员具有了职业选择的自由。公务员的辞职有两种。一是辞去公职，也就是解除公务员与任职机关的所有关系。二是辞去现职，其结果是公务员丧失原来担任的领导职务，但公务员身份仍然存在。《公务员法》除了对辞职做了一般的规定外，还对担任领导职务的公务员的因公辞职、自愿辞职、引咎辞职和责令辞职做了规定。比如，担任领导职务的公务员因工作变动依照法律规定需要辞去现任职务的，应当履行辞职手续；因个人原因或其他原因，可以自愿提出辞去领导职务；因工作严重失误、失职造成重大损失或者恶劣社会影响的，或者对重大事故负有领导责任的，应当引咎辞去领导职务；应当引咎辞职或者因其他原因不再适合担任领导职务、本人不提出辞职的，应当责令其辞去领导职务；等等。

公务员的辞退指的是公务员任职的机关通过一定的法律程序解除其全部职务关系的行政行为。比如在年度考核中连续两年被确定为不称职，或不胜任现职工作，又不接受其他安排，或不履行公务员义务，不遵守公务员纪律，经教育仍无转变，不适合继续在机关工作，又不适于开除处分的，等等。辞退决定以书面形式通知被辞退的公务员。

公务员的退休有两种。一种是强制性退休，即公务员达到国家规定的退休年龄或者完全丧失工作能力的，应当退休。另一种是提前退休，也称自愿退休。公务员退休后，享受国家规定的退休金和其他待遇，国家为其生活和健康提供必要的服务和帮助，鼓励发挥专长，参与社会发展。

（4）公务员的激励。这里包括公务员的考核、奖励、惩戒、工资福利和保险。考核是功绩制的基础，考核是对公务员表现的衡量，考核的结果会用于公务员的升降和奖惩，因此，考核是激励公务员优秀表现的一种不可缺少的手段，在人事管理中受到了越来越多的关注。我国公务员考核的内容包括德、能、勤、绩、廉五个方面，重点考核工作实绩。公务员的考核分为平时考核和定期考核两种，定期考核以平时考核为基础。定期考核的结果以书面形式通知公务员本人。定期考核的结果作为调整公务员职务、级别、工资以及公务员奖励、培训、辞退的依据。

公务员的奖励是一种通过奖励优秀公务员个人和公务员集体从而促使整个公务员队伍有良好表现的激励方式。奖励遵循精神奖励和物质奖励相结合、以精神奖励为主的原则。《公务员法》规定了一系列给予奖励的行为，如忠于职守、积极工作、成绩显著的，遵守纪律、廉洁奉公、作风正派、办事公道、模范作用突出的，等等。公务员的奖励种类分五种：嘉奖、记三等功、记二等功、记一等功、授予荣誉称号。对受奖励的公务员或者公务员集体予以表彰，并给予一次性奖金或者其他待遇。对公务员的惩戒是一种反面的激励，公务员如果违反纪律或者有违法违纪行为，就必须接受惩戒。《公务员法》规定了一系列会受到惩罚的行为，如散布有损国家声誉的言论，组织或参加旨在反对国家的集会、游行和示威等活动，组织或者参加非法组织，贪污、行贿、受贿，利用职务之便为自己或者他人谋取私利，等等。《公务员法》对违法违纪行为规定了六种处分形式：警告、记过、记大过、降级、撤职、开除。对公务员的处分坚持事实清楚、证据确凿、定性准确、处理恰当、程序合法、手续完备的原则。《公务员法》同时规定了对公务员处分的程序、法律后果等。

公务员的工资实行国家统一的职务与级别相结合的工资制度。工资制度贯彻按劳分配的原则，体现工作职责、工作能力、工作实绩、资历等因素，保持不同职务、级别之间的合理差距。同时，国家建立公务员工资的正常增长机制。公务员工资的结构由基本工资、津贴、补贴和奖金构成。公务员按照国家规定享受地区附加津贴、艰苦边远地区津贴、岗位津贴等津贴，按照国家规定享受住房、医疗等补贴、补助。公务员在定期考核中被确定为优秀、称职的，按照国家规定享受年终奖金。国家确定和调整公务员工资水平的依据是定期进行的公务员和企业相当人员工资水平的调查比较结果，工资水平确定的原则是与国民经济发展相协调、与社会进步相适应。公务员同时按照国家规定享受福利待遇，此外，国家还建立公务员保险制度，这一保险制度主要包括生育保险、基本医疗保险、养老保险、失业和工伤保险。国家的公务员保险制度保障公务员在退休、患病、工伤、生育、失业等情况下获得帮助和补偿。

7.3 公共部门人力资源管理改革

7.3.1 公务员制度的改革

公务员制度如果以1993年施行的《国家公务员暂行条例》为确立标志，至今已有20多年的历史。公务员制度在这20多年的运行过程中进行了一系列的改革（包括地方层面进行的一系列改革），这些改革主要表现在：

（1）公务员分类管理制度改革，即把公务员原来“大一统”管理模式划分成综合管理类、行政执法类、专业技术类，使后两者成为独立的职务序列，以解决公务员在基层工作的职级晋升、待遇增长问题。深圳在这方面进行了力度比较大的改革，将69%的公务员划入行政执法类和专业技术类，这两类人员晋升渠道独立、待遇与行政职务级别脱钩。行政执法类公务员职务属非领导职务，各职级间没有上下级隶属关系，不同职级的公务员，干的是同样的活，只是待遇不同，职级晋升与个人年功积累和工作业绩挂钩；执法员职级的设置不受机构规格限制，保证市、区、街道和基层所、站的各类执法员有均等的职业发展机会。专业技术类由高至低设主任、主管、助理等职级，具体设置采取一事一议的办法。专业技术职务晋升与专业技术条件挂钩，体现对专业技术能力的尊重，同时考虑个人年功积累和工作业绩。专业技术类介于综合管理类和行政执法类之间，强调的是专业层面上的竞争，在专业领域内领导别人。新的职务序列与行政级别脱钩，而且属非领导职务，这样就从制度上实现了“官”“兵”分途，为减少管理层级、精简机构提供人事制度支持。在原有体制下，官职少，竞争的人多，几百人只能挤几个领导的职位，挤不到的人，工资就上不去。公务员分类管理制度改革解决了公务员晋升的“天花板”问题。

（2）扩大聘任制改革。公务员制度的另外一个改革是扩大公务员聘任制，使公务员“能进能出、能上能下”，并在一定程度上打破了传统公务员的“铁饭碗”，有效提升公务员的工作效率和积极性。深圳从 2007 年起就开始了公务员聘任制的试点工作，目前已基本建立聘任制公务员管理制度体系，并开始招聘聘任制公务员。深圳的做法是聘任制公务员不可以转为委任制公务员，但委任制公务员可以自愿选择转为聘任制公务员。

（3）公务员选拔机制改革。以往进入公务员队伍，多数都要求本科以上学历，而且在几百名甚至数千名高文凭者中，高中选高，以考试论成败。长期以来，公务员队伍中多数为应届大学毕业生，实际工作中，缺乏基层经验。而一些基层干部等虽然文凭不足，但工作能力强，群众威望高，却无缘公务员队伍。进入新世纪尤其是在 2005 年后，公务员的选拔越来越多地面向了具有实践经验的工作者。山西太原在 2010 年后从基层招考，70%以上的职位要求具有两年以上基层工作经历，并逐步提高比例。应届毕业生考公务员将受门槛限制，有基层经验者如工人、农民也有机会成为公务员。①

（4）领导干部选拔机制改革。目前，地方层面的公开选拔、公推公选领导干部差不多已经成了一种全国性的做法。比如，广西壮族自治区党委在 2009 年面向海内外、面向基层组织开展了 5 个批次的公开选拔活动，共选拔干部 600 多名，规模之大前所未有。此外，广西壮族自治区党委还开展了 4 个批次面向基层的公开选拔。比如，选拔 100 名村支书担任乡镇副职，选拔 146 名企业经营管理人才到市、县党政机关任职，从村干部中公开考录 300 名乡镇机关公务员。另外还提拔了 19 名县委书记到自治区直属机关和市级领导班子任职，并将新提拔重用的 19 名年轻干部中的 15 名放到市县党政班子任职，9 名还兼任县（区）委书记。②

（5）票决制选拔干部改革。以票决的方法来选拔干部可以使干部的产生具备更多的民主性和公正性，并防止在干部选拔上的个人独断。在票决选拔干部问题上，各地也有自己的一些做法。比如，安徽潜山县对正科级领导干部年度考核采取群众测评和县级领导班子成员民主测评相结合，分别按测评优秀率的 30%和 70%加权计分，再与本单位当年绩效考核位次折算后计算总分，县委组织部依据得分高低，按县直正科级领导干部和乡镇正科级领导干部分别提出差额人选，提请县委常委会进行票决。对县直单位副科级领导干部考核，先由县委组织部部务会议民主测评，再将测评优秀率与本单位当年绩效考核位次折算

① 李飞飞. 想考公务员先到基层干两年. 山西晚报，2010-02-11.

② 2009 年广西干部人事制度改革工作综述. 广西日报，2010-01-12.

后计算总分，取足优秀名额；对乡镇副科级领导干部年度考核，由县委组织部根据群众测评和考核结果按规定比例分乡镇提出。通过上下结合、定性与定量结合，评优的干部群众认可，为县委选人用人提供了真实可靠的依据。[①] 广西壮族自治区党委制定了党委常委会投票表决重要干部的实施办法，将票决范围扩大到自治区政府组成部门正职、四套班子秘书长和办公厅主任等重要职务。2009 年，自治区党委全委会先后两次票决了 11 名重要干部人选，一次是票决梧州、北海市委书记人选，另一次是票决机构改革部分政府组成部门和直属特设机构行政正职人选。常委会、全委会票决干部制度，在全区各地已经普遍实行。

（6）提名程序改革。按规定，任用干部的基本程序是：民主推荐、组织考察、充分酝酿、党委讨论决定。在整个程序中，“初始提名权”最令人关注。党的十七大对规范干部任用初始提名制度提出了新的要求，以解决干部任用工作中的深层次问题。各地在这一方面也进行了各具自身特点的改革。比如，广西采取的是包括群众举荐、单位推荐、全委会推荐、领导干部个人推荐、干部本人自荐等在内的多种形式的初始提名方法，广开举贤荐能之路。江苏苏州的做法是民主推荐得票不过半数的不能作为考察对象。湖南株洲的做法是厘清岗位职数、广泛听取意见、综合汇总情况、组织民主推荐、确定考察人选，扩大民主、阳光操作。具体做法是从规范初始提名的透明度上着手，细化一系列较为完整的推荐、测评、面询、函询、选拔、任用程序；就推荐人选专门听取市级领导和县市区主要负责人的意见和建议；采取函询方式，在领导层、监督层、服务层听取意见，汇总情况产生初始提名人选，再由考察组分赴各单位考察。推选出来的部门“一把手”全部到媒体亮相，面向百姓公开承诺问责。甘肃定西不仅明确提名主体，而且明确提名程序和有关要求，以解决“谁提名”“提名谁”“怎样提名”的问题，做到隐性权力显性化，显性权力规范化，权力运行民主化，工作操作规范化，保证干部提名的公平公正和被提名干部的德才素质。

（7）干部退出机制改革。长期以来，干部“能进不能出、能上不能下”是干部管理中的一个通病，这导致庸才占位，人才无法得到重用。退出机制的缺失导致人员无法正常流动，人力资源无法得到优化配置。与此同时，退出机制的改革又是一种难度极大的改革。尽管如此，一些地方还是表现了改革的决心。苏州在干部人事制度的改革中强调对不称职、不胜任干部的组织调整。对领导班子在考核测评中总体评价好和较好票得票率达不到 2/3、经组织考核认定为确实存在问题的，督促领导班子加强整改，对主要负责人要进行诫勉谈话，必要时进行组织调整。对干部在考核测评中优秀和称职票达不到 2/3、经组织考核认定为不胜任现职岗位的，进行组织调整；对干部在考核测评中不称职票超过 1/3、经考核认定为不称职的干部，视具体情况分别做出免职、责令辞职、降职等组织处理。对不具备担任正职领导素质的，改任副职；对不具备担任领导职务素质的，改任非领导职务；对因工作失职，给国家利益、人民生命财产、公共财产造成重大损失或者恶劣影响的干部，按照有关规定追究其责任。此外，苏州还规定，凡提拔担任市级机关县处级副职的干部，实行聘任制，党内职务实行任期制。聘期、任期一般为 3～5 年，试用期为半年或

① 汪光南. 潜山县积极推进干部人事制度改革. http://www.ah.xinhuanet.com/ahzw2006/2010-04/30/content_19672558.htm.

者一年，并根据具体情况适当调整首个聘期、任期的期限，使聘期、任期逐步与党委、政府届期接轨。同时进一步细化聘任制、任期制领导干部聘期、任期目标，强化聘期、任期考核，使干部能上能下、能进能出。

(8) 激励机制改革。党的十八大以后，公务员激励机制的一个改革是开辟职级晋升，这是针对基层公务员群体采取的一个改革措施。原有的制度是职务晋升，职务晋升也就意味着待遇的提高。但是，对基层政府来说，其职务等级本身就很低（比如乡镇就是科级），而且领导职务很少，这导致大部分公务员很少有晋升机会，从而影响工作积极性。为解决这一问题，中央全面深化改革领导小组第七次会议审议了《关于县以下机关建立公务员职务与职级并行制度的意见》，提出县以下机关在职务之外“开辟晋升职级通道”，实行级别工资，以体现同一职务层次的公务员工作年限、资历和能力的差别，使基层公务员不提升职务也能通过晋升级别提高待遇。

(9) 交流制度改革。公务员的交流有助于打破公务员管理上的“单位所有”和“部门所有”体制，使公务员得到优化配置，从而更好地发挥其才干。长期以来，跨部门、跨地区的交流主要是县处级领导干部这一层次，机关中层和中层以下的公务员跨部门流动不够。安徽合肥市为此建立了科级及科级以下公务员交流轮岗的长效机制，其采用的方式有交流、交流性轮岗和轮岗三种。交流是指市直单位公务员的跨部门交流，交流性轮岗是指市公安局系统和市司法局所属的监狱劳教系统公务员的岗位轮换，轮岗是指市直单位内部处室之间公务员的岗位轮换。交流的对象是参加工作满 5 年、在本单位工作满 3 年的市直机关公务员。在同一单位担任同一层次领导职务满 8 年，或在统一单位连续担任正副科领导职务满 10 年的公务员，在同一单位工作满 12 年的科级及科级以下非领导职务公务员，均在交流之列。通过这样的交流轮岗，力图达到以下目的：培养复合型人才、盘活公务员队伍资源、激发干事创业的激情和促进公务员勤政廉政。

(10) 问责制度改革。《关于实行党政领导干部问责的暂行规定》提出了对县级以上领导干部的问责，自此以后，一些地方先后出台了对政府公务员的问责规定和办法，这些规定和办法基本上是围绕行政行为进行的。比如，湖北省出台的《湖北省公务员履职问责办法（试行）》规定了三种应予以履职问责的情形：未完全履行职责、不履行职责、不当履行职责。未完全履行职责主要指“慢作为”，包括对依法依规或职责范围内应当办理的事项，无正当理由未在规定时限内办结；办事拖拉、效率低下、敷衍应付或者执行不力，贻误工作，造成损失或产生不良影响等。不履行职责主要指“不作为”，包括对依法依规或职责范围内应办理的事项，无正当理由不办理或推诿；无正当理由，不完成上级分配的工作任务；对有正当理由和依据提请支持、配合、协助的事项不支持、不配合、不协助等。不当履行职责主要是指“乱作为”，包括未经法律法规授权、行政机关依法委托或职责规定，行使不属于本岗位的职权；不依照法定程序实施行政行为；滥用自由裁量权，使当事人合法权益受到损害或让当事人逃避责任，使国家、集体或他人利益受到损害；等等。对公务员的考核、任用、奖励、表彰将考虑其被问责的情况。

7.3.2 事业单位人事制度改革

事业单位人事制度的改革在 20 世纪 80 年代是与干部体制的改革联系在一起的，因为长期以来事业单位的工作人员如教师、医生等都属干部之列。在公务员制度建立起来以后，事业单位人事制度改革也被提上了日程。2000 年 6 月，《深化干部人事制度改革纲要》颁布，开始了事业单位人事制度的进一步改革。该纲要提出，通过不断推进和深化干部人事制度改革，到 2010 年要建立起一套与中国特色社会主义经济、政治、文化相适应的干部人事制度。紧接着，一个月以后，也就是 2000 年 7 月，中共中央组织部和人事部联合颁布了《关于加快推进事业单位人事制度改革的意见》。该意见首先指出了事业单位人事制度改革的迫切性。尽管改革开放以来，事业单位人事制度改革在实行多种形式的选人用人制度、深化职称改革、促进人才流动、搞活工资分配等方面进行了积极探索，积累了有益的经验，但从总体上看，事业单位人事制度改革的进程，与社会主义市场经济体制和各项事业发展还不适应，主要表现在：符合各类事业单位特点的人事管理制度还没有完全建立起来，有效的竞争激励机制和自我约束机制还很不健全，能上能下、能进能出的用人机制还没有形成。随着经济体制改革不断深入，科技、教育、文化、卫生体制改革日益深化，事业单位人事制度改革作为促进国家整体改革和发展的一项重要而紧迫的任务被列入议事日程。

事业单位人事制度改革的目标和任务是适应事业单位体制改革的要求，建立政事职责分开、单位自主用人、人员自主择业、政府依法管理、配套措施完善的分类管理体制；建立一套适合科、教、文、卫等各类事业单位特点，符合专业技术人员、管理人员和工勤人员各自岗位要求的具体管理制度；形成一个人员能进能出、职务能上能下、待遇能升能降、优秀人才能够脱颖而出、充满生机与活力的用人机制，实现事业单位人事管理的法制化、科学化。

改革的基本思路是：(1) 按照“脱钩、分类、放权、搞活”的路子，改变用管理党政机关工作人员的办法管理事业单位人员的做法，逐步取消事业单位的行政级别，不再按行政级别确定事业单位人员的待遇；(2) 根据社会职能、经费来源的不同和岗位工作性质的不同，建立符合不同类型事业单位特点和不同岗位特点的人事制度，实行分类管理；(3) 在合理划分政府和事业单位职责权限的基础上，进一步扩大事业单位的人事管理自主权，建立健全事业单位用人上的自我约束机制；(4) 贯彻公开、平等、竞争、择优的原则，引入竞争激励机制，通过建立和推行聘用制度，搞活工资分配制度，建立充满生机活力的用人机制；(5) 通过制度创新和配套改革，充分调动各类人员的积极性和创造性，促进优秀人才成长，增强事业单位活力和自我发展能力，减轻国家财政负担，加速高素质、社会化的专业技术人员队伍建设。

为了达到这样一个目标，需要在制度和机制上进行一系列的改革。首先是建立以聘用制为基础的用人制度，包括：(1) 破除干部身份终身制，引入竞争机制，在事业单位全面建立和推行聘用制度，所有事业单位与职工都要按照国家有关法律法规，在平等自愿、协商一致的基础上，通过签订聘用合同，确定单位和个人的人事关系，明确单位和个人的义务和权利。通过建立和推行聘用制度，实现用人上的公开、公平、公正，促进单位自主用人，保障职工自主择业，维护单位和职工双方的合法权益。通过聘用制度转换事业单位的用人机制，实现事业单位人事管理由身份管理向岗位管理转变，由单纯行政管理向法制管理转变，由行政依附关系向平等人事主体转变，由国家用人向单位用人转变。(2) 建立解聘辞聘制度。事业单位可以按照聘用合同解聘职工，职工也可以按照聘用合同辞聘。通过建立解聘辞聘制度，疏通事业单位人员出口渠道，增加用人制度的灵活性，解决人员能进能出的问题。(3) 改革事业单位领导人员单一的委任制，在选拔任用中引入竞争机制。坚持党管干部原则，改进管理方法，对不同类型事业单位的领导人员，按照干部管理权限和一定程序，可实行直接聘任、招标聘任、推选聘任、委任等多种任用形式。建立健全领导班子和领导人员任期目标责任制，加强对任期目标完成情况的考核，并将考核结果与任用、奖惩挂钩。(4) 建立符合事业单位性质和工作特点的岗位管理制度，科学合理设置岗位，明确不同岗位的职责和任职条件，实行岗位管理。对专业技术岗位，坚持按照岗位要求择优聘用，逐步实现专业技术职务的聘任与岗位聘用的统一。通过深化职称改革，强化并完善专业技术职务聘任制，建立政府宏观指导下的个人申请、社会化评价的机制，把专业技术职务聘任权交给用人单位。对管理岗位，要建立体现管理人员的管理水平、业务能力、工作业绩、资格经历、岗位需要的等级序列，推行职员制度。对工勤岗位，建立岗位等级规范，规范工勤人员“进、管、出”等环节的管理办法。(5) 建立选人用人实行公开招聘和考试的制度，从制度上规范事业单位选人用人的程序和做法，把优秀人才吸引到事业单位中来，提高事业单位各类人员的素质。(6) 逐步建立固定与流动相结合的用人制度。改变现有单一的固定用人方式，有条件的单位可以实行固定岗位与流动岗位相结合、专职与兼职相结合的用人办法。鼓励和支持事业单位的人才流动，促进专业技术人才资源配置的社会化、市场化。

其次是建立形式多样、自主灵活的分配激励机制，包括：(1) 扩大事业单位内部分配自主权，逐步建立重实绩、重贡献，向优秀人才和关键岗位倾斜，形式多样、自主灵活的分配激励机制。(2) 对转制为企业的，实行企业的分配制度；对经费主要靠国家财政拨款的，在国家政策指导下，搞活内部分配；对国家逐步减少经费拨款的，经批准，逐步加大内部分配自主权；对经费完全自理的，允许自主决定内部分配。对有条件的事业单位，要试行工资总额包干制度，搞活内部分配，同时，积极探索试行工资总额同经济效益挂钩的办法。(3) 积极探索按生产要素分配的改革。允许各地区、各部门选择有条件的事业单位探索生产要素参与分配的实现形式；允许事业单位在职务科技成果转化取得的收益中，提取一定比例，用于奖励项目完成人员和对产业化有贡献的人员；允许事业单位经批准高薪聘用个别拔尖人才，实行一流人才、一流业绩、一流报酬。对有重大科技发明、贡献突出的人才，根据有关规定，实行重奖。(4) 发挥工资政策的导向作用。对到艰苦边远地区事业单位和在特殊岗位工作的人员，继续在工资待遇上给予优惠政策。事业单位在制定内部分配办法时，对在关键或特殊岗位工作的人员，应适当给予倾斜。

再次是建立多层次、多形式的未聘人员安置制度，包括：(1) 坚持以内部消化为主的原则，实行多层次多形式的未聘人员安置制度。妥善安置未聘人员是事业单位人事制度改革能否顺利进行的关键环节。对未聘人员要以单位、行业或系统为基础，坚持以单位内部消化为主，探索多种形式给予妥善安置，为他们发挥作用创造条件。(2) 制定切实可行的政策，引导鼓励未聘人员面向基层、农村和企业，使他们在新的领域发挥作用。对专业技术人员要为他们提供创办或进入企业的优惠条件，引导他们把专业技术应用到社会生产中去，为社会创造新的财富。(3) 为妥善安置未聘人员创造条件。各地区、各部门、各单位要有专门的未聘人员安置指导机构，为妥善安置未聘人员提供信息、帮助指导、创造条件。

最后是建立符合事业单位特点的宏观管理和人事监督制度，包括：(1) 保障单位和职工的合法权利，保证事业单位在国家法律、法规规定的范围内行使用人自主权。发挥事业单位职工代表大会的作用，依法保障事业单位职工参与民主管理和监督。(2) 建立健全事业单位人事工作的宏观管理制度。对主要靠财政拨款的事业单位建立健全工资调控体系，建立健全各类人员及职务结构比例的宏观管理办法，健全事业单位人员总量的调控体系，建立不同类型事业单位人员增长的调控办法。(3) 做好事业单位人事争议的处理工作。推进人事争议立法，积极开展人事仲裁工作。建立健全人事争议仲裁机构，及时受理和仲裁人事争议案件，切实维护用人单位和职工双方的合法权益。(4) 健全和完善事业单位人事管理的政策法规体系，保障事业单位人事制度改革的顺利进行。

尽管《关于加快推进事业单位人事制度改革的意见》对事业单位人事制度改革提出了全面的指导性意见，但它毕竟还不是法律层面上的。以聘用制度、岗位管理制度和公开招聘制度为主要内容的人事管理制度改革虽然取得了不少进展，但仍然存在一些问题，比如能进能出、能上能下的用人机制尚未真正建立，聘用合同的订立、履行、解除、终止各地做法不统一，奖惩等激励保障机制不够健全，人事争议处理依据不够明确等，这些问题都需要通过专门立法加以解决。在我国，公务员管理可以依据《公务员法》，企业用工可以由《劳动法》《劳动合同法》来规范，而事业单位人事管理则一直没有相应的法律规范。

如何从法律的层面来规范事业单位的人事管理，这是推进事业单位人事制度改革需要解决的一个问题。经过数年的改革和探索，国务院在 2014 年 5 月 15 日公布了《事业单位人事管理条例》(2014 年 7 月 1 日起施行，以下简称《条例》)，这是我国第一部系统规范事业单位人事管理制度的行政法规，《条例》事实上将根据《关于加快推进事业单位人事制度改革的意见》初步建立起来的以聘用制度、岗位管理制度和公开招聘制度为主要内容的人事管理制度做了法律上的确认，并对岗位设置、公开招聘、竞聘上岗、聘用合同、考核培训、奖励处分、工资福利、社会保险、人事争议处理以及法律责任等管理的基本内容做了明确的规定。比如，《条例》规定事业单位的人事管理坚持党管干部、党管人才的原则，全面准确贯彻民主、公开、竞争、择优方针。事业单位工作人员实行分级分类管理。《条例》规定事业单位按照国家有关规定设置岗位，明确岗位类别、等级。事业单位新聘用工作人员，应当面向社会公开招聘。《条例》规定了聘用合同的期限、初次就业人员的试用期，明确了订立聘用至退休的合同的条件，列明了聘用合同解除的情形以及合同解除、终止后人事关系的终止。《条例》规定，事业单位根据聘用合同规定的岗位职责任务，全面考核工作人员的表现，重点考核工作绩效，根据不同岗位的要求，对工作人员进行分级分类培训。《条例》也确立了奖励的原则，明确了奖励种类，以及处分种类，提出了处分工作的要求，确立了处分解除制度。《条例》规定了国家建立激励与约束相结合的事业单位工资制度。事业单位工资分配应当结合不同行业事业单位特点，体现岗位职责、工作业绩、实际贡献等因素。《条例》规定，事业单位工作人员与所在单位发生人事争议的，依照《劳动争议调解仲裁法》等有关规定处理。《条例》特别规定，事业单位工作人员对涉及本人的考核结果、处分决定等不服的，可以申请复核、提出申诉等等。《条例》确立了事业单位人事管理的基本制度，从而使事业单位的人事管理有法可依。

第 8 章

公共部门信息管理

8.1　公共部门信息管理概述

8.1.1　信息与公共管理

信息是以文本、数字、图形、测绘、叙述或视听等媒介形式出现的一种有沟通内容的表现形式。信息是一种资源，它与其他资源的差异表现在不因使用而消耗、不因经常使用而枯竭、可被多人同时拥有、难以防止他人免费获取、其价值仅在公开后才能确定等。20世纪中叶计算机的诞生促进了信息技术的发展，并使信息技术逐渐成为现代技术中的关键部分。与此同时，信息技术的发展也催生了信息化的产生。信息化的概念有狭义与广义之分。狭义的信息化指的是一个以信息为主要资源和支撑、以信息处理为主要生产方式的过程。广义的信息化则指的是运用电子计算机、通信、网络、数据库等各种现代信息技术来开发和利用各类信息资源，促进信息的传递、交流及共享，并以此来提高经济增长和推动社会进步的历史进程。

信息化对人类社会的发展产生了巨大的影响，信息化的社会（也就是信息社会）是一种生活质量、社会变迁、经济发展均大量依赖信息及其利用的社会。信息化改变了政府与公民和企业互动的方式，迫使政府提高公共管理水平和公共服务的能力。信息化使社会事务具备了复杂性和动态性，增加了政府治理社会事务的难度。它要求政府变革原有的治理方式，统筹处理更具全局性、长远性、跨地区、跨部门的重大问题。信息化带来了全球化，使政府不仅要处理国家内部各项问题，更要应对跨国性事务对本国造成的影响。信息化带来了经济与社会结构的变化，改变了许多公共事务的传统结构与属性，企业力量得以壮大、社会自治能力增强。所有这些要求政府正确地处理政府与市场、社会的关系，通过简政放权、放管结合、优化服务等创新来提升政府监管与服务的能力。信息化带来了教育机会的变化，民众素质的提升使他们对政府的管理与公共服务的要求越来越高，对监督政府的能力也越来越强。信息化推动了分权的进程，使得政府向基层政府、社区、企业、公民以及其他社会组织移交更多的权力，同时减少各种不必要的规制，以增加社会和市场的活力。信息化促进了政府信息公开，但同时也增加了数据的安全隐患，这就提升了对国家机密、商业秘密以及公民隐私保护的要求。信息化导致数据大量产生，迫使政府不断地学习云计算、物联网、大数据、智慧工程等一系列不断更新的信息技术。信息化伴随着互联网加速了信息的流动，随着社交网络的兴起，政府管理危机的能力开始受到考验。

信息在人类思想和行动的各个领域的重要性自不待言，公共管理领域也不例外。比如，对于任何一个政府的决策者而言，其决策都需要三类信息：界定问题的信息、决策环境的信息以及说明可选方案的信息。没有信息，问题就不能界定，没有选择的能力，也就谈不上控制的能力。政府的公共管理尤其依赖于对信息的把握，因为公共管理面临的问题更复杂，决策的难度更高，决策结果的影响力也更大。在相关信息匮乏或不完整不准确的基础上所做的决定往往会带来灾难性的结果。因此，有效的信息管理对于公共部门而言是不可缺少的。

8.1.2　公共信息资源管理

所谓信息资源，指的是人类信息活动中以信息为核心的各类信息活动要素的集合。公共信息资源是信息资源的一部分，它是相对于私人信息资源而言的。私人信息资源指的是私人生产和提供的信息资源，具有个体性、私密性（如若公开需以资源拥有者同意为前提）的特点；而公共信息资源则是面向大众的、开放的社会性资源，它的本质属性是公共性，有一套完整的提供、发布、传播、控制、反馈的运作机制。作为资源，它是可以在整个社会进行优化配置的。

公共信息资源涉及面广，内容错综复杂，可以从多个角度多个层次对公共信息资源的类型进行划分。根据产生的领域的不同，公共信息资源可划分为政府法规信息、教育信息、公共健康信息、文化信息、国民经济宏观信息及环境信息等。根据本身的特性的不同，公共信息资源可以划分为无排他性又无竞争性的公共信息资源（如环境信息、公共健康信息等）、有排他性而无竞争性的公共信息资源（如政府工作信息）以及有竞争性而无排他性的公共信息资源（如图书馆馆藏信息等）。根据受益者需求范围的不同，公共信息资源可划分为全国性公共信息资源和地方性公共信息资源，前者一般为供全国公众使用的无排他性的信息，后者一般是指以满足地方公众需要为目的的信息。

公共信息资源管理是一种政府和社会组织等为满足社会的公共信息资源需求，综合运用技术、经济、人文等方式对公共信息资源进行生产、规划、组织、传播和提供利用的活动。[①] 电子政务是公共信息资源管理的一种重要表现形式。相对于传统行政方式，电子政

① 沙勇忠. 公共信息资源管理. 北京：中国社会科学出版社，2014.

务的最大特点就在于其行政方式的电子化，即行政方式的无纸化、信息传递的网络化、行政法律关系的虚拟化等。电子政务使政府工作更公开、更透明，使政务工作更有效、更精简。电子政务可以为企业和公民提供更好的服务，可以重构政府、企业、公民之间的关系，使之比以前更协调，也便于企业和公民更好地参政议政。

政府信息公开是公共信息资源管理的重要内容之一。政府信息公开指的是政府行政部门通过公众便于接受的方式和途径，将其掌握的公共信息资源，尤其是将其在行使公共权力的过程中所获得的信息和情报（除法律命令应予以保密的以外）公之于众，允许公民、法人以及其他组织通过各种渠道了解这些信息。①

公共管理信息系统是在公共管理活动中，用于输入、存储、处理、输出和控制公共信息的一整套由计算机硬件与软件、网络和通信设备、信息资源、信息用户、流程规则等形成的系统，这一系统为公共管理者确定信息需求、采集信息或加工信息、接受及递送信息、选择和分析信息等提供了更好的手段。今天的社会已经进入信息社会，建立良好的公共管理信息系统对于有效地实现公共管理的目标是十分重要的。

8.1.3 学习型组织与知识管理

1. 学习型组织

学习型组织是一种鼓励组织成员不断学习、共享学习成果的组织，是一种能够将学习、调适、变革等能力深植于组织文化的组织，是一种善于创造知识、获取知识和运用知识的组织。学习型组织具有以下几个重要的特征：

（1）学习是由组织系统这个整体完成的，整个组织就像一个大脑系统。

（2）组织成员能充分认识到持续不断发展的整个企业范围内的学习对组织当前及未来成功的关键性和重要性。

（3）学习是一个持续不断的、战略性的过程，这一过程与实际工作相结合，两者并行不悖。

（4）重视创造性的学习和能转化为生产力的学习。

（5）系统化的思维是基础。

（6）人们可以不断获得对于公司成功很重要的相关信息和数据。

（7）公司的氛围有助于鼓励、奖励、帮助和促进个人与团队的学习。

（8）组织内外形成一个用于革新的、社区型的环境，员工在其中连接成网状结构。

（9）变革备受欢迎，就算是意料之外的惊奇甚至失败都被视为学习的好机会。

（10）学习型组织是敏捷、灵活、弹性化的。

（11）每个人都受到提高质量、不断进步的动机的驱使。

（12）各种活动都充满志向、思考和理性。

（13）新产品、新服务，以良好发展的核心竞争力为基点蓬勃发展。

---

① 周汉华. 外国政府信息公开制度比较. 北京：中国法制出版社，2003：12.

(14) 组织自身能持续不断地适应、再造、焕发活力，以应对不断变化的环境。[①]

学习型组织有别于传统的组织。传统的组织不利于学习，因为其理论构建偏重控制、技术、效率、理性、稳定等几个核心概念，在设定人性时把人视为被控制的对象，这样的人性设定往往忽视了人的反思能力与创造力。[②] 这样的一种建构构成了组织学习的障碍。圣吉在《第五项修炼——学习型组织的艺术与实务》中提出了“学习型组织的五项修炼”，即自我超越、改善心智模式、建立共同愿景、团体学习和系统思考。圣吉认为这五项修炼密切相关，每一项对于学习型组织的建立来说都是不可或缺的。

丹尼尔·托宾提出了学习型组织的五个原则。[③]

(1) 每个人都是学习者。在学习型组织中，从上到下，每个人都在学习，无人能例外。如果高级主管认为学习只是下属的事，他自己不需要学习，就违背了这一原则。学习活动不限于正式的培训计划，可以用培训费作为指标来衡量组织对其成员学习的开放程度，也可以用样本调查来了解员工最近学些什么，以及正从事什么学习活动。在学习型组织中，每个人都能提供具体的学习例子。

(2) 组织成员彼此相互学习。在学习型组织中，学习不限于安排好的教育与培训计划。人人相互学习，从倾听教师解说，到会议中倾听他人意见，到非正式观察他人的工作方法，这些都是学习。这种学习是相互增强的，也就是在学习型组织中，学习与知识的总效用要大于组织中个人的学习与知识的总和。

(3) 学习促进变迁。学习使人认识到变革的必要性，人们常常在学习的过程中发现有更好的做事方法，以及提高个人与组织生产力的方法。这样的发现比管理层强迫推动的变革更容易使人接受。此外，如果组织认识到变革与学习是密切相关的，那么组织也会认识到教育是任何变革努力的一部分，这种理解也会使人易于接受变革，因为学习活动构成了变革计划的一部分。

(4) 学习是持续的。正如全面质量管理运动的标志是“持续改进”一样，持续学习是学习型组织的标志。

(5) 学习是一项投资，而非消费。学习型组织视教育活动为组织未来的一项投资，而不是需要避免的消费，学习活动是一种对人力资本的投资。组织既需要保存实体资产，也需要保存知识储备。学习的意义不仅在于获得新知识，更重要的在于把新的知识转化为可以在行为与行动中变现的新技术。组织学习将产生组织的变革，因此建立学习型组织首先要有良好的组织条件与个人技术作为支撑。

2. 知识管理

知识管理是一种以知识为核心的管理，其目的在于在组织中建构一个知识系统，通过获得、创造、分享、整合、记录、存取、更新等过程来帮助人们共享信息，使知识在适当的时间传递或分享给适当的人，并让他们采取恰当的行动来避免重复和错误，使知识不断得以学习和创新，然后再将结果回馈到知识系统内，使组织与组织中的个人的知

---

① 吉利，梅坎尼克. 超越学习型组织. 佟博，卢馨，贾爱娟，杨子丽，译. 北京：经济管理出版社，2003：15-16.

② 吴琼恩，周光辉，魏娜，等. 公共行政学. 台北：智胜文化事业有限公司，2004：200-208.

③ TOBIN D. Re-educating the corporation: foundations for the learning organization. Omneo, 1993.

识不断得到积累。这一过程的最终目的是通过知识管理与知识互动共享，在提升每个员工创造能力的基础上，大大提高组织的整体创新能力和应变能力，提升组织的战略管理水平。

知识管理既是一个过程，也是一种方法。作为一种辨别、管理和共享政府所拥有的信息资源集成系统的方法，其目标是快速而方便地找到所需要的信息，使知识管理的主体——行政人员可以快速而方便地寻找所需要的信息和知识，从而将最恰当的信息和知识在最恰当的时间里传递给最恰当的行政人员。

在信息化时代，知识管理也是与电子政务联系在一起的。电子政务以构建服务型政府为中心，力图在网络上实现政务组织结构和工作流程的优化重组，对传统政府进行持续不断的革新和改善，以实现高效率的政府管理和服务。电子政务流程再造一般遵循以下原则：以公众需求为导向、以信息技术为手段、以提高政府绩效为目标。只有最大限度地发挥知识管理的优越性，只有不断地探索知识管理的方法，研究和开发知识管理的技术，政府才能更好地掌握网络社会的自然资源、社会资源、基础设施、人文、经济等各方面较为详细的信息，电子政务也才有可能对信息进行有效的综合分析。将知识流程管理应用于电子政务中，不仅可以实现电子政务的高效快捷，而且有助于简化电子政务流程，合理优化电子政务资源，节省电子政府的行政成本支出。

8.2 政府信息公开制度

8.2.1 政府信息公开制度的兴起与发展

政府信息一般指的是除国家机密、商业秘密、个人隐私之外政府机构为履行职责而产生、获取、利用、传播、保存和负责处置的信息。从信息内容上，这些信息包括政务、经济、服务、决策等所有信息，这些信息是从事政治、经济、科技、军事、文化等活动必不可少的国家资源。我国 2008 年开始施行的《中华人民共和国政府信息公开条例》中对“政府信息”的定义是：“行政机关在履行职责过程中制作或者获取的，以一定形式记录、保存的信息。”

政府信息公开制度指的是为了保障公民、法人和其他组织依法获取政府在履行职责过程中制作或者获取的以一定形式记录、保存的信息，为了提高政府工作的透明度，促进依法行政，并充分发挥政府信息对人民群众生产、生活和经济社会活动的作用而制定、颁布的一系列法律制度，是规范政府信息公开过程的一套特有的行为准则。

信息公开制度是一种承认公民对国家拥有的信息有公开请求权，国家对这种信息公开的请求有回答义务的制度。作为一种法律制度，它规定了行政机构对特定信息的提供义务和公民对信息公开的请求权利。政府信息公开制度的内容一般都涉及立法目的和基本概念的确定、请求权人的资格范围、公开信息的范围、豁免公开信息的范围、公开请求的范围、信息公开的程序以及行政救济与司法救济等。

政府信息公开是一个复杂的制度建设过程，它涉及与政府信息公开行为直接相关的政府信息公开的主体、内容、方式、程序、监督、救济等各项具体的制度，也涉及与政府信息公开行为紧密相关的国家保密制度、档案管理制度、个人隐私保护制度、行政程序制度等各项配套制度的协调与统一。因此，完整的政府信息公开制度涉及多项相关的制度建设，这些制度包括政府信息公开的主体制度、政府信息公开的内容制度、政府信息公开的行为制度、政府信息公开的监督制度、政府信息公开的救济制度、政府信息公开的配套制度。

政府信息公开制度的产生可以追溯到 18 世纪 60 年代。瑞典于 1766 年率先制定了《出版自由法》，该法确立了政府文件公开的制度，规定民众有权阅读并出版任何政府文件。但在这以后的很长一段时间里，政府信息公开没有再引起人们更多的关注，直到 200 年后的 1966 年，美国制定了《信息自由法》。该法标志着现代政府信息公开制度的正式确立，并在此后的数十年影响了世界各国政府信息公开制度的建设和发展，推动了以政府运作透明化为目标的政府信息公开的发展。目前，美国、英国、日本等多个国家制定了信息自由法或政府信息公开法，许多国家已经建立了比较完善的有关政府信息公开的法律体系。

美国是世界上政府信息公开制度比较完备的国家。其政府信息公开工作可追溯到 1946 年颁布施行的《联邦行政程序法》，该法规定公众有权获得涉及行政机关的架构、程序和政策等方面的政府文件。但是，该法也做了一些模糊的限制性规定，例如行政机关可以因公共利益或者有正当理由等情形拒绝公开信息，因此该法没能有效地限制行政权力，没能真正保障公众获得政府信息的权利，因此它还不是真正意义上的政府信息公开制度，直到 1966 年美国国会通过了《信息自由法》，并于次年 7 月 6 日起施行。《信息自由法》的立法目的是强制联邦政府机构向公众开放政府档案和文件，以实现公众对政府行为的充分了解和监督。《信息自由法》的要旨在于：政府信息公开是原则，不公开是例外；政府信息面前人人平等，个人申请获取信息不需要申明理由；政府拒绝提供信息，需负举证责任；法院具有重新审理的权力。

英国具有悠久的民主传统，然而英国政府的信息公开却姗姗来迟，直到 21 世纪初方才有了政府信息公开法。从 2000 年至 2015 年，英国在全国 10 万多个公共机构全面实施政府信息公开。历史上，英国于 1889 年专门制定了首部《官方保密法》，1911 年制定了第二部《官方保密法》，规定只要未经授权，文官传播任何政府信息的行为都是犯罪，无论该信息属于何种性质。从文化上来说，英国保守主义宪政文化和保密文化传统严重限制了英国政府信息的公开。20 世纪 70 年代，在国内外各种因素的影响下，英国开始了政府信息公开的努力。1982 年，部长管理信息系统被白厅正式扩展到政府各部门，该系统的名称随之改为财务管理方案，这是英国在严格意义上的在政务公开方面的第一次尝试。[①] 1984 年，英国颁布了《数据保护法》，就取得、持有、使用或揭露有关个人数据处理过程等方面提供了新规范。同年，《利用地方政府信息法》颁布，1990 年以后陆续制定了《公民宪章》《开放政府》《获得政府信息实用守则》等一系列法律法规，有力地推动了政府信

① 夏镇平，高抒宇. 英国中央政府政务公开的主要做法和经验. 中国行政管理，2006 (1).

息公开。2000年11月，英国正式通过《信息公开法》。虽然《信息公开法》直到2005年才全面生效，但这一立法过程的完成标志着英国政府信息公开制度进入了全新的发展时期。

日本的政府信息公开立法带有“民间主导”的性质，非营利组织是推进政府信息公开的重要角色之一。[①] 1980年3月，自由人权协会、日本消费者联盟、妇女联合会等发起“要求制定信息公开法市民运动”，并发表了《信息公开权利宣言》，要求建立具体保障知情权的制度，呼吁信息公开立法。各在野党、地方自治团体及律师联合会等纷纷对上述市民运动做出反应，民社党、共产党、社会党、公明党等数次向国会提交法案。除此以外，日本政府信息公开实行的是地方先行的立法模式。该模式是指在国家没有统一制定效力及于全国的信息公开法律的情况下，地方在其立法权限范围内先行制定低位阶的法律规范，规制和调整本地区的政府信息公开行为。伴随着民间团体与各地政府的努力，中央政府也认识到这一问题的重要性，全国信息公开立法进程由此加快。1999年5月7日，日本国会审议通过了《行政机关拥有信息公开法》，这意味着日本在国家层面上正式建立起政府信息公开的法律制度体系。

8.2.2 政府信息公开制度的中国实践

我国政府信息公开制度的全面建设是在加入世界贸易组织（WTO）后，与世界接轨加快的背景下展开的。2001年，我国正式加入WTO，根据WTO透明度原则的要求，我国开始全面建设适合我国国情的政府信息公开制度。与此同时，根据我国电子政务建设的需要，“政府上网”工程在我国各地如火如荼地展开，短短几年内，从中央到地方各级政府及其职能部门纷纷建立了自己的网站，利用网络平台向公众提供信息公开服务。随着各地政府信息公开实践的发展，从法律和制度上规范与推进政府信息公开活动便成了当务之急。

2002年7月，国家信息化领导小组通过了《关于我国电子政务建设的指导意见》，明确提出要加快研究和制定电子签章、政府信息公开及网络安全、电子政务项目管理等方面的行政法规和规章。根据该文件的要求，国家信息化工作办公室开始起草《政府信息公开条例（草案）》，并于2003年起草完毕上报国务院审议。经过3年多的反复审议，我国国家层面的政府信息公开立法——《中华人民共和国政府信息公开条例》终于在2007年1月17日由国务院第165次常务会议审议通过，并自2008年5月1日起施行。

《政府信息公开条例》的颁布和实施标志着中国政府信息公开制度体系的初步确立。随后，中国政府信息公开制度建设不断拓展深化。2010年1月，国务院办公厅发布《关于做好政府信息依申请公开工作的意见》，就做好政府信息依申请公开工作进行了专门督导。同年10月，修订后的《中华人民共和国保守国家秘密法》就政府信息公开的安全涉密也进一步做出规定，要求凡法律、行政法规规定公开的事项，应当依法公开，既确保国家秘密安全，又便于信息资源合理利用。2011年8月施行的《最高人民法院关于审理政府信

---

① 甘峰. 日本信息公开法实施与民间主导的行政目标. 浙江大学学报（人文社会科学版），2002（3）.

息公开行政案件若干问题的规定》，针对法律依据不足，受理、审理、判决等各个环节无规则可依，标准难统一等问题，从法院的受理范围、举证责任、不公开的范围、审理方式和判决形式等多个方面对涉及政府信息公开的诉讼做出了司法解释。在行政机关拒绝提供信息的情况下，申请人可以请求司法救济，一旦申请，法院即可对行政决定所根据的事实进行重新审理，审查行政机关拒绝提供的信息是否属于应当免予公开的情况并做出裁决。随后，国务院办公厅相继发布《2012 年政府信息公开重点工作安排》、《当前政府信息公开重点工作安排》（2013 年）、《2014 年政府信息公开工作要点》、《2015 年政府信息公开工作要点》，逐年扩大了主动公开范围，实现了从重点公开到全面公开的跨越。

2016 年，中共中央办公厅、国务院办公厅发出通知《关于全面推进政务公开工作的意见》，提出到 2020 年，政务公开工作总体迈上新台阶，依法积极稳妥实行政务公开负面清单制度，公开内容覆盖权力运行全流程、政务服务全过程，公开制度化、标准化、信息化水平显著提升，公众参与度高，用政府更加公开透明赢得人民群众更多理解、信任和支持的新目标。政务公开有比政府信息公开更广泛、更多层面的意义，政务公开的主体、内容的范围均大于政府信息公开。

总体而言，虽然我国的政府信息公开在立法和实践上已经进行了很多有益的探索，并取得了一定成效，但应该看到，我国的政府信息公开制度建设还只是处于初级阶段，目前在很多方面都还存在问题，例如：偏重保密，信息公开程度低；提供信息的方式和渠道单一；形式主义严重；已公开的信息质量不高；责任追究机制和权利救济手段缺乏。面对信息时代所带来的机遇和挑战，加快我国的政府信息公开制度建设刻不容缓。

8.3　电子政务与电子治理

8.3.1　电子政府与电子治理概述

1. 电子政府与电子治理的内涵

电子政府与电子治理是两个紧密联系而又相互区别的概念。电子政府是指以现代信息技术为支撑，提高政府行政效率与效能，促进政府信息公开化与政务透明化，提升公共服务质量，改善政府与民众、企业或其他政府机关之关系的政府运作方式。电子治理是一种运用信息与通信技术，将政府运作作为社会资源整合与合作发展的关键平台，以平等、透明、效率、法治与民主为基本原则，以使用者需求为导向，发展基础设施，提升行政效率与效能，提供创新性的整合式增值服务，鼓励公民参与的新型治理形态。

与电子政府相比，电子治理的内容更加丰富，它可以被看作电子政府的拓展与延伸。就理论基础而言，电子政府以系统理论为基础，通过自动化、标准化的系统整合提高政府运作效率；电子治理则以社会技术理论为基础，试图通过为公民提供机会使其成为能动的参与者来提高治理绩效。虽然电子政府和电子治理的最终目标都是提高效率，但在电子政府的概念之下，公民与官员是被动地接受信息与通信技术服务的，而电子治理需要公民的主动参与才能提升效率。

电子治理不仅仅是电子技术与治理理论的简单结合，它还涉及政府服务理念的更新、组织结构的优化、管理模式的创新等政府运行机制和管理体制的各个方面。一个完整的电子治理框架应包括电子政府、电子行政与电子参与三个层面。电子政府层面聚焦于政府的组织间关系，这一关系力图运用信息技术来改进政策协调、政策执行与公共服务提供；电子行政层面聚焦于政府的组织内部关系，通过政府内部的政策发展、组织活动与知识管理来提升行政效能；电子参与层面聚焦于公民、政府组织、政府官员之间的互动，通过公共参与的民主过程、开放式政府以及透明的决策过程来改善政府与社会和公民之间的关系（见表 8-1）。

表 8-1　　电子治理框架

构成	关注焦点
电子政府	组织间关系 ● 政策协调 ● 政策执行 ● 公共服务提供
电子行政	组织内部关系 ● 政策发展 ● 组织活动 ● 知识管理
电子参与	公民、政府组织、政府官员之间的互动 ● 公共参与的民主过程 ● 开放式政府 ● 透明的决策过程

资料来源：United Nation. Benchmarking e-government：a global perspective：assessing the progress of the UN member states. http://unpan3. un. org/egovkb/Portals/egovkb/Documents/un/English. pdf.

理论层面上，电子治理的内涵主要由电子政务和电子民主两部分构成（见图 8-1）：电子政务包括电子公务和电子服务，电子公务旨在利用信息与通信技术使政府功能更有效，强调政府内部结构以及公共官员个人的作用，在原有官僚体制的基础上通过引入信息技术来提高工作效率，改善政府运作方式和业务流程，以及在政府部门之间以及不同政府之间实现信息化运作。电子服务旨在运用信息技术来改进公共服务的提供，为公民提供广泛的有用信息，以增加政府的透明度和责任性，促进公民和政府的沟通、交流，实现信息公开化和服务优质化。电子民主是一种以发达的信息技术、网络及其相关技术为运作平台，以直接民主为发展趋向，以公民参与公共政策制定和执行为典型特征的网络时代的民主新形式。

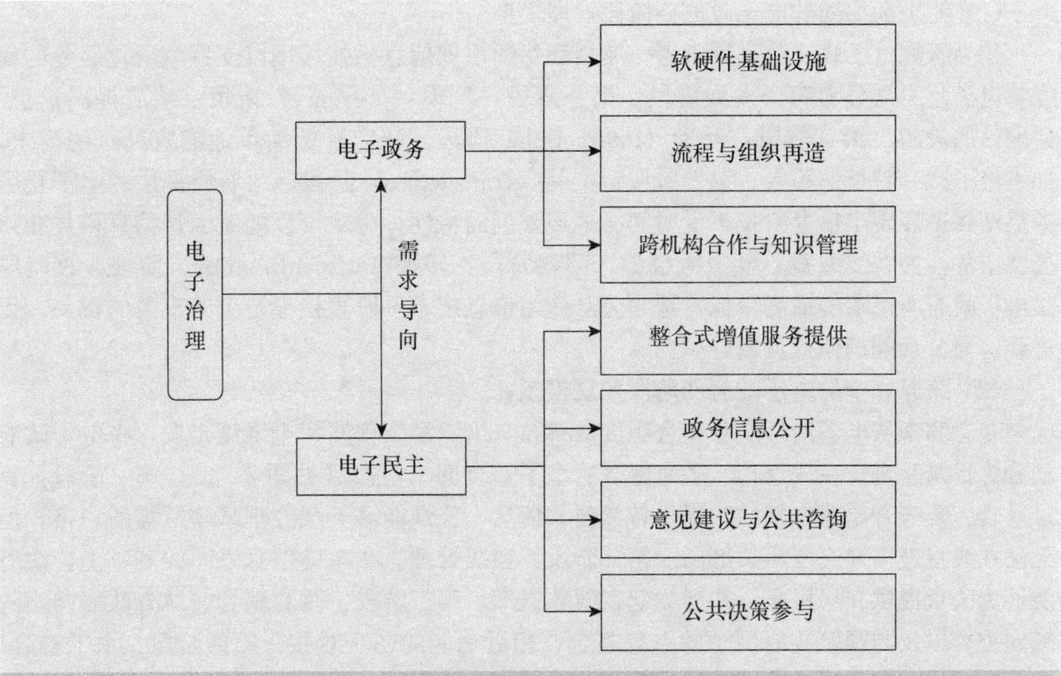

图 8-1 电子治理的内涵

在实践层面，电子治理主要由电子服务、电子管理、电子商务以及电子民主四部分构成。[①] 其中，管理部分主要是针对政府机关组织内部，商务则是针对与企业的关系，而服务与民主则是针对民众而言的。据此，可以将电子治理的范围分成政府对政府（G2G）、政府对企业（G2B）以及政府对公众（G2C）三类。[②] 其中，政府对政府是指政府与政府部门之间的互动，例如电子公文交换等，都是政府与政府机关间运用数字技术提升政府效率的方式；政府对企业是政府与企业之间的互动，例如电子采购、进出口货物通关、中小企业商业信息网站等，这是一种在政府与企业的互动过程中运用信息科技提升效率的方式；政府对公众是指政府与民众间具有回应性的互动，包含政策咨询、在线服务、公共数据查询与索取等，例如政府机关网站、在线申请与办理等。

2. *电子治理的发展*

电子治理的发展是一个不断演进的过程，从最初的政府网站到完全整合经历了几个互不相同而又相互联系的发展阶段。虽然一些学者对电子治理的划分标准有所不同，但他们对电子治理发展阶段的本质的认识却十分相似，较有代表性的阶段划分模型包括鲍姆（Baum）和梅约（Maio）、莱恩（Layne）和李（Lee）的电子政府四阶段发展模型，以及联合国公共经济与公共行政署（UNPAN）的电子治理五阶段成熟模型。

---

① SAKOWICZ M. How should e-government be evaluated?：different methodologies and methods. NISPAcee occasional papers，2004（2）：18-26.

② REDDICK C G. Citizen interaction with e-government：from the streets to servers?. Government information quarterly，2005（2）：38-57.

（1）鲍姆和梅约的电子政府四阶段发展模型。

作为研究电子政府的早期学者，鲍姆和梅约根据信息科技可用以支持电子化服务的程度将电子政府划分为四个发展阶段。第一阶段：呈现（presence）阶段。政府提供信息，如网站的设置。第二阶段：互动（interaction）阶段。政府开始简单地响应民众的需求，如表格下载、首长信箱等。第三阶段：交易（transaction）阶段。政府所提供的电子化服务逐渐真正表现出信息科技不受时间、地域限制的特性，民众可以随时通过信息科技获得公共服务，如在线缴费、电子缴税等。第四阶段：转换（transformation）阶段。该阶段是电子政府所追求的最高目标，建立公众使用信息技术手段直接参与公共事务的机制，促进政府与公众间的信息流通。①

（2）莱恩和李的电子政府四阶段发展模型。

莱恩和李从电子治理服务整合程度、科技与组织复杂程度两个维度出发，将电子政府划分为目录呈现、在线处理、垂直整合、水平整合四个阶段（见图 8-2）。第一阶段：目录呈现。政府开始建立网站，提供各类公共信息，公众能够下载办理事项所需的表格，但无法在线将表格递交至相关部门。第二阶段：在线处理。在单向信息发布的基础上，政府能够为公众提供在线服务，并建立起在线数据库。第三阶段：垂直整合。地方政府网站的纵向整合以及与国家政府网站的系统整合，相近功能的初步对接。第四阶段：水平整合。业务相关、功能相近的政府系统实现无缝对接；功能不同的系统也完成整合，公众能够通过单一窗口一次性办理所有相关事务。

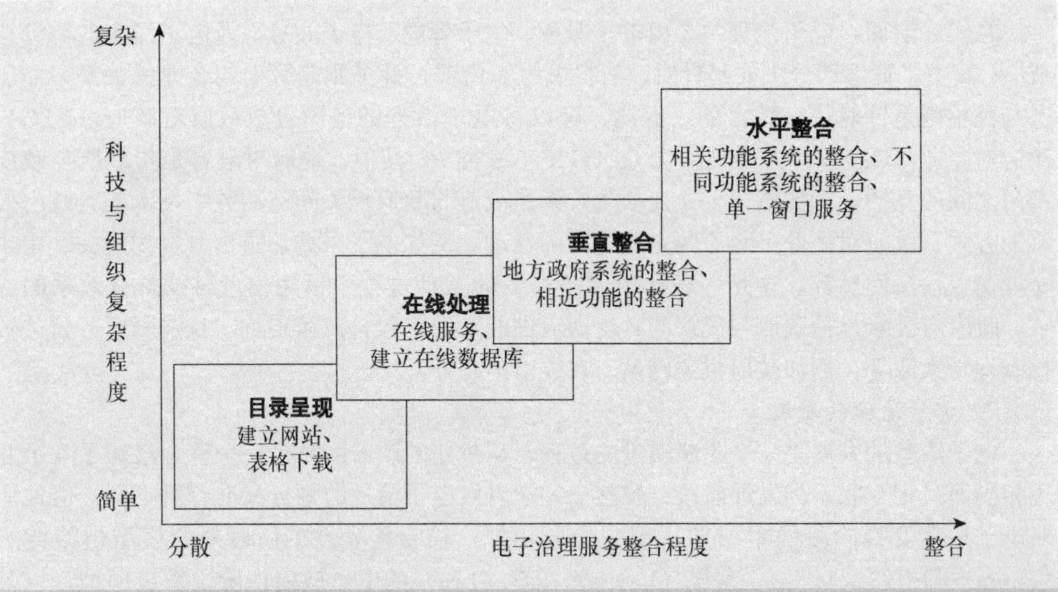

图 8-2　莱恩和李的电子政府四阶段发展模型

资料来源：LAYNE K，LEE J. Developing fully functional e-government：a four stage model. Government information quarterly，2001（2）：124.

① BAUM C，MAIO A D. Gartner's four phases of e-government model. http://old.gartner.com/public/static/hotc/00094235.html.

（3）联合国公共经济与公共行政署的电子治理五阶段成熟模型。

在《2003 年联合国电子政务调查报告》中，联合国公共经济与公共行政署将电子治理服务按成熟水平分为起步、提高、交互、在线办理与整合五个阶段。第一阶段：起步阶段。政府部门设立并开通少量的官方网站，并提供向政府各部门与不同层级政府的链接；能够向公众提供单向的信息服务，但此时发布的信息是有限的、静态的。第二阶段：提高阶段。政府网站数量不断增加，政府部门建立相对统一的数据库，能够做到即时的信息（如政策、法规、政府报告、可下载的数据）发布；网页能够提供信息检索功能和站点地图，信息服务的动态性不断增强。第三阶段：交互阶段。政府的在线服务提供进入交互模式；公民能够使用政府网站进行在线下载，获得安全链接，并使用电子签名；公众可以获得关于公共信息的视频和音频；还可通过电子邮件、传真和电话与相关政府部门取得联系；各网站能够定期更新。第四阶段：在线办理阶段。使用者可获得在线服务办理（如支付罚款、缴纳税款等）；政府部门可进行在线电子采购；不同政府部门之间、不同层级政府之间的基础网络初步整合；网站后台能够实现信息共享。第五阶段：整合阶段。政府完成由职能导向向服务导向的转变；政府更加注重公众的反馈和主动参与；在线信息、知识和服务的完全整合，能够根据用户需求提供一体化、一站式的服务；后台部门实现无缝集成，电子治理所有服务功能实现完全集成。

8.3.2　电子治理与政府信任

政府信任是指公众对政府或政治系统的行为和结果与其期望相符的信心和信念。在公共管理实践中，公众对政府的信任是政治支持的重要组成部分，是政府合法性和治理有效性的基础，对政府管理和政策制定与执行具有重要意义。公众的政府信任既受到个人因素、社会环境的影响，也受到政府（官员）形象与行为以及公众与政府互动情况等方面的影响。政府信任的传统研究认为，提高政府信任应该注重政治、政府、经济、社会、文化等方面因素的影响，这些因素确实构成提高政府信任的基本方向，也取得了一定的研究成果和实践成效。目前，除了这些传统影响因素外，互联网时代的到来为政府信任的改善带来了新的机遇和挑战，信息技术正在深刻地影响政府信任的构建过程。信息技术一方面让公民与政府的沟通变得便捷顺畅，提升政府的回应性和亲和力；另一方面也使公众更加强调公平感、参与意识和公民意识，对政府行为和结果更加“挑剔”，而且还为“批判性公民”表达和扩散对政府的不信任带来便利，有可能加剧政府信任的下降趋势。

信息技术对于政府信任改善而言是一把双刃剑，电子治理作为信息技术在政府管理中的实践应用，必然会对政府信任产生重大影响。因此，分析电子治理影响政府信任的途径与机制，进而有效地利用电子治理改善公众对政府的信任，具有十分重要的意义。电子治理有助于改进管理和提高服务效率、提高信息透明度、促进官民互动，这都潜在地改善了公众对政府的认知和态度，进而增强了对政府的信任。电子治理既是当前政府改革与创新的重要内容，也是互联网时代改善政府信任的重要机遇，但是目前对于电子治理与政府信任的相关研究并不充分，是一个亟待加强研究的新话题。在“互联网＋政务服务”的国家战略背景下，电子治理将进一步成为改善政府信任的新的技术途径。

电子治理不仅涉及新的领导方式和决策方式，更涉及获取公众需求的新方式以及信息和服务的组织与提供的新方式。① 电子治理通过电子化服务、电子化参与和电子民主架起政府与企业、公众和非营利组织之间的桥梁，不仅带来了高效优质的政务服务，提高了服务供给生产率和公众满意度，而且将信息沟通和公众参与电子化，形成了良好的互动关系，带来了更高水平的参与和政府信任度。② 因此，电子治理不仅改革了政府治理方式和工具，而且改变了政府与公众的公共关系和互动模式，实际上经历了一个从“公告板和服务传递到互动式民主”的发展过程。③

托尔伯特和莫森伯格将电子治理促进政府信任产生的方式归纳为企业家途径和参与途径两种④，企业家途径和参与途径共同促进了以过程为基础和以制度为基础的政府信任的产生。其中，企业家途径来源于新公共管理中的政府再造理念。电子治理再造了政府信息服务和政务服务的管理流程和服务方式，通过一站式的信息和服务，改变了公众与政府互动的界面，回应性和高效率是企业家途径的优势所在。参与途径来自直接民主、责任、透明的理念。电子治理为公众提供了新的参与和对话渠道，促成了以直接民主为特征的电子民主，使得政府更加具有责任性、透明性和回应性。电子治理改善政府信任的途径主要有三种方式：通过电子化信息公开提高政府透明度，通过一站式在线服务提高服务效率，通过电子化参与促进公民参与和互动。

电子治理扩大了信息公开的范围，降低了公众获取公共信息的成本，从公众与政府的委托-代理关系来看，这有助于减少公众的信息不对称，增强对政府的认知和信赖，产生以过程为基础的政府信任。政府部门所提供的公共信息的数量和质量决定了政府的透明度状况，并进一步影响政府与公众间信任关系的建立。⑤ 电子治理的电子化信息服务功能除了能够提高政府透明度、保障公众的知情权外，还有助于减少腐败，提高政府责任性，促进官民信息互动。电子治理进一步透明化政府信息与决策过程，增强了政府对公民的责任感，而更大的透明性和责任性又能减少腐败，从而提高公众对政府的信任度。⑥ 电子治理借助信息技术拓展了信息公开的内容和范围，提高了政府的透明度和责任性，保障了公众的知情权和监督权，在减少公众与政府信任不对称的同时，改善了公众对政府的认知和态度，从而提高了公众的政府信任度。

完善电子化信息公开工作，提高政府透明度是电子治理改善政府信任的基础性工作。电子化的信息公开需要建立完善的法律法规和技术规范，保障应该予以公开的公共信息能够以电子化的方式汇集、整理、存储和公开，同时关注信息安全性、隐私性的保护，使公众能够方便快捷、安全有序、完整准确地获取公共信息，从而增强政府透明度并逐步建立

---

① FERGUSON M, RAINE J. Developments in electronic governance. London: The British Council, 1999.

② Accenture. Digital government: pathways to delivering public services for the future, 2014.

③ WEST D M. Digital government: technology and public sector performance. Princeton, New Jersey: Princeton University Press, 2005.

④ TOLBERT C J, MOSSBERGER, K. The effects of e-government on trust and confidence in government. Public administration review, 2006 (3), 354-369.

⑤ KIM B S, KIM J H. Increasing trust in government through more participatory and transparent government. Republic of Korea: Presidential Committee on Government Innovation & Decentralization, 2007.

⑥ 孙国锋，苏竣. 电子政府促进民主与发展. 清华大学学报（哲学社会科学版），2001 (5).

透明文化，为改善公众的政府信任建立信息认知基础。在政府信息管理过程中，应该注重借助电子治理的技术优势，尤其是政府微信、微博等新媒体，形成多元化信息发布渠道，提高公共信息的可及性、易用性和有用性，降低公众获取公共信息的时间成本和经济成本。同时，为了保障电子化信息公开工作的顺利开展，还需要建立完善的制度保障机制，包括电子化信息发布机制、协调机制、审查机制和监督机制，以提高电子化信息公开质量和政府透明度，从而改善政府形象和公众的政府信任度。

电子治理优化了政府内部管理机制，整合了政务服务流程，通过一站式在线服务提高了服务效率，而且增强了回应公众需求的及时性，产生了以过程为基础的政府信任。现代政府信任下降的一个重要原因是很多公众认为政府管理效率低下、政务服务效益不高①，而电子治理的深入发展有助于改变政府管理和服务低效率、低效益的状况。便捷高效的一站式在线服务是电子治理的一项重要功能优势，它改进了政府的管理和服务绩效，同时有助于提高公众的办事效率，这是优化政府行为和产出、改善政府形象的重要方面。电子治理具有降低服务成本的潜力，以信息技术为基础的一站式在线服务不但帮助政府解决效率和效益问题，而且打造了一个“服务更好、花费更少”的政府，打破了“信任降低—资源减少—绩效感知降低—信任再降低”的恶性循环，从而获得更高的公众信任度。从工具论视角看，电子治理作为一种改进治理绩效的技术工具，除了与公共服务供给的效率和效益相联系外，它还具有更好的灵活性与适应性。基于信息技术的流程再造和管理革新，能够及时汇集和反馈现代社会条件下不断变化的多样化的公众需求，从而实现了回应服务需求的及时性和系统性。因此，电子治理依托现代信息技术，通过建立一站式在线服务平台，在改进内部管理效率和外部服务效益的同时，有助于扭转公众长期以来形成的“办事难、效率低”的政府印象，进而提高公众的政府信任度。

优化一站式在线服务，改进服务效率和效益，是电子治理改善政府信任的重要方式。在电子化服务方面，需要制定和完善标准化的在线服务规范，确保管理方式和服务流程的再造得以实现和维持。在服务管理过程中，建立服务效率和服务质量的持续改进机制，立足信息技术的新发展和公众对于政务服务的新需要，不断优化一站式在线服务，提高电子化服务质量。在技术方面，政府管理者应该重视电子化基础设施建设，提供安全稳定、功能全面、操作简便的在线服务平台。此外，当前互联网发展的一个重要的新趋势是移动互联网兴起并逐渐成为公众与政府接触的重要方式。因此，基于当前移动互联网的快速发展，优质的移动政务服务平台和应用终端应该作为在线服务发展的重要方向。在制度方面，要利用信息技术快速发展的契机，完善管理方式和服务流程，建立标准化的技术准则和服务规范、完善的一站式服务质量管理机制以及服务监督与反馈机制。从技术和制度两个方面，确保一站式在线服务平台能够为公众提供多样化、便捷化、高质量的政务服务，从而提高公众对政府的信任度。

重建政府信任的最重要的方式是改善公众与政府的接触，从而产生以过程为基础和以制度为基础的政府信任。从这一角度来看，电子治理拓展和便捷化了公众参与公共事务管

---

① WEST D M. Digital government：technology and public sector performance. Princeton，New Jersey：Princeton University Press，2005.

理的渠道，通过信息技术最大可能地实现了直接民主，并改善了公众与政府的互动关系。因此，这种公众与政府之间直接有效的互动行为，增强了政府透明、回应和民主等价值，有助于产生以过程为基础和以制度为基础的政府信任。当前，随着电子治理的深入发展，公众越来越倾向于通过电子化途径与政府接触互动，公共管理和决策中的公民参与已经进入电子化时代。换言之，公众不仅能够更加便捷地与政府沟通，而且能够更加直接地参与政策制定，电子治理发展了公众与政府间的关系，并使二者之间的关系得到改善。电子治理不仅改革了政府治理方式和工具，而且改善了政府与公众的公共关系和互动模式。电子治理在促进公众参与方面，实际上带来了一场电子民主的变革，它使得政府管理变得更具可及性，而电子化参与的直接性、双向性和便利化更是带来了政府与公众互动关系的改善，进而提高公众的政府信任度。

发展电子民主应该围绕以下工作进行：提高公众参与度和提升实质性的参与效果，进一步明确和有序扩大电子化参与范围，畅通电子化参与渠道，完善公众与政府的沟通交流，确保公众的需求与意见快速准确地传递到决策与管理过程。在制度建设方面，政府管理者首先要转变观念，建立常态化、制度化的电子参与机制，妥善处理互联网新媒体时代的政府与公众的互动关系，积极应对电子化参与可能带来的冲击和挑战，为促进公众的电子化参与提供可靠的制度环境和良好的舆论氛围。在技术方面，大力建立基于互联网和移动终端的电子化参与平台，例如电子资讯平台、电子投票平台、电子协商平台，拓展公众参与决策与管理的范围，畅通公共参与渠道，同时，建立完善的技术标准和安全规范，确保电子参与平台的安全性、可靠性以及隐私保护。此外，在打造多方位的电子参与和互动过程的同时，还应该注重电子化的回应机制，这是当前电子民主发展中容易缺失的环节，应该在电子参与的制度设计过程中予以重视。通过制度完善和技术保障，借助电子治理为公众提供便捷可靠、回应及时的高品质参与服务，能够改善公众与政府的互动关系，提高公众对政府的信任度。

8.3.3 政府 2.0、开放式政府与服务型政府建设

以用户为中心、强调开放互动、注重用户参与的 Web2.0 技术的兴起和广泛运用，改变了政府与公众的互动方式，也推动着政府治理形态的变迁。作为全球电子政务发展和政府治理模式变迁的新趋势，以公开透明、参与互动、服务整合为特征的政府 2.0（Government 2.0）和开放式政府（open government）应运而生，并迅速在全球范围内传播开来。

1. 政府 2.0 和开放式政府的内涵认知

（1）政府 2.0。

政府 2.0 是一种以信息技术为依托、以政务公开为基础、以公众需求为中心、以服务公众为使命、以政民互动为前提、以平台整合为目标的政府管理模式。政府 2.0 旨在利用互联网上的多元信息资源，打造一个国民互动、共同创新的整合开发平台，同时鼓励社会公众利用信息技术将政府提供的服务、政府的业务流程与数据社会化、商品化，并加强公

共部门与公众的沟通和协作，提升公共服务的质量和效率。[①] 政府 2.0 不仅是电子政务发展的新趋势，更是政府治理的一次重要转向，它使政府与民众直接互动和沟通，使公共服务从生产者范式转变为使用者范式，从碎片化、分散化、封闭化的政府管理走向协同、互动、共治的整体性治理。

公开透明是政府 2.0 的首要特征。政府以机器可读的多种格式向公众免费公开除个人隐私、商业机密和国家安全之外的各种公共信息资源[②]，供公众查询、下载，并提供分析工具、摘录工具及应用程序接口，方便公众对信息资源进行深入开发，实现信息的增值利用。

借助于 Web2.0 工具和各种移动泛在技术，政府机构及其公务人员能够随时随地通过各种即时通信软件、社交网站等社会化媒体与公众进行复杂、平行的在线互动交流，听取社情民意，主动吸纳公众参与到公共政策制定和公共服务提供（设计、生产、分配）的全过程，实现参与式民主。

在政府 2.0 模式下，创新活动不再囿于实验室或专业机构之中，而是面向用户、面向大众的开放式创新。通过维基百科、微博等为公众提供创建、分享信息与知识的协作平台，以众包的形式激发大众智慧，促进创新涌现。同时，政府部门充分利用外部资源，将行业专业服务资源以外包等形式纳入自身的创新服务体系之中。[③]

政府 2.0 强调的是以信任为基础的、更加协作的和以群体为重点的合作。在政府组织内部，通过使用用户协作平台使政府公务人员的知识社会化，打破部门的职能边界，使政府管理模式朝协作与合作方式转变，公开磋商，开放数据，共享知识。[④] 政府组织和企业及非政府组织、个人也可合作提供公共服务和制定公共政策，这种政府从外部人士那里获得专业意见和洞察力的方式，也被称为“维基政府模式”。

政府 2.0 的目标是建立整合型政府（integration government），这意味着政府后台要进行大量的任务整合，工作重心从方式（电子化）转移到结果（整合）上来。[⑤] 从服务的基础转向流程、体系、信息、资源的集成，标志着政府从条块分割、封闭的架构迈向一个开放、协同、合作的架构，在服务方式、服务内容等方面跨越传统的政府职能边界，打破部门壁垒，实现全面整合，如单一窗口的“一站式服务”，线上、线下的“互动式服务”，基于用户体验的“个性化定制服务”等。

（2）开放式政府。

与政府 2.0 密切相关的另一个概念是由美国率先发起，之后发展为一项国际性政府改革运动的开放式政府行动。开放式政府建立在通过新技术来实现政治民主这一乐观构想之上[⑥]，

---

① EGGERS W D. Government 2.0：using technology to improve education，cut red tape，reduce gridlock，and enhance democracy. Rowman & Littlefield Publishers；OREILLY T. Gov 2.0：it's all about the platform. http://techcrunch.com/2009/09/04/gov-20-its-all-about-the-platform/.

② 丁健. 浅析大数据对政府 2.0 的推进作用. 中国信息界，2012（9）.

③ 宋刚，孟庆国. 政府 2.0：创新 2.0 视野下的政府创新. 电子政务，2012（2）.

④ 胡海波. 政府 2.0：基于社会性网络服务视角分析. 情报科学，2012（4）.

⑤ OSIMO D. Government 2.0：hype，hope，or reality?. European Journal of Practice，2010（3）：2-13.

⑥ HARRISON T M，et al. Open government and e-government：democratic challenges from a public value perspective. Information polity，2012，17（2）：83-97.

超越了传统的以信息技术为中心的电子政务模式，是一种以公民为中心的电子政务模式。它有助于扩大政府信息公开，在保障公民知情权的同时，促进公民参与，提升公共服务的质量和效率。

透明、参与、协作是构成开放式政府的基本要素，也是其核心特征。公共权力运作的透明化是开放式政府的必要前提。① 开放式政府模式下，公共部门充分利用各种信息技术工具向公民公开政府的行动信息、工作程序和决策过程，保障公民的知情权，鼓励公众对这些信息进行监督、反馈，以强化政府课责性，促使政府运作更加廉洁、高效。开放式政府按照一定的质量标准，将政府信息和公共数据以开放和可访问的方式发布到网络平台，供社会公众下载、使用、传输、再利用，通过政府信息的共享，实现数据的转换增值。②

在开放式政府的治理下，公民不仅享有获取信息、文档、程序的权利，还能成为一个优秀的参与者。③ 开放式政府利用先进的信息通信技术向社会公开其行动信息，与公众开展互动交流，旨在为公众参与和协作创造条件、提供机会。因为许多知识和信息都存在于政府之外，政府必须学会利用全社会的智慧来改善自身，在公民知情权获得保障的基础上，政府还要努力挖掘和充分利用外部的智力资源，鼓励公众参与公共治理的全过程，以改进公共决策和管理流程，以更低的成本提供更高质量的公共服务。

以信息共享、数据公开、公民积极参与为基础，一个开放式的政府应该能够通过体制、工具、方法创新促进政府部门间、不同政府间，以及政府与非政府组织、个人间的协作，同时，充分利用公众反馈提升协作水平，发现新的协作机会。政务的协作性不仅强调层级不同、职能各异的政府部门、机构间的协调和合作，打造无缝隙运作的整体性政府，更关注于利用专家、普通市民的创造力和企业家精神来应对其所面临的问题和挑战，发现解决问题的创新性策略。

（3）政府 2.0 与开放式政府的比较分析。

如前文所述，“政府 2.0”和“开放式政府”均明显受到 Web2.0 技术的启发和影响，都是利用社会化网络最大限度地实现与社会公众的参与互动，都倡导政务信息的开放。就概念本身而言，开放式政府是政府 2.0 的子集，虽然后者在概念起源上先于后者，但前者的概念外沿要大于后者，政府 2.0 与政府 1.0 相对应，意味着在 Web2.0 技术推动下政府治理模式进入了新时代，它不仅涵括了开放式政府所必备的“透明、参与、协作”三要素，还明确提出将开放创新和服务整合作为其重要组成部分，旨在打造公共服务整合平台。

虽然政府 2.0 的内涵涉及的范围更宽，但政府 2.0 着眼于从技术角度处理政务问题，以运用网络通信技术实现政府和社会、公民的有效互动为主要出发点。而开放式政府则从政府管理、社会文化等更加广泛的角度推进政府运作的透明化、参与化和协作化，技术仅起到催化剂的加速作用。就此而言，与政府 2.0 相比，开放式政府的视角较为多元。

---

① COGLIANESE C. The transparency president?：the Obama administration and open government. Governance，2009，22（4）：529－544.

② 冀俊峰，张铠麟，李军. Government 2.0 与 open government 的战略与实践. 电子政务，2011（1）.

③ LATHROP D，RUMA L. Open government：collaboration，transparency，and participation in practice. O'reilly Media Inc.，2010.

从两者在世界各国的实际运作方式来看，政府 2.0 最初是在商业精英的大力倡导和推崇下，逐渐深入人心，进而引发政府的兴趣和关注，自下而上的社会参与是政府 2.0 运行的主要动力，政府的角色在于“掌舵而非划桨”，仅负责顶层设计，提供法制框架和政策规划，为政府 2.0 的顺利前行保驾护航。开放式政府的正式提出和付诸实践，则归因于国家高层领导人的政治承诺和内在动员，以自上而下的方式推动，政府不仅是法制政策的供给者，而且积极介入开放式政府运作的各个环节，对保障开放式政府的良好运转，起到重要的指导和控制作用。

2. 政府 2.0 与开放式政府的国际经验

近年来，政府 2.0 模式和开放式政府战略在世界范围内得到迅速传播，吸引各国政府纷纷效仿并积极实施，其中，澳大利亚政府运用 Web2.0 技术提升公共服务的努力可视为政府 2.0 模式的代表行动，美国联邦政府围绕透明、参与、协作三大原则展开的政府改革运动无疑是开放式政府战略的典型实践。

一直以来，政府信息公开都是澳大利亚电子政府战略的重点，其于 2001 年制定的《澳大利亚政府空间数据访问和定价政策》(Australian Government's Spatial Data Access and Pricing Policy) 是世界首个免费开放政府数据的重要计划。为了充分利用 Web 技术打造更加开放的电子化政府，同时受经合组织（OECD）电子政府发展方针和其他国家（如美国）的开放式政府行动的影响，2009 年 6 月 22 日，澳大利亚成立了由信息技术专家、政府首席信息官、博物馆与国立图书馆的相关技术专家、民间企业工程师和高级顾问等 15 名专家组成的政府 2.0 特别工作组。该工作组于 2009 年 12 月向政府提交了题为《参与：与政府 2.0 友好相处》(Engage: Getting on with Government 2.0) 的工作报告，2010 年 5 月，澳大利亚政府发布文件对该报告进行了批复，正式启动澳大利亚政府 2.0 计划。该报告为澳大利亚将政府 2.0 行动设定了三大战略支点：一是以文化变革为核心，政府运用全部领导力推动其执政理念、施政方式的变革，创造一种开放和透明的文化；二是运用 Web2.0 技术促进政民互动，形成开放、协作、合作的治理模式；三是开放访问公共部门信息，鼓励公共部门信息的增值利用。立基于文化变革、技术应用和信息公开的政府 2.0 将能够：使公众更具民主精神和更加知情，激发公民热情，使其为社区生活做出更大的贡献；提高公共服务的回应性、质量、灵活性和效率；挖掘和实现公共部门数据的经济价值和社会价值，为创新提供广阔平台；让公共部门和政府的政策、服务更符合公众的需求。

围绕发挥政府领导力、促进公众参与、公开政府信息三大目标，澳大利亚的政府 2.0 实践主要聚焦于促进参与式在线互动，运用 Web2.0 技术构建政府社区，以及改善公共部门信息管理。2013 年 8 月，澳大利亚政府信息管理办公室（AGMIO）发布了公共服务大数据战略。该战略以数据属于国有资产，从设计着手保护隐私，数据完整性与程序透明度，技巧、资源共享，与业界和学界合作，强化开放数据六条大数据原则为支撑，旨在推动公共行业利用大数据分析进行服务改革，制定更好的公共政策，保护公民隐私，使澳大利亚政府在该领域处于全球领先水平。

作为电子政务的发祥地，美国以其先进的信息技术和发达的信息产业为支撑，始终引领着全球电子政务发展的新趋势。2009 年 1 月 21 日，奥巴马总统履职首日发表了题为《透明与开放式政府》(Transparency and Open Government, TOG) 的第一份总统备忘录，正式启动美国开放式政府行动，并提出了开放式政府计划的战略构想：围绕透明、参与、协作三大核心原则，利用信息通信技术来提升政府透明度，为公众提供更多的参与机会，推动政府间、政府与非政府间的协作，在巩固民主的同时，改善政府的效率与效能，以新技术探寻民主和效率的契合点。为了将以上战略构想变为现实，在现有的相关基本法(《信息自由法》《宪法第一修正案》《电子信息自由法令》《阳光政府法》《隐私权法》《GPO电子信息获取促进法》等）和配套法律（《文书削减法》《电子政府法》等）的框架下，奥巴马政府先后制定并实施了包括机构备忘录、行政令、总统备忘录等形式在内的数十项开放式政府政策，政策内容涉及信息自由、政府数据开放、联邦政府支出信息公开等多个领域，从而为美国开放式政府行动提供了全方位的政策支持。

奥巴马在《透明与开放式政府》备忘录中命令首席信息官、预算管理办公室主任与总务专员通力合作，协调各行政部门和机构，由预算管理办公室发布开放式政府指导意见，用以指导包括独立机构在内的各行政部门和机构采取具体措施践行“透明、参与、协作”的开放式政府原则。2009年12月8日，预算管理办公室主任以备忘录的形式向各行政部门和机构的领导发布了《开放式政府指令》(Open Government Directive)，作为整个开放式政府计划实施的纲领性文件。

为进一步提升联邦机构支出信息的透明度，联邦政府主要通过网站，重点推进复苏法授权支出、联邦拨款、信息技术支出、其他政府不当支出、纳税人收据信息的公开化。面向公众的政府支出信息公开，运用互联网技术保障纳税人的知情权，赋予公众对政府支出行为的监督权，同时开设渠道引入公众参与，有助于政府提高公共资金配置的合理性和使用效率。

除了对联邦行政机构的信息公开提出明确要求外，白宫也以身作则，向公众大开“信息之窗”，以白宫网站为平台，将总统（副总统）的日常安排、纳税申报单和财产情况，白宫工作人员的道德记录和财产情况，白宫来访人员记录，总统（副总统）记录（甚至包括敏感性文件）向所有公众无条件公开，并及时更新，任何人通过访问白宫网站，点击相关数据集，即可迅速浏览所需信息。

根据《开放式政府指令》的要求，各联邦机构必须在规定时限内制定并实施其开放式政府方案，方案内容必须体现出以下要素特征：首先，各机构在起草和制订其开放式政府计划的过程中，必须与其他机构进行深入协商，并吸纳公众参与，计划也应具备较高的可读性，以开放格式公布在网站上。其次，计划应具备最高程度的透明性，能够提供高价值信息的详细清单，便于公众使用这些信息对机构行动进行监督。再次，计划中应包括其增加公众参与机会的途径。最后，计划应包含该机构运用技术平台与其他联邦和非联邦政府机构、私营组织、非营利组织及学术机构开展协作的行动方案。此外，开放式政府计划还要至少展示一个该机构目前正在实施的旨在提升本机构“透明、参与、协作”水平的旗舰计划。为督促各机构按照上述要素标准制定和实施其开放式政府计划，总统特别指定人员制定开放式政府指示板（Open Government Dashboard)，并将其挂放在白宫网页上。公众可在各机构计划的形成过程中通过该指示板追踪各机构建设开放式政府的最新进展，了解各机构计划的具体内容。

作为美国开放式政府计划的旗舰行动，Data.gov不仅是推动机构扩大信息公开的重要技术工具，更是政府数据开放的主要平台。2009年5月21日，由联邦首席信息官委员会开发、总务署（General Service Administration，GSA）主管的数据门户网站Data.gov正式开通，网站以元数据集（DC）为标准，采用目录组织政府数据和其他应用网络工具，是一个整合了各机构数据集的"一站式"入口。作为全球第一个国家政府层面的数据门户网站，Data.gov有效地解决了以往分散在各个政府机构网站的数据不兼容的问题。网站中的数据均可下载，可被用于创造新的工具和程序。许多政府外部的组织和个人已经开始使用这些数据开发应用程序，极大地方便了人们的日常生活，并创造出了巨大的经济价值。

联邦政府开放数据的价值体现在两个方面。一是这些政府数据经处理后，以各种形式（表格、图形）展示在Data.gov上，方便公众对数据所包含的信息形成直观的感受。如"清洁空气状态与趋势网络"数据集提供了关于空气质量的信息，同时还以数值形式和可视形式将各地区空气质量的具体情况和地理分布比较呈现给公众。二是Data.gov上的信息可被研究者用于学术研究和商业活动。从用户需求出发，Data.gov采取多种格式进行数据发布，企业家和科学家可以根据原始机构数据提供新的数据服务，通过市场化的运作获得利润，实现这些数据的经济价值。自该网站开通以来，数据开发者已经逐渐将Data.gov上的原始数据转变成许多用户友好型的数据应用程序，为普通市民提供了易于使用的信息。

美国联邦政府还力图将数据开放与其国家创新计划紧密结合，开放式创新以用户为中心，重视发挥普通公众在创造活动中的主体地位，使创新不再囿于实验室或专业组织之中，让创新走向民众，从而激发了社会公众的创新热情和潜能，为经济发展注入新的活力。公众使用源于Data.gov的数据，编写出了大量的程序和应用软件，极大地方便和改善了人们的生活。例如，公众将卫生与公众服务部（HHS）公布的数据与HHS的社区健康数据行动结合起来，创造出一些极具实用性的应用软件，如健康地图和指示板、健康数据的网络搜索引擎，以及能够帮助市民选择健康护理机构的工具。

在Web2.0环境下，以社会互动为核心的社会化媒体（如博客、微博等）、社会共享服务短信语言（如YouTube等）、协作编辑工具（如维基百科等）、社交网络（如Facebook等）极大地改变了政民沟通与互动的类型和方式。社会化媒体在美国开放式政府进程中主要发挥着以下三个方面的作用①：

第一，政府利用社会化媒体技术推动公众和政府对话，并为社会各方讨论政策制定和实施提供机会，以实现民主参与。如2011年开通的"We the people"请愿平台，为公众联合发起政策议题、参与联邦政府政策议程设置提供了重要途径；联邦政府还利用Apps.gov网站为公众提供交流空间，为某些社会化问题寻求解决方案。

第二，采用众包方式以集体智慧提升公共服务的质量、交付和响应能力，由政府和公民共同开发、设计、提供公共服务，推动公共服务的提供者和使用者构建合作伙伴关系。

---

① NAM T. Suggesting framework of citizen—sourcing via government 2.0. Government information quarterly, 2012 (1): 12-20; LUNA-REYES L F, CHUN S A. Open government and public participation: issues and challenges in creating public value. Information polity, 2012 (2): 77-81.

例如，退伍军人事务部在其他联邦机构和私人基金会的协助下，于2010年8月发起了“Blue Button”行动，该项目使退役老兵能够从各自的“My Health Vet”记录中下载其个人健康信息。

第三，通过公共知识和人才寻求创新，解决大型的社会问题，形成一种由技术支持和数据驱动的公私协作。其中，较具代表性的是“GSA's Challenge. gov”。该网站为政府机构提供了一个十分有用的平台，帮助联邦政府利用专家、普通市民的创造力和企业家精神来应对其所面临的问题和挑战，并为建言献策者提供适当的奖励（奖金）。

3. *政府2.0与开放式政府对中国服务型政府建设的启示*

近年来，中国政府关注以信息技术为支撑打造服务型政府，从最初的办公自动化、信息的单向流动，到实时的在线服务受理和政民双向的互动，再到一站式的服务整合，信息通信技术的发展融合已成为中国服务型政府建设的重要助推力量。以用户为中心、强调开放互动、注重用户参与的Web2.0技术的兴起和广泛运用，改变了政府与公众的互动方式，也推动着政府治理形态的变迁。服务型政府以公众为中心，通过政务公开和政府与公众的广泛互动，持续地推动以提高公众满意度为目标的政府管理创新与变革，不断提高政府工作的透明度，不断提高行政效率和降低行政成本，形成公众广泛参与下的全新的服务型政府职能模式。服务型政府的建设，在相当程度上需要依赖于信息技术的推动。服务型政府建设不仅需要组织结构的改变，还需要辅以流程再造、一站式服务、公私合作、网络简化等多种改革措施，而这一切都有赖于信息技术的支持。政府2.0与开放式政府所倡导的以人为本、服务公众、开放透明、信任协作、服务整合等理念亦是服务型政府的题中应有之义。①

（1）重塑政府行政文化，变革执政理念。

文化的变革，其重要性远胜于政策发展和采用新技术带来的挑战。中国各级政府应积极采取各种措施，重塑政府行政文化，树立以公众需求为中心、以服务公众为使命、以新技术应用提高政府服务质量的理念；营造开放透明的政府文化氛围，主动接受社会公众的监督和建议，增强政府责任感，提升政府廉洁度；将政府掌握的信息资源视为公民共有的国家资产，树立开放政府信息资源，鼓励和引导外部社会力量完善政府、增值利用政府信息的服务理念。②

（2）公共部门数据开放，实施大数据战略。

中国各级政府应通过免费开放公共部门信息资源，使社会公众公开访问政府信息，了解决策制定过程，培育和激发社会公众参与公共事务的热情，充分利用民众智慧解决公共管理过程中遇到的问题。同时，推进大数据战略，鼓励企业、个人对公共部门信息的再利用，创造经济效益和社会效益，为创新活动提供信息平台。应加强政府信息公开法规制度框架的顶层设计，在现有的《档案法》《保守国家秘密法》《政府信息公开条例》的基础上，进一步完善相关法律法规，减少对公众信息自由的过度限制。建立跨部门的公共部门信息资源协调管理机构，制定统一的信息资源发布标准，推进协同共享。建议借鉴美国的

---

① 朱春奎，李燕．政府2.0、开放式政府与服务型政府建设．上海行政学院学报，2014（3）．

② 何军．美国联邦政府电子政府的发展模式、趋势及启示．电子政务，2013（10）．

首席信息官制度，在各个部门设立首席信息官，形成集约建设、集中管理、集成服务的公共信息资源管理模式。探索建设国家统一的公共信息资源集中发布平台，如 data. gov 和 apps. gov 平台，将分散在各部门的信息资源整合为单一入口的综合性信息资源库，以统一的格式、接口组织和发布综合性数据。重视大数据时代中的公共部门信息安全，加强信息分类管理，加强信息安全风险评估和控制，同时实施信息安全全生命周期管理，最大限度地保护国家机密、商业机密和个人隐私。

(3) 利用社会化媒体实现参与性的政民互动。

加强政府与公众的互动，是政府 2.0 和开放式政府的核心功能。各级政府应积极使用社会化媒体建立公众与政府间的沟通渠道，化解传统沟通模式中的沟通障碍。一方面，利用博客、微博等社交网络开展民意调查，通过在线交互让民众了解政务流程的节点，让公众参与到政策制定、执行、评估和监督之中，并建立有效的民意反馈机制，提升对社情民意的回应能力，实现真正的参与式互动；另一方面，充分利用政务博客、官方微博开展政府形象宣传，健全社会化网络互动应急机制，提高对网络舆情的监测和引导能力，防止不良信息的“病毒式”传播，提高政府公信力。①

(4) 运用信息技术推进整体性治理。

大力推进国家电子政务建设，通过信息技术跨越政府组织与职能边界，整合政务节点和服务资源，打破传统部门界限和功能分割，实现跨地区的政务协同，建立“无缝隙政府”。整合各部门的服务职能，提供“一站式服务”；以公众需求为核心，提供“主动推送式”服务和基于用户体验的个性化定制服务等，实现从封闭、分散的管理向开放、协同的整体性治理的转变。

① 胡海波．政府 2.0：基于社会性网络服务视角分析．情报科学，2012 (4).

第9章 公共部门绩效管理

9.1 公共部门绩效管理概述

9.1.1 公共部门绩效管理的含义与特征

1. 公共部门绩效管理的含义

“绩效”源于英文单词“performance”，原意是指性能、能力、成绩、工作成果等。目前，绩效一词在各个领域、各个行业被广泛应用，但是因为其多因性、多维性和动态性，至今理论界对绩效的概念没有一个统一的定义，不同行业中绩效评估的实施者也对此各执一词，莫衷一是。目前，研究者在理论上主要是从产出角度、行为角度或者从上述两者综合的角度解释绩效。从产出角度看，绩效是对在特定的时间内、由特定的工作职能或活动所创造的产出的记录。从行为角度看，绩效就是个人或系统的所作所为。更多的研究者认为绩效不仅包括行为的结果，还包括行为本身，他们认为绩效是组织实现其目标的有效活动及其结果的总和。实际上，绩效的含义是非常广泛的，对于不同的时期、不同的发展阶段、不同的对象，绩效有不同的含义。表 9－1 中对几种绩效的主要定义及适用情况进行了说明。

从管理学的角度看，绩效是组织期望的结果，是组织为实现其目标而展现不同层面上的有效输出，它由组织绩效和个人绩效构成。组织绩效是以特定组织为关注对象，体现为这些组织的工作成就或效果，具体以效率、效果、公平等来衡量。个人绩效主要指个人的工作表现、工作成绩、工作态度，以及他的专业知识、熟练程度等。组织绩效是建立在个人绩效实现的基础上的，但个人绩效的实现并不一定保证组织是有绩效的。

表 9－1　　绩效定义及其适应情况对照表

绩效定义	适应的对象	适应的组织或阶段
1. 完成了工作任务	体力劳动者 事务性或例行性工作的人员	
2. 结果或产出	高层管理者 可量化工作性质的人员	高速发展的成长型组织强调快速反应，注重灵活、创新的组织
3. 行为	基层员工	发展相对缓慢的成熟型组织，强调流程、规范、注重规则的组织
4. 结果＋行为（行为/素质）	普遍适用各类人员	
5. 做了什么（实际收益）＋能做什么（预期收益）	知识工作者，如研发人员	

资料来源：付亚和，许玉林．绩效管理．上海：复旦大学出版社，2006：12.

所谓绩效管理，是指利用绩效信息来协助设定统一的绩效目标，进行资源配置与优先顺序的安排，以告知管理者维持或改变既定目标计划，并报告完成目标的过程。① 绩效管理作为一种新的管理实践和管理技术，其重点放在对组织效益的考察和改进上，注重组织未来的发展，它是信息管理和绩效测评两项功能的统一。绩效管理不仅是公共部门进行有效资源配置的一种重要手段，也是一个基于成本-效益考虑来提高公共部门效率、满足社会需求的工作议程。绩效管理为强化管理提供了关于项目和组织绩效的各种客观的决策依据，有利于达成组织目标、提高组织整体绩效并增加责任感。

公共部门绩效管理强调公共部门产出的高效率和公共部门服务的高质量，它是公共部门管理者的主要职责之一。管理者通过绩效管理对组织的活动进行全方位的监测、控制与调整，可以使公共部门持续地改进个人和整体的绩效。公共部门的绩效管理不仅是一种管理工具，也是一种观念和系统。作为一种观念，绩效管理整合了相关的新公共管理和政府再造运动中的多种思想和理念，并构建了自身的制度基础和先决条件；作为一种系统，绩效管理框架从战略规划的角度将多种管理资源系统有效地整合起来，形成了多重价值和多维度的综合性绩效评估体系。② 公共部门的绩效管理也重视公共管理的价值取向和社会效益，关注管理过程的环境因素和心理因素，关注顾客需求，力图为公共部门提高绩效的改革创造条件。

2. 公共部门绩效管理的特征

公共部门是相对于私人部门而言的。公共部门的核心特征是强调社会利益重于个体利益，社会效益重于经济效益，因此其决策往往是从公众利益出发，而不像私人部门那样直接追求利润的最大化。然而在市场经济中，公共部门的行动并不是以自身为中心，而是与私人部门一起维护市场的稳定和资源配置的效率，是与私人部门分工不同的整个社会资源配置系统的一个组成部门。市场经济中的公共部门作为规则的制定者，并没有能够凌驾于

① GORE. Creating a government：work better and cost less. U. S. Government Printing Office，1994.

② 刘旭涛．政府绩效管理：制度、战略与方法．北京：机械工业出版社，2003.

私人部门的特权——其凭借所掌握的货币，而不是暴力权力，与私人部门一起参与市场的竞争和资源的分配；其同样是价格的接收者，而不能超越市场，成为价格的决定者；其同样必须接受立法机关制定的法律框架的约束。公共部门是公共经济活动的重要经济主体，它包括政府、公共企业、非营利性经济组织（例如基金会等）、国际组织、民间社会团体等。其中，政府是公共部门的最主要成员。

绩效管理作为一种活动在公共部门和私人部门都存在。从某种程度上讲，20 世纪 80 年代后兴起的公共部门的绩效管理在很多方面借鉴了私人部门的做法。然而，公共部门与私人部门毕竟是两种不同的部门，两者的绩效管理在环境、目的、功能、理念等方面都存在着差异。

私人部门绩效管理与组织系统外的竞争环境息息相关，直接反映了市场的需求；而公共部门实施绩效管理的外部环境则缺少市场因素，其绩效管理的主要动力来自外部环境的政治压力、社会需求和公众舆论。公众的态度（支持或不支持）是公共部门实施绩效管理的重要因素。

私人部门绩效管理的最终目的是效率的提升和获利的最大化，公共部门实施绩效管理的目的则是通过对公共产品和公共服务提供的效率、效益、公众的回应性和满意度的测定与监督来维护公共利益，提升公共部门的合法性。公共部门不以营利为目的，公共部门的公共性决定了其必须以公共利益为出发点，必须在诸如如何有效使用资源、如何提高公众满意程度等问题上做出相应的回答。

私人部门绩效管理的功能是增强其市场竞争力，公共部门的绩效评估旨在追求良好的公共部门形象，追求社会的公平与和谐。绩效管理在公共部门直接体现为一种公共部门管理服务的职能，是公共部门加强管理的手段。公共部门力图通过绩效管理来提高公共部门的服务水平，加强公共部门的组织管理和获得社会的认同。

私人部门绩效管理以个人绩效的提高和顾客需求的满足为基础，公共部门虽然也要满足顾客的需要，但它并不以营利为目的。公共部门更多的是通过晋升以及精神方面的激励来提升工作人员的表现，私人部门则更多采用的是物质激励的手段来提高员工的绩效。

9.1.2 公共部门绩效管理的兴起与发展

1. 西方国家公共部门绩效管理的兴起与发展

提高行政效率从来就是行政管理的重要目标。100 多年前美国学者威尔逊开创行政学研究这片新领域时，就宣称他关心的是政府如何能以最高的行政效率和最低的成本做好恰当的事情。100 年后，20 世纪 90 年代西方国家兴起的政府再造运动的核心目标仍是提高政府的效率。效率这个自然科学领域的概念，被引入管理领域，与其说是现代化大生产发展的结果，不如说是商品经济、市场经济的本质使然。因为在企业管理中，效率就是投入产出比率。而这个概念被引入行政管理领域后，就是指行政效果与行政消耗之比。随着政府的职能不断发展、完善，“效率”一词已经包容不了公众对政府的众多要求，由此，“绩效”这个同样在企业管理领域被广泛使用的概念，取代“效率”进入了公共行政与管理领域。西方国家公共部门绩效评估的理论和实践始于第二次世界大战后，盛行于 20 世纪七八十年代的西方行政改革国家，尤其是英美等国，在 90 年代得到全面发展。

第二次世界大战期间，学术界开始研究公共部门绩效评估。学者克来伦斯·雷德和赫伯特·西蒙的《市政工作衡量：行政管理评估标准的调查》一书出版，标志着政府绩效评估研究的开始。西方发达国家对政府绩效问题的研究，与政府管理模式的变化有着密切的关系。因此，在早期传统行政模式下，对政府绩效的研究由于受到科学管理运动和一般管理理论的影响，主要采用技术效率（亦称机械效率）的研究方法，认为公共组织与私人组织在管理方法的本质上没有任何区别，因而效率原则对政府和企业都是适用的。

第二次世界大战以来，到 20 世纪 70 年代，西方国家对政府绩效的理论研究和实践都进入了一个新的高潮。由于政府规模的不断扩张，政府绩效问题日益引起人们的关注。1973 年，尼克松政府颁布了《联邦政府生产率测定方案》，使政府绩效评估系统化、规范化。1976 年，美国科罗拉多州通过了第一个《日落法》，规定立法机关要定期审查各级机构和方案，以消除或改造重叠的机构和效率低下的方案。到 1981 年，有 36 个州通过该法律，美国政府绩效评估步入法制化的轨道。

20 世纪 80 年代以来，政府绩效评估在西方国家全面推行，这一时期，在传统官僚政治体制下，政府机构臃肿、效率低下、资源严重浪费，政府面临严重的管理危机和公众信任危机。与此同时，理论界也出现了新右派，力主减少政府干预，采用管理私营部门的管理哲学及管理方法，用企业家精神重塑政府。英国新公共管理运动和美国的政府再造运动兴起，新管理主义思潮成为指引西方各国行政改革的一条重要指导思想，关于公共管理的技术和方法的著作与文献大量涌现，包括战略管理、全面质量管理、标杆管理、目标管理、绩效预算、人力资源开发等各个方面。这个时期公共部门绩效评估的侧重点是经济和效率，追求投入产出比的最大化。以英国为例，英国从 20 世纪 60 年代开始对公共部门生产力进行测定，到 80 年代在中央各部门进行持续数年的大规模的“雷纳评审”，在此基础上建立起较成熟完善的绩效评估机制，广泛运用于中央、地方各层级的政府部门和其他诸如学校、国民保健等公共部门。1979 年，撒切尔政府开展了著名的“雷纳评审”。雷纳评审是“以解决问题为导向”的“经验式调查”，调查的起点是“人们已经了解的东西而非不了解的东西”。1980 年，英国环境大臣赫尔在环境事务部建立了“部长管理信息系统”，它体现了目标责任制度，以目标进行资源配置和调整、绩效评估、全面信息反馈等。1982 年，英国财政部颁发了《财务管理新方案》，标志着公共部门组织绩效评估的正式推行，要求政府各部门树立绩效意识，制订较为系统的绩效评估方案，设立 140 个绩效指标，应用于卫生管理部门和卫生服务系统的绩效评估。负责监督绩效评估的中央财政部，在 1989 年的一份报告中指出，在 34 个中央部门中已有 26 个建立了较为满意的绩效评估机制，政府各部门拟出的绩效评估指标也不断翻新，在 1989 年已达 2 327 个。

进入 20 世纪 90 年代，公共部门绩效评估在西方各国达到鼎盛时期，其过程也更加规范化、系统化。1993 年，美国政府成立全国绩效审查委员会，目标在于“使整个政府降低开支、提高效率”，该委员会发表了《从繁文缛节到以结果为本——创造一个运作更好花费更少的政府的报告》。随后公布的《政府绩效与结果法》可以说是政府绩效评估达到高潮的标志，它要求将绩效评估制度在联邦政府层级制度化，要求联邦机构制定其如何为美国人民提供高质量产品和服务的战略规划和绩效评估制度，所有的联邦政府发展和使用绩效评估技术并向民众报告自己的绩效状况，绩效评估的侧重点是公共服务的质量和效益。根据经合组织的统计，20 世纪 90 年代，除美国和英国外，公共部门绩效评估在加拿大、丹麦、荷兰、芬兰、挪威等国都得到广泛应用。因此，有西方学者认为“评估国”正在西方出现。

2. 我国公共部门绩效管理的探索与实践

我国自改革开放以来，一直非常重视政府的行政效率问题。早在 1980 年，邓小平在题为《党和国家领导制度的改革》的讲话中就尖锐地指出了官僚主义所带来的机构臃肿、办事拖拉、不讲效率等弊端。1988 年后的历次政府机构改革，都把“精简、统一、效能”确立为改革的基本原则之一。2002 年 11 月召开的中共十六大，又进一步提出了当前我国深化行政管理体制改革的目标，就是要形成行为规范、运转协调、公正透明、廉洁高效的行政管理体制。由此可见，行政效率始终是我国政府机构改革中的重点和难点问题，提高行政效率已成为当前行政管理体制改革的基本目标之一。

在行政效率和政府绩效的理论研究方面，自 20 世纪 80 年代我国恢复行政学以来，行政学始终把行政效率作为一项重要研究内容。夏书章、黄达强等早期行政学者对行政效率概念的确立，行政效率的基本要素、测量标准和方法都给予了专门阐述，从而为我国行政效率的理论研究做出了开拓性的贡献。随着行政学逐渐发展成熟，效率研究也开始摆脱机械的、孤立的、局部的状态，开始探讨“提高行政效率的途径”“效率与公平的关系”等影响行政效率的综合性因素。这是因为，研究者们已普遍意识到，由于政府组织的公共性和多元性特征，行政效率与企业效率相比，无论是在效率的改进测量上还是效率指标体系的构建上都显得相当复杂。但是，这种围绕行政管理各个方面探讨提高行政效率途径的综合性研究方法也存在着很大的局限性，突出表现在：研究方法上以定性描述为主，缺少定量化的测量和评价工具；只有高度抽象和笼统的原则，缺乏相关性、针对性和可操作性。此外，由于长期以来我国政府管理模式仍带有明显的中央高度集权的计划经济特点，西方国家传统行政模式中官僚制度的诸多弊端在我国的政府行政管理中亦有所体现，因此，在行政效率的理论研究方面，我们或多或少也同样遇到西方国家传统行政效率研究中所面临的困境。一些学者也对我国传统的行政效率研究方法进行了反思和批判，在借鉴当代西方国家行政改革理论的基础上，政府绩效概念开始逐渐引入我国传统的行政效率研究领域中。与效率概念相比，绩效概念体现了一种系统的、全新的和多层次的内涵，能够更加系统地表征公共管理领域中的成就和效果。但是，结合我国行政改革和政府管理的实际，对我国政府绩效评估方法进行系统的理论研究，仍有待于进一步加强。

近年来，随着我国行政体制改革的不断深入和政府管理水平的不断提高，一些地方政府和部门已开始尝试进行政府绩效的管理和评估活动。我国各级地方政府在变革观念、转变职能、调整组织结构和改革行为方式的同时，根据各自的实际情况进行了一系列的管理优化与创新，探索出了一些各具特色的绩效管理形式，举其要者有目标责任制、效能建设、社会服务承诺制、万人评议政府等。其中，目标责任制始于 20 世纪 80 年代，是将组织目标分解并落实到各个工作岗位的管理方式和方法，目标责任制在各个政府层级、政府部门以及政府工作的诸多领域得到了广泛的实施。山东省青岛市从 2002 年实行《青岛市目标责任制管理实施细则》，把精简机构、减少审批、统一处罚、公开、共识的“五项工程”与政府机关的目标绩效考核系统统一起来，从组织设计、制度重塑、考评导向上促进政府职能转变。效能建设是自律与他律相结合的一种综合性管理机制，其行为主体从纪检监察机关拓展到各级党政机关部门。福建省长泰县政府早在1998年便开始展开机关效能建设，成立“6·15”申诉中心，以解决机关工作人员办事效率低下、官僚主义盛行的难题。社会服务承诺制是一种公共服务质量改进机制，通过服务标准的具体化和公开化为公众评价和判断提供明确的依据。1996年，中宣部和国务院纠风办决定把宣传和推广社会服务承诺制度作为加强行业作风和职业道德建设的重点工作，建设部、电力部等八个部委率先试行。万人评议政府是地方政府绩效管理的一种新形式和新机制，它以群众满意原则为导向，对政府机关工作进行大众评议。20世纪90年代以来，我国的沈阳、杭州、厦门、南京和宁波等城市相继开展了以“让人民评判，让人民满意”为导向的万人评议政府（机关）活动。

尽管我国各级地方政府目前的绩效管理还处于探索阶段，但整体而言已迈出了可喜的步伐，取得了一定的成效。客观地说，我国政府绩效评估无论在理论上还是在实践上都还很不成熟，其主要问题有：一是评估主体多为上级行政机关，社会公众还没有真正成为评估的主体；二是从评估的内容看，没有建立全面科学的评估指标体系，片面地将经济绩效等同于政绩，将经济指标等同于政府绩效的评估指标；三是从评估的程序看，操作过程没有规范化和程序化，存在很大的随意性；四是从评估的方法看，多为定性方法，较少采取定量方法，多为“运动式”“评比式”“突击式”评估；五是从评估的过程看，具有封闭性、神秘性，缺乏透明度与公开性，缺乏媒体监督。

尽管还存在众多的批评者和怀疑者，但公共和非营利管理者已经达成共识，认为好的绩效系统是有效的管理工具，立法机构和政府部门对绩效评估系统的需求将进一步增强。因此，在这方面的问题不是是否需要进行绩效评估，而是如何更有效地设计和实施绩效评估系统，如何设计完整的系统来服务于不同的管理目的，如何确定绩效评估的内容与对象，如何把绩效指标与管理目标联系起来，如何进行数据收集和处理，如何向相关的听众分析和解释绩效结果，如何确保绩效评估有效地用于政策制定并提高绩效。公共和非营利管理者需要学习更多的关于如何进行绩效评估的知识。

9.2　公共部门绩效评估系统的设计与实施

绩效评估系统是绩效管理中观察、报告和使用绩效评估的一种主要工具，如图9-1所示，除了一般的管理功能以外，绩效评估系统包括三个组成部分，这些部分涉及数据选择和处理、分析和后续行动或决策制定。管理者不仅要负责确定和交流战略框架，还要负责设计、实施和维持机构的工作项目，服务和运作以及标准，负责使用评估系统来改善整个绩效。

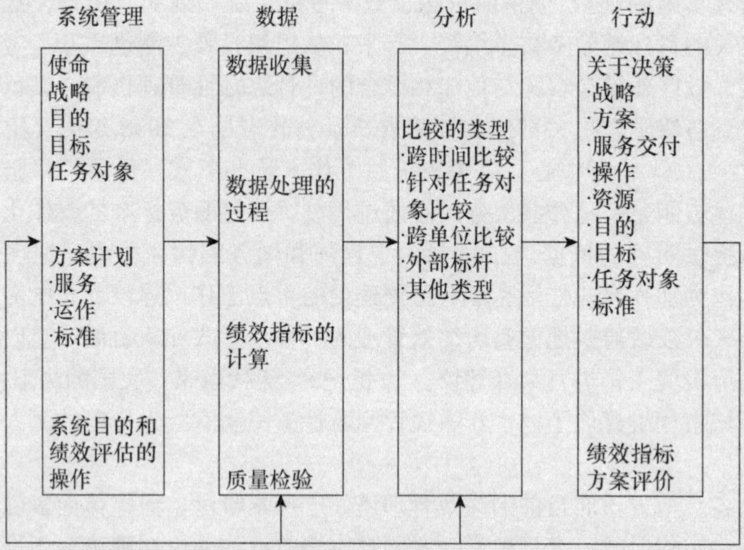

图 9-1 绩效评估系统

资料来源：波伊斯特．公共与非营利组织绩效考评：方法与应用．肖鸣政，等译．北京：中国人民大学出版社，2005：16.

（1）系统管理部分。管理者需要确定考评系统的目标，用于支持战略规划的考评系统设计，与用于质量改进、绩效衡量或外部标杆过程的考评系统设计不同，要使绩效考评系统的运行获得成功，管理者不仅要界定指标和系统的设计，而且要通过数据来提高绩效。

（2）数据部分。数据收集和处理通常是绩效考评中最耗费时间和成本的部分，未经加工的数据本身通常并不能产生实际的绩效指标，需要对数据进行综合计算才能得到平均数、百分比、比率或比例，以及比率变化情况等形式的指标。另外，考评系统必须产生服务于既定目标的报告，且应定期向目标用户发送报告。

（3）分析部分。在缺乏背景材料的情况下，绩效考评系统本身难以发挥作用。为了把指标转换为信息并提供有意义的解释，需要将指标与以往的情况进行长期的比较，通过观察绩效指标的变化对组织设定的目标或对象进行检查。除跨时间的比较外，也可以针对任务进行比较，或针对其他可比较的机构或工作项目的标杆绩效进行比较。

（4）行动部分。考评系统的有效性体现在能带来绩效改进的效果，因此考评结果必须可以用来为决策提供信息。绩效数据可以用来提升管理目的和目标、任务对象以及标准。管理者应关注绩效数据，并在考评过程中关注其结果对整体战略、工作项目设计和实施、服务交付系统、正在进行的操作、资源获取和使用，以及各种支持系统方面的决策所产生的影响。

表 9-2 概括了有效地设计和实施绩效评估系统的全过程。这个过程从确保管理者认同开始，包含了一系列必要的全面实施和评价的步骤。

表 9-2　　绩效评估系统的设计和实施过程

1. 确保管理者认同
2. 组织评估系统开发过程

3. 确立评估系统的目的和参数
4. 确定工作结果和其他绩效标准
5. 定义、评价和选择考评指标
6. 开发数据收集程序
   - 提供数据收集的质量保障
7. 详细说明系统设计过程
   - 确定报告的频率和渠道
   - 决定分析和报告的形式
   - 开发计算机操作软件
   - 分配好维持系统正常运转的责任
8. 进行系统测试
9. 全面实施系统
10. 运用、评价和修改系统

资料来源：波伊斯特. 公共与非营利组织绩效考评：方法与应用. 肖鸣政，等译. 北京：中国人民大学出版社，2005：24.

（1）确保管理者认同。评估系统设计过程的第一步是确保获得管理者对系统设计、实施和使用的认同。同时，要保证组织在系统开发和实施上的努力得到各部门、机构、分部或项目管理者的认同。系统的预期使用者、为系统维持提供资源以及确保组织安排的人的支持也是必要条件。

（2）组织评估系统开发过程。评估系统实施的第二步是确定该过程中各种职责的个人或单位，整个过程包括选定参加工作的个人（管理者、员工、人事管理员、分析师、咨询师、顾客等），并为每项工作制定实践进度表。

（3）确立评估系统的目的和参数。评估系统实施的第三步是确定评估系统的目的和参数。目的指的是关于评估系统效用的最佳想法，与管理及决策过程相联系；绩效参数通常是针对考评范围和约束条件而言的。针对不同管理过程开发的评估系统在各自的关注点、指标种类、要素以及系统使用方式等方面有很大不同，系统设计者需要明确考评的范围是针对组织机构还是针对项目，并明确评估系统预期的限制资源和可能会遇到的特殊障碍。

（4）确定工作结果和其他绩效标准。评估系统实施的第四步是确定评估系统的预期结果及其他绩效标准，管理者需要明确对组织或项目绩效进行监测的关键指标和所要寻求的结果，并思考如何将效力、效率、质量、生产力、客户满意度和成本-效益等概念运用到具体的领域当中。

（5）定义、评价和选择考评指标。这个环节是绩效评估的中心环节，关系到如何评估组织机构和正在进行中的项目或方案的绩效。考评指标的设计应有助于建立合适的激励机制，从而促进组织绩效改进。

（6）开发数据收集程序。评估系统实施的第六步是基于常规的数据收集、处理和开发过程。绩效数据可以通过工作记录、直接观察、测试、调查等多种方法和途径获取，对绩效评估系统的现有数据和原始数据的收集需要特别关注其收集质量，需要对不确定的数据进行核查或对所有的系统数据进行审查，来确保数据收集的完整性和准确性。

（7）详细说明系统设计过程。评估系统实施的第七步是将考评指标报告给不同的预期使用者，报告的频率和渠道取决于评估系统的特定目的，使用何种数据分析方法以及何种报告形式取决于能否有效传达与评估系统整个目的相关的信息。系统开发者必须选定有效的计算机软件，在系统投入后安排专人负责维持系统的正常运转。

（8）进行系统测试。通常情况下，测试是要验证特定数据的可行性，解释更加复杂的系统管理安排的可使用性，检验软件平台的可行性，或是测试新设计的调查方法或其他数据收集工具的实用性。测试可以在小范围内或通过抽样来进行，以考察系统如何更好地运作。

（9）全面实施系统。这个过程包括收集和处理特定时间内的所有数据，运行数据，定期提交绩效报告，复检和跟踪绩效，给决策过程加入附加信息，检查数据收集的过程和保证数据收集的质量，在实践中辨认偏离值和其他数据错误等。

（10）运用、评价和修改系统。评估系统实施的最后步骤是对系统进行评价和修改。密切监测评估系统的运作和及时评价其效果是很重要的。管理者需要对实施和维护过程中发现的问题及时加以解决，若评估系统不能发挥绩效改进的作用，管理者需要进一步分析考评数据，依靠经验提出修正目标或绩效标准的建议。

美国罗格斯大学纽瓦克分校的国家公共生产力中心主张，一个良好的绩效评估系统应该包括下列七个步骤①：

（1）鉴别要测评的项目。必须清楚地界定要测评的项目。项目是将那些为具体的公共服务提供支持的日常活动分组。每一项的活动分组即形成一个项目。通常情况下，项目由政府界定，列在一个机构的工作图上，并受制于预算。项目直接与机构的结构以及管理者的责任范围相关。选择什么项目进行评估是一个判断问题。一方面，项目不应当太少，以至于仅有很少部分的服务被囊括，或者收集的信息不足；另一方面，太多的报告可能会代价过于高昂，或把人搞得晕头转向而不切实际。一般来说，当集中收集那些最需要管理者关照且责任报告甚为重要的基本项目的有限而又不可或缺的信息时，绩效评估系统处于最佳工作状态。

（2）陈述目的并确定所需结果。典型的情况是，一个政府部委或机构提出一项战略计划，阐明其使命、目的和目标。只有清楚地表明一个项目的目的，管理者才能够测评该项目的业绩。准备一个清楚明了的目的陈述报告是极为重要的一步。一个清晰的任务声明是理想的开端。如果缺乏任务声明，也可以从完整的项目说明书着手。

（3）选择衡量标准或指标。一个好的评估体系通常会采纳几项指标以度量结果和业绩。大多数建立了绩效评估体系的政府项目纳入了投入、产出、结果、效率和生产力等指标。

（4）设立业绩和结果（成就目标）的标准。公共部门管理者应该明确在什么样的条件下达到项目目的和目标。管理者需要明白服务有效性和质量对一个具体的项目来说意味着什么，明白如何判断确立的项目有效性及质量标准是否达到。这包括将实际的项目结果与之前确定的标准相比较。

（5）监督结果。持续监督每一项应当取得的目标。监督可以使管理者了解业绩目标是

① 哈拉契米．政府业绩与质量测评：问题与经验．张梦中，丁煌，等译校．广州：中山大学出版社，2003：36-39.

否达到。系统的、周期性的监督为管理者提供了追踪项目运作并采取纠正措施（如果有必要的话）的机会。通常情况下，监督随项目和实现的目标发生变化。对最重要的项目和服务，有必要建立显示结果的按月收集资料和报告的制度。

（6）绩效报告。一个良好的绩效评估系统须定期报告项目结果。报告集中于取得了什么结果以及公众的代价如何。报告应当简明扼要，用图表传递信息，并包括基本的解释信息。信息的陈述应当有助于与整个时期比较、与类似的机构比较、与全国最好的项目比较、与之前制定的目标比较。

（7）使用结果和业绩信息。一个有效的绩效评估系统的信息通常会被定期地运用于项目计划中，以便重新评价目的和目标并调整重点。另一项信息运用是“为结果而管理”，即采用结果信息来持续改善项目的操作。此外，一个良好的绩效评估系统应当使管理者不仅能发现项目的长处和改善的机会，而且能发现项目的弱点和不足。

让公众参与绩效评估有助于公共部门管理者将精力放在其社区真正需要解决的问题上。有效的公众参与绩效评估与公共政策制定一样均能获得实实在在的效益，公众参与能够增加公共部门管理者制定的政策的有效性。将公众的参与融入前文所述绩效评估七步骤的过程如下①：

（1）鉴别要测评的项目。必须由公众清楚地界定要测评的项目。决定测评哪些项目是识别社区工作重点的第一步。在一些社区中，公众认为教育与娱乐是必不可少的项目，而在另一些社区中，公共安全和公共交通可能会被列入公众优选清单。选择对哪些项目进行测评是一个判断问题，公众应当在决定测评什么项目上有平等的发言权。一般来说，当集中收集那些最需要管理者关照，且责任报告甚为重要的基本项目有限的，但不可或缺的信息时，业绩评估系统通常处于最佳工作状态。

（2）陈述目的并确定所需结果。典型的情况是，一个政府部委或机构与它们服务的公众一起提出一项战略计划，阐明其使命、目的和目标。该机构和顾客（公众）可以通过这项计划程序来鉴别后果或结果，了解他们通过该机构项目想达到什么目的。只有清楚地表明项目的目的，公众和管理者才能够测评项目的业绩。

（3）选择衡量标准或指标。一个好的评估体系通常会采纳几项指标以度量结果和业绩。大多数建立了绩效评估体系的政府项目会把投入、产出、结果、效率和生产力等指标纳入在内。公众与管理者应当决定每一个项目最为贴切的评估指标而不是仅仅依赖于每一个项目能够收集到的资料。好的项目测评系统一般运用公民问卷以评估公民的满意程度和见解。

（4）设立业绩和后果（成就目标）的标准。公众与公共部门管理者应该明确在什么样的条件下达到项目目的和目标。他们需要明确服务有效性和质量对一个具体的项目来说意味着什么，并判断项目的有效性以及质量标准是否达到。

（5）监督结果。持续监督每一项取得的目标，这一监督建立在管理部门和工作人员提供服务以及接受服务的公众的基础之上。监督为公众和管理者提供了了解业绩目标是否达到所需的结果的工具。系统而周期性的监督为公众和管理者提供了追踪项目运作以及采取

① 哈拉契米. 政府业绩与质量测评：问题与经验. 张梦中，丁煌，等译校. 广州：中山大学出版社，2003：41-43.

纠正措施（如果有必要的话）的机会。

（6）绩效报告。一个良好的绩效评估系统会定期报告项目结果，报告不仅仅是内部管理的工具，它也应当公开化。民选官员、公众、新闻媒体和其他政府监督部门都应当得到报告。报告要集中于说明取得了什么结果以及公众代价如何，要简明扼要，用图表传播信息（包括基本的解释性信息）。信息的陈述应当有助于与整个时期比较、与类似的机构比较、与全国最好的项目比较、与设定的目标比较。业绩资料的陈述应当对公众有意义，使他们能够了解整个社区在发生什么变化，以及他们的街坊邻居在发生什么变化。

（7）使用结果和业绩信息（分析与行动）。有效的绩效评估系统通常会定期将有关信息用于项目计划，以便重新评价目的和目标并调整重点。此外，也会将信息用于“为结果而管理”。良好的绩效评估系统不仅能使公众和管理者发现项目的长处和改善的机会，也能使他们发现项目的弱点和不足。尽管公众参与政府绩效评估项目既花钱又耗时，但这会使绩效评估系统更有用、更有意义。收集的资料会对政策和项目管理产生影响。绩效评估系统不仅应当关注管理者的成就和管理成果，也应当关注生活质量的改善以及社区目标和愿景的实现。测评政府的目的在于改进服务，使政府对公众的需求更加负责。更重要的是，如果绩效评估对解决公众关心的重要问题以及改善公众关注的条件有所贡献，那么公众就会更愿意以其税款来支持政府。

为了保证绩效评估的有效性，绩效评估系统的设计必须服从于需要支持的具体的管理过程及其既定的管理目标。一般来说，绩效评估系统主要用来支持以下几个管理功能①：

（1）监测和报告。在政府和非营利组织中，传统的绩效评估就是监控和反馈项目的进展以及机构的运作状况。

（2）战略规划。战略规划强调组织与其外部环境的“适应性”，它旨在确定组织在长期的运作中可能会面临的一些最基本的问题，并建立战略来解决这些问题。

（3）预算和财政管理。在公共或非营利的项目管理中，一般遵循的是根据工作结果分配资源而不是根据投入决定分配的原则。

（4）工作项目管理。针对工作项目而不是机构绩效的评估系统。

（5）工作项目评价。绩效评估是项目评价的一个非常基础的要素，如果没有对项目绩效指标进行界定、没有有关这些指标的数据，就不能采取定量评价。

（6）绩效管理，即对组织员工和工作团队的指导和控制，并激励他们达到更高绩效水平的一个过程。

（7）质量改进，过程改进。

（8）合同管理。绩效合同更多的是一种关于服务提供者所要完成的任务的规定，而不是一种对结果之前的过程的规定。

（9）外部标杆管理，即把一个机构或一个项目的绩效与其他相似机构或项目的绩效进行比较的过程。

（10）公众交流与沟通。

---

① 波伊斯特. 公共与非营利组织绩效考评：方法与应用. 肖鸣政，等译. 北京：中国人民大学出版社，2005：10-15.

绩效评估系统可以成为管理者控制其组织的一种工具。通过绩效评估，政府本身或管理者可以把对整个组织的注意力集中在需要优先处理的问题上。绩效评估也可以作为一种真正改进绩效的催化剂。不过，绩效评估的这些好处并不会自动实现，它需要我们对绩效评估系统进行精心的设计和有效的实施，而这是非常具有挑战性的。这些挑战既有方法上的，也有组织和制度上的。成功的绩效评估有下几个因素构成①：

（1）领导在设计和建立有效的绩效评估和管理系统中起着至关重要的作用。

（2）绩效评估和管理系统需要一个概念框架。每一个组织都需要一个被组织中所有层次的人员理解的、明确而又紧凑的绩效评估框架，它支持着目标及结果等信息的收集。

（3）有效的内部及外部沟通是绩效评估取得成功的关键。

（4）每个人都十分清楚自己担负的责任。

（5）绩效评估系统必须为决策提供信息，而不是仅仅进行数据的汇编。

（6）补偿、奖金和表扬应该与绩效评估结果联系在一起。

（7）绩效评估系统应该是激励性的而不是惩罚性的。

（8）应该对雇员、顾客和利益相关者公开，分享工作的结果和进展情况。

为了确保绩效评估系统能够提供一些可以帮助人们有效管理组织和项目的相关信息，可以从以下方面着手：可以采取有效的措施来增加评估信息的有用性；通过分析资源需求来弥补使用的不足；避免利益相关者支持的缺位，减少内部阻力；防止目的转换和博弈，防止系统滥用（见表 9-3）。

表 9-3　　绩效评估成功的策略

目的	措施
增加评估信息的有用性	1. 评估的前期应该明确使命、战略、目的、目标和项目的结构 2. 开发逻辑模型来识别工作行为与产量、结果之间的联系，并用这个框架来确定合适的评估指标 3. 在寻求相关评估指标时要以结果为导向而不是以数据为导向 4. 为形成打通各种管理流程的“全范围联盟”而努力 5. 定期回顾这些指标并做适当修改
分析资源需求	6. 现实地估计设计和实施某个绩效评估系统要花多长时间 7. 清楚地理解支持和维护评估系统的全部成本，并把这种理解合理地与系统所产生的信息相联系 8. 只要合适就尽量避免成本大的新数据的收集工作，除非它非常重要
弥补使用的不足	9. 清楚你为什么要建立绩效评估指标以及你将怎样运用它们 10. 集中于少数几个关键指标 11. 指标和表述尽可能地保持简单和直白 12. 在报告系统中强调比较 13. 如果有必要，为不同的听取汇报者建立多种指标体系 14. 确认“结果所有者”，即明确在关键产量和结果指标上的绩效方面有维持或改进责任的个人或组织单位 15. 非正式地监测评估系统本身的有效性和成本-效益并做相应的修改

① 波伊斯特. 公共与非营利组织绩效考评：方法与应用. 肖鸣政，等译. 北京：中国人民大学出版社，2005：251-252.

续前表

目的	措施
避免利益相关者支持的缺位	16. 在确定绩效标准、指标、目标和数据收集系统时将利益相关者包括进来，以建立他们的主人翁意识 17. 在整个过程中都考虑客户和顾客的要求，并在可行的情况下把它们包含进来 18. 激发领导层对评估指标的支持，并展示其致力于对指标的使用
减少内部阻力	19. 一定要与管理者和雇员就如何及为什么利用指标进行沟通 20. 在初期做出保证，明确评估系统将不会带来诸如预算削减、裁员或暂时解雇之类的全面行动 21. 考虑分层实施这个系统，或分部门或分项目实施，来解决问题和展示成功 22. 确保项目经理和员工首先看到数据，有必要的话，可以在将报告呈交经营主管层之前进行检查和修改 23. 报表上的数据要包含解释性注释 24. 对项目经理和员工管理者委以更大的职权和灵活度，来换取其对结果负责 25. 尽可能地将绩效评估系统、激励系统和管理计划联系在一起
防止目的转换和博弈	26. 预料到可能发生的目标转换和对系统博弈的问题，并通过平衡措施来避免它们 27. 建立质量保证程序来确保数据的完整性，并实施制裁措施来减少欺骗行为
防止系统滥用	28. 警惕对指标的曲解和滥用 29. 建设性地而非惩罚性地使用评估系统，至少应查清制裁是必需的才能使用制裁措施 30. 最重要的是，将指标只作为指标来加以认可和使用

资料来源：波伊斯特. 公共与非营利组织绩效考评：方法与应用. 肖鸣政，等译. 北京：中国人民大学出版社，2005：259-265.

9.3　改善公共部门绩效的管理工具

公共部门引入绩效管理，不仅需要借鉴企业绩效评估的理念，更需要掌握绩效管理的具体工具和操作方法，以减少绩效管理实施的阻力，推动公共部门绩效管理向科学化、规范化发展。随着时代的发展，新兴的绩效管理工具层出不穷，其中，比较有代表性的有平衡计分卡、全面质量管理、标杆管理等，这些方法对公共部门开展绩效管理具有积极的借鉴作用。

9.3.1　平衡计分卡

平衡计分卡是以信息为基础，系统考虑企业业绩驱动因素，多维度平衡评价的一种新型企业业绩评价系统，也是一种将企业战略目标与企业业绩驱动相结合，动态实施企业战略的战略管理系统，同时也是清晰描述规划和愿景，员工理解企业目标的沟通工具。平衡计分卡作为评价系统，保留了各种财务指标，同时也补充了顾客、业务流程、学习和成长三个维度。作为战略管理系统，平衡计分卡体现出整合短期行为和长期战略的重要功能，帮助组织将其战略转化为四个维度的各个部分，也使组织员工能够专注于他们可能产生影响的战略要素；作为沟通工具，平衡计分卡使得组织成员有机会讨论战略，从意外结果中得到学习，必要时讨论未来的挑战。同时，平衡计分卡所选择的评价指标可以向员工和外部利益相关者传递各种结果，有助于组织实现其使命和战略目标。

平衡计分卡的组成要素是组织使命、核心价值、愿景与战略，它始终把愿景与战略放在其变化和管理过程中的核心地位。平衡计分卡的目标和指标是从组织的远景和战略中衍生出来的，通过清楚地定义战略，始终如一地进行组织沟通，并将其于变化驱动因素联系起来，构建“以战略为核心的开放型闭环组织结构”，使顾客、财务、内部业务流程和学习与成长四因素互动互连，系统地反映人、财、事、物的完美统一（见图 9－2）。

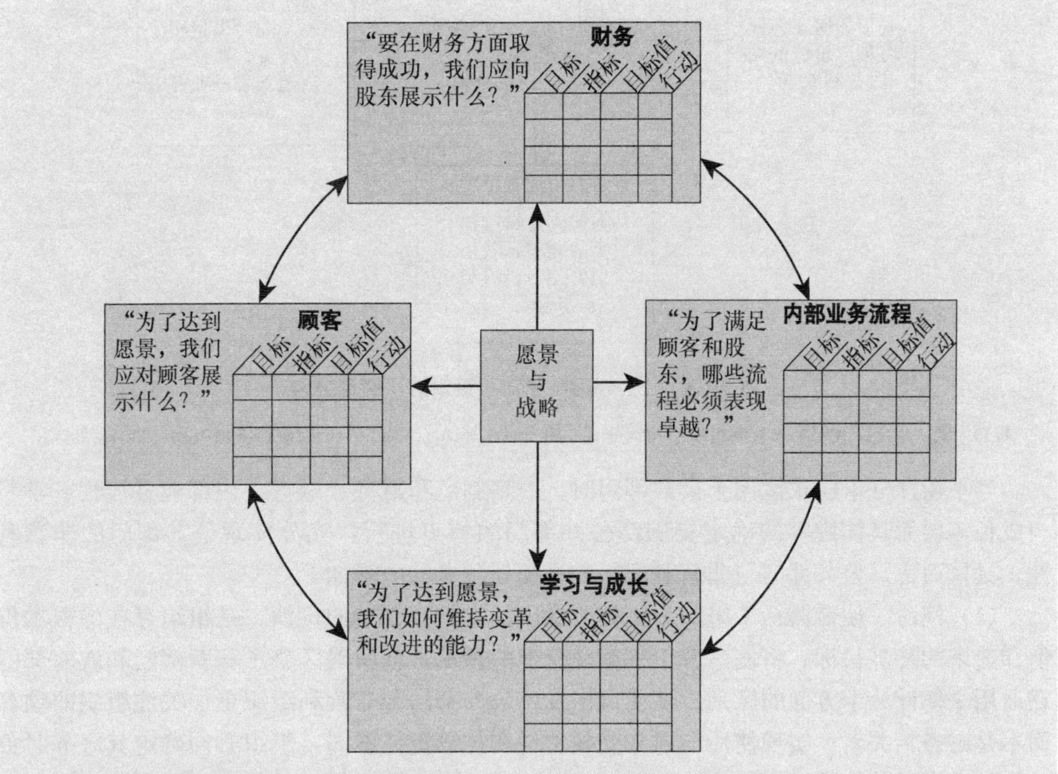

图 9－2　平衡计分卡框架

资料来源：卡普兰，诺顿．平衡计分卡：化战略为行动．刘俊勇，等译校．广州：广东经济出版社，2004：6.

虽然平衡计分卡最初的焦点和运用目的是改善营利（私营）企业的管理，但平衡计分卡同样能够很好地适应 21 世纪非营利组织和公共部门发生的巨大转变。平衡计分卡为这些机构提供了其存在的基本原理（服务客户和利益相关者，而非仅仅控制预算开支），并通过为外部的利益相关者和内部员工传达成果指标和业绩驱动因素，来完成他们的使命和战略目标[①]。图 9－3 展示了运用于公共部门和非营利组织的平衡计分卡模型。

① 卡普兰，诺顿．平衡计分卡：化战略为行动．刘俊勇，等译校．广州：广东经济出版社，2004：150.

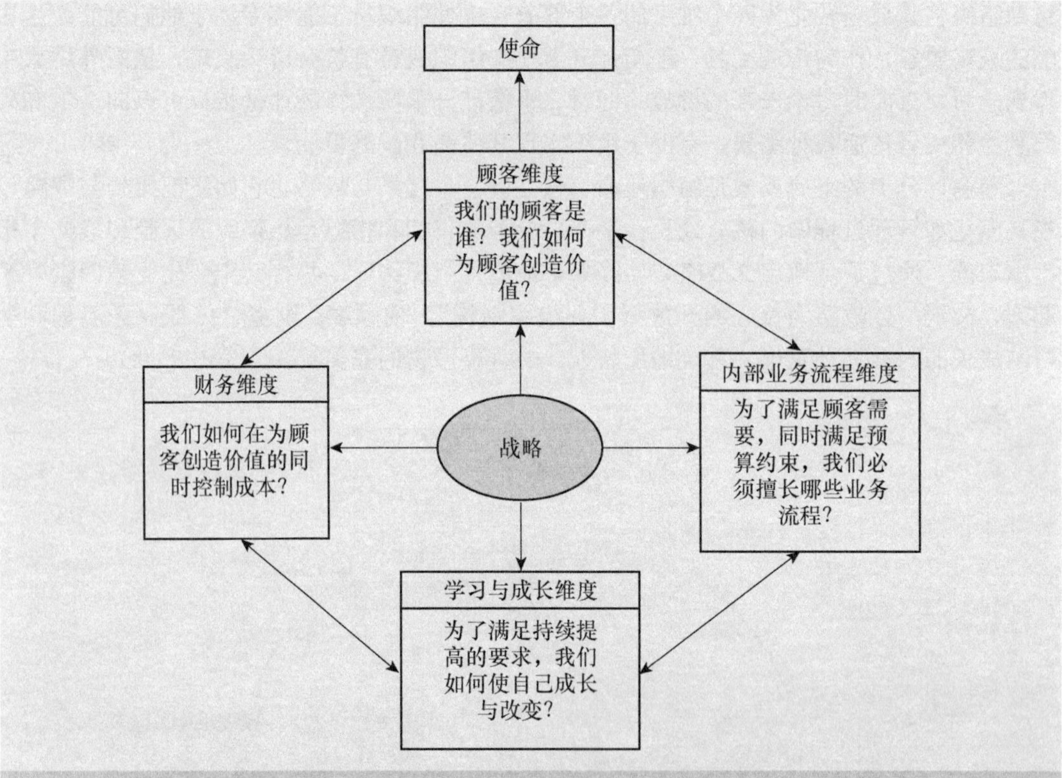

图9-3 公共部门与非营利组织的平衡计分卡

资料来源：尼文. 政府及非营利组织平衡计分卡. 胡玉明，等译. 北京：中国财政经济出版社，2004：29.

当平衡计分卡模式运用于公共部门时，战略制定和财务、顾客、内部业务流程、学习与成长等层面具体内容的确定要围绕公共部门的特点进行，充分体现公共部门的非营利性。具体而言，公共部门与非营利组织的平衡计分卡的内涵如下：

（1）使命。使命概括了组织为人类所做出的贡献和创造的价值，是组织存在的根本价值和追求的终极目标。将使命置于平衡计分卡的顶端，就明确区分了私营部门和政府部门在运用平衡计分卡方面的区别。从使命出发，公共部门和非营利组织更加关注组织的顾客而不是财务相关者。实现使命与财务受托责任和托管责任不同，组织必须确定其服务对象并最好地满足他们的要求。

（2）顾客维度。顾客维度定义了组织战略所选择的客户价值主张。客户价值主张是一种针对竞争对手的战略模式，是组织经过战略分析，在界定细分市场和目标客户的基础上，为客户提供的一整套有关产品和服务特征、关系和形象等方面的独特组合。公共部门平衡计分卡提升了顾客维度，充分体现了公共部门服务行政的特点，为公共部门绩效管理效率、服务理念的推广奠定了基础。

（3）财务维度。财务维度以传统财务术语（如投资报酬率、收入增长和单位成本等）对战略的有形成果做出描述，为判断组织成功与否提供依据。对于大多数公共部门来说，其最终目标是提供社会公共服务，确保公共利益最大化，而不是取得财务上的成功。但是，财务维度仍然占有非常重要的位置，各种财务指标既是促进组织成功的重要因素，也是完成使命的限制条件。在公共部门及非营利组织的平衡计分卡模型中，财务指标可以被视为顾客维度成功的强化剂或组织经营的限制条件。财务层面的存在可以使政府组织的财务衡量更加平衡，既关注政府组织的预算支出，从“节流”的角度关注财务，同时又注重政府组织的收入增长，从“开源”的角度衡量财务。

（4）内部业务流程维度。内部业务流程维度阐述了为实现客户价值主张所必需的重点工作和核心业务流程。平衡计分卡成功的关键在于选择、评价那些能够改善顾客价值并最终实现使命的流程。内部业务流程对顾客维度目标的实现发挥着重要的驱动和支撑作用，内部业务流程维度目标的实现程度决定了公共部门公共产品和服务的质量，并最终影响着社会公众的满意度。公共部门在确定内部业务流程维度的目标时，一项关键的原则就是要以公共部门的客户需求为导向，根据顾客维度的目标来确定内部业务流程维度应重点关注的具体工作。

（5）学习与成长维度。学习与成长维度描述了组织的无形资产及其在战略中的作用，具体包括人力资本、信息资本和组织资本三个领域。人力资本分为知识、技能、价值取向三个方面，信息资本分为技术基础设施和信息资本应用程序两个部分，组织资本分为文化、领导力、协调一致和团队工作。作为使命导向型组织，非营利组织和公共部门要实现其重要的社会目标，很大程度上依赖于员工的技能、风险和合作。① 在当今社会，无形资产是组织创造价值的真正源泉。对政府组织来说，无形资产的重要性也日益凸显出来。学习型政府、电子政务、组织发展等新的管理理念已逐渐引入政府组织当中，人力资本、信息资本以及组织资本等无形资产也受到政府组织管理者的高度关注。②

由于公共部门的特殊性，公共部门在设计与实施过程中要准确把握其内在本质，设计适用的行动方案，充分发挥平衡计分卡的优势和功能。

9.3.2　全面质量管理

全面质量管理是以质量为中心，以全员参与为基础，目的在于通过让顾客满意和组织所有成员及社会受益而达到长期成功的管理途径。全面指把追求质量应用于工作的方方面面，从界定客户的需求到积极主动地评价客户满意与否；质量意味着满足、超过顾客的期望；管理指发展及保持组织力量以便不断提高质量。③ 全面质量管理的核心概念可以概括为三大要素：一是与供应方协作。全面质量管理是一个关于相互影响的工作过程的概念，与供应方协同工作才能确保工作过程中的供应品符合需求。二是工作人员要对工作过程进行持续不断的分析。全面质量管理的起点通常是对组织的工作现状的分析，组织处于不断发展的过程中，一线工作者是分析、识别工作改进障碍的专家，其自我分析和与管理者的沟通是全面质量管理必不可少的要素。三是与客户协作。质量是顾客对一种产品或服务的评价及它们适用的程度，全面质量管理强调顾客的重要性，把顾客的需要和反馈作为质量

---

① 尼文. 平衡计分卡实用指南. 胡玉明，等译. 北京：中国财政经济出版社，2003：31.

② 方振邦，葛蕾蕾. 政府绩效管理. 北京：中国人民大学出版社，2012：64.

③ 科恩，布兰德. 政府全面质量管理：实践指南. 孔宪遂，译. 北京：中国人民大学出版社，2001：6.

提升的动力。

全面质量管理概念建立在一系列质量原则的基础上，包括顾客至上、目标恒久、全员参与、根据事实采取行动、以过程为导向、重视持续改进等，表 9-4 对这些原则进行了说明。

表 9-4　质量原则

顾客至上 ● 员工经常拜访顾客 ● 熟悉并了解顾客 ● 围绕顾客的需求开展工作 ● 做更多的事情，而不仅限于满足顾客的期望 ● 满足顾客需求是头等大事 ● 系统收集顾客不断变化的需求信息并以此为指导改进工作 ● 避免投诉问题出现而不是处理投诉问题	**目标恒久** ● 确定激励人心的愿景和任务并组织各层沟通 ● 提出某一时段内实际的具体目标并围绕目标开展工作 ● 管理者的所有行动都以实现目标为宗旨 ● 对质量改进过程进行指导 ● 最高管理层需要有致力于持续改进的决心
全员参与 ● 全体员工的自觉参与 ● 团队成员公开进行意见沟通，相互尊重、相互信任，通过团队合作学习知识，加强凝聚力 ● 通过实践学习，发展技能 ● 在全体通过的基础上做决定 ● 鼓励员工畅所欲言 ● 在知识学习方面投资 ● 给员工授权 ● 在组织各层使用创新的方法并加强领导艺术	**根据事实采取行动** ● 根据事实而不是传言或个人的情绪开展工作 ● 根据"计量后便了解"这一原则分析问题的原因和结果 ● 收集与实现目标有关的数据，并加以分析说明 ● 根据数字进行计量，用数据说明问题 ● 对质量成本进行分析
以过程为导向 ● 同时满足内部顾客 ● 过程重于结果，重视取得成果的方式而不只是成果 ● 评估过程的有效性 ● 将结果标准化 ● 将过程的标准执行步骤记录下来，形成文件和方案 ● 视供应方为伙伴，并与之建立长期友好关系 ● 将全面质量管理文化推广至供应方 ● 不断减少过程中的偏差	**重视持续改进** ● 员工在自我完善、改进工作的同时帮助他人及组织进一步完善 ● 视问题为取得改进成果的一种手段，同时也是完善过程的良机 ● 将重点放在拒绝问题产生上，而非解决问题上 ● 有计划地进行整体改进，并将改进过程记录下来 ● 成立由多专业、多学科成员组成的质量改进团队 ● 形成持续改进的工作氛围，使持续改进成为一种运作方式 ● 实现组织的整体改进，而非部门改进

资料来源：兰佩萨德．全面质量管理：持续改进指南．卞晓云，译．北京：中国人民大学出版社，2004：7-8.

（1）顾客至上原则。组织应关注、识别、满足顾客和其他相关方（组织的所有者、组织内的员工、组织外的供应方、合作伙伴、有关团体和社会等所有相关方）的需求和期望，包括当前的、潜在的和未来的需求，确保所有相关方都能获益。

（2）目标恒久原则。组织既要确定它的愿景和长期任务，也要提出某一时段内的具体目标。组织领导者必须确定方向、策划未来、设计内部环境、倡导积极的理念、激励员工理解并努力实现组织目标，采用系统、高效、透明的管理方式，以实施对整个系统过程的管理作用。

（3）全员参与原则。产品和服务的质量涉及组织内的各个部门和各个成员，他们的工作都直接或间接地影响着产品和服务的质量。全员参与倡导凝聚合作精神，调动组织员工的主观能动性和创造精神，群策群力，各司其职，创建命运共同体。参与的概念还要求员工通过实践学习，发展技能，通过不断的自我完善来提高自身的工作效率。

（4）根据事实采取行动原则。有效决策是建立在数据和信息分析的基础上的，数据和信息是客观事实的归纳性反映。以数据和信息分析为基础，而不是根据传言或个人的偏见进行决策，可以防止决策的盲目性。

（5）以过程为导向原则。全面质量管理是一项全过程的质量管理，包括从研究市场、开发产品开始，经设计、制造、交付到售后服务的所有过程。[①] 任何一个产品或服务的质量，都有一个产生、形成和实现的过程，把与产品和服务质量有关的全过程各个环节加以管理，形成一个综合性的质量体系。[②]

（6）重视持续改进原则。全面质量管理需要始终以科学的、切合实际的决策和技术质量方法来确定质量方针与目标，持续地寻求改进、提高的机会，致力于追求创新、追求卓越。重视持续改进要求将重点放在拒绝问题发生而非解决问题上，对有关质量的开发、产生、形成、实现、营销和维护的所有因素实施以预防为主的控制，使可能的质量问题消除在萌芽状态中。

提高公共部门管理质量是现代社会发展的客观要求，也是公共部门走向顾客导向的服务和管理的要求，重视顾客和质量使得全面质量管理理论对公共部门绩效管理具有重要的借鉴意义。强调以质量为中心有助于公共部门科学地设计工作流程，加强管理，为服务对象提供更优质的服务；强调考虑服务对象的要求有助于发挥服务对象在公共部门绩效改进过程中的作用，最终提升公众对服务的满意度。

全面质量管理在公共部门的推行，除了管理者要建立一致的共识和承诺之外，还要有一套完整的实施程序。全面质量改进的过程可以分为：过程选择、过程评估、过程标准化、过程改进四个步骤[③]：

（1）过程选择。过程选择是质量改进的第一步，这一过程需要明确产品、服务情况及顾客需求，记录顾客信息与投诉，找出引发大部分顾客投诉的过程，明确哪些关键过程需要改进。

（2）过程评估。通过评估，明确改进过程并对该过程的性质不断加以描述，之后根据评估标准检验员工是否清楚了解该改进过程，以及能否满足顾客需求。

（3）过程标准化。过程标准化是一种明确过程的方法，通过将过程的现行最佳执行方案形成文件，确保组织成员了解过程的实施方法并能持续使用该方法。可以按照计划—实施—检查—处理（PDCA）循环过程将现行过程标准化。

（4）过程改进。标准化过程确立后，应定期监控过程的稳定性与有效性以取得最终的过程改进效果。过程改进阶段的工作主要为记录过程绩效和进一步完善标准化的改进过程，可以借助戴明的 PDCA 循环法来实现。

---

① 岑詠霆．质量管理教程．上海：复旦大学出版社，2010：120．

② 胡宁生．公共部门绩效评估．上海：复旦大学出版社，2008：259．

③ 兰佩萨德．全面质量管理：持续改进指南．卞晓云，译．北京：中国人民大学出版社，2004：111．

9.3.3 标杆管理

标杆管理是指组织通过学习组织内部或外部的最佳实践，并将之推广到组织各部门以获得绩效大幅提高的一种管理方法。对于组织来说，要实施标杆管理，最重要的工作就是寻找最佳实践。① 最佳实践是好于现在做法的实践，是由媒体或其他出版物所宣称的最佳实践，是一种受到奖励的成功之举。最佳实践不是一种做事的固定方式，而是一种随时间推移、因组织不同而变化的东西。最佳实践在该领域中通常被认为具有创新性和革新性，在经过修改的基础上具有可重复性，但对最佳实践的引进也可能会失败，因为最佳实践只具有局部重要性，加之组织具有的独特性使得最佳实践做法可能在其他组织不起作用。

标杆管理的本质是定点赶超的学习程序，组织通过一系列的行动、步骤、功能或活动对最佳实践进行识别，树立组织的追赶标准，并就关键绩效行为在自身与领先组织间进行评价，分析绩效差距形成的原因，在此基础上组织重新思考和进行改进，学习其优势并加以利用和转化，从而创造出自己的最佳实践的程序和方法以提高组织绩效。

标杆管理法是一种面向实践与过程的管理方式，也是一种直接的、中断式的渐进管理方法，其基本思想就是所有的业务、流程、环节都可以解剖、分解和细化，要求组织进行系统优化、不断完善和持续改进。标杆管理展示了绩效差距，从高绩效的组织进入最佳实践有助于组织间分享成功战略，提升组织内部绩效，同时也使组织得以获取以资金奖励和知名度为表现形式的外在实际益处。

标杆管理是一个甄别最佳实践，对其进行调整并实行这种做法以提高绩效的过程。标杆管理不是业绩评估。它只是给组织提供一个可以用于改进工作程序的数据基础。通过标杆管理来发现一种最佳实践并予以引进的做法，需要考虑与合作伙伴在相容性标准上是否具有匹配性（如相同或类似的工作任务、工作程序、组织规模、文化氛围），并确信机构内已存在适当的机制使最佳实践的成功引进成为可能。严密监控工作程序对于防止组织出现"排异性"反应和实现组织健康、有力的改进是极为重要的。组织引进最佳实践的准备活动包括实行评估、创制、管理和监测等各项内容，这里需要考量组织在标杆管理、文化、实施、运作和技术等方面的准备。②

（1）标杆管理方面的准备。这一活动旨在使实行标杆管理的组织与作为其标杆的合作伙伴在各个方面具有相称性。实施标杆管理的组织与其合作伙伴组织之间的相似度、两组织中正在接受标杆管理程序之间的相似度，决定了标杆管理方面的准备情况。随着相似度的增加，标杆管理方面的准备也会越来越完善。

（2）文化方面的准备。这一活动涉及实行标杆管理的组织所做的准备情况以及其引入最佳实践的内部环境。一旦标杆管理方面的准备过程开始，一个组织就必须关注可能促进或阻碍标杆管理过程以及成功引入最佳实践的组织文化问题。虽然各机构在组织文化上会有差异，但组织间仍有一些共通的文化准则，如做出改善承诺、努力成为一个学习型组

① 申喜连．政府绩效评估研究．北京：光明日报出版社，2013：80.

② 基利，等．公共部门标杆管理：突破政府绩效的瓶颈．张定淮，等译．北京：中国人民大学出版社，2002.

织、分享的意识等，这些准则对标杆管理会产生积极影响。

（3）实施方面的准备。实行标杆管理的组织要做好在新环境中实施的准备。在实施准备阶段，组织必须完成以下三项关键活动：第一，实施标杆管理的组织及其主要利益相关者需要就开展标杆管理研究的理由达成共识；第二，每个组织需要确保对其内部的程序已做过分析并有很好的了解；第三，必须发展和推行连贯的组织交流策略。获得组织本身、高层主管、员工、特殊利益集团和广大顾客等的持续支持，对于组织内部成功推行最佳实践是极为重要的。

（4）运作方面的准备。这一活动涉及最终也是最具有持续性的问题，即监测组织的实际状况，一旦最佳实践引进到位就要确保其运作成功。运作方面的准备包括对最佳实践目前状态的监测以及使人确信该做法正成为工作的新手段。该阶段需要关注三个关键问题：使监测新程序的标准到位，培训程序主管和操作人员，保证对新程序做出持续性改进。

（5）技术方面的准备。这一活动涉及进行标杆管理研究和引入最佳实践所需的技术技巧，其重要性贯穿于从计划到实施的全过程。技术方面的准备指的是进行标杆管理的组织可以采用的相关知识、技能、能力和经验。专门技术可能由组织内部发展而来，或是通过顾问、高校和其他外部渠道获得。技术方面的准备情况可以通过寻求专家指导得以改进。

公共部门间由于不存在为争夺市场份额而发生的生存竞争，加之它们在其活动领域内处于垄断地位，因此公共部门内部明显缺少一种激励机制，很少有进行改进的动力。利用最佳实践，公共部门能够以类似外部竞争相互促进的方式推动变革。一旦一个公共部门理解了为什么其与同类最佳组织之间存在绩效差距，它便能凭借这种了解来改善自身的项目绩效。公共部门运用标杆管理不仅可以确定衡量绩效基础的标准，而且可以通过它来了解自身存在的问题，并通过引进最佳实践来改进服务的提供。标杆管理就是公共部门与绩效卓越的其他公共部门进行比较并发掘改善机会的过程，标杆管理的思想转变了公共部门管理的思维模式，与绩效最佳的部门相比较，这种从外部入手的方法可以使公共部门了解以往认为不可能的重大改进，比传统的做法（本期绩效与前期绩效及本期预算相比较，或公共部门内部绩效标准相比较）更加具有创新性。

有效的标杆管理包括 5 个阶段：明确标杆管理流程与项目特点、内部数据收集与分析、外部数据收集与分析、改进项目绩效、持续改进。标杆管理的这 5 个阶段共涉及了 20 个活动（见表 9－5）。

表 9－5　标杆管理流程中的 5 个阶段和 20 个活动

标杆管理阶段	标杆管理活动
阶段 1：明确标杆管理流程与项目特点	1. 明确标杆管理的对象
	2. 获得决策层支持
	3. 制订测评方案
	4. 制订数据收集计划
	5. 与当地专家一起审定计划
	6. 评定标杆管理项目

续前表

标杆管理阶段	标杆管理活动
阶段 2：内部数据收集与分析	7. 收集与分析内部公开的信息
	8. 选择潜在的内部标杆管理合作伙伴
	9. 收集内部第一手研究信息
	10. 进行内部访谈与问卷调查
	11. 建立内部标杆管理委员会
	12. 进行内部标杆管理现场参观
阶段 3：外部数据收集与分析	13. 收集外部公开发表的信息
	14. 收集外部第一手研究信息
阶段 4：改进项目绩效	15. 确定纠正方案
	16. 制订执行计划
	17. 未来发展方案获得决策层通过
	18. 执行方案并评估其影响
阶段 5：持续改进	19. 维护标杆管理数据库
	20. 实施持续的绩效改进

资料来源：哈里顿. 标杆管理完全操作手册. 杨燕绥，等译. 北京：中国人民大学出版社，2005：9.

阶段 1：明确标杆管理流程与项目特点。在标杆管理的计划阶段，公共部门需要明确界定事关全局的重大问题，并根据具体、详细的测量方法制定标杆管理的整体规划，保证流程的顺利实施。具体而言，这一阶段包括以下六项活动：明确标杆管理的对象、获得决策层支持、制订测评方案、制订数据收集计划、与当地专家一起审定计划、评定标杆管理项目。

阶段 2：内部数据收集与分析。公共部门需要观察组织内其他部门是如何推进标杆管理的。启动标杆管理最好开始于组织内部，因为处于同一管理或指挥链上的部门或人员更有参与的动力，更乐于共享信息，在实际操作中矛盾与约束也会减少。这一阶段的活动有：收集与分析内部公开的信息、选择潜在的内部标杆管理合作伙伴、收集内部第一手研究信息、进行内部访谈与问卷调查、建立内部标杆管理委员会、进行内部标杆管理现场参观。

阶段 3：外部数据收集与分析。就某个特定的标杆管理项目而言，大多数组织所拥有的知识只占所有信息的很小一部分。标杆管理项目小组通常需要对其他组织进行观察，收集并分析来自潜在的和现实的外部标杆管理合作伙伴的数据与资料。这样阶段的活动包括收集外部公开发表的信息、收集外部第一手研究信息两项活动。

阶段 4：改进项目绩效。标杆管理项目小组在完成数据收集后，需要确定合作伙伴的最佳实践对改进标杆管理项目有什么帮助。在这一阶段，组织不仅要弄清楚如何改进，而且要明晰变革的具体实施步骤以及确定如何对改进后的效果进行评价。这一阶段的活动包括：确定纠正方案、制订执行计划、未来发展方案获得决策层通过、执行方案并评估其影响。

阶段 5：持续改进。标杆管理需要持续改进才能获得理想的效果。若组织对原有标杆管理项目不再有所作为，标杆管理项目绩效在保持一段时间的提高后就会下降。组织需要设计一个流程或程序，以及时预警标杆管理项目的绩效可能在什么地方和什么时候发生逆转。与此同时，组织必须及时更新标杆管理数据库，因为标杆管理项目的绩效改进过程是无止境的。这一阶段的活动包括：维护标杆管理数据库、实施持续的绩效改进。

为了避免标杆管理过程中可能遇到的麻烦，以及确保标杆管理得以实施，公共部门需要遵循一套严谨的方法。尽管标杆管理并不是公共部门解决其面临的所有问题的万灵药，但它是一种改善绩效的有效方法，因为分享经验和学习其他组织的经验是使绩效得以改善的一种最廉价、最有效和最有推动力的方法。标杆管理提供了信息交流价值最大化的方式、方法、工具手段和技术，它使公共部门在寻求最佳实践、利用最佳实践的过程中以追求更新更好的方式来提升自身的效率。

第 10 章

公共危机管理

10.1 公共危机概述

10.1.1 危机的含义

尽管有数量众多的、不同学科的学者对“危机概念”(the concept of crisis) 进行了定义，但在学界尚未形成共识。这些学者对危机的不同定义可以从他们不同的视角中看出来。

(1) 情境视角，即将危机视为一种组织所面临的社会情境和态势，这是一种传统的对危机的定义。这一观点认为危机是组织面临的一种特殊环境，它要求组织采取非常规的行动方式来缓和这种状态。这一观点强调环境的特殊性及其对决策者造成的社会压力。20世纪70年代的危机管理研究专家基本上都是从这一视角定义危机的。

(2) 事件视角，即将危机视为突然发生的事故或事件。在日常公共生活中，有时会突发生各种事件，如交通事故、劫持事件等。国际关系领域的学者一般倾向于用事件来定义国际危机，比如美国学者认为，一个国际危机包括“一系列迅速爆发的事件，这些事件使不稳定性对整个国际体系或任何一个子系统的影响都超出了正常水平，并增加了在系统内部发生暴力的可能性”①。从事件角度定义危机旨在突出快速控制事件的恶化及影响的扩大，表明事件的可控性和危机可抑制的特点。

(3) 过程视角，把危机定义为事件的一个复杂和互动的变化过程，事件的爆发及其后果只是过程的一部分，比如可以把自然灾害事件看作灾害自身演变以及灾害与社会互动的

① 多尔蒂，等. 争论中的国际关系理论. 阎学通，等译. 北京：世界知识出版社，2003：631.

一个结果，也可以把国际危机视为一系列事件的互动，比如美国研究国际政治危机的著名学者就认为："国际政治中的危机可以被看作一个发生高度紧张的事件的互动过程。"危机是指一种事物因量变的积累导致内在矛盾的激化因而即将发生质变以及质变已经发生但未稳定的状态，这种质变给组织或个人带来了严重的损失。这种状态的特征表现在正常的政治流程被突然打断，持续时间短，发生暴力的可能性上升，以及对国际政治中的某些系统（或关系样式）的稳定产生重大影响。过程视角意在表明危机事件的发生和危机状况的形成都有一个很长的过程，这就给了决策者和行动者行动的时间和机会。因此，把握时机就可以较好化解危机、降低损失，而错过时机就会蒙受损失。

（4）影响力视角，将危机等同于"威胁或危险"，认为危机就是个体或组织面对生死攸关的威胁或面临万丈深渊的危险，稍有不慎，就会出现非常可怕的后果。日本危机管理专家泷泽正雄认为危机有五种内涵：危机即事故，危机即事故发生的不确定性，事故发生的可能性，危机即危险性的结合，危机即预料和结果的变动。而危机管理即管理损失，因此要注意如何以最节省的费用来取得最大的效果。[①] 也有学者认为，危机是组织或社会系统发展的必然结果。

（5）时机视角，将危机定义为某一个发生重要变化的时刻，这一时刻危险与机遇共存，也是两者发生变化的转折点。比如在古希腊语中，危机被认为是生死之间的关键时刻；在中文世界里，危机也被称为"危险"与"机遇"的临界点。因此，从中外词义上看，"危机"即一个具有决定性的时点或时刻，在这个时间点上做出的决定或行为决定着事态向更好或更糟的方向发展。

尽管这些定义看待危机的角度不同，但它们之间存在内在的联系。首先，情境视角的危机定义关注突发事件的事态变化、损失产生等，认为引发情境变化的是突发事件，于是，通过防止事态蔓延是消除危机情境的最直接的方法。其次，过程视角的危机定义聚焦于危机处置过程，因为突发事件一旦引爆往往会波及社会诸多方面，所以，控制突发事件过程以及控制受事件影响的社会过程是终止事件和恢复社会情境的重要步骤。再次，时机视角的危机定义认为，突发事件一旦发生，就会造成损失。因此，不让突发事件发生，将事件消灭在萌芽状态，这是最好的选择。随着科学技术的发展和人的认识能力的提高，人们将精力投向了突发事件预测，提前采取措施中止事件演变、防范危机形成，转"危"为"机"，于是，危机预防成为研究的重点。综合上述所言，危机可以定义为一种可能会对组织或社会产生重大影响并需要组织或社会全力应对的突发性事件，应对事件的方法决定了组织或社会面临的情境能否转"危"为"机"。

10.1.2　与危机相关的概念

与危机（crisis）相关并经常出现的一些概念包括：（1）突发事件（emergency）。突发事件指的是突然发生或意外发生且必须立即处理的事件。实际生活中的突发事件一般存在两种状况：一是损失小、影响小，一个部门或个人就可以快速处理；二是损失大、影响

① 泷泽正雄. 企业危机管理：组织迈向安全经营的法则. 徐汉章，译. 香港：高保国际（集团）公司，1999.

大，需要多方合作才能有效加以处理。危机与突发事件都会经历一个从潜伏期、爆发期到解决期的过程。

（2）危险（hazard）。在灾害科学中，“危险”被定义为致灾因子，即因灾害而形成的客观自然现象，如暴雨造成道路上大量积水等。在危机管理学中则指个人、家庭及其所重视的生命、财产、环境遭受威胁。就危险状态发生的过程而言，危险一词主要指面对危险有发生可能而产生的一种内心不安和恐惧。

（3）风险（risk）。在经济学中，风险常被定义为“概率”。而在社会学视野中，风险是指可怕的后果。在危机管理学中，风险指某种危险发生的概率及其所带来的负面后果。用公式可以简洁地表达为：风险＝损失后果×概率。

（4）灾害（disaster）。该词在灾害科学中被定义为灾变。在危机管理学中，灾害是指事件发生后其造成的损失超过了一个社区或共同体能够承受的程度。灾害一般指下列灾难所造成的祸害情况：一是风灾、水灾、地震、旱灾等异常自然灾害；二是重大火灾、爆炸、油料与电气管线灾害、空难、海滩与陆上交通事故、毒性化学物质灾害及其他由各中央主管机关公告认定的灾害。美国“9·11”事件后，各国将恐怖主义事件也纳入灾害范畴，但是，对于政治运动和公司遭遇顾客退货等仍未纳入，而这些事情显然都会引发社会危机。

美国当代危机管理大师米特若夫综合佩罗的人造灾难模式与哈贝马斯的合法性危机理论对危机做了分类。他对危机与其他被混淆的概念做了如下的陈述：（1）事件。较大系统中的某个次系统的损坏，但并未影响到整个系统。（2）事故。物理性的损坏影响到整个系统，使得整个系统停止并在一段时间内无法发挥作用，如核电因输电线跳脱而停机。（3）冲突。系统中的象征性结构受到损坏，但并未涉及系统中的社会文化根基。（4）危机。包含物理性与象征性的损坏，它影响到系统的基本假设，并造成整个系统物理上的损坏，危机可以说是“架构的破坏者”。

危机实际上是一个或一系列突发事件所形成的社会反应的结果。在危机形成的过程中，有两种规律：一是突发事件本身演变的规律；二是社会反应演变的规律。有些突发事件由于事件本身发展规律或外力所致，并未造成社会影响而自行消失，形成了事故。而另外一些突发事件引爆了社会脆弱点，从而导致社会反应，驱动社会规律运行，从而形成社会危机情境。政府（作为最重要的公共危机管理者）如果不能快速应对社会危机，就会导致政府信誉受损，从而形成政府声誉危机。因此，危机形成的规律是以事件为中心，以常识性规律和非常识性规律按非预定的自然和社会过程缓慢或快速演变成紧急情境，其中，威胁、风险、灾害等都是整个危机形成和演变的要素和结果（见图 10-1）。

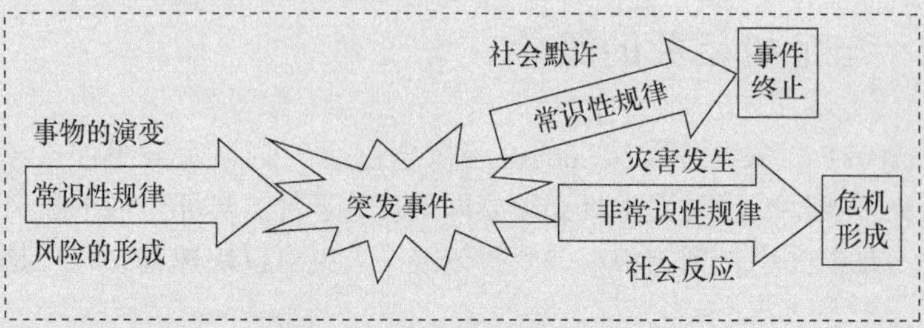

图 10-1　危机形成过程

10.1.3 公共危机的概念及特征

"公共危机"一词在西方危机管理经典文献中比较少见，究其原因，有三点缘由：第一，由于危机早期主要是指一种状态，而状态具有暂时性的特点，因此，区分它是公共状态还是私人状态实际意义不大。第二，公共危机顾名思义应当由政府承担处置的责任。由于政府管理的边界在不同时期有不同的表现，因此，很难准确地界定哪种危机由政府专管。比如大型私营企业面临财务危机可能会破产，在"大"政府理念下，它是政府需要管理的一桩事务；而在"小"政府的管理模式下，它是企业自身的事情。第三，公共性与私人性很难区分。西方文化从未完全区分开本（Stanley I. Benn）和高斯（Gerald F. Gaus）所说的社会中公共性与私有性的结构复杂的概念。[①] 斯蒂尔曼二世曾指出，公共危机是指社会偏离正常轨道的过程与非均衡状态。[②] 中国学者按照危机影响的范围、层面、程度以及对整体社会价值观的威胁程度，将危机分为公共危机与一般危机。一般危机主要指企业（私人部门）层面上的危机，这种危机的影响一般只局限于该组织内部，对外界的影响及对整体社会价值观的威胁都不大，而且通常情况下该组织可以对此加以处理，无须政府部门的干预或全社会的参与。当然，随着危机事件的不断升级以及事态的不断扩大，一般危机也可能引发或导致公共危机的发生。[③]

根据本和高斯对公共性与私有性的区别，公私区分可以由三个要素构成：机构、利益和参与。[④] 根据这一区分，公共危机可以指一种因突发事件而影响多数公众正常生活或社会秩序的社会情境，而变更这种社会情境需要由政府和社会一起采取共同行动来维护公共利益。尼古拉斯·亨利（Nicholas Henry）进一步指出，对于公共性的界定存在三种理论取向，即制度取向、规范取向和组织取向。制度取向认为政府组织是依靠税收来维持的机构，因而具有天然的公共性；规范取向则认为公共性源于公共利益，只要组织以公共利益作为行动目标，就具有公共性；组织取向则聚焦于公共组织的工作环境，认为组织的参与度是公共组织与私人组织的本质区别。[⑤] 三种取向并不相互排斥，而是相互支持，共同构成了公共性的定义，这与本和高斯的思想一脉相承。对于公共性的分析更加明确了公共危机的内涵，与一般性危机相比，公共危机更加强调危机造成公共支出的增加、对公共利益的损害，强调对危机的全民性预防。

前面对"危机"的界定是以"突发事件"为中心，以"社会影响"为依据来确定危机的概念范畴的。由此，可以对公共危机做如下的定义：公共危机是一种以"突发事件"为中心，以危害"公共利益"为表现形式的社会情态。《突发事件应对法》指出，突发事件是指突然发生，造成或者可能造成严重社会危害，需要采取应急处置措施予以应对的自然灾害、

① BENN S I，GAUS G F. The public and the private：concepts and action//Public and private social life. New York：St. Martin's Press，1983：5.

② 斯蒂尔曼二世. 公共行政学：概念与案例. 竺乾威，扶松茂，等译. 北京：中国人民大学出版社，2004.

③ 张小明. 公共部门危机管理. 北京：中国人民大学出版社，2006：12.

④ 同①9-10.

⑤ 亨利. 公共行政与公共事务. 项龙，译. 北京：华夏出版社，2002：35-36.

事故灾难、公共卫生事件和社会安全事件。《国家突发公共事件总体应急预案》将“突发公共事件”界定为突然发生，造成或者可能造成重大人员伤亡、财产损失、生态环境破坏和严重社会危害，危及公共安全的紧急事件。根据突发公共事件的发生性质、过程和机理，突发公共事件可以分为自然灾害、事故灾难、突发公共卫生事件和突发社会安全事件四类。

公共危机的特征可以由两个部分组成：一是危机本身的特征，二是公共性特征。总括起来，公共危机的特征表现为以下几个方面：

（1）突发性。危机状态的形成源于突发事件，但突发事件何时会引爆一直是一件令人难以捉摸的事。尽管随着科学的发展，人类对自然、社会和人类自身的各种规律的认识有了很大提高，但是根据西蒙的观点，人的理性是有限的，无法做到全面准确地认识所有事物的规律。因此，准确预测突发事件爆发的时间、地点、强度和后果依然是一件十分困难的事情，它源于人类认识能力不足，而非事物本身的无规律性。

（2）有限性。在危机状态下，信息是极度匮乏和有限的，而且真伪难辨，具体表现在：1）信息不完整。危机情境下，由于时间紧迫，决策者不可能在非常有限的时间内获取有关事态发展的全面和准确的信息。2）信息不及时。由于危机事态常常发生急剧的变化，相关的信息从事发现场传输到危机指挥决策机构一般要经过好几个环节，这导致最高决策者获得的信息往往具有滞后性。3）信息不准确。在信息的反馈和处理过程中，信息极易失真，这使得信息的准确性和有效性大打折扣。

（3）双重性。正如前面指出的，“危机”一词具有辩证含义，中西方对这一点的理解是共通的。中文的“危机”一词在字面上有“危险与机遇”的双重含义。《晋书·诸葛长民传》就有“贫贱常思富贵，富贵必履危机”之句，其中蕴含的哲理如同老子哲学中的“祸福相依”“乐极生悲”“否极泰来”一样。在希腊语中，危机指事物的发展到了决定性时刻，既可能向好的一面转化，也可能向坏的一面转化。危机并不仅仅意味着危险，而且包含着转机和契机之意，它完全有可能促进制度的革新或环境的变革。因此，对危机事件的结果的评价不仅与处置是否得当有关，且与社会发展变化有关。

（4）跨域性。危机的跨越性可以表现在两个层面上。一是国家内部，危机会影响到社会的各个方面，当然也影响到政府。因此，危机的处理既需要社会相关方的互相合作，也需要政府内部各个部门之间的互相合作。二是一些危机具有跨越国界的特点，危机预防和处置需要全球合作，这一合作既可以表现在相关国家相互合作共同应对面临的危险，也表现在各类国际组织发挥其作用。

（5）公共性。公共性是公共危机的首要特征①，因为公共危机会对一个社会系统的基本价值、行为准则和社会秩序等产生严重的威胁，因而它的处置通常需要政府发挥主要作用。

10.1.4 公共危机的类型与周期

将危机划分不同类型的目的在于更好地认识危机，而认识危机是管理危机的基础。可以根据不同标准划分出不同的危机类型。

---

① 张国庆．公共政策分析．上海：复旦大学出版社，2004.

1. 按照危机的速度来划分公共危机类型

荷兰危机管理专家罗森塔尔以危机演进速度和终结速度两个尺度为坐标，把公共危机划分为速燃型危机（fast-burning crisis）、导泻型危机（cathartic crisis）、慢燃型危机（slow-burning crisis）、长投影型危机（long-show crisis）。速燃型危机演进的时间非常短暂，一开始也就差不多结束了，它要求危机管理者果断决策、迅速响应。导泻型危机通常要经过一个长期、逐渐的演进过程，但结束速度较快，它要求危机管理者防微杜渐，避免危机与冲突突破临界点。慢燃型危机则发展速度缓慢、结束过程长，危机管理者可以进行较长时间的观察和处置。长投影型危机是突然发生，但终结缓慢，且影响深远，它需要危机管理者采取措施制止、防止事态发展。阿兰·麦克康奈尔则根据危机的速度将其分为三种：(1) 突发式危机（sudden crisis）；(2) 潜行式危机（creeping crisis）；(3) 慢性危机（chronic crisis）。突发式危机表现为一个或一系列事件出人意料地迅速发生；潜行式危机是指一种以不引人注目、变化细微的方式潜增长并到时可能惊人爆发的事件；慢性危机是正在演进的危机，解决之日遥遥无期。

2. 按照危机的复杂性划分危机类型

根据危机状态的结构复杂程度、性质以及控制的可能性三个指标，可将危机划分为结构良好型危机与结构不良型危机。结构良好型危机所涉问题单一、所涉范围有限，通常一个部门就可以单独解决。而结构不良型危机则是多个问题的集合，所涉范围广泛，需要多个部门合作才能解决。

3. 按照危机的后果划分危机类型

根据斯蒂芬·冈德尔（Stephen Gundel）提出的危机的可预测性（predictability）及施加影响的可能性（influence possibility）两个维度，可以把危机区分为常规型（conventional）危机、不可预料型（unexpected）危机、难以驾驭型（intractable）危机和基本型（fundamental）危机（见表 10-1）。所谓可预测性，是指如果一场危机的地点、时间或发生方式是可知晓的，并有一定的发生概率，那么，这样的危机就是可以预测的。所谓施加影响的可能性，是指如果阻止灾害或危机发生或减少其损失的响应行动可能为人们提前知晓并实施，那么，这样的危机就是可施加影响的。①

表 10-1　　根据危机后果划分的危机类型

危机类型	可预测性	施加影响的可能性	案例
常规型	可以预测	可能施加影响	1984 年博帕尔化工厂爆炸
不可预料型	不可预测	可能施加影响	美国 Mann Gulch 森林火灾
难以驾驭型	可以预测	不可能施加影响	切尔诺贝利核电站事故
基本型	不可预测	不可施加影响	“9·11” 恐怖袭击

资料来源：GUNDEL S. Towards a new typology of crises. Journal of contingencies and crisis management, 2005, 13 (3): 109-112.

① GUNDEL S. Towards a new typology of crisis. Journal of contingencies and crisis management, 2005, 13 (3): 109-112.

危机周期通常与危机阶段有关。危机管理学家芬克（Fink，又译为“菲克”）将危机划分为四个类似医学上的阶段，即潜伏期、爆发期、后遗症期和解决期。危机在某种程度上有点像疾病，其时间的长短与病情的轻重取决于一些变数，如病毒的种类、病人的年龄和身体状况、药效、治疗及医生的医术等。有时候生病的四个阶段在很短的时间内一起发作，例如为期 24 小时的流行性感冒。有时候疾病会潜伏很长时间才发作。危机也是如此。有时候病人度过了重感冒期，但是却咳嗽了好久才完全康复，危机亦如此。也有的时候，重感冒转变成肺炎，病人因此死亡。有时候，危机无法消除，导致公司破产或社会崩溃。危机如同疾病，是一种不稳定、随时会发生变化和消长的状况。例如一旦发现感冒的症状，我们会迅速采取治疗的措施，如服用阿司匹林或其他药物、喝水，然后上床休息等。当然，要发现病源，才能采取行动。①

在现实生活中，一场危机的终止往往也是另一场危机的先声，一波未平、一波又起则是一种更糟糕的状况。危机有时不是以一种由小变大、由轻变重的方式发展的，这导致很难判断危机的起止（见图 10-2）。同时，由于危机的发生受到各种因素的影响，危机的走向始终与理想的状态有差距（见图 10-3），它展现的局面如同一团乱麻，令人找不到头绪，因此也很难辨认危机的起因和变异（见图 10-4），这种状况增加了处理危机的难度。

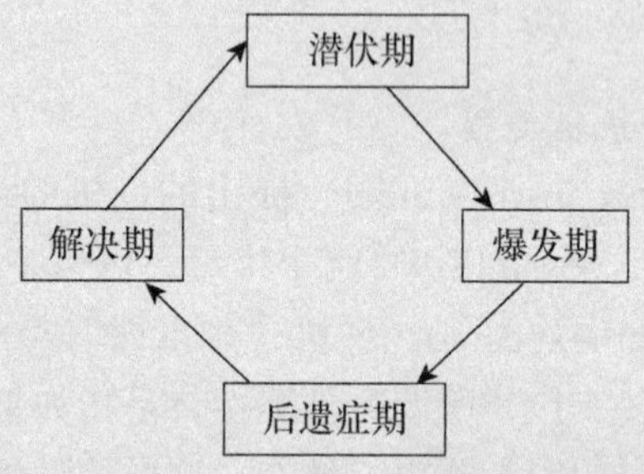

图 10-2　危机的走向

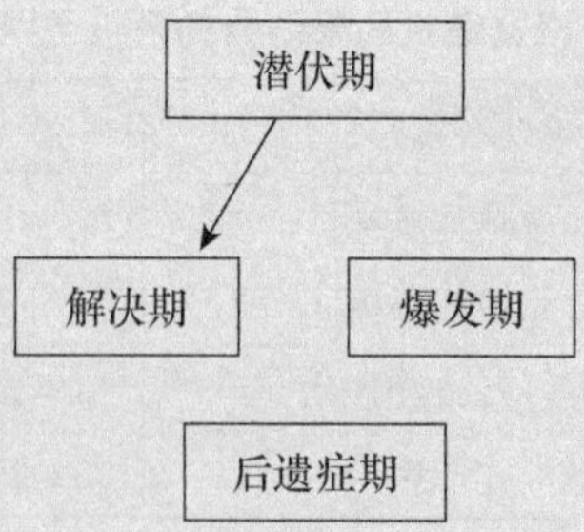

图 10-3　理想中的危机走向

① 菲克. 危机管理. 韩应宁，译. 台北：经济与生活出版事业股份有限公司，1986：28.

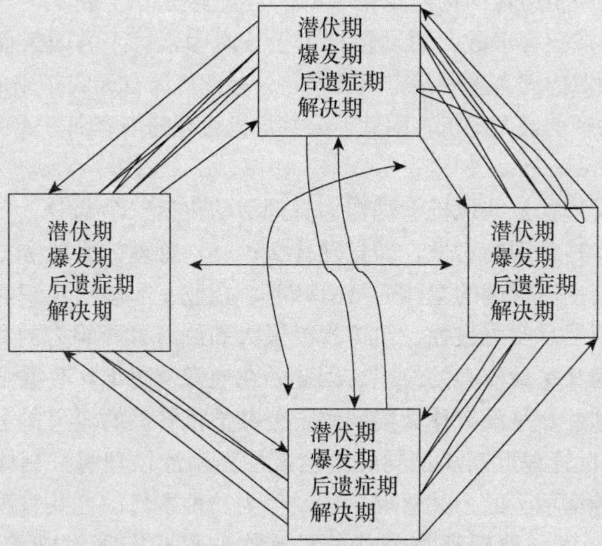

图 10－4 你所见到或感受到的危机走向

10.2 公共危机管理过程

10.2.1 公共危机管理概述

1. 公共危机管理历史

“危机管理”的概念在私人部门（企业）中较早使用，主要指企业防备和应对威胁企业生存的突发性风险事件。早期的企业危机管理主要处理企业在运行过程中一些意外事故可能导致企业运转困难的个案事件，因此，也不是企业日常重点关心的工作。很多企业将危机管理作为处理公共关系的一部分，企业危机管理等同于危机公关。随着企业生存的环境不断恶化，危机事件已经成为企业日常面对的一个常规问题。因此，诸多企业都将危机管理、风险管理作为企业发展战略的一部分。

危机管理成为政府工作的一部分是第二次世界大战之后的事情。尽管自然灾害一直是威胁政府和社会系统的正常秩序的危险，处置各种自然灾害也一直是政府工作的一部分；但是，对于灾害的预防在日常工作中分散于政府各部门，而灾害处置则由临时机构组织协调。第二次世界大战结束后，战争成为国家和社会的主要威胁源，于是，民防成为政府防御战争的日常工作。也因为民防工程在战争中发挥了重要作用，英美等国家都设立了民防办公室（局）作为政府日常开展防备战争的管理机构。随着冷战开始，大规模战争发生的概率下降了，国内突发事件越来越多了，突发事件成为威胁政府和社会的主要隐患。为了应对各类自然灾害和人为灾害，美国在国内建立“联邦应急管理署”作为处置突发公共事件的指挥、协调机构。2001年，美国“9·11”事件发生后，恐怖袭击成为政府、社会和人民的最大威胁，人们将更多精力转向构建全灾害的国土安全模式。“灾害”一词的含义不仅仅指由自然因素引发而形成灾害事故，而且包括由于技术因素、人为因素而引发的人为灾害事件。人类一直以来面对的灾害主要是自然灾害，公共危机源自天灾带来的人祸；而非自然灾害（人为灾害）成为新的最大危机，因此，公共危机管理的内容和方式也发生了巨大变化。

2. 公共危机管理概念

何谓公共危机管理？公共危机管理作为管理活动包括三个部分：(1) 管理的主体，即由谁来采取行动；(2) 管理的对象，即管理什么；(3) 管理的手段和方法，即通过何种途径来进行管理。社会生活管理的主体通常有政府、企业、非政府组织和个人。国际社会中的民族国家在今天依然是实力最强、组织规模最大和最富有影响力的共同体，而在民族国家内部，一国的政府又是最核心的组织。因此，在通常情况下，公共危机管理的最重要的管理主体是政府，这一点是没有什么疑问的。公共危机管理的定义的分歧主要在于“公共危机”，因为公共危机管理可以从不同的角度或层面来加以理解。具体来说，可以有三个方面：(1) 作为一种情境下的公共管理；(2) 作为一种事件的公共管理；(3) 作为一种社会过程的公共管理。第一种理解将公共危机看作危机状态下实施的公共管理①，因此，“公共”主要体现在管理主体身上。公共危机管理被解释为非常态管理，而不是常态管理。第二种理解认为公共危机管理是公共部门对公共危机的管理。② 这种理解实际上是用“公共”二字既限定管理主体也限定管理客体。危机可以包括公共危机和私人危机（如企业危机），管理也包括公共管理和私营管理。于是，公共危机管理便成了公共部门的危机管理，是公共部门对公共危机的管理。公共危机管理本质上是一种管理活动。第三种理解认为公共危机管理是对公共事务裂变过程的管理，是一种对公共危机（突发公共事件）的管理。③ 这种定义将危机等同于突发事件，公共危机就是公共突发事件。因此，公共危机管理就是管理公共突发事件，这一管理包括对突发事件酝酿、爆发和演变的全过程管理。

3. 公共危机管理的特点

危机情境的形成一般是以突发事件为中心的，因此，对突发事件管理是危机管理的中心环节，然后向突发事件发生前和事发后延续。现代危机管理通常把风险防范、危机预防纳入组织或社会的发展战略之中，从战略高度构建危机管理过程和模式。从企业危机管理实践的发展来看，现代企业危机管理已经贯穿到企业生产管理、客户关系管理、财务管理和人力资源管理的所有环节中，成为企业发展战略的不可缺少的一部分。

传统的危机管理强调对危机反应的管理，而不重视危机的前因后果。大多数危机管理的计划和思想——不管叫偶然事故、紧急事故和灾难事故管理，还是事态复原或事态继续管理——都是危机反应管理（又称应急管理），其指向都是救火、治愈创伤、挽救伤员和损害物。④ 现代危机管理对危机的认识在于，确立危机情境中的人和物的作用，周全考虑危机中人的生理和心理及物的特征，然后从时空多维结构、危机情境的嬗变性和混乱性、

① 薛澜，张强，钟开斌. 危机管理：转型期中国面临的挑战. 北京：清华大学出版社，2003.

② 张小明. 公共部门危机管理. 北京：中国人民大学出版社，2006.

③ 张海波. 风险社会、公共危机与治理的空间性//童星，张鸿雁. 公共管理高层论坛：第 2 辑. 南京：南京大学出版社，2005：148-167.

④ 希斯. 危机管理. 王成，宋炳辉，金瑛，译. 北京：中信出版社，2004：12.

危机情境的中人的复杂性以及危机对物质的需求多样性等因素出发，从战略角度来建构整合型的公共危机管理。

（1）时空结构多维性。时空结构存在两种形态：一是时空合一；二是时空分离。时空合一是事物运行的常态性规律，也是人们意识与行为的常识。一般而言，事物发展到某一阶段就会产生某种形态，人的行为也具有时间与地点的对应性。而时空分离则是一种事物运行的非常态性现象，是人的意识和行为分离的状态。时空分离的产生有三种基本情况：一是当事物的运行达到极速时，与事物运行的空间相比，时间的计算已经没有什么意义。如极速洲际导弹运行在几分钟之内就可以运行上万公里，以至任何雷达都无法测量。二是蝴蝶效应状态。在某一个地方某一时刻看似微弱的行为，却在另外一个地方发生成亿倍的、难以预测的效果。如根据混沌理论的解释，南美洲热带雨林中蝴蝶集体扇动翅膀，可导致北美洲的一场大雨。三是行动与意识分离。在某一时间某一地点的决策和行动，其意识后果会延续非常久远的时间。如在一孩童被劫持为人质的危机事件中，警察通过开枪击毙匪徒解除了危机，但开枪一瞬间匪徒被击毙的场面却深深印在孩童的脑海中，成为其日后一生心理问题的意识根源。

因此，在危机管理过程中，任何一个决策或行动都会因时空结构的多维性而影响到公共危机管理的质量、效率，甚至这一决策或行动有可能会为下一轮突发事件的爆发留下隐患。美国世贸大厦在1983年就曾遭受到恐怖袭击，但是，由于美国政府局限于应急管理的思维，未对事件的本质做深入的了解和分析，没有从更基础的层面开展工作，这样便导致了2001年世贸大厦被飞机撞击倒塌的灾难。

（2）危机情境的嬗变性。危机属于突发性事故，但是，任何危机都是由一系列细小的事件逐步发展而来的，如果在危机征兆出现到危机开始造成损失这段时间没有良好的危机初始管理的话，那么危机事件就会对周围环境及当事人造成冲击或影响，从而使危机规模不断地扩大，危机情境恶化。随着危机中的相关者做出不正确的反应，危机的损害性会变得越来越不可预见，这样就有可能引发另一场危机，从而使问题更难处理。这样的连锁反应最终可能造成“多米诺骨牌效应”。在这种情况下，危机管理者实际上已经难以获得准确、全面的信息，也无法判断造成的损失、预测未来的发展，危机处理的成本会增加。正是这一危机情境的嬗变性要求危机管理必须以事件为中心向前后延伸。

（3）危机管理参与者的多样性。危机会涉及不少的人。从参与者的角度来看，至少可以包括受害者（受到危机影响的人）、反应者（对危机有反应的人）和旁观者（站在旁边观望且未被危机直接波及的人）三类。由于危机与这些人的利益相关性不同，他们对危机做出的反应也不一样。另外，从参与者所具有的能力来看，无论是危机的制造者、应对者、受害者或得利者等，他们的能力也是不一样的。一般认为，“知识、意志和技能”是危机参与者在危机中获得成功的三个关键性要素。一个人在这三个方面的强弱可能会使他的角色发生变化。比如一辆车掉进河里，车上的所有乘客都是受害者，如果这时有一名乘客具有良好的应急知识和游泳技能并积极进行抢救，他在救助了多名乘客后自己却牺牲了，这样他便成了受害者。如果这时有一位岸上旁观者用录像设备录用下了全过程，并将录像通过网络发给受害人的家属以及其他网民，那么在目睹这段录像后，所有现场的旁观者和非现场旁观者都会产生诸多的心理反应，甚至会出现社会心理问题。这就要求日常的危机管理教育不仅要针对专业的危机管理者，还要针对全体公众，丰富他们的安全应急知识、克服心理障碍和提高救援的技能。

（4）危机根源的复杂性。“治标与治本”是危机管理面对的一个基本策略问题。传统的危机管理侧重于“治标”，即将突发事件中止即可。但是，由于没有从根本上解决问题，此类事件在过了一段时间之后往往又会复发。因此，“治本”才是危机管理所追求的。现代企业和现代政府今天越来越多地从组织或社会发展的战略高度来构建危机管理框架，“应急与治理”因而成为处理各种危机的两大重要的战略选择。

“治本”意味着从危机根源上根除导致突发事件发生的原因。由于危机类型繁多，危机成因也就非常复杂；不仅不同突发事件的成因有差别，即使同一个突发事件，也可能是由多种原因所致；事故延续，其成因也会发生诸多变化。例如，在某个冬季是干旱期的城市，突然下了一场降水量为100多毫米的大雨，致使城市道路大面积积水，一些家庭和商店被淹，交通受阻。在大雨过程中，部分市民为了保护财产被水冲走，而另外一些市民在大雨过后哄抬物价，抢劫受灾场所的遗留物品，整个城市社会治安一片混乱。这样一个突发事件所形成的危机状态（其中包含了多种自然和社会状况，每一状况的形成都有复杂的根源）往往不是当地政府在短时间里就可以临时应付的，它需要从战略高度、从日常管理工作开始培养公民素质，建立相关制度以及加强突发事件的预测预报水平。

现代危机管理大师在谈到危机管理概念时提出了三个重要观点：第一，危机管理是处理与人有关的活动。与处理紧急控制和风险控制不同，危机管理着重处理人为的或由于人的原因而导致的危机。① 第二，不能用风险分析代替危机管理。风险分析理论着眼于分析某个组织可能遭遇到的危机或类似的危机，探索多种危机发生的概率。这些概率是基于过去危机发生的历史数据或多样化的分析模型而计算出来的。因此，风险分析的各种模型在传统上注重对特定类型的危机进行衡量和排序并进行准备工作，而对其他因素关注甚少。这一程序背后的问题是组织事实上更需要考虑的是尚未发生过的危机。但人类的习惯往往是在事情发生后才会有所动作，以至于危机发生时组织因反应太迟钝而无法及时应对并从危机中恢复。也就是说，一些没有防备的危机有摧毁整个组织的潜能。② 第三，危机管理必须与其他战略规划相结合。在今天，危机通常不会单独发生。如果不考虑某个组织或地区的风险组合中所有可能发生的危机，那么这样的危机管理准备是无效的。危机管理具有很强的系统性，如同全面质量管理或者环境保护工作一样，非系统性的危机管理是于事无补的。③ 因此，需要把危机管理融入其他重要的计划中，使之成为一个系统。危机管理者必须考虑危机管理方案与其他计划方案之间的紧密关系。④

10.2.2 公共危机管理的构成

任何管理活动都包括三个部分：管理对象、管理主体和管理工具。在不同的专业管理

① 米特若夫，阿纳戈诺斯. 危机!!!：防范与对策. 燕青联合传媒管理咨询中心，译. 北京：电子工业出版社，2004：4.
② 同①30.
③ 同①31.
④ 同①128.

领域，管理对象和管理主体都有其特殊性和规律性。管理工具尽管具有通用性，但在不同的情境下，管理主体往往会因价值的不同而在管理工具的选择上有差异。因此，管理活动的成败与三者以及三者之间的互动有关。公共危机管理规律存在着三元性：一是依据危机本身规律性形成管理规律性；二是因管理主体自身运行规律性而形成管理规律；三是不同场合中价值优先下的工具选择。当这三元规律相互契合时，就会产生“药到病除”的效果，公共危机管理效应也就随之产生。

1. 管理对象

公共危机管理的对象是什么呢？

一是危险源或风险源。所谓危险源或风险源，指的是造成突发事件或灾难发生的因素。灾害科学将危险源细分为“致灾因子”和“承灾体”；安全科学中又将其细分为“危险源头”和“脆弱性源头”，其中危险源头侧重于物理因素，而脆弱性源头侧重于社会因素。由于危险源具有宽领域、多源头的特点，因此，危险源或风险源管理也是由多个主体、多重流程进行的。1999年，英国政府发布的《化学品战略》提出，英国化学品安全管理应从末端控制向源头控制过渡，从产品控制转向生产环节控制，从事故防止转向风险控制，在管理对象、环节和层面上区别于传统的化学品管理和污染防治。后来有学者将其概括为“源头治理”，这一思路后来被推广到自然灾害、食品药品安全管理和社会安全管理等诸多领域。

源头管理，既是一种科学活动，也是一种管理活动。之所以称之为科学活动，是因为危险源的辨识和危险（或安全）等级认定皆离不开专业领域的科学知识，尤其是自然灾害、事故安全和食品药品等领域的危险源辨析，更离不开自然科学等硬科学的支撑。因此，源头管理是一种科学活动，甚至可以说，没有硬科学支撑的源头管理是难以取得预期成功的。之所以称之为管理活动，是因为危险源辨识与管理需要一套完善的流程，需要建立成熟的管理体制、机制和法制。危险源或风险源辨识与管理的观念、技术和制度成为源头管理的重要内容。①

二是风险。一些社会学家或管理学者认为，危机管理的对象也可以是风险，即风险管理。那么，究竟什么是风险呢？理论界和实务界至今对风险缺乏一种统一的界定，比较一致的看法是风险与人们的决策相关，也就是说，即使这里或许有一个危险源或风险源，但是，人们可以决定远离它，这样它对人、组织或其他实体来说就不是一种风险。因此，风险管理的实质是管理好人或组织的决策行为，决策行为因而也成了危机管理的对象。这是部分学者将危机管理等同于风险管理的原因之一。

三是突发事件。一旦风险管理失控，突发事件就会发生。正是在这一点上，无论学者还是实务者都认为管理突发事件才是危机管理的关键对象。突发事件一旦发生，不仅会产生直接的损失，而且会形成大量间接的损失，甚至形成灾害链，引发诸多次生灾害。另外，突发事件一旦发生，媒体会大量关注，社会对事件的关注度也会急剧上升。随着事件的传播，也可能造成社会秩序不稳定。这种对突发事件管理的活动通常被称为应急管理。

四是社会情境。突发事件发生后一般会引发社会适度或过度的反应。人们会对政府处置突发事件产生期待，对政府行为的信任甚至对整个政权体系信心也会随着事件的进展而

① 李瑞昌．干预式治理：公共安全风险辨识与管理．上海：上海人民出版社，2013：301.

发生变化，甚至一部分人或组织会采取极端行为。因此，政府从自身的威信和管理责任的角度出发，必然会对突发事件所形成的社会情境进行管理，这通常被称为危机情境管理。

2. 管理主体

公共危机由谁来管呢？大部分研究认为，政府是公共危机的管理主体。但是，事实并非如此简单。公共危机一旦形成，可能会导致多个主体参与。根据责任归属原则，公共危机管理主体也会变得比较具体。

首先，根据属地管理原则，地方政府是本辖区中风险源或危险源、突发事件等的管理主体。地方政府的组成部门管理各自管理领域的风险源或危险源，例如，安监部门、公安部门等诸多部门每年都要在辖区内开展不同类型的安全隐患大排查。突发事件发生后，事发地基层政府应该进行先期处置，然后由县级人民政府承担处置责任，因为《突发事件应对法》将突发事件处置权赋予了县级人民政府。当危机逐步升级之后，才由县级人民政府向上一级政府申请转移处置权限和管理责任。

其次，根据专业管理原则，由于每一类危机都有其专业特点，因而危机一般由专业机构处理；然而，危机往往又包含了诸多专业成分，因此也就有诸多相关的专业管理机构或部门会参与管理。

最后，根据主次管辖原则，有些主体会承担主要责任，而有的主体则承担次要责任，例如，安全事故事件中企业就承担主体责任，而安监部门则承担监管责任。

3. 管理工具

公共危机的管理需要一些工具。理论界与实务界在长期的理论研究和实践过程中开发了一系列危机管理工具，择其要者有：危机压力量表、危机认知图和危机沟通线路图。

（1）芬克的危机压力量表。芬克认为危机会给社会、组织或个人造成很大的压力。他依据危机发生的概率以及危机所造成的社会影响值，建构了以发生概率为横坐标、社会影响值为纵坐标的危机压力量表，该表有四个象限（见图 10-5）：琥珀色区（概率低、影响大）、红色区（概率高、影响大）、绿色区（概率低、影响小）和灰色区（概率高、影响小）。可以将危机事件置于不同的危机压力量表之中，从而寻找解决对策。

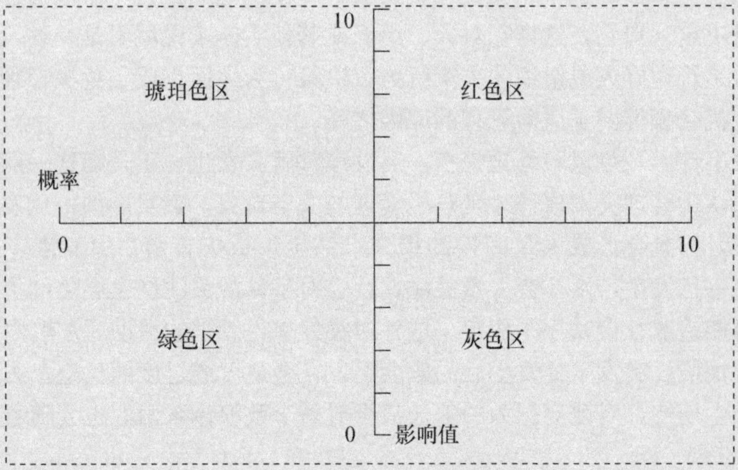

图 10-5 危机压力量表

（2）危机认知图。比林斯（R. S. Billings）、米尔本（T. W. Milburn）和沙纳曼（L. Schanalman）于 1980 年提出“危机认知图”（见图 10－6），其认知的基本过程包括：第一，认知问题。危机管理者要察觉问题的存在和确认引起危机的事件，即根据现状与理想状况间的差异来确认问题，然后，依照评定标准可信度的高低和变量的不确定性程度来认知已察觉到的问题，并根据解决问题的可用时间来判定事件的紧急程度。第二，危机的认定。根据可能损失的价值、损失的可能性、时间的压力等要素定义危机问题的严重性。第三，确认危机大小。按照上述步骤，可基本确认危机的严重性程度以及是否需要快速处理。

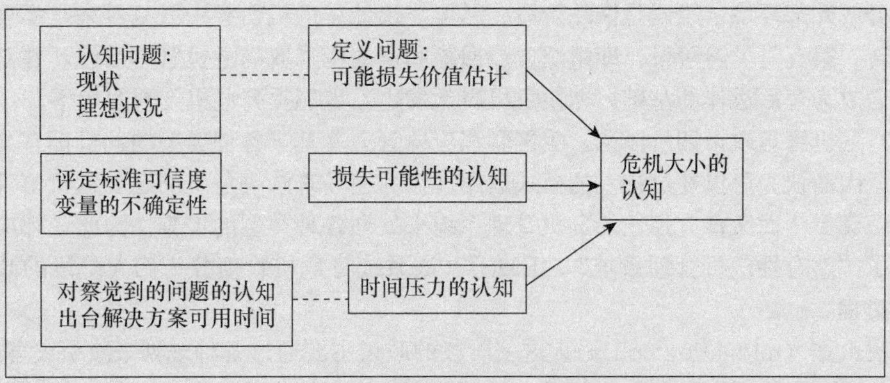

图 10－6 危机认知图

（3）危机沟通线路图。一般而言，危机沟通是按照两条线路展开的。一条线路是与社会公众、媒体和顾客沟通，也称社会线路，即面对社会不满意和不安全情绪，需要危机应对小组公开发布真实信息和回应社会诉求，防止社会秩序遭受破坏。另一条线路是与利益相关者沟通，也称内部线路。由于突发事件的发生和危机形成会使部分人的利益受损，因此，与这些利益相关者沟通、提供补偿的预期和争取友好的谅解对于化解危机至关重要。

10.2.3 危机管理理论

现有的危机管理理论模型有的是根据危机本身的规律总结出来的危机管理阶段理论模型，如芬克的危机生命周期理论模型；有的是根据危机管理主体活动总结出来理论模型，如危机管理过程理论、危机决策理论和危机沟通理论等；还有的是根据价值管理变化而形成的管理工具理论，如危机管理伙伴关系模型、危机保险理论等。

1. *危机管理阶段理论*

危机是一种突发事件发生后形成的社会状态。由于突发事件一般会经历不同的阶段，因而也会有不同的措施加以应对，这导致危机管理理论对此有不同的理解。就危机管理的阶段而言，有以下几种阶段理论模型：

（1）危机管理六阶段论。诺曼·R. 奥古斯丁（Norman R. Augustine）的《力求规避的危机的管理》一书认为，每一个危机本身既包含导致失败的根源，也孕育着成功的种子。发现、培育，以便收获这个潜在的成功机会，就是危机管理的精髓。习惯于错误地估计形势，并令事态进一步恶化，则是不良的危机管理的典型特征。奥古斯丁进而将危机管理划分为六个不同的阶段，并相应地提出了具体的管理建议。这六个阶段分别是危机的避免、危机管理的准备、危机的确认、危机的控制、危机的解决和从危机中获利。①

（2）危机管理的五阶段模型。米特若夫认为，收集、分析和传播信息是危机管理者的直接任务。危机管理可以分为五个阶段：第一是信号侦测阶段，即识别危机发出的警示信号并采取预防措施；第二是探测及预防阶段，即组织成员搜寻已知的危机风险因素并尽力减少潜在损害；第三是控制损害阶段，即危机发生后组织成员努力使其不影响组织运作的其他部分或外部环境；第四是恢复阶段，尽可能快地从危机伤害中恢复过来，实现组织的正常运转；第五是学习阶段，即组织成员回顾和审视所采取的危机管理措施，并对此加以整理使之成为今后运作的基础，即便危机再次发生，也能提高危机处置的效率。

（3）危机管理政策四阶段论。美国联邦应急管理署基于各种类型的危机都有共同的危机特性，因而认为可以通过统一的模式运用多目标途径来解决危机问题和危机事件，即通过建立一套灵活而又富有弹性的危机管理系统来处理各种类型的灾难。为此联邦应急管理署发布了“整合性危机管理系统”（IEMS），该系统将危机管理分为四大阶段的政策规划及执行过程。

减灾政策（mitigation policy）。这一阶段的政策主要通过各种规划来减缓灾害的发生，消除各类灾害发生诱因，即致灾因子，从而达到灾害少发生的目标。减灾政策可以分为结构性减灾政策和非结构性减灾政策。所谓结构性减灾政策，是指通过出台规划，逐步从基础设施（又称承灾体）建设增强抵御灾害的能力，如通过规划建设防洪大坝、提高房屋抗震等级之类。非结构性减灾政策是指通过一些政策措施激励组织和个人采取一定的手段或方式来提高抗灾的能力，如通过建设规划让人们远离危险的地区建房或通过税收、福利等鼓励公民学习防灾技能等。

准备政策（preparedness policy）。这一阶段主要为了应对危机而进行能力储备，其主要内容包括：制订预案，建立危机信息沟通网络，建立突发事件处理中心，建立危机预警预报系统，建立应急人员培训计划及模拟方案，制订应急资源管理计划。

回应政策（response policy）。这一阶段的政策重点在于强调当危机无可避免地转变为灾难时，作为政府必须采取的行动，如启动应急预案、运作医疗救援系统、建立突发事件处理中心、实施救援以及撤离计划、安置灾民、对于次生或衍生灾害进行预防等。

恢复政策（recovery policy）。这一阶段实际上是可长可短的政策过程，主要是为了使受灾地区社会政治经济重新回到正常轨道。从短期来看，就是对各种基础设施的恢复，如水、电、食品和生产等基础生活设施的恢复。从中期来看，主要是对交通系统恢复、污染物的控制以及流行疾病的控制等。从长期来看，则是对地区建筑进行恢复或重建、对毁坏的生产设施修复以及重新建立商业流动系统等。

危机成因的复杂性决定了人们很难准确地把握住危机本身的规律性，因而也很难把握危机管理的规律性。人们对危机和危机管理的认识至今仍处在摸索之中。随着人们对危机

---

① 北京新华信商业风险管理有限责任公司．危机管理．北京：中国人民大学出版社，2004.

认识的加深，人们也会逐步地理解和把握危机管理的规律。

2. 危机管理过程理论

危机管理是一个由多个主体参与、多环节的应对过程。一些学者对危机管理过程涉及的环节进行了研究，主要的观点和理论有以下几种：

（1）“4R”模型。罗伯特·希斯将危机管理过程概括为 4R 模型，即危机管理可以划分为减缓、预备、反应和恢复四个环节，有效的危机管理是对 4R 模型所涉几个方面的整合。减缓的目的是预防危机的发生（通过发现隐患、加强管理、增进沟通、提升品质等降低危机事件发生的概率）和减少危机发生后的冲击程度。减缓环节的两项重要工作是风险评估和风险管理。预备环节的实质是培训相关技能和进行模拟演习，以便在危机一旦发生时使危机带来的损失最小化，并尽快恢复常态。反应环节指的是在危机爆发之后，需要及时出击，在尽可能短的时间内遏制危机发展的势头，运用各种资源和方法解决危机，防止事态的进一步恶化。反应环节包括影响分析、计划、技能要求和审计。恢复环节是危机状况得到控制后的恢复工作，主要针对危机处理过程中反映出来的问题来进一步改进危机管理工作或修订危机管理计划。恢复环节包括危机影响分析、恢复计划安排、恢复技能要求和危机审计等。

（2）两车轮理论。这一理论认为危机管理是通过“危机控制”和“冲击管理或者反应式危机管理”两个车轮的组合而进行的活动。危机控制是指为了防止危机发生或一旦危机发生为将损害控制在最小限度而采取的应对手段。危机控制既可以是事件发生前的预防，也可以涉及各种技术性的操作。危机控制的处理手段包括危机的回避、去除（防止）、分散、结合、转移、限制等，大体上可分为回避危机与防止危机两大类别。以“危机控制”与“冲击管理”为双轮的危机管理活动需要具备三方面的能力：预见能力（predictability）、防御能力（controllability）和恢复能力（recoverability）。

（3）八环节理论。该理论认为危机管理过程包括了八个基本环节：1）准备应对最恶劣的情势；2）了解危机即转机；3）危机处理的定义与危机管理；4）利用当下的环境；5）控制危害；6）成功解决；7）恢复平时状态；8）避免再次发生。

（4）三环理论。该理论认为，尽管现代政府在应对社会各种危机时会运用一些新的手段和方法，但常规的方法还是需要的，根据历史经验和常规数据进行风险分析和管理即为一例。该理论认为，现代公共危机管理应该包括三个相互交叉的环：风险管理环、应急管理环和可持续业务管理环。

风险管理环是在识别和分析风险发生的可能性及其后果，以及结合对法律、政治、社会、经济等环境因素的综合考虑的基础上，评估风险级别并对风险处置的优先顺序进行排序，从而决定要采取的风险控制措施；其主要任务就是采取合适的行动，以降低和转化危机根源可能带来的影响。应急管理环指的是一系列针对部分无法消除的风险进一步采用控制措施以降低其影响，以及对事态恶化后采取应对措施和恢复秩序的活动。可持续业务管理环指的是在处置突发事件后尽快恢复业务，促使秩序恢复正常。在风险管理环、应急管理环和可持续业务管理环三环中，应急管理是公共危机管理的核心内容，风险管理旨在将危机控制“关口前移”，做到防患于未然，而可持续业务管理则是通过事前安排达到事后快速恢复的目的。

10.3 中国的公共危机管理

10.3.1 转型期中国公共危机的特征

根据《突发事件应对法》的规定，突发事件是指突然发生，造成或者可能造成严重社会危害，需要采取应急处置措施予以应对的自然灾害、事故灾难、公共卫生事件和社会安全事件。

1. 突发事件的类型

根据突发公共事件的发生过程、性质和机理，突发公共事件主要分为以下四类：

(1) 自然灾害事件。自然灾害事件主要包括水旱灾害、气象灾害、地震灾害、地质灾害、海洋灾害、生物灾害和森林草原火灾等突发事件。

(2) 事故灾难事件。事故灾难事件主要包括工矿商贸等企业的各类安全事故、交通运输事故、公共设施和设备事故、环境污染和生态破坏事件等突发事件。

(3) 公共卫生事件。公共卫生事件主要包括传染病疫情、群体性不明原因疾病、食品安全和职业危害、动物疫情，以及其他严重影响公众健康和生命安全等的突发事件。

(4) 社会安全事件。社会安全事件主要包括恐怖袭击事件、经济安全事件和涉外突发事件等突发事件。

2. 突发事件的级别

根据突发事件严重性和紧急程度，突发事件等级可以分为四级。具体包括：特别重大、重大、较大和一般四级。

3. 我国公共危机的特点

中国正处于自然灾害频发、经济增长速度放缓和社会矛盾叠加的转型时期，各种突发事件短时间内急剧增加。

(1) 自然灾害事件造成损失巨大。中国是世界上自然灾害最为严重的国家之一，加之全球气候变化以及中国经济快速发展和城市化进程不断加快，中国的资源、环境和生态压力加剧，自然灾害事件形势严峻。

(2) 安全生产事故频发。我国的安全生产面临着严峻的形势，煤矿、交通等重特大事故时有发生，对人民群众的生命财产造成了严重的损失。

(3) 公共卫生事件威胁生命安全。新型病毒不断出现，并随着人流、物流加速而快速扩散。食品安全事件时常发生，深受社会关注。职业病仍未缓解，防控难度大。公共卫生事件威胁着人民群众的生命和健康。

(4) 社会安全事件影响国家安全。转型期特有的社会矛盾也使得社会安全事件增多。在一些地方，群死群伤的爆炸、投毒等恶性案件时有发生，杀人、绑架等暴力犯罪不断，由人民内部矛盾引发的群体性事件也明显增多。这些突发事件如果不能有效地处理，就容易酿成社会危机，甚至造成政府声誉受损。

10.3.2 中国公共危机管理系统及其运行

(1) 应急管理部建立及其运行。自然灾害是人类面临的巨大威胁，它不仅威胁着民众的生存，而且也威胁着政权的稳定。因此，减灾一直是政府和公众在面对自然灾害时所拥有的必然态度和基本行动。减灾的倡议和工作已被国际社会所采用，联合国发起的从 1990 年到 2000 年“国际减少自然灾害十年”就是一个典型的例子。早期人类社会注重的是抗灾，因为对抗灾难，减少灾害的影响，就能够保护人类的劳动成果。但是，抗灾是一个复杂而又艰巨的任务，事实上人类在与大的自然灾害的对抗中，失败相对多于成功。尽管如此，当灾难发生时，抗灾总是重中之重，因为它维系着民生，维系着国家的安全和政权的稳定。从政府的角度来说，救灾工作的业绩事关民众的认同以及对政权的支持。从历史来看，救灾事务可以追溯很远。以我国而言，据记载，周朝就有了救灾的专门官员和专门的制度。《周礼·地官司徒》记载：大司徒的职责之一便是“以荒政十有二聚万民”，负责救灾，如在荒年要“散利”，就是发放救灾物资。然而，尽管抗灾的历史很长，但是，完整的抗灾系统从全球来说一直都是缺乏的，通常是灾难发生、组织救灾抗灾和恢复秩序重建家园，周而复始，缺乏一种长期的谋划和组织制度设计。

这一状况于 20 世纪末在我国发生了变化。1989 年 4 月，我国政府积极响应联合国关于开展“国际减少自然灾害十年”活动的号召，成立了中国国际减灾十年委员会，属于非常设性的机构。2000 年，根据我国开展减灾工作的需要和联合国有关决议的精神，中国国际减灾十年委员会更名为中国国际减灾委员会。2005 年，经国务院批准，中国国际减灾委员改名为国家减灾委员会，成为一个常设性机构。国家减灾委员会的主要任务是：研究制定国家减灾工作的方针、政策和规划，协调开展重大减灾活动，指导地方开展减灾工作，推进减灾国际交流与合作。国家减灾委员会的具体工作由民政部承担。

2018 年 3 月，根据第十三届全国人民代表大会第一次会议批准的党和国家机构改革方案设立了应急管理部，作为国务院组成部门。应急管理部主要承担自然灾害类和安全生产事故类突发事件的减灾、防灾和救灾工作。原国家安全生产监督管理总局的职责，原国务院办公厅的应急管理职责，原公安部的消防管理职责，原民政部的救灾职事，原国土资源部的地质灾害防治，原水利部的水旱灾害防治，原农业部的草原防火，原国家林业局的森林防火相关职责，原中国地震局的震灾应急救援职责以及原国家防汛抗旱总指挥部、原国家减灾委员会、原国务院抗震救灾指挥部、原国家森林防火指挥部的职责，原中国地震局、原国家煤矿安全监察局的职责，全部划归应急管理部。公安消防部队、武警森林部队转制后，与安全生产等应急救援队伍一并作为综合性常备应急骨干力量，由应急管理部管理。通过优化应急力量和资源，逐步形成统一指挥、专常兼备、反应灵敏、上下联动、平战结合的中国特色应急管理体制，提高防灾、减灾、救灾能力。

应急管理部按照“坚持以防为主、防抗救相结合，坚持常态减灾和非常态救灾相统一，努力实现从注重灾后救助向灾前预防转变，从应对单一灾种向综合减灾转变，从减少灾害损失向减轻灾害风险转变，全面提升全社会抵御自然灾害的综合防范能力”的要求，承担以下职责：组织编制国家应急总体预案和规划，指导各地区各部门应对突发事件工作，推动应急预案体系建设和预案演练；建立灾情报告系统并统一发布灾情，统筹应急力量建设和物资储备并在救灾时统一调度，组织灾害救助体系建设，指导安全生产类、自然灾害类应急救援，承担国家应对特别重大灾害指挥部工作；指导火灾、水旱灾害、地质灾害等防治，负责安全生产综合监督管理和工矿商贸行业安全生产监督管理；等等。

此外，从防灾战略来看，中国政府制定了各类单灾种的减灾战略，并要求各职能部门进行减灾工作准备。同时，从抗灾救灾策略来看，中国政府将相关灾害抗灾救灾工作交由各个职能部门承担，体现出专业管理属性，如公共卫生事件就主要由国家卫生健康委员会承担，社会安全事件则主要由公安部、外交部等承担。

(2) 应急管理系统及其运行。防灾、减灾是一个长期的工程，需要比较大的人力和物力的投入，但是减灾和防灾的效果往往又难以直接看到，因为灾害的发生总是存在比较大的不确定性和不可预期性。因此，仅仅通过防灾的方式来减灾很难激励起政府方面的兴趣、意愿和责任感。在选举政治和任期有限的逻辑驱动下，政府官员更注重的是短期的政绩和能获取民众赞誉的行为。因此，相比防灾和减灾，政府更关注的是灾害发生后的应对。应对是否得当事关整个社会的生命财产安全。从政府来说，通过有效应对来减少灾害造成的财产损失和人员伤亡、迅速恢复正常工作秩序和生活秩序也更容易获得公众的认可。从应对灾害的有效性的角度来说，机构性的组织是不可或缺的。

我国于2006年4月在国务院办公厅设置了国务院应急管理办公室，这一办公室承担着国务院应急管理的日常工作和国务院总值班室工作，履行值守应急、信息汇总和综合协调职能，发挥运转枢纽作用。在这之后，各省、自治区、直辖市人民政府以及各县级人民政府按照国务院办公厅设立应急管理办公室的模式，相继建立各自的应急管理办公室。到2006年底，各政府层级的应急管理机构建立了起来。2018年，应急管理办公室合并到应急管理部、厅、局之中。

应急管理系统实行"一案三制"。"一案"是指应急预案，"三制"是指应急管理体制、应急管理机制和应急法制。应急管理体制主要指建立健全集中统一、坚强有力、政令畅通的指挥机构，应急管理机制主要指建立健全监测预警机制、应急信息报告机制、应急决策和协调机制，应急法制主要指通过依法行政使突发公共事件的应急处置逐步走向规范化、制度化和法制化轨道。

"一案三制"是一个结构与功能高度整合的系统。这个系统旨在既解决应急管理过程管理的问题，也解决制度建设和工作方法的问题；它突出了政府在应急管理中的责任，又对全社会危机意识和应急能力提出了要求，这是一个极富中国特色的应急框架和系统。

应急预案是应急管理体系建设的龙头，是"一案三制"的起点。预案具有应急规划、纲领和指南的作用，是应急理念的载体，是应急行动的宣传书、动员令和冲锋号，是应急管理部门实施应急教育、预防、引导、操作等多方面工作的有力"抓手"。制订预案，实质上是把非常态事件中的隐性的常态因素显性化，也就是对历史经验中带有规律性的做法进行总结、概括和提炼，形成具有约束力的制度性条文。

由政府办公厅（室）发挥枢纽作用的综合协调型应急管理体制是一种新型的常规化、综合性和制度化的应急管理体制，是建立在法治基础上的平战结合、常态管理与非常态管理相结合的保障型体制。从机构设置看，除了中央级的非常设应急指挥机构和常设应急管理部之外，还有地方政府对应的各级应急管理部门及非常设的应急指挥机构，县级以上地方各级人民政府还设立了由本级人民政府主要负责人、相关部门负责人、当地驻军和武警部队有关负责人组成的突发事件应急联合指挥机构；根据实际需要，设立了相关突发事件应急指挥机构，组织、协调、指挥突发事件应对工作；建立了志愿者制度，有序地组织各类社会组织和人民群众参与到应急管理中去。从职能配置看，应急管理机构在法律意义上明确了在常态下如何编制规划和预案、统筹推进建设、配置各种资源、组织开展演练、排查风险源等职能，规定了在突发事件中采取措施、实施步骤的权限，给予了政府及有关部门一系列必要的授权。①

应急管理机制指的是突发事件发生、发展和变化过程中各种制度化、程序化的应急管理方法与措施。我国已经初步建立了预测预警机制、信息报告机制、应急响应机制、应急处置机制、调查评估机制、恢复重建机制、社会动员机制、应急资源配置与征用机制、政府与公众联动机制、国际协调机制等一系列应急机制。

应急法制是指突发事件处置过程中采用的法律手段和法律依据。目前我国已基本建立了以《宪法》为依据、以《突发事件应对法》为核心，以相关单项法律法规为配套的应急管理法律体系，应急管理工作逐步走上了规范化和法制化的轨道。

（3）应急管理原则。根据我国的政治结构以及行政区划分布的特点，应对突发事件的部门和机构设置采用了综合应急管理系统、应急指挥系统和专业处置系统三大系统的组合模式。同时，也确立了一些应急管理的原则：首先，预防和应对分开原则。本章前面指出，可以把灾害解构为致灾因子、承灾体和孕灾环境等要素，对于每一个要素的每一方面都可以采取相应的措施，以提高预防能力和抗灾能力。因此，预防工作通常分布在各个专业部门、职能部门的日常工作之中，通过设置一定的质检标准或其他专业领域的控制标准来提升预防能力。例如，通过提高房屋抗震标准，就可以减少地震灾害带来的灾难；或者通过改变一种发展模式来全面提升生态系统和社会系统的预防能力。因此，预防是一项专业性非常强的工作，必须由各个部门来实施。

其次，属地管理和统一领导原则。属地管理是应急管理的基本原则。属地管理是指突发事件的应对工作原则上由事发地所属政府（县级以上政府）负责；涉及两个以上行政区域的，由其共同的上一级政府负责；法律法规中规定，由国务院有关部门对突发事件的应对工作负责的，从其规定，事发地政府应当予以积极配合与支持。“统一领导”，是指在各级党委领导下，在中央层面，国务院是突发事件应对工作的最高行政领导机关；在地方层面，地方各级政府是本辖区内突发事件应对工作的行政领导机关。

最后，分类分级管理和综合协调原则。“分类管理”是指根据自然灾害、事故灾难、公共卫生事件和社会安全事件的不同诱因和特点进行分类管理、分别负责，开展预防和应急准备、监测与预警、应急处置与救援、善后恢复与重建等突发事件应对工作。“分级管理”是指根据突发事件的危害程度、影响范围等因素，将四类突发事件分别划分为特别重大、重大、较大和一般四级，分别由相应级别的政府负责响应。“综合协调”是指在突发

① 高小平．中国特色应急管理体系建设的成就和发展．中国行政管理，2008（11）：20.

事件应对过程中，各级政府对所属部门、有关组织和团体以及对下级政府的协调，其本质是在分工负责基础上，强化统一指挥、协同联动，避免互相推诿，降低行政成本，提高应急管理的快速反应能力。

10.3.3 中国公共危机管理的社会参与

公共危机涉及许多相关者，比如企业、社会组织（包括群团组织和非政府组织）和公民。这些组织和人员参与公共危机管理，为有效管理公共危机创造了有利条件，因此，有效的危机管理需要发挥这些组织和人员在危机管理中的作用。随着社会发展，公共危机管理过程中社会参与主体越来越多元、参与方式越来越多样、参与效度提高也越来越快，一种运用合力资源管理公共危机的理念越来越成为全社会的共识。

1. 企业参与公共危机管理

企业拥有雄厚的经济实力，是社会经济运行的载体。企业是现代社会最为重要的组织形式之一，是社会系统必不可少的有机组成部分。突发事件不仅给社会公众的生命、财产和健康等造成了巨大的影响，也常常会对企业正常的生产经营活动造成冲击，带来严重损失。每一次重大自然灾害都会让许多的企业遭遇灭顶之灾。但没有遭受灾害的企业，却纷纷积极主动地为灾区捐款、捐物，甚至直接参与实地救援。

企业参与公共危机管理有四种主要形式。一是积极生产应急救援物质。突发事件尤其是自然灾害事件发生后，灾区往往需要大量生活物资以及救援的专用物资，这就需要企业加大应急救援物资生产的力度。二是积极为灾区捐助物力、财力和人力。没有参与应急救援物资生产的企业可以根据自身社会声誉、客户网络等优势，组织企业内部员工及其客户开展捐助活动，捐赠物资和资金资源。部分企业也可以根据救灾抗灾的需要，鼓励企业员工直接参与救灾抗灾过程。三是依托自身技术和产品参与应急救援或恢复重建过程。应急救援或恢复重建过程中事务多，涉及的领域广，需要能够提供特殊服务的企业参与其中，例如，在灾区通信设施设备遭到破坏后，中国移动和中国联通等通信企业采取特殊措施和提供特殊信息服务。四是金融保险类企业的特别参与。巨灾或事故发生后，受害的企业或个人遭受了巨大经济损失，急需大笔资金介入灾后恢复重建过程之中。因此，金融保险企业在灾前介入企业和个人生产生活过程，可以为受害企业和个人提供保险和赔偿。

2. 非政府组织参与公共危机管理

国际社会认为，非政府组织是在地方、国家或国际级别上组织起来的非营利性的、志愿性的公民组织。非政府组织是社会中除政府和企业之外的重要组织。非政府组织能够为国际和国内社会提供各种各样的服务和发挥人道主义作用，向政府反映公民关心的问题，并积极参与到政府决策和服务过程之中。我国非政府组织包括事业单位、社区管理型组织、社会团体和民办非企业单位。我国非政府组织之间差别不仅在于它们组织编制管理有差别，而且在于它们的活动经费来源不同，其中事业单位、社区管理型组织和社会团体无论是组织编制管理还是活动经费都受到政府管控，而民办非企业单位的编制管理和经费来源均由自身自主决定。为了加强国内非政府组织的自主性和独立性，我国于2016年出台了《中华人民共和国境外非政府组织境内活动管理法》，不仅规范了境外非政府组织在中国国内的活动，而且也促进了中国非政府组织的发展。无论国际还是国内，非政府组织积极参与自然灾害、公共卫生和生产安全等突发事件应急管理各个环节之中，在公共危机管理活动中发挥重要作用。

非政府组织通过四种形式参与公共危机管理过程：一是提供专业帮助。非政府组织均有自己的宗旨和目标，根据自己的目标设定标准来吸纳成员，形成专业特色鲜明的人员团队，长期从事具有自身专长领域的工作。在应急管理中，非政府组织可以充分利用自身专业能力优势帮助政府应对突发事件及其产生的社会后果。二是协助政府开展减灾工作。减灾是灾害发生后采取适当措施，减轻灾害造成的损失和不利影响。减灾工作包括工程减灾、制度减灾和文化减灾等多方面措施。非政府组织通过改变人们的生产生活习惯实现文化减灾。三是成为防灾宣传教育的有效社会渠道。减灾防灾知识和方法的传播普及，是提高社会危机能力、减轻灾害损失的关键因素。社会组织可以充分利用自己的社会网络和社会活动方式，可以迅速将有关的灾害信息和预防办法传播到各自的成员，起到早期预警、自我保护的作用，与此同时，非政府组织扎根于社会基层、扎根于某些特定人群、扎根于所在社区，其所组织的防灾宣传教育大多数简便易行、因地制宜、贴近实际，有时比政府部门统一编制的宣传材料更有针对性，更易于被特定群体所接受。四是组织民间慈善捐赠筹集。重大灾难发生后，慈善捐赠成为重要的工作之一。政府在慈善捐赠活动中扮演倡导者、规范者和服务者的角色，而非政府组织尤其是慈善组织就成为筹款主力军，将分散于企业、社会团体、家庭、个人或国际组织的民间捐赠聚集起来，用于紧急救灾活动或灾后重建之中。

3. 志愿者参与公共危机管理

《中国注册志愿者管理办法》将志愿者定义为不以物质报酬为目的，利用自己的时间、技能等资源，自愿为国家、社会和他人提供服务的人。志愿者精神是奉献、友爱、互助、进步。志愿服务的主要领域包括：扶贫济困、助老助残、社区服务、生态建设、大型活动、抢险救灾、社会管理、文化建设、西部开发、海外服务等。因此，应急管理活动中志愿者的志愿服务是社会参与的重要方式。

4. 公民参与公共危机管理

公民始终是国家、社会存在的缘由，保护危机中的公民则是国家与社会发挥权能的理由。国家和社会共同承担着防范、应对和消除危机的责任，而公民在危机管理中则有着特殊的角色并承担着特殊的事务。在公共危机管理中，公民有两种不同的角色：参与者和旁观者。参与者是一种积极公民角色，而旁观者是一种消极公民角色。在公共危机管理中，执政党和政府均希望公民发挥积极公民角色，有序参与到危机管理过程中。①

危机管理中的公民都要负担起公民角色责任。公民责任，包括尊重自然的生命，尊重人类的生命，尊重他人的权利，诚实、宽容、有同情心，证明有自我控制的能力，参与民主程序，为共同的目标而工作，对公共利益、公共法则与公共秩序的尊重，爱护与体谅，对他人与社会痛苦的感同身受。职务责任则是岗位责任，即在某种岗位所承担的职责。一般而言，职务责任要求高于公民责任。而志愿精神则是更高级的公民责任。志愿精神指的

① 李瑞昌，等. 危机中的公民：研究述评//肖滨. 中国政治学年度评论：2014. 上海：格致出版社，2014.

是一种自愿的、不为报酬和收入而参与推动人类发展、促进社会进步和完善社区工作的精神，是公众参与社会生活的一种非常重要的方式。公民参与公共危机管理是实现公民角色责任的一种表现。

从参与方式来看，公民参与到公共危机管理中有四种形式。一是资金的参与，公民通过捐款等方式参与到危机管理之中。二是物资的参与，公民通过捐赠物资或者将自己的住房提供给受害人居住等方式参与到危机管理之中。三是劳力和技术的参与，即公民利用自己的体力或者技术直接参与到基础设施的修复和重建环节中去。四是信息的参与，公民所掌握、提供的信息往往更真实、准确和及时，因此，公民不断向政府提供与危机相关的信息，以确保政府有效进行危机决策。

从参与过程来看，自然灾害发生后，公民通过网络、电视等各类媒体了解到真实信息之后，借助国家动员或社会动员等方式，积极参与到抗灾和救灾活动中，最终从旁观者成了参与者，从而唤醒了公民责任，重现公民身份。因此，在重大自然灾难之后，每一个公民都有可能成为灾害的受害者或抗震救灾的参与者。

在事故灾难中，公民通过危机学习不断增强自己安全生产的意识和责任。在公共卫生事件中，公民学习相关防疫知识，增强自我防护能力。在社会安全事件中，公民是突发事件的评论者和突发事件管理的支持者，他们积极参与危机管理过程有助于维护社会稳定和恢复公共秩序。

第 11 章

法治与监督

11.1　公共管理与法治

11.1.1　公共管理与法律

1. 公共行政与法律

公共行政依据之一：政治与法治。从公共行政发展的历史来看，公共行政活动受到两种价值的主导：一是公共行政深植于政治意识形态，服务于政治目标，因而时常成为执政党实施政治意图的工具；二是公共行政背靠宪法，宪法价值潜入公共行政，实施法律成为公共行政的重要使命。这两种公共行政价值此消彼长，其中法治理念与价值成为公共行政活动固守的价值基准。事实上，任何治理形态均与政治体制紧密相关，法治形态亦无例外。中国政府法治选择是在中国政治体制下的选择。

公共行政依据之二：法律与法理。什么是法律？法律与法理之间有何区别？学者对不同法律体系中的法律有不同的界定，具体来说有以下几种观点：(1) 法律是一套规范或是一套义务；(2) 法律是法官做出的一系列决定；(3) 法律是司法机构的行为；(4) 法律是国家；(5) 法律是一套道德原则。从成文法国家来看，法律指的是由有立法权的机关制定的一套成文的规范或规则。成文法和判例法均由深层次法理所主导。法理是形成某一国家全部法律或某一部门法律的基本精神和学理，在一定意义上是法律的渊源，其目的在于弥补法律规范的空隙。可以说，法律是法理的表现形式，法理是法律的精神指导。公共行政组织或公共行政部门需要遵守和实施法律，更应践行法理。

公共行政依据之三：成文法与判例法。不同法律体系中，法律与公共行政的关系稍有不同。在大陆法系国家，法理（或法哲学）与公共行政紧密联系在一起。在这些国家中，最重要的法律是宪法，宪法是所有法律的基础。公共组织和公共部门依规则治理是依宪治理的表现形式，规则及规则遵从是立宪主义治理的基本要义。规则等同于规范，法理是研究规范的科学。这样，在任何情景下，符合规范的便是合法的，法律与国家被认为完美结合在一起了。在海洋法系（也称英美法系）国家，由于成文法较少，法官的判决成为法律的重要来源，也即法官立法。法官是法律最重要的实施者之一。法官不仅有应用法律判决案件的功能，还有解释法律应用具体案件的功能，即法官施法和法官释法，法官释法之后就成为判例法，公共行政人员在处理公共事务中也应参照判例法进行办理，一方面判例法可以弥补成文法的不足，另一方面参考判例法可以避免日后产生行政诉讼。

公共行政依据之四：行政法与公法。政府组织与其他组织的不同之处在于，政府不仅要如同其他组织一样遵守相关法律法规，而且自身有制定行政法规和规章的权力。对公共行政活动约束最大的法律毫无疑问是宪法和行政法，其中行政法在公共行政实践中占有中心地位。它包括定义行政机构的权威，规范其过程的宪法要求、法令、其他规定以及法院判决等。[①] 行政法被教育界和学术界视为一个单独的子领域。由于法律工作者和公共行政人员关注行政法的角度完全是不同的，因此行政法的定义、范围具有诸多争议。也有学者认为应该用公法替代或将部门行政法作为公共行政活动的依据。法律工作者关注行政机关运用法律的瑕疵、行政法内在的不足以及行政法限制行政机关的权力，而公共行政者更多关注运用法律解决公共问题，以及利用法律赋予行政机关更多的行政权力。大陆法系国家将整个法律分为公法和私法两大领域。公法是配置和调整公权力的法律规范的总和。公法以研究公权力、公权力配置、公法关系和公法责任为主要内容。公法可分为广义和狭义两种：狭义的公法是指调配公权力内部或公权力之间的关系的法律规范；广义的公法是指调配公权力之间，以及调节公权力与私权利之间关系的法律规范。而海洋法系国家尚未做如此区分。

公共行政依据之五：国内法与国际法。行政机关日常运行过程中所涉及的国内成文法不仅仅包括法律，而且包括行政规则或规范，其中法律既有行政法也有其他法律。就中国法的体系而言，法包括宪法、基本法、基本法律、法律、行政法规、地方性法规、行政规章和行政命令。就效力等级而言，最高等级的法律是宪法，依次是基本法、基本法律、法律、行政法规、地方性法规、行政规章和行政命令。其中，基本法特指《香港特别行政区基本法》和《澳门特别行政区基本法》。基本法律则指由全国人大及其常委会制定的基本法律，主要包括《民法》《民事诉讼法》《刑法》《刑事诉讼法》等。法律是由全国人大常委会制定和颁布的各领域的专门法律，如《合同法》《公务员法》等。行政法规是由国务院制定的规范性文件。地方性法规是由有立法权的省级人大制定的规范性文件。行政规章包括部门规章和地方规章。行政规章是由国务院部委、直属机构等依据《立法法》制定出来的部门规范性文件。地方规章是由省级人民政府依据《立法法》制定出来的地方规范性文件。行政命令又称红头文件，是各级人民政府行政机关依照行政管理职权制定的管理规范文件。

① 罗森布鲁姆，奥利里. 公共管理与法律. 张梦中，译. 广州：中山大学出版社，2007：50.

随着全球化时代的来临，国家越来越多地加入国际条约、国际协议和协定之中。于是，国际条约、协议、协定、规则等各种国际规则规定也成为公共行政活动的重要依据之一。一旦国际的规则规定与国内法律相冲突，就需要遵循两个原则来处理：一是国内法高于国际法原则，即主权高于治权；二是修法原则，即由立法机关针对国家参与的相关国际活动的约定，修改国内法，避免国内法与国际法的矛盾带来公共行政人员的执法不便。

2. 新公共管理与法律

新公共管理运动的兴起并没有使传统的公共行政消失，因此，公共行政与法律之间的关系仍在存续。但是，新公共管理改革中出现的组织变革和协调机制的变化，导致新公共管理的法律依据既有公法或行政法的一面，也有大量私法或民法的一面。

新公共管理新增依据之一：社团法。在新公共管理的改革中，行政机关、立法机关和其他国家机关设置了执行局、独立机构、自治与半自治机构等之类的机构，这些机构存在的法律依据多数采用与社团管理相关的法律而非行政组织法，但这些机构却在行使国家行政权。于是，这一做法便受到法律界人士的质疑。

新公共管理新增依据之二：合同法。在新公共管理运动中，合同取代了法律或普遍性行政命令，成为公共事务管理和公共服务中重要的协调机制。不同类型的合同挑战着不同法律，总体来看，有以下四种：一是绩效合同，即行政管理机关与下属机关签订的目标任务绩效合同；二是购买公共服务合同，即政府作为产出的购买方、机构作为提供者和供应者签订的服务合同；三是审计竞争合同，即把审计事务外包给私人公司，然后由公司审计公共财务和行政审计公共财务开展竞争；四是用工合同，即与公共部门雇员签订的短期用工合同。这些合同是适用经济合同法、劳动合同法还是公务员法存在诸多争议。有些国家试图制定行政合同法规避这些法律争议。但是，无论采用何种法律形式，公共管理的法律依据已经扩大了。

3. 新公共治理与法律

新公共治理保留了传统公共行政和新公共管理的一些做法，但也增加了诸多新的组织和新的协调机制，与此同时也带来了大量新的规则在公共事务活动中的运用，这些新的规则通常被学界称为“软法”（与“硬法”相对）。“硬法”是需要国家强制力保障实施的法律规范；“软法”则是指那些效力结构未必完整，无须依靠国家强制力保障实施，但能够产生社会实效的法律规范。因此，新公共治理的依据不仅有公法或行政法，而且有私法或商法等，还有新的规则体系。

新公共治理新增依据之一：自治规则。新公共治理中有大量享有自治权或半自治权的组织参与到公共事务之中，组成某个公共事务治理网络，治理网络成员之间通过同意相互约定一些自治规则，实现道义责任。治理网络的自治规则与网络成员组织的自我管理章程成为新公共治理的自治规则。

新公共治理新增依据之二：国际规则与协议。因大量跨国公共事务和公共问题，以及国际组织或机构日益活跃地参与到主权国家内部社会公共事务治理之中，于是，新公共治理行动中的组织主体更加多元，运行机制更加复杂。国际组织或机构在主权国家内部参与公共治理的行动中不仅要遵守主权国家的法律，而且要履行自治规则所引发的义务。

11.1.2 行政法治原理

1. 行政法治基本原理

有关行政法治原理的研究有三个层面：一是宏观层面，主要研究法与国家的关系，即法是国家的产物还是国家是法的产品，由此形成多种法学理论。换句话说，研究围绕国家立法代表统治阶级意志还是社会立法制约统治者的权力，这类研究的实质是哲学或法理学研究路径。二是中观层面，主要研究法与政权之间的关系，即法与国家政权中所有机关的关系以及行政机关与它们之间的关系，这类研究是以法与权力的关系为切入点的政治学研究路径。三是微观层面，主要研究法与政府间的关系（重点是与行政机关的关系），这类研究沿着行政法学路径探讨行政法治的具体要求，如行政组织结构法治、行政职权法治和行政行为法治等。上述各个层面内含三种基本原理。

（1）合法性原理。合法性原理是指行政法治中的“法”是反映人民意志的法，是民主方式所立的“法”，符合公平、正义和公正的基本原理，是保护人权的良法。因此，也可以说，行政合法性也指人民高于政府、行政人员服务人民等含义。

（2）合规性原理。合规性原理是指公共行政组织的结构、职权和行为均要从形式上符合规范性文件中的规定，而规范性文件应具备实质上“良法”的要求。合规性原理是依法行政的理论基础，也是建立法治政府的理论依据。

（3）合理性原理。行政合理性包含两个层面：一是合乎法律理性，行政合理性原则是指行政行为的内容要客观、适度，符合公平正义等法律理性。二是自由裁量权使用符合社会理性尺度或公序良俗等。

2. 中国行政法治原则

根据上述行政法治原理，我国的行政法治原则包括以下几个方面的内容：

（1）依法行政。依法行政指行政机关的具体行政行为和抽象行政行为都要有法定依据，并依照法定规定行使。

（2）职权法定。职权法定，指政府、行政机关的职权，必须由法律规定。

（3）控制自由裁量权。自由裁量权是法律、法规赋予行政执法机关在行政管理过程中依据立法目的和公正合理原则自行判断行为条件、自行选择行为方式和自由做出行政决定的权力，即依照法律所确定的原则、目的、精神、范围和幅度，在实施行政行为的过程中，行政执法主体基于客观实际情况，通过主观的合理判断做出灵活选择的权力。

（4）权利救济。公民或组织遭遇政府侵权后能够获得权利救济。权利救济的途径既有司法途径，也有行政途径。在我国，可以通过行政复议、行政诉讼和信访等途径获得权利救济。权利救济也被誉为行政法治的最突出的标准。

11.1.3 法治与德治

民主、法治、科学和文化是现代国家治理的重要手段或基本手段，因此，作为国家治理手段的法治就是用法律替代人性，免除一切个人感情和好恶，实现理性治理。法治也是国家治理的目标，是通过国家法律体系建设所要达到的一种国家社会状态。理想状态的法治有如下特征：

（1）宪法和法律至上。具体包括四层含义：一是宪法效力等级最高，一切法律、行政法规和地方性法规都不得同宪法相抵触。二是所有组织和个人都要守法，一切国家机关和武装力量、各政党和各社会团体、各企业事业组织都必须遵守宪法和法律。三是违反宪法和法律必须追究责任，一切违反宪法和法律的行为，必须予以追究。四是无法外特权，任何组织和个人都不得有超越宪法和法律的特权。

（2）民主立良法。具体包括两层含义：一是所有的法是良法，良法是法治的前提，所谓良法就是符合高尚的价值和最大多数人利益的法；二是为了制定出良法，必须坚持科学立法、民主立法，不断改善立法质量。

（3）控制和制约公权力。具体包括两层含义：一是凡是源自公共权力的权力都要受到控制和制约。由于政治体制的差异以及权力转移，公共权力已经不仅由国家公共部门所使用，而且也被社会中其他组织代替使用。因此，现代公权力控制和制约机制不仅包括对国家公权力的控制和制约，而且包括对社会公权力的控制和制约；不仅包括公权力的相互制约，而且包括私权利对公权力的制约。二是公共权力受制度约束。国家机关按照法定权限和程序行使权力，加强对权力运行的制约和监督，把权力关进制度的笼子里。

（4）保障人权。公民在法律面前一律平等，国家尊重和保障人权，公民的人身自由、人格尊严不受侵犯，宪法和法律规定公民享有的各项权利能得到实现。

（5）维护公平正义。具体包括两层内涵：一是政府要通过政务公开、透明实现公平，任何国家公权力机关都应当及时准确地公开其公权力运作的信息，提高公权力运作的透明度。在现代社会国家公权力日益向社会转移的情况下，社会公权力运作的公开透明同样是法治的重要因素。二是通过独立司法维护公正，法院、检察院依法独立行使审判权、检察权，不受任何国家机关、政党、社会团体和个人的非法干涉，确保司法的独立和权威。法院严格实行公开审判、法庭辩论、律师辩护等制度，确保司法公正。

总之，法治是现代国家建设的基本目标，也是现代国家建设的基本内容。法治的内涵和特征很多：简单而言，法治就是依据法律的治理；就形式而言，实质意义上的法治和形式意义上的法治有机统一；具体而言，法治要求法律是良法、严格施法和人人守法；就本质而言，法治就是公民的法定权利必须有效保护，政府的权力必须有限使用。

实现法治是一项系统的、长期的工程，需要多方面共同努力。首先，要把法治国家、法治政府、法治社会一体建设作为实现法治目标的战略部署。人作为社会动物和政治动物存在，总是在一定的共同体中生活的。人类共同体各种各样，但最基本的共同体是国家共同体和社会共同体。现代国家共同体通常设置立法机关、行政机关和司法机关等公权力机构管理公共事务；现代社会共同体则是各种各样的，有行业性的、特定利益特定目标性的、地域性的、血缘性或宗教性的，还有兴趣性的，等等，社会共同体通常也设置一定的组织机构管理内部事务和处理与国家（政府）及其他社会共同体的关系。由于现代社会在任何一国之内总是两种共同体并存，故一国的治理必然包括国家治理和社会治理，一国的法治建设必然包括法治国家建设和法治社会建设。① 政府是国家的代表，是社会管理者，因此，法治政府建设是法治国家建设的成果之一，又是法治社会建设的前提。如果没有法治政府，就不会有法治社会，因为政府不守法的不良示范会直接导致社会不再信奉法律。因此，坚持将法治国家、法治政府、法治社会一体建设是国家、政府与社会紧密相连的关系使然。

其次，始终将共同推进依法治国、依法执政、依法行政作为实现法治目标的战略行动。所谓依法治国，就是依照宪法和法律治理国家的政治、经济和社会事务。由于中国共产党既是宪法规定的领导力量又是存在于社会的组织，于是，依法治国过程中必然面临中国共产党依法执掌国家政权和依法管理中国共产党组织事务等法理法律问题。因此，推进中国共产党依法执政既是依法治国的重要内容，也是依法行政的前提。所谓中国共产党依法执政，包含了两层含义：一是中国共产党作为执政党要按照现有法律规定将政党意志转化成国家意志，实现对国家的领导；二是中国共产党需要在党内实行严于国家法律的党内规章管理党组织及其党员，使其能在法治社会建设中起领头作用。政府是现代国家政权体系中权力种类繁多，且直接与民众打交道的组织，也是法律的最主要执行者，因此，如果政府不能依法行政，那么就不仅有损于国家权威，而且也会耗费执政党的社会信任资本。

最后，全面推进科学立法、严格执法、公正司法、全民守法是实现法治目标的具体举措。无论是建设法治国家、法治政府还是法治社会都要求有法律（硬法），因此科学立法是法治建设的前提，没有良法无以成法治。严格执法是依法行政和建设法治政府的主要内容，多数法律以及多数时候都是政府实施法律，实践法治，因此，政府严格执法是法治的基础。司法公正是实施法律的基本要求，也是保持社会和谐的底线，司法不公正最终会导致社会价值观扭曲。全面守法是社会法治的根本，也是法治的基本动力，民众守法了就会对依法治国、依法执政和依法行政提出更高要求。

就形式意义上的法治来看，它指的是在日常实践中强调规则意识，行政人员依照相关规则或政策办理日常事务；同时，行政命令制定也要有明确的法律条文作为依据，即立规有据。从实质意义上的法治来看，它表现为在治国实践中强调法律的权威性、严肃性，一切以法律为准绳，任何人不能凌驾于法律之上。这实际上也是就执法过程而言的，法律面前人人平等，不允许有不受法律制约的特殊公民存在。而在立法过程中，法律要充分体现广大人民的意愿和国家的根本利益，要符合生产力发展的要求和时代发展的方向。

“法治”是与“人治”相对立的概念。“人治”主要是指依靠个人权威性和个人崇拜的作用来管理政权、实行政治统治，是依靠统治者个人的权威治理国家的一种政治表现形式。“人治”制度下社会最大的缺陷是缺乏预期，统治者的脾性（或情感）变化均有可能导致社会治理变革。与人治相比较，法治更加稳定；法治强调的是权力制衡、法律救济。“人治”并不等同于治理中发挥领袖或领导者个人魅力型权威（也称克里斯玛型权威）。“人治”是一种制度体系以及由这种制度体系所形成的社会治理状态。个人魅力型权威只是组织中领导者权威的来源，并非制度性的。“法治”并不完全排斥领导者的个人魅力型权威，恰恰相反，“法治”要求领袖或领导者在法律约束条件下充分发挥领袖或领导者个

① 姜明安. 法治中国建设中的法治社会建设. 北京大学学报（哲学社会科学版），2005（6）.

人魅力，以推动一种法律精神形成以及遵法守法的社会状态。总而言之，在人类文明发展进程中，“法治”与“人治”都是政治文明形式，“人治”历史悠久，“法治”是反“人治”而生，扬弃了“人治”中诸多因素。因此，正确认识“法治”与“人治”两种政治文明关系，以及科学处理“法治”与国家治理中领袖或领导者个人魅力或权威的关系，是建设“法治”文明的重要内容。

“德治”是指用道德、礼仪、音乐和文化等所谓软手段重塑人们的价值观和指引人们的行为。“德治”应用有两个层面：一是要求执政者和公职人员成为道德模范，这属于行政伦理研究范畴；二是以德治理社会，在社会领域推行道德规范以求社会和谐，属于社会治理研究范畴。法律是准绳，任何时候都必须遵循；道德是基石，任何时候都不可忽视。法律是成文的道德，道德是内心的法律。法律和道德都有规范社会行为、调节社会关系、维护社会秩序的作用。无论是国家治理还是社会治理，都需要法律和道德协同发力。法安天下，德润人心。法律有效实施有赖于道德支持，道德践行也离不开法律约束，法治与德治不可分离、不可偏废。

古代中国以降，无论是封建王朝的皇帝还是普通官员，都被要求私德高于公德，成为社会道德的化身，并以此推行以德治国。时至今日，领导干部在依法治国和以德治国中依然被要求发挥关键作用。领导干部既应该做全面依法治国的重要组织者、推动者，也应该做道德建设的积极倡导者、示范者。领导干部带头学法、模范守法是全面依法治国的关键，以德修身、以德立威、以德服众，是干部成才的重要因素。领导干部要努力成为全社会的道德楷模，带头践行社会主义核心价值观，讲奉献、重品行、做表率，带头注重家庭、家教、家风，保持为人民服务的高尚品格和廉洁操守，以实际行为带动全社会崇德向善、尊法守法。

我国在社会治理中推行德治有着优良的传统。古代中国统治者或思想家认为，在社会领域的德治有两层含义：一是采用各种惠民措施，“衣食足而知荣辱”，得到民众真心归附；二是积极实施教化，先教后罚，不专以刑立威，通过德治实现社会和谐，民众生活安定。古代社会提倡德治有浓厚的人治色彩，但是强调不可一切断之以法，主张加强教化，做到礼法并用，宽猛相济，这些德治思想对于现代中国建立社会主义德治模式具有重要的参考价值。

2001 年，党中央提出把依法治国与以德治国紧密结合起来的治国方略。2012 年，党的十八大提出社会主义核心价值观，并认为社会主义核心价值体系是兴国之魂。一系列重大战略部署促使中国特色主义的德治体系日趋成熟。中国特色社会主义的德治也应包括两个部分：

一是发展民生，通过良好的民生建设逐步让公民知书达理，享受和维护现有的幸福生活。所谓民生，是指与人生活相关的条件，具体包括基本生存条件和生活条件、发展机会、发展能力和权益保护状况等。民生发展水平具有从基本到高层次发展的阶梯过程。民生发展水平的基本层次是保障公民生存权，保护公民不因无法预测因素而陷入生存困境。而最高层次民生发展水平就是国家创造更加宽松、活跃和富裕的经济政治环境。

二是培育和践行社会主义核心价值观。“富强、民主、文明、和谐，自由、平等、公正、法治，爱国、敬业、诚信、友善”是我国社会主义核心价值观的内容。其中，富强、民主、文明、和谐是国家层面的价值目标，自由、平等、公正、法治是社会层面的价值取向，爱国、敬业、诚信、友善是公民个人层面的价值准则。培育和践行社会主义核心价值观是国家的重任，也是社会中各个组织的使命，更是每个公民日常行动的指南。

促进“法治”和“德治”有机结合的关键是将社会主义核心价值观融入法治建设之中。在法治国家、法治政府、法治社会建设全过程中融入社会主义核心价值观，在科学立法、严格执法、公正司法、全民守法的各环节中融入社会主义核心价值观。推动社会主义核心价值观融入法律、公共政策和党内法规制度中，建设治国理政的良法和从严治党的机制，实现依法治国与以德治国、依规治党和以德治党相统一。依靠善治，让社会治理承担起倡导社会主义核心价值观的责任，在日常管理中体现鲜明的价值导向；借助法治，倡导和鼓励符合社会主义核心价值观的行为，制约和惩处违背社会主义核心价值观的行为，把一些基本道德规范转化为法律规范，把实践中行之有效的政策制度及时上升为法律法规。建立健全公正高效权威的社会主义司法制度，确保审判机关、检察机关依法独立公正行使审判权、检察权，提供优质高效的司法服务和保障，把司法建设成为维护社会主义公平正义的最后一道防线，发挥司法公正对社会公正的重要引领作用，推动社会主义核心价值观在司法活动中落地生根。夯实法治的道德底蕴，培育全民心中的法治精神，将社会公德、职业道德、家庭美德和个人品德的全民教育与规则意识、契约精神、公序良俗和互有责任的社会传播有机结合起来，促进中华民族的“讲仁爱、重民本、守诚信、崇正义、尚和合、求大同”的传统价值理念与社会主义核心价值观相得益彰。

11.2 公共管理与监督

任何权力都需要制约，任何权力形式皆要监督。公共管理形式的发展不仅改变了权力制约结构，而且发展了监督方式，也新生了诸多新的管控方式。

11.2.1 公共管理形式与监督体系

1. 公共行政与行政监督

广义上的行政监督是指行政机关自身及外部其他国家机关、组织、公民对行政机关及其公务人员的执行过程及行为是否遵守法律法规规章进行监督，对行政执行过程及其结果进行控制，以保证法律法规规章的正确执行和行政目标的实现。狭义上的行政监督是指行政组织对机关自身及其公务人员进行监督，也被称为行政内部控制。

中国公共管理的监督体系是一个复杂结构，可以从多个层面进行划分。从广义上的公共行政监督来看，行政权力制约和监督有八种形式，即党内监督、人大监督、民主监督、行政监督、司法监督、审计监督、社会监督和舆论监督。从狭义上的行政监督观之，对政府内部权力制约有五种具体方式，即分事行权、分岗设权、分级授权、定期轮岗和强化内部流程控制，严格防止行政权滥用。下面主要研究广义上的行政监督。

(1) 行政监督的类型。

从行政监督主体来看，包括立法机关、司法机关、其他机关、专门监督系统和一般监督系统。一般监督系统是指各级行政机关和部门。它是依行政管理权和行政隶属关系产生的，一般由三个子系统构成：第一，一般权限机关。它是由各级行政机关即所属部门组成的。第二，综合部门。它是指跨部门带有综合性的行政机关，如财政部门、人事部门等。第三，行政主管部门。中国的一般监督系统主要包括：国务院、国务院各部门、各级行政机关的内设监督部门、行政机关之间的监督。专门监督系统是指专门从事监督工作的机构，如监察委员会（简称监委）、中国共产党纪律检查委员会（简称纪委）等。在西方国家，行政监督机构有四种类型：一是由议会设立的行政监察机构；二是由政府设立的行政监察机构；三是独立于行政机关的监察机构；四是设于行政机关内各部门的监察机关。

从行政监督对象来看，主要涉及行政机关和行政人员的行政过程和行政行为，具体包括：监督国家法律、法规和政策以及决定、命令的贯彻执行情况，调查处理违反法律、法规、政策和纪律的行为，受理对监察对象的违法、违纪行为的检查、控告，受理监察对象不服行政处分的申诉，审议本级人民政府任命人员的纪律处分事项，教育监察对象遵纪守法；制定、颁布有关监察工作的规章、命令和指示。

从行政监督的目标来看，行政监督的目标包括合法性监督和合理性监督。合法性监督关注行政机关及其工作人员的活动是否依法定职权和程序执行而展开的监控。合理性监督是关于行政执行活动是否符合基本的行政价值，如效率、效益和效果等，即监督行政机关是否以最有效的方式来实现对社会资源的管理。

从行政监督的内容来看，行政监督可分为行政指派监督、行政指导监督和行政评价监督。行政指派监督是指根据行政人员的品行个性、知识结构、工作能力和工作经验来分配他们的工作任务后，必须对指派的任务完成情况进行监督。行政指导监督是指上级行政机关把工作指派给下级行政机关和人员以后，必须进行适当的指导。行政评价监督是指对行政机关及人员所完成的工作进行考核、评估，通过评价确定奖罚的对象。还有行政控制，即行政领导者按照计划标准衡量计划完成情况，纠正执行中的偏差，以确保计划和目标实现的活动。

从行政监督的功能来看，可以分为消极监督和积极监督。消极监督是指监督部门应申请而开展监督，即遵循“不告不理”的原则；而积极监督则是监督系统主动作为，开展检查、督查、督办等各种方式的监督活动。

(2) 行政监督的组织体系。

从法定职权来看，行政监督体系可以分为正式监督系统和非正式监督系统。所谓正式监督系统，是指由具体的法律或制度确定其监督职能的机构所组成。非正式监督系统则由根据现代国家建立的基本原理或原则而确立的道义或民意监督的主体所构成。根据监督发生场所的所在地，又可以分为政府内部监督系统和政府外部监督系统。因此，行政监督的正式的外部监督系统包括司法机关、专门调查机关和立法机关，如中国的法院、检察院、纪委、监委、人大及其常委会与专业委员会；正式的内部监督系统则包括政府机构领导、总监察、部门内部监管组织和举报法律制度，如中国的行政首长、党的书记、行政监察机构、绩效办公室、投诉科室与政府部门内部有特色的监督机构（如警务督察机构、教育督察机构等）以及相关法律法规。而行政监督的非正式的外部监督系统则有公民、利益集团和大众传媒，例如中国的听证委员会、民意调查机关、公民参与平台、企业、社会组织、体制内外的新旧媒体等；而非正式的内部监督系统涉及职业规范、代表机构、公共利益维护组织和专业伦理约束等，如各种指导手册、技能导师、组织中选举产生的团体、民间非营利组织、各种专业伦理委员会及规则（见表 11－1）。

表 11－1　　行政监督体系构成

<table>
<tr><th>法定职能</th><th>发生场所</th><th>例子</th><th>中国机构举例</th></tr>
<tr><td rowspan="5">正式的</td><td rowspan="3">外部</td><td>司法机关</td><td>法院</td></tr>
<tr><td>专门调查机关</td><td>检察院、纪委、监委</td></tr>
<tr><td>立法机关</td><td>人大及其常委会与专业委员会</td></tr>
<tr><td rowspan="2">内部</td><td>政府机构领导、总监察</td><td>行政首长、党的书记、审计监督</td></tr>
<tr><td>部门内部监管组织以及举报法律制度</td><td>绩效办公室、投诉科室、政府部门内部有特色的监督机构</td></tr>
<tr><td rowspan="7">非正式的</td><td rowspan="3">外部</td><td>公民</td><td>听证委员会、民意调查机关、参与平台</td></tr>
<tr><td>利益集团</td><td>企业、社会组织</td></tr>
<tr><td>大众传媒</td><td>体制内外的传统媒体与新媒体</td></tr>
<tr><td rowspan="4">内部</td><td>职业规范</td><td>各种指导手册、技能导师</td></tr>
<tr><td>代表机构</td><td>组织中选举产生的团体</td></tr>
<tr><td>公共利益维护组织</td><td>民间非营利组织</td></tr>
<tr><td>专业伦理约束</td><td>各种专业伦理委员会及规则</td></tr>
</table>

（3）行政监督的方式。

行政监督的方式有以下九种：1）工作指导。监督机关通过命令、要求、指示和建议等方式指导监督对象调整工作方向，使之符合预定政策目标和政策要求。2）工作考核。上级或本级监督部门对被监督的部门工作成绩对照相关指标体系进行评价。3）报告、汇报制度。下级部门或个人向上级领导汇报相关工作进展以及政府向人大及其常委会报告工作总结或计划。4）审批制度。上级政府部门（如发改委等）对一些重大项目实施审批，防止下级政府违背上级政府的政策意图，乱设置项目，从而扰乱政策实施，以确保有关重要政策落实下去。5）预算、决算与审计制度。6）视察、调查（主要包括行政领导、纪检监察部门、人大代表政协等）。7）督察、督查和督办。8）质询、询问制度（人大、政协进行）。质询是最正式的监督制度。9）申诉、控告制度。各监控主体对行政机关及其工作人员在执行过程中的违法乱纪行为向有关部门提出申诉和控告。申诉、控告的主体可以是公民、社会团体、政党、检察机关，也可以是行政机关及其工作人员、纪检部门等。

（4）行政监督的运行机制。

行政监督运行的要素包括监督者、监督对象（或客体）和监督机制。一般而言，监督者和监督对象比较固定，均有法律法规予以确定。监督机制创新较多，变动较大。从中国长期的监督实践来看，偏好于工作指导、绩效考核、审批、事中事后监管、预算审计、视察检查、督察、督查和督办等监督方式和机制，而不常使用质询、询问、申诉和控告等监督机制。近年来，各种问责机制广泛运用，成为行政监督的有力工具。

从监督的过程来看，行政监督包括三个环节：一是确立监督标准；二是衡量绩效；三是纠正偏差。确立监督标准的过程类似于政策制定过程，它不仅是一个技术过程，而且也是一个政治过程，涉及各种利益冲突，需要高超的政治艺术来加以把控。衡量绩效的过程是一个信息化的过程，通过数据采集、计算和分析，得出客观和主观相统一的绩效结果。纠正偏差的过程是一个发现问题、缩小差距和对准目标的发展过程，通常所花时间较长，纠偏的过程一般也是下一轮监督行动的开始。

2. *新公共管理与公共监管*

新公共管理的改革产生了大量的执行局、自治机构和半自治机构等组织，购买公共服务应运而生。这样，管理这些新生自治机构以及监管服务合同成了新公共管理改革的重要内容，公共监管或监管政府成了新公共管理中的监督创新。监管政府是指中央政府监管地方政府、执行性或服务性的公共部门。它以打造"节俭、优质与廉政执行体制"为目标导向，通过完善的监管体系和监管行为来提高行政服务与公共服务的质量和减少腐败行为发生。

公共监管（英国行政学家克里斯托弗 · C. 胡德等人把它称为"政府内监管"）是指正式的内部监督系统，指"某个政府机构被赋予了特定的监管权力，以一种同被监管者保持独立的方式对其他政府机构实施监管"①。中国政府内部监管体制包括一级政府的行政首长与党的书记、行政监察体系、审计体系和政府组成部门的行政首长、书记，还包括政府部门内部的绩效办公室、投诉科和部门内部有特色的监督机构。政府内监管系统是一种专业性监管，监管者需要有监管领域的知识与经验；其中政府部门内部有特色的监管系统体现专业监管属性，作为监管者不仅要有监管本身的技能、政治立场，而且要有监管对象领域的专业知识、行政能力。实际行政生活中，政府内监管体制与机构是按照政府职能以及政府管理公共事务方式两方面要素考虑设计的，因而，政府内部监管组织形式是多样化的，且每一种机构都有不同的权限。

政府内部监管机构类型多样，同样需要依据不同标准进行多层次划分来厘清其复杂的结构。如果从监管者权力的大小和强弱来看，监管形式可以划分为以下几种：检查、督查、监察和督察等。检查是指监管者通过专项行动来发现被监管者是否执行政策或实施项目，但并没有对项目执行者的处置权；督查是指上级机关为了知晓政策或了解个案实施状况而派专门督查人员催促和指导下级机关执行政策和处理个案的行为；监察是指专职机关对被监管者实施政策和行政活动的失误进行调查，并有权要求被监管者改正其行为和提出相应惩处的建议；督察则是指监管者不仅可以发现执法中有瑕疵的行为，而且有权指导、纠正瑕疵行为，甚至可以直接对被监管者实施处分。如果将监管活动中使用的权力进行划分，则可以分为知情权、受理权、调查权、指导权、处置权、处分权，这些权力与检查、督查、监察和督察四种监管形式有着不同的对应关系。检查只拥有知情权，而督查拥有知情权、受理权、调查权，监察拥有知情权、受理权、调查权、处置权和处分权，而督察则包含了上述各种权力（见表 11 - 2）。

① 胡德. 监管政府. 节俭、优质与廉政体制设置. 陈伟，译. 北京：生活 · 读书 · 新知三联书店，2009：8.

表 11-2 监管形式比较

弱 → 强	检查	督查	监察	督察
知情权	√	√	√	√
受理权		√	√	√
调查权		√	√	√
指导权				√
处置权			√	√
处分权			√	√

3. 新公共治理与公共监督

新公共治理的行动者认为，公共服务质量的最终监督者是顾客。由于公共治理网络运行过程是公开透明的，因此不仅网络中成员可以相互监督，而且顾客（或公民）在实践过程中已经在监督了。为此，新公共治理的行动者创造出“互动监督”这一新思路，即各参与方在互动治理公共问题过程中相互监督。另外，新公共治理将制度和关系契约奉为圭臬，认为通过共识性制度和一致同意的契约就可以实现相互监督。

11.2.2 公共管理监督的发展

1. 公共管理监督的发展趋势

尽管不同的公共管理模式对公共管理的监督稍有差异，但是，严厉监督公共管理的改革步伐从未停止。从监督活动的活跃度来看，政党监督、立法监督和媒体监督是表现最突出的几种监督方式，而行政监察、审计等专业监督则更加有效。从公共管理监督的发展趋势来看，未来有以下几种趋势是值得关注的：

(1) 独立化趋势。行政监察是西方国家日常监督政府机关及其工作的常设机制。行政监察机关设置有三种基本模式：第一，设置于议会系统，由议会指挥其行使监察权，如北欧的议会专员；第二，设置成自主独立机关，既不属于议会，也不属于司法和政府，是拥有多种权限的独立机关；第三，设置于司法系统，成为半独立的行政司法机关。随着公共管理改革步伐加快，行政监察的任务加重，行政监察机关独立化趋势变得越来越明显，一方面表现为机构独立化，另一方面表现为职权行使独立化。

(2) 绩效化趋势。随着新公共管理运动的兴起，绩效管理成了一个潮流。运用绩效实施对行政行为的监督也成为一种新的趋势，其特点在于对行政效能状况的绩效监督从关注监控过程转向了关注监控结果，通过结果与目标的对比来确定行政过程的有效性。

(3) 监督链加长趋势。在新公共管理改革中，由于大量公共服务外包以及建立执行机构，政府对参与公共服务及政策执行的自治与半自治机构的监管成了一项新的重要任务。它导致的结果是监督部门监督决策部门，决策部门监督执行局，执行局监督公共服务提供者，这样就形成了一条漫长的监督控制链条，任何一环的失误均会导致公共服务购买的失败。英国行政学家克里斯托弗·C. 胡德就此推算英国政府系统有一半的人在从事内部监管工作。

（4）协同化趋势。长期以来，西方国家行政监督存在内部监督和外部监督、水平监督和垂直监督分离的倾向，出现了外部监督强而内部监督弱、水平监督强而垂直监督弱这样的状况，比如立法机关监督和司法机关监督通常是公共管理监督中的重头戏，而且效力大、影响力大。近年来，由于全国性政府权力加强、民主制度弊端凸显和政治信任下降，这导致全国性政府和专业性的监督机构在实施监督职能的过程中变得越来越强势，与传统监督机构（例如议会、法院等）协同合作，产生一股强大的监督力量。

2. 中国公共管理的监督体系改革

中国公共管理的监督有八种形式和五种方式。全面深化改革过程中，各种监督形式和方式都得到了加强，尤其是建立了一系列监督机制，如网络监督、公开审计监督和政务公开等。与此同时，中国公共管理的监督体系改革也出现了新的发展趋势，主要表现为以下三个方面：

一是党的纪律检查委员会独立性加强。党的纪律检查委员会是设置在各级党的机关中从事纪律检查的机关。中国共产党的纪律检查工作指的是党的纪律检查机关对党员和党的组织遵守党章和其他党内法规制度的情况进行监督、检查并执行党的纪律等的职能活动。近年来，通过上收党的纪律检查机关的人事权和财务权以及加快建章立制，党的纪律检查机关从事纪律检查工作的效力得到了很大的提升。首先，理顺了党的监督体系。建立健全党中央统一领导、党委（党组）全面监督、纪律检查机关专责监督、党的工作部门职能监督、党的基层组织日常监督、党员民主监督的党内监督体系。其次，落实了责任。确立了党的中央委员会、中央政治局、中央政治局常务委员会全面领导党内监督工作。特别是明确了党委（党组）在党内监督中负主体责任，书记是第一责任人，党委常委会委员（党组成员）和党委委员在职责范围内履行监督职责。最后，严密了监督依据。中国共产党的纪律检查工作是根据《中国共产党章程》《中国共产党纪律处分条例》《中国共产党员问责条例》《中国共产党党内监督条例》等一列党的管理文件开展工作的，这些文件明确了党内监督的重点，具体包括：党员领导干部遵守党章党规和国家宪法法律的情况，维护党中央集中统一领导的情况，坚持民主集中制的情况，落实全面从严治党责任的情况，落实中央八项规定精神的情况，坚持党的干部标准的情况，廉洁自律、秉公用权的情况，以及完成党中央和上级党组织部署的任务情况等。从行政监督角度来看，尽管纪律检查属于党内监督，但由于在行政机关工作的多数公务员是中国共产党党员，因此，纪律检查加强了对中国共产党党员身份的公务员和政府内部的党组织的监督。

二是国家监察委员会建立。2016 年，中国共产党中央委员会开启国家监察委员会试点工作。为了加强中国共产党对反腐败工作的集中统一领导，党中央把分散在监察部、国家预防腐败局以及检察机关的反贪污贿赂，其中还包括渎职、预防职务犯罪的职能整合在一起，并组建新的国家监察机关。国家监察委员会包括国家一级、省一级、市一级、县一级监察委员会。国家监察委员会的建立是重大的政治体制改革。国家监察委员会与中央纪委合署办公，行使党和国家自我监督的职责，因此，国家监察委员会有行使监督、调查和处置的职责。根据2018年通过的《中华人民共和国国家监察法》规定，监察委员会的监察范围包括六大类人员：第一，包括《公务员法》所规定的国家公职人员，即中国共产党机关、人大机关、行政机关、审判机关、检察机关、民主党派机关、工商联机关的公务员，以及参照公务员管理的人员。第二，由法律授权，或者由政府委托来行使公共事务职权的公务人员。第三，国有企业的管理人员。第四，公办的教育、科研、文化、医疗、体育事业单位的管理人员。第五，群众、自治组织中的管理人员。第六，其他依法履行公职的人员。所以从它的监督监察的范围来看，它的权威性就一目了然了。目的是实现对所有履行公职人员监察全覆盖。

三是业务督察呈现增加趋势。业务督察是各个职能部门根据专门法律和行政法规等开展的业务督察工作。如警务督察就是根据1995年2月28日公布施行的《中华人民共和国人民警察法》中的规定"公安机关建立督察制度，对公安机关的人民警察执行法律、法规、遵守纪律的情况进行监督"，以及1997年6月20日国务院发布的《公安机关督察条例》，建立起了一种全新的公安机关督察监督机制。城市管理监督则是根据住房和城乡建设部的《关于设立城市管理监督局的通知》设立城市管理监督局，作为住房和城乡建设部内设机构，履行拟订城管执法的政策法规、指导全国城市执法工作、开展城管执法行为监督、组织查处住房和城乡建设领域重大案件等职责。

当然，在国务院部委机关内部也有纪检、内部审计等部门的监督，在国务院部委机关外部有国家权力机关、检察机关、监察机关、新闻媒体和社会各界人民群众的监督。这些内外部的监督在监督的依据、性质、体制、职权、对象、内容等方面有着不同的特点（见表11-3）。与此同时，业务督察与纪律检查、国家监察等部门之间也存在密切的联系。尽管三者的工作依据、性质、职权、工作内容和方法有所区别，但工作的出发点和目标是一致的，都是为了强化对专业工作和专业队伍建设情况的监督。

表11-3　　各种监督制度比较

	纪律检查	国家监察	业务督察
依据	《中国共产党章程》等	《国家监察法》等	专门法，如《人民警察法》《公安机关督察条例》等
性质	政党监督	政府监督	职能部门内部监管
体制	各级党委纪委或上级纪委派驻纪检组	各级监察委员会及派出监察机构、监察专员	国务院部委中设置全国性指导机构，对部委行政首长负责，地方再根据需要合理设置
职权	《中国共产党章程》《中国共产党党内监督条例》等赋予的职权	《国家监察法》赋予的职权	总体职责和具体职责
对象	中国共产党党员及党员领导干部	公职人员和有关人员	本部门所属单位和下级部门机关及其成员
内容	遵守党纪教育，监督党员领导干部行使权力，查处违反党纪案件，受理党员控告与申诉，保障党员权利，组织协调反腐倡廉工作	廉政教育、监督检查、调查职务违法和犯罪、政务处分	对本部门机关及其成员履行职责、行使职权和遵守纪律的情况进行监督

在中国公共管理的监督中，纪律检查、国家监察和业务督察相互汇聚，它们与司法监督、民主监督、人大监督、舆论监督等形成合力，相得益彰。具体表现在：一是中国共产党的纪律检查和国家监察设置最为普遍，广泛存在于公共组织和部门之中。业务督察并不是所有职能部门都会设置，它仅仅设置于执法部门，如公安局、城管局等。二是监督的目的都是惩前毖后、治病救人和改善工作。三是监督的对象包括违法违纪违规的公职人员及其腐败等行为，同时，也监督不作为的部门负责人。四是监督常采用联合调查等方式，尤其在一些案件中纪律检查委员会、监察委员会和其他监察部门通常采用联合办公的方式。

11.3　法治政府建设

11.3.1　法治政府概述

1. *法治政府与行政法治*

何谓法治政府？法治政府并未有明确的概念界定。在英语世界中有 government ruled by law 和 government ruling in law。前者是法律规治政府，后者是政府用法律规治社会。前者强调政府自身合乎法律规定，后者突出政府管理自身和社会符合法律规定。这两者的差异反映了西方曾经流行的两种政府理念：消极政府论和积极政府论。消极政府论的观点认为，政府的组织结构、规模、权力、职能和行为都要受到法律约束，法律规定了政府能做的才能做，政府不得越权；同时，政府行为的不良后果需要依法惩罚、全面问责。而积极政府论的观点则认为，法律总是落后于社会现实的需要，因此，政府应掌握一定规制制定权、法律解释权和自由裁量权，以便更好地治理社会。

"法治政府"不是一个学术概念，而是一个政策概念。法治政府的学理基础是行政法治。在西方行政法学界，"行政法治"最初是一种控权论，即在西方的政治体制中，需要通过建立行政组织和行政程序法律制度，将行政机构、行政职能、行政权限、行政程序、行政责任法定化。政府和政府部门依法定职责、法定职权、法定程序开展行政活动；同时，通过法院等司法机关加强行政诉讼、追究行政机关司法责任，从而强制行政机关"法定职责必须为，法无授权不可为""法定职权职责依法为"，既限制行政权恣意滥用，又防止行政机关不作为。

随着社会快速发展，新的问题层出不穷，行政机关管理的事务也越来越繁杂，这导致立法机关将大量立法权授予行政机关，行政机关可以制定行政法规或规章，行政权因而获得了急剧的扩张。因此，授权论的观点认为，行政法治是要求立法机关对行政机关大量授权，行政机关依照授权行使权力，管理好公共事务。无论控权论还是授权论，行政法治的内核都是如何处理行政权与行政相对人（包括公民和社会组织）权利的关系。我国著名行政法学家罗豪才先生主张平衡论，即行政权与行政相对人权利之间维持一种动态平衡。总体来看，行政法治有三层含义：一是行政组织或行政部门活动需要有法律的依据，无论是执行法律的具体行政行为还是制定行政命令的抽象行政行为，均需依法而定；二是行政组织或行政部门违法要接受司法审查和追究，以保障行政相对人的权益和法律的尊严；三是在缺乏法律规制的领域，行政组织或行政部门依照法理开展行政活动。因此，对于行政组织或行政部门而言，一方面法律是其管理经济社会活动的依据，另一方面法律又是约束自己行动的规范。

中国在 1997 年提出“依法治国”的基本方略时，就确定依法行政是落实依法治国基本方略的重要举措。2004 年发布了《国务院关于印发全面推进依法行政实施纲要的通知》，依法行政成为行政活动的基本准则。随着建设“法治国家”战略部署的提出，法治政府成为推进依法行政的更高的目标。2010 年发布了《国务院关于加强法治政府建设的意见》，2015 年出台了《法治政府建设实施纲要（2015—2020 年）》，法治政府与法治国家、法治社会三位一体建设因而成为今日乃至未来相当长一段时间里的一项重要任务。

2. *法治政府的特征*

法治政府是与不同的法治体系和不同的政治制度相关的，这使得法治政府的一些特征会因法治体系和政治制度的不同而有差异。尽管如此，法治政府还是有它的一些共通的特征的，这些特征表现在：

（1）职权有限。现代政府都是权力有限的政府，政府权力受到法律严格的限制。这样的限制力图使政府部门职权边界确定、清晰，政府权力行使既不越权又不缺位，既防止积极政府无理性扩张权力又阻止消极政府不作为。随着社会的发展，政府行使权力的手段和方式也在发生变化，今天的政府更偏重于运用治理而非管制的方式来管理社会。

（2）责任明确。一般通过权力负面清单和责任正面清单来明确政府作为和不作为的范围，以及政府核心的责任范围。责任政府要求政府机关和公务员树立法律权威至上、违反法律和规章制度必须承担相应的法律责任和行政责任的观念，实现权力与责任的统一。与此同时，保护公民、行政相对人的权利，实现权力与权利的统一。

（3）民主守信。法治的重要价值在于实现民主、保障公民权利。因此，法治政府必须是民主政府，其权力的行使要充分、真实地代表民意，成为人民意志的执行者。法治政府也是守信政府，政府的行为要讲求诚信，不可言而无信，要不断提升自身的公信力。

（4）公开透明。现代政府是政务公开和行政过程透明的政府。政务公开具体包括决策公开、执行公开、管理公开、服务公开和结果公开五个方面，另外，政务公开也包括政府行政过程的公开，具体涉及政府职能、法律依据、实施主体、职责权限、管理流程和监督方式的公开。公开透明要求行政执法和行政立法过程均暴露于社会监督之下，切实保证“公开为常态、不公开为例外”这一民主和法治的基本原则得到实现。

（5）制约监督。权力制约是法治政府的前提，权力行使受到监督是法治政府的保障。制约监督要求做到依事权与职能配置执法力量，推进综合执法、严格执法人员持证上岗和资格管理制度，健全行政执法和刑事司法衔接机制，确保行政权力配置有限、有序和有控。制约监督也要求依法制定行政权力行使的程序，明确权力行使的监督方式，确定重大行政决策基本程序（公众参与、专家论证、风险评估、合法性审查、集体讨论决定），确保决策制度科学、程序正当、过程公开、责任明确。

11.3.2 法治政府建设的途径

1. *法治政府建设的要求*

法治政府建设在中国特色社会主义法治总体系中属于法治实施体系，对于法治总目标的实现起着关键作用。可以把中国特色社会主义法治总体系分为法律规范体系、法治实施体系、法治监督体系、法治保障体系和党内法规体系。在这一体系中，法律规范体系和党内法规体系解决有法（国法与党规）可依的问题，是依法治国的前提；法治监督体系和法治保障体系解决有法能依、有法必依、违法必究的问题，是依法治国的保障；法治实施体系解决严格执法和公正司法的问题，是依法治国的关键。

法治政府建设是促进国家治理现代化的重要途径。国家治理现代化的基本内容和基本特征是国家治理法治化，而国家治理法治化包括科学立法、严格执法、公正司法、全民守法。法治政府建设是全面推进依法治国整体工程的一项子工程，对于依法治国，推进国家治理现代化具有重大意义。

《法治政府建设实施纲要（2015—2020 年）》确立了法治政府建设的主要目标是“职能科学、权责法定、执法严明、公开公正、廉洁高效、守法诚信”。

职能科学要求政府职能的设定能够正确处理以下关系：政府与市场关系、政府与社会关系、政府与企业关系、政府与事业单位关系、政府与国有资本关系等。

权责法定要求政府的职权和职责应由法律明确规定。职权法定意味着给政府权力设定边界，政府不能越过法定边界行事，越过了就不仅其行为无效，还要被追究法律责任。职责法定意味着确定政府应该做和必须做的事项，政府不做或不用心做好就是不作为，不作为同样要被追究法律责任。权责法定的宗旨在于保障政府不越位、不错位、不缺位。

执法严明要求政府严格执法，对违反社会秩序、经济秩序和行政管理秩序的人和事应严肃查处，依法应监督检查的必须监督检查，依法应给予行政处罚的必须给予行政处罚，依法应采取行政强制措施的必须采取行政强制措施。当然，执法严明并不等于执法只有刚性一面而无柔性一面，要做到刚柔并济。

公开公正包括公开和公正两项要求。公开是法律对政府行政行为程序的要求，公开的宗旨首先在于保证行政相对人对政府行为的知情权，以保护公民、法人和其他组织的合法权益。其次，公开也是防止政府官员腐败、滥权的需要。公正主要是法律对政府行政行为的要求，政府实施行政行为不得偏私，不得歧视，不得同样情况不同对待、不同情况同样对待。公正也有程序性要素，要求政府实施行政行为时告知相对人行为的根据、理由，听取相对人申辩，政府官员与所实施的相应行为有利害关系的应当回避，等等。公开与公正有着密切的联系：公开是公正的保障，公正是公开追求的最主要价值。

廉洁高效包括廉洁和高效两项要求。廉洁要求政府机关和政府官员行使职权时不谋私利，不贪腐，干干净净做事，堂堂正正为官。高效要求政府机关和政府官员行使职权时遵守法定时限，积极履行法定职责，提高办事效率，提供优质服务，方便行政相对人。

守法诚信包括守法和诚信两项要求。守法要求政府机关和政府官员不仅应依法行使职权，依法对相对人执法，而且自己也要守法。凡是法律对政府机关和政府官员设定的义务、规则，均应自觉严格地加以履行遵守。诚信首先要求政府机关和政府官员行使职权时遵循法律的目的、宗旨，善意对待相对人，对相对人讲信用，不得设置执法圈套（钓鱼执法、养鱼执法等）。诚信还要求政府机关和政府官员行使职权时遵守信赖保护原则，不得随意改变或撤销已做出的行为或承诺，不得反复无常。如果因为法律法规修改、客观情况变化、公共利益需要，政府必须改变其行为或承诺，则应当对因此受到损失的相对人予以公正的补偿。

2. 法治政府建设的任务

法治政府建设包括 7 个方面的任务。（1）依法全面履行政府职能。践行创新、协调、绿色、开放、共享的发展理念，坚持政企分开、政资分开、政事分开、政社分开，简政放权、放管结合、优化服务，基本理顺政府与市场、政府与社会的关系，切实转变政府职能，依法全面履行宏观调控、市场监管、社会管理、公共服务、环境保护等职责。

（2）完善依法行政的制度体系。提高政府立法质量，构建系统完备、科学规范、运行有效的依法行政的制度体系，促使政府管理各方面制度更加成熟、更加定型，为建设社会主义市场经济、民主政治、先进文化、和谐社会、生态文明，促进人的全面发展，提供有力的制度保障。

（3）推进行政决策科学化、民主化、法治化。建立制度科学、程序正当、过程公开、责任明确的行政决策体系，严格落实行政决策法定程序，奋力提高行政决策质量，切实保证行政决策效率，大幅减少并及时纠正违法决策、不当决策、拖延决策等现象，大幅提高行政决策的公信力和执行力。

（4）坚持严格、规范、公正和文明执法。建立健全权责统一、权威高效的行政执法体制，严格实施法律法规规章，及时查处和制裁各类行政违法行为，切实保障公民、法人和其他组织的合法权益，有效维护经济社会秩序，着力减少行政违法或不当行为，全力提高社会对行政执法的满意度。

（5）强化对行政权力的制约和监督。建成科学有效的行政权力运行制约和监督体系，进一步健全惩治和预防腐败体系，合力监督行政行为，切实保障人民群众的知情权、参与权、表达权、监督权的实现，及时纠正损害公民、法人和其他组织合法权益的违法行政行为，依法依纪严肃追究违法行政责任人。

（6）依法有效化解社会矛盾纠纷。切实维护公民、法人和其他组织的合法权益，全面形成公正、高效、便捷、成本低廉的多元化矛盾纠纷解决机制，充分发挥行政机关在预防、解决行政争议和民事纠纷中的作用，大幅提升通过法定渠道解决矛盾纠纷的比例。

（7）全面提高政府工作人员法治思维和依法行政能力。政府工作人员特别是领导干部要牢固树立宪法法律至上、法律面前人人平等、权由法定、权依法使等基本法治理念，恪守合法行政、合理行政、程序正当、高效便民、诚实守信、权责统一等依法行政基本要求，做尊法学法守法用法的模范，法治思维和依法行政能力明显提高，在法治轨道上全面推进政府各项工作。

为了落实上述 7 个方面的法治政府建设任务，《法治政府建设实施纲要（2015—2020年）》也提出了 44 项具体措施，其中 40 项措施是落实法治政府建设的 7 个方面的任务，4 项措施是落实法治政府的保障措施。40 项落实法治政府建设的任务的措施包括：深化行政审批制度改革，大力推行权力清单、责任清单、负面清单制度并实行动态管理，优化政府组织结构，完善宏观调控，加强市场监管，创新社会治理，优化公共服务，强化生态环境保护，完善政府立法体制机制，加强重点领域政府立法，提高政府立法公众参与度，加强规范性文件监督管理，建立行政法规、规章和规范性文件清理长效机制，健全依法决策机制，增强公众参与实效，提高专家论证和风险评估质量，加强合法性审查，坚持集体讨论决定，严格决策责任追究，改革行政执法体制，完善行政执法程序，创新行政执法方式，全面落实行政执法责任制，健全行政执法人员管理制度，加强行政执法保障，健全行政权力运行制约和监督体系，自觉接受党内监督、人大监督、民主监督、司法监督，加强行政监督和审计监督，完善社会监督和舆论监督机制，全面推进政务公开，完善纠错问责机制，健全依法化解纠纷机制，加强行政复议工作，完善行政调解、行政裁决、仲裁制度，加强人民调解工作，改革信访工作制度，树立重视法治素养和法治能力的用人导向，加强对政府工作人员的法治教育培训，完善政府工作人员法治能力考查测试制度，注重通过法治实践提高政府工作人员法治思维和依法行政能力。4 项落实法治政府建设的保障措施包括：加强党对法治政府建设的领导，落实第一责任人责任，强化考核评价和督促检查，加强理论研究、典型示范和宣传引导。

总体上来看，中国法治政府建设既是建设整体性政府的重要内容，也是政府重点建设的关键性举措。法治政府建设涉及行政职能、行政组织、行政权力（管理权、决策权和立法权）和行政程序四个方面。行政职能建设方面主要包括两个方面：一是继续改革计划经济体制遗留下来行政审批权，通过“放（放开或下放）、管（管理）、服（行政服务和公共服务）”等举措，逐步取消事前审批程序，加强事中事后监管；二是全面履行宏观调控、市场监管、社会管理、公共服务和环境保护等政府职责，进一步明确宏观调控是中央政府的主要职责，其他为地方政府主要职责。行政组织建设方面主要包括以事权和财权制度化、法定化和规范化为主要抓手，逐步明确不同层级政府的事权和财权，理顺政府部门之间的关系，确保各级政府职责能够落实。同时，加强行政组织和行政程序法律制度建设，推进机构、职能、权限、程序、责任法定化。

行政权力方面的建设涉及的内容最多、关系最为复杂，其目标是要建立有限、有为和有效的现代政府行政权。具体而言，行政权建设包括：一是以清单制和动态管理实现行政权力使用范围有限且符合公共事务变化的需要，建立权力清单、责任清单和负面清单三个清单制度，并且定期和不定期调整清单目录；二是明确行政管理权、行政决策权、行政立法权和行政监督权有效行使具体举措，加强行政调解、行政裁决和行政复议等行政管理权有效使用，规范行政决策权、行政立法权和行政监督权行使程序和约束机制，不断促进行政权力行使科学化、民主化、法治化和透明化；三是推动行政执法权发挥更大作用，通过改革行政执法体制、规范执法程序，不断提高行政执法的社会满意度。

行政程序方面的建设是困难多、难度大，基本策略是化零为整。由于我国尚未制定行政程序法，各种行政程序散落于不同法律、法规和政策之中，因此，加快行政程序建设是公正、公平执法的基本保障。具体而言，首先，建立定期清理法规政策制度，确保法规政策符合社会发展的需要；其次，建立健全行政裁量权基准制度，建立行政执法全过程记录制度，建立行政执法权限协调制度、异地行政执法协助制度和重大行政执法决定法制审核制度，逐步实现行政执法程序规范化；最后，建立行政评价制度，不仅要设置参与程序鼓励公民、专家和利益相关者参与到决策、立法和执法过程中，而且要加强评价程序，确保行政行为和行政活动的情况得到有效反馈。

落实中国法治政府建设需要加强中国共产党的领导。中国共产党的领导是全面推进依法治国、加快建设法治政府最根本的保证。中国共产党通过总揽全局、协调各方和发挥各级党委领导核心作用，克服和减少法治政府建设各方面的阻力。中国共产党通过政治领导、组织领导和思想领导增加各级政府及其部门切实增强建设法治政府的使命感、紧迫感和责任感。各级政府及其部门通过强化工作责任，一级抓一级，层层抓落实，分阶段分步骤实现政府全面法治，从而内化法治意识，使用法治方式开展公共事务治理工作。

第12章

公共责任与伦理

12.1　公共责任概述

12.1.1　公共责任的基本原理

要理解公共管理活动中的责任体系和责任实现机制，就必须将公共管理结构与政治结构联系起来。从公共管理结构研究责任体系和责任实现机制是一种横向思维。在西方国家，从公共管理结构来研究责任体系和责任实现机制的逻辑起点是“政治与行政的关系”；而在中国则是“党政关系”。

1. *分合原理*

分合原理是指任何系统按照地域、权力属性和职能（或功能）等分开建立相对独立的组织体系，并配置相应责任体系和责任实现机制；与此同时，分开的组织体系与责任体系又通过一定的联结机制合起来成为一个复杂的有机运行系统。例如，每个国家的政权体系可以按照地域划分为不同区域性的政权系统。在一定的地域性政权系统内部又可以按照权力属性划分为政治系统、行政系统和司法系统；在每个权力系统中还可以按照职能或功能划分出多个部门。这些系统按照被细分的组织体系密集有序地排列在政权结构版图上，它们又通过另外一些组织体系组合起来成为一个整体。例如，按照地域区分开来的系统，通过垂直管理组织体系而联结在一起。按照权力属性设置政治系统、行政系统、司法系统，通过政党组织体系而联结在一起。按照职能属性设置部门结构，通过领导组织体系而联结为一个整体。

因此，按照分合原理，西方国家政权系统中的“政治与行政的关系”主要处理的是议会与政府之间的关系，其中议会与政府由哪几个政党执掌成为合起来运行的关键。如果在议会中占有多数席位的政党与执掌政府系统的政党是不同的，那么，政治与行政的分裂倾向可能就会变得严重。倘使议会中占多数席位的政党与执掌政府系统的政党是同一政党，那么，政治与行政的关系中合作倾向一般来说就更多。但是，无论议会中占多数席位的政党与执掌政府系统的政党是否属同一政党，两个系统不同属性的权力之间的制约关系不会变化，只是在牵制强度上有差别。

中国当前政权系统中的"党政关系"主要处理执政党与人大、政府、法院和检察院之间的关系，其中执政党与政府（行政系统）的关系是政权系统能否有效运行的关键。中国执政党与政府的关系不是不同属性权力之间的制约关系，而是不同职能或功能之间的相互合作关系。从理论上讲，中国的"党政关系"更加有利于政党组织和政府组织直接与民众交往，知晓民众诉求。与此同时，整个政权系统的子系统都可以直接与民众联系。

2. 上下原理

上下原理是指按照管辖范围的大小来区分上位组织体系与下位组织体系的结构性关系，以及它们之间的责任体系和责任实现机制。每个国家的政权体系，按照管辖范围大小划分有全国性政权系统、区域性政权系统和地方性政权系统。不同的国家结构形式不同，其国家政权体系内部的关系也不一致。有些国家的政权体系遵循层级节制协调原则，如中国坚持单一制结构，严格贯彻下级服从上级、地方服从中央等原则。另外一些遵循中心边缘协调原则，如美国，联邦是全国性政府，属于中心，州都是基础，属于边缘。还有些遵循的是主辅协调原则，如欧盟是由多个国家组成的联合体，贯彻的既不是联邦制也不是邦联制，而是以欧盟政策为主、成员国政策为辅的协调模式。

12.1.2 公共责任类型

根据公共管理实践发展情况，世界上已经出现了三种公共管理模式：（1）传统公共行政模式；（2）新公共管理模式；（3）新公共治理模式。不同的公共管理模式不是相互替代而是相互叠加的。伴随着新的民主制度的发展，不同的公共管理模式的责任类型也在发展。正如不同的公共管理模式是相互叠加的一样，不同的公共责任也是叠加的，这种叠加构成了公共责任体系。

1. 公共行政与行政责任

从管理结构来看，传统的公共行政活动方主要是三方结构：一方是政治家（或政客），另一方是行政人员（或官僚），还有一方是公民。他们之间的关系是：由选民投票选举产生政治家，政治家任命一批政务官，政治家会根据公民偏好做出重大的政策方案，然后交由政务官到各个政府机关分工落实；行政人员则根据政务官的安排具体执行，直接与公民打交道。因此，在传统的公共行政模式中，公共责任可划分为两种类型：政治责任和行政责任。政治责任由民选的政治官员以及政治官员任命的政务官承担，回应民众诉求或民选机构的问责，这一责任由选举民主机制所主导。行政责任则由行政人员承担，回应政治官员。公民通过选票机制让政治官员承担责任，政治官员则通过考核晋升机制让行政人员承担责任，行政人员通过直接服务公民而赢得公民评价。责任机制将政府的行政部分与政治部分结合在一起，并最终关系到公民本身。

更进一步分析，行政责任涉及三个方面的内容：一是行政人员向谁负责；二是行政人员应负什么责；三是如何负责或担责。从传统公共行政模式来看，行政人员首先应向政务官负责，再向自己直接上级负责，最后向自己服务的民众负责。因此，传统公共行政模式中行政问责机制也被称为“传送带”模式。

根据上述的负责对象，行政人员应承担三种责任：行政的政治责任、个人责任和专业责任。(1) 行政的政治责任。政治责任源自“政治与行政分立论”，认为行政是工具理性的，是置身于政治之外的，行政的责任在于忠实、有效地执行政策。所以行政机关应设计严明的职责规范与奖惩制度，使政策得到落实，实现问责。实现政治责任的前提在于民意机关必须提出明确的政治目标，但政治领导由于政治考量或缺乏专业知识，往往将政策目标制定得比较模糊不清，使行政人员产生“投机倾向”，认为“多做多错，少做少错”；或揣摩上意，以求获取更多有利自己的益处。(2) 行政的个人责任。个人责任重视行为者的内在与个人意志的展现与实践。个人责任感来自内心的信仰、反省和价值观的引导。(3) 行政的专业责任。政府部门设置遵循专业化逻辑，尤其是随着社会事务越来越复杂，专业分工越来越细，这使每个部门的工作人员会产生“隔行如隔山”的感觉。专业的行政人员在处理公共事务时，应充分发挥自己的主管责任，向专业和大众负责；应依循组织与伦理规范，在宪法的精神下，积极造福民众，实现公共利益。然而专业伦理往往比较抽象，甚至教条主义严重，容易助长公务员的自利行为；与此同时，由于专业行政人员专业训练多，而对民众特殊训练少，因此，行政人员经常表现为“依规则办理、按专业处置、缺乏人情味”。

至于如何负责或担责，斯塔林认为，正确的负责任或担责应包括以下几个方面：(1) 回应性 (responsiveness)。回应性要求行政机关必须掌握民众的需求，包括被动地回应民众已表达的需求，以及主动而前瞻地预料并满足民众尚未提出的需求。因此，行政机关最好能使用系统化的信息收集方法，设立建议处理制度，因应外界意见调整服务及作业程序。(2) 弹性 (flexibility)。通常行政机关均用相同条件去服务所有的民众。然而，每个民众的需求或多或少都有差异，每个个案的情境也都不尽相同，所以行政机关及人员应保持一定的弹性，以适应每种不同的状况。(3) 胜任力 (competence)。行政机关要有完成所应履行任务的能力，也就是优异的行政绩效，最糟的腐败就是无能。(4) 正常程序 (due process)。行政机关必须按照规定流程和要求办理相关事务。(5) 廉洁 (honesty)。政府的运作要公开、坦白，在阳光下运行。(6) 问责 (accountability)。当行政机关或行政人员有违法或失职行为时，必须要有人承担责任。

而巴纳·德罗森则认为，承担行政责任的内容包括：有效率地执行职务，正确且适当运用自由裁量权，根据环境而进行政策变迁，增强民众对政府的信心。这些负责任的行为可以归为费斯勒和凯特尔所言的两种行为：一是遵守法律、服从上级领导、追求效率的“负责行为”；二是坚守道德标准的“伦理行为”。

如果不负责任或不担责，那么如何问责呢？1959 年，美国学者吉伯特 (C. E. Gibert) 根据美国的政治行政体制建立了一个行政责任分析框架。他按照“内部-外部”与“正式-非正式”的纵横坐标，将行政追责的路径分为四条：一是内部正式路径，主要有行政控制、临时委员会调查和专门监督机关监察；二是内部非正式路径，主要有代表性官僚、专业伦理和举报；三是外部正式路径，主要有立法控制、司法控制和行政监察和选举；四是外部非正式路径，主要有公民参与、传媒监督、信息公开等。2008 年，斯塔林根据时代变迁重新修正了吉伯特的分析框架，他认为内部正式路径包含机关首长、检察总长、揭弊者，内部非正式途径包含代表性官僚、专业规范、伦理分析和公共利益，外部正式路径包含立法控制、司法控制和行政监察员，外部非正式路径包含公民参与、传媒监督、利益团体代表。①

2. 新公共管理与责任管理

新公共管理运动主张管理主义模式，积极引进企业管理等方法，这导致责任机制也发生了诸多变化，其中最大的变化就是强化管理责任，弱化政治责任。当然，传统责任机制并未因此而遭到否定。新增的责任机制被认为是对旧的、不健全的责任机制做出的反应。

新公共管理运动增设的新机制是监管责任。由于实施合同外包后，行政人员的工作重点不再是与政务官一道制定政策，而是监管合同签订与实施，因此，行政人员无须再向政务官承担过多的政治责任，而是承担监管责任，监管合同的实施。

新公共管理责任机制的变化引发了问责方式的改变。问责通常有两种基本策略——强制与规劝。“强制”涉及使用某种权力，这里的权力意味着使用法律和政治手段，努力强化正确的行为或者惩罚违法行为。“规劝”涉及对公务员进行道德劝诫，强调整体地提高大多数公务员的伦理道德水平和关于公共利益的价值观念。随着新公共管理的进展，除了原有的问责途径，如组织途径（公开、内部纪律）、团体和公众压力的途径、政治措施途径（立法机关、行政首脑）、伦理约束途径等之外，还多了市场和其他外部控制的途径。

英国行政学家克里斯托弗·C. 胡德提出了四种控制机制：等级制、竞争、互相监督和随机检查。大多数问责机制依赖于权威和等级权力、依赖于组织成员的正式职位和法律对其的约束力来确保官僚遵循法律和满足公众期望。除了这一传统的等级制的控制外，其他三种控制机制在新公共管理的改革中变得越来越重要。首先是竞争机制。公共服务提供者（无论是公共的提供者还是私有的提供者）之间的竞争在今天公共服务提供方式发生变化的情况下也被用来作为进行控制的一种方法。其次是互相监督。互相监督是一种公务员个人彼此之间的监督机制，比如通过诸如警察两个一组巡逻或文件双重署名等方式来进行监督。最后是随机检查机制。随机检查——无论是预先约定的还是审计方面的——的不确定性（公务员往往无法预知什么时候进行检查）对公务员的工作表现施加了持续的压力。

3. 新公共治理与社会责任

尽管对新公共治理是否扩大了公共组织或公共部门的规模这一问题有很多争论，但一个共同的认识是公共事务的利益相关者越来越多，如专业机构、自治和半自治机构、合同与第三方政府、工会、政治机构（包括全国性政权机关、地方性政权机关、各种决策临时机关和专门的执行机关）和文化机构等。然而，这些机构究竟为何参与公共事务？它们又应承担何种责任？它们如何被问责？在这些问题上仍有一些不同的看法。多数利益相关者

① 库珀. 行政伦理学：实现行政责任的途径. 张秀琴，译. 北京：中国人民大学出版社，2010.

自认为积极参与公共事务是为了履行自己的社会责任，把实现公共利益作为组织的旨趣。

众多利益相关者参与新公共治理中也带来了诸多责任机制问题。第一，参与边界控制问题。为了应对政治和经济的变化，政府和公共雇员进行了诸多政策改革，吸引更多利益相关者参与到公共治理之中。但是，参与的主体越多，政府和公共雇员对整个治理过程越难以控制，越难以协调不同动机的利益相关者之间的关系。因此，如何确立参与边界是新公共治理面临的棘手问题。第二，行政不作为问题。由于大量公共事务的处理和公共服务被政府外包出去，行政机构和行政人员越来越多地承担起监管外包合同执行的责任。随着外包范围越来越宽、领域越来越多，行政作为空间越来越小，以至于有一种声音认为政府正变得越来越不作为了。如何重新认识政府作为空间以及如何评价政府的责任，成为新公共治理需要解决的问题。

4. 中国公共管理中的问责体系

中国的公共管理有两套问责体系，即执政党问责体系和政府问责体系。这一体系是比较独特的、具有中国特色的，其特点表现在两个方面。

一是执政党肩负了政治问责重任。在西方多数民主国家中，公共责任体系的政治责任是由政务官承担，然后由议会实施问责的，无论执政党还是参政党都承担着动员的功能。而中国执政党的责任体系根植于中国公共管理的责任体系之中，政治问责由中国共产党承担。2016 年，中国共产党中央出台的《中国共产党问责条例》改变了以往中国共产党党员及领导干部免责的特权，提出了“党规严于国法”的新理念，指出“有权必有责、有责要担当、失责必追究”，把权力与责任、义务与担当对应起来，充分发挥党的领导核心作用，厚植党执政的政治基础。《中国共产党问责条例》把问责的利剑高悬起来，告诫和警示全党，党的领导干部不担当、不负责要被追责。《中国共产党员问责条例》坚持问题导向，抓住执政党面对的主要矛盾，要求党员及领导干部尊崇党章、聚焦政治责任。因此，党的问责是围绕坚持党的领导、加强党的建设、全面从严治党而展开的。执行制度关键在于人，通过问责确保制度执行，一改过去纪律检查处分落不到实处的弊端，动员千遍不如问责一次。《中国共产党问责条例》表明中国共产党对行政体系的领导是具体的而不是抽象的，“领”就是率先垂范、引领示范，“导”就是发现问题、及时纠正，通过问责唤醒党员和党的领导干部的责任意识，激发他们的担当精神。

二是公共管理追责的内生性。从广义政府概念来看，执政党的机关、立法机关、行政机关和司法机关均可被认为是国家机关，也都属于广义政府的范畴。因此，这些国家机关对行政机关及其人员的问责均属于国家机关内部的问责，都可以纳入国家机关的内生追责的范畴。从这一点来看，中国公共管理中的问责体系具有很强的内部性色彩。尤其是，由于中国行政诉讼制度不够完善，通过司法方式对行政机关和公职人员问责的困难比较大的时候，对公职人员问责更主要的是通过中国共产党的党内问责、人大问责和行政机关系统内部问责。这种内部问责更多的是政治问责和行政问责，较少司法追责，内部问责的特征更加突出。

近年来，中国共产党部署了法院体制改革，设置了跨行政区的行政法庭（区域行政法庭），受理区域内受害人对本区域内的行政机关及公职人员的诉讼，并开展司法审理以此减少司法机关监督行政机关的障碍，强化司法追责。另外，司法改革中，设置了环境公益诉讼，允许公民、非政府组织和社会团体就特定领域中政府不作为提起公益诉讼，从而将国家机关之外的行动者纳入公共管理问责追责体系中来。从问责体系发展趋势来看，支持公民、非政府组织和社会团体参与到公共问责体系中是未来建立公共管理外部问责追责体系的重要内容，也是中国公共管理的发展趋势之一。

12.1.3 公共管理人员与职业主义

1. 公共行政与行政人员角色

从传统公共行政来看，基于民主制度、政治与行政二分等制度，行政人员严格按照行政组织的科层制运作，承担着专业责任，他们给人一种理性、照章办事的专业形象。因此，行政人员的职业角色比较固定，具体而言，包括以下几种角色：(1) 民主政治的组织者。为了保持选举公正，组织选举工作，尤其的国家总统或总理、地区行政长官、议员等选举，都需要工作细致、能力卓越的行政人员参与。如果缺少行政人员主持和组织选举工作，就容易产生腐败和朋党之争。因此，行政管理人员是民主政治的组织者。(2) 公共政策的执行者。政治家或政务官是决策者、政策制定者，而行政人员是实实在在的政策执行者。公共政策的落实依赖于政策实施，这要求行政人员不仅要忠实执行政策，而且要根据变化的情况灵活地执行政策。(3) 公共政策方案的供给者。行政人员精于专业，对实践中的问题把握比较清楚，也有较强的解决问题的能力，因此，他们通常是公共政策方案最为重要的提供者之一，同时也是将各类重要公共政策、法律法规和规范性文件等转化为实施方案的助推者。

巴顿从新公共行政运动的观点出发，认为行政人员应有责任扮演好下述角色：(1) 社会公平的促进者。当纯粹的行政中立对弱势群体造成伤害时，行政人员就不应该墨守成规，而是要去解决弱势群体的困苦及所受歧视，并改善其福利，提升所有民众生活品质。(2) 机关变迁的代理者。行政人员应确保行政过程的公正性，了解利益相关者的需求，并发展机关的社会责任感。(3) 代表性官员（官僚）。行政机关的人力组合应接近社会结构模型，并代表弱势群体。(4) 公民参与的动员者。行政人员要谨记服务对象至上，并鼓励民众参与公共事务。(5) 多重角色。行政人员要能扮演多重角色，例如前瞻性决策者、危机管理者、利益协调者、最适合领导者。

2. 新公共管理与公共管理人员角色

采用市场与准市场、转移管理责任、组建自治组织和成本中心、推广短期契约、运用合同外包与推行私有化等是新公共管理运动的重要举措。政府需要成为精明的买主。新公共管理运动改变了部分公共管理人员的范围、角色、履职的条件和环境，对部分公共管理人员的职业技能也提出了新的要求。

(1) 专业的服务者。公共服务有很强的专业性，由于一些专业人才在市场上非常缺乏或者不易购买，因此政府部门需要经年累月地培养这样的专业人员。这些专业人员有典型的专业特征，可以用一套通用的观念标准来规范他们的行为，促使其发扬专业精神。这些标准包括：专业能力，运用专业能力的自律性，在发挥专业能力过程中表现出来的职业献身精神，以服务为导向，专业合作，运用专业能力的行为准则。

(2) 专业领导人。实施公共服务购买，一些负责购买的公共服务者不仅要具有卓越的技术能力，还要具有良好的道德品质，否则就容易贪腐，这是专业领导人所需要的职业素养。这些专业领导人不仅要明确完成工作使命的意义、知晓决策过程的复杂性本质，还要有解决问题的能力。外行人之所以要来寻求帮助，是因为他们缺乏专业能力，对要解决的问题束手无策，而专业领导人在这方面恰恰是他的强项。

专业领导人需要具备四项重要的技能：1) 熟悉工作任务的新要求，如虚拟人力资源管理等；2) 项目计划与管理能力，具体包括组织能力、规划能力、界定工作的能力、时间安排能力、预算能力、风险管理能力、逻辑推理能力、技术审查和审计能力，以及评估能力；3) 信息技术的深度使用，如大数据技术等；4) 提高生产力的能力，提高生产力旨在合理有效地配置和使用资源，这对于公共服务的提供来说具有极为重要的意义，质量管理、流程再造以及绩效测量等都是目前提高生产力的重要方式。

3. *新公共治理与公共服务人员角色*

新公共治理运动认为，公共服务人员的完美的专业性集中反映了以下三种能力：专业技术（知道“如何去做”)、道德品质（知道“为何要做”）和领导能力（知道“做些什么”)。[①] 在这当中，公共服务专业人员除了要拥有许多专门性的技能（如预算技能）和丰富的相关知识（如卫生保健知识）之外，还要具备战略规划、项目管理以及资源整合等技能。公共服务专业人员不仅需要具备过硬的专业技术，还需要具备良好的伦理道德品质来为其专业技术提供支撑。这些道德品质包括道德推理能力、价值观管理能力以及审慎决策能力。从官僚制和政府主管型公共管理环境向公共部门、私营部门以及非营利组织共同提供公共物品和服务的“网络式”公共管理环境的转化，要求公共服务专业人员具备新的领导能力，即共享式的、协作式的领导形式下的领导能力，具体包括：(1) 结构性领导能力，包括预算、信息系统、人力资源管理以及过程规划等方面的能力。(2) 人力资源领导能力，如公开交往能力、维护人际关系的能力以及提高参与性的能力。领导能力包括促进、斡旋和协商能力以及因此而具有的较高的说服力、公关能力、信任度、共识度以及合作能力。(3) 政治领导能力，包括讨价还价、争取资源、建立利害关系以及解决冲突的能力。(4) 符号性领导能力。[②]

新公共治理强调社群主义，确定通过合作方式来改进公共生产力，因而也被认为是一种公共价值观。公共价值观管理是一种后官僚、后竞争力的思维方式，它让我们超越新公共管理中占主导地位的市场原教旨主义的狭隘方法。公共价值观管理既强调与权利和责任有关的终极价值观，也强调导致这种终极价值观的工具性价值观，是新实用主义。过去几十年中所流行的四种改革潮流都是由价值观引导的：(1) 与强调效率和经济性原则相关的改革潮流；(2) 以科学管理为导向的改革潮流和以反对浪费为导向的改革潮流；(3) 与公平相关的价值观引导的加强监督机制的改革潮流；(4) 与提高绩效相关的价值观引导的自由主义改革潮流。也可以说，每次重要的公共管理改革既是公共价值观增进的原因也是其结果。

---

① 鲍曼，等. 职业优势：公共服务中的技能三角. 张秀琴，译. 北京：中国人民大学出版社，2005：6.

② 同①17-24.

12.2 责任政府

1. 回应性与行政问责

“回应性”一词是指一个组织对民众改变政策的要求迅速予以遵从。回应性还意味着政府不只是对民众的要求做出反应，在某些情况下，它也表明政府主动提出解决问题的方案，甚至主动确定问题。① 因此，回应意味着政府对民众的政策变革要求的接纳和对民众要求做出反应，并采取积极措施解决问题。回应性是公共管理责任的基本理念之一，是政府对公众所提要求做出超一般反应的行为。回应性政府指的是对民意采取积极态度，认真听取民意代表和普通民众呼声，并迅速充分地对公民诉求做出回馈和反应的政府。回应性政府不仅强调政府要对民众的诉求做出反应，而且也强调政府应采取积极有效的措施来解决民众提出的问题。回应性被认为是现代政府必须具备的特征之一，是现代政府建设的重要方向。

与私营部门相比较，公共部门要建立良好的回应性并不是太容易。其原因在于：一方面公共部门并不掌握回应民众诉求的资源，另一方面公共部门难以从分散的私人需求中识别出公共需要。此外，行政机构通常需要立法机关拨付税款作为回应的经费，而要获得立法机关的拨款反馈的程序漫长，与民众的即时性诉求不相匹配。与此同时，行政机构也无法满足每个公民的私人需求，它必须从大量的私人需求中形成公共需求，而这一过程既耗时又耗力，且民众的需求也会发生变化，刚形成的公共需求又会被新的需求所取代。

一些学者因而认为，建设回应性政府需要改变现有的政府责任机制。首先，回应性政府是责任政府，这里的含义有二：一是政府有责任、责任重大；二是政府应负责、承担责任。其次，回应性政府要求行政部门直接回应民众需求，而不是间接回应。最后，回应性政府要求政府有明确的回应责任和清晰的担责机制。这样，回应性既是公共责任的一部分，是合法性的基础；又是核心行政价值之一，是民主的基本原则。从这一意义上说，有学者认为回应性源自政治义务，它与行政责任源自法律义务不同。

在西方国家的传统中，政治回应性最初是指政府内阁或组成部门接受议会的弹劾、调查时应做出公开说明和汇报。政府回应议会的质询是人民主权的体现，是代议制政府的内在要求。在传统公共行政模式中贯彻着政治与行政分离的思想和制度设计，直接面向民众提供管制和服务的公共行政人员并不能直接回应民众需求和改进管制与服务，他们只能向政务官员负责，反馈民众的需求。公共行政人员承担着民众需求反馈不力的法律责任。回应性凸显代议制民主和政治与行政二分体制的弊端。

随着代议制民主弊端显现以及民众对政府信任的下降，民众要求政府直接回应民众要求，满足民众的需要，并直接承担相应的责任。于是，公共部门逐渐发展出一种新的管理模式，即新公共管理模式。新公共管理模式学习了私营部门运用市场机制的方法，增加了

① 斯塔林．公共部门管理．常健，等译．北京：中国人民大学出版社，2012：136.

实现民众需求的供应方式。政府通过购买方式提供公共服务，要求无论是公共服务提供者还是传递者都要根据购买合同向顾客负责，这样的做法不仅可以发现民众的需求，而且也可以使公共服务的提供者或传递者迅速满足民众的需求。这样，在新公共管理模式中，责任政府已从回应议会质询到直接回应民众，这反映了当代民主发展的新趋势。

新公共治理模式中，治理参与者更多的是对自己行为以及治理网络中的成员负责。因此，回应性理念重新被提出，要求公共行政人员必须为其行为向公众担负责任，是对现有民主体制以及公共管理模式变革提出新要求。这一理念的挑战在于，公共部门的管理人员有着大量的义务：（1）对整个公共组织的义务；（2）对其所在部门的义务；（3）对其客户的义务；（4）对机构或计划中的任一负责人的义务；（5）对普通大众的义务；（6）对宪法的义务；（7）对其自身私人价值的义务；（8）对公共服务之原则的义务。在这些义务中，对公民或普通大众的义务无疑是根本的。在实践过程中，公共部门的管理人员将对上级负责作为最重要的工作，实则本末倒置。

问责是一个人必须对上级——法定的或组织的上级——负责的范围，对其在整个社会上或者在特定组织中的职位上的活动负责。选任产生的公共官员，从理论上说是对选民负责或对政治主权负责；委任的公共官员对选举产生的官员和委任机关负责。从一定意义上讲，委任产生的官员们——从档案管理员到内阁部长们——比选任官员们应负的责任要少。前者主要对他们的上司负责，而后者则必须对他们管辖范围内的人民负责。

行政问责要求官员对民主制度和道德观念负责以及对特定法律授权负责，是行政人员所应担负的行政责任。政治学家卡尔·弗里德里克和赫尔曼·芬纳率先阐述了行政问责的两条基本途径。弗里德里克认为，行政责任可以通过职业精神、职业标准或规则确保从官僚内部得以实现，因为现代政策日益增长的复杂性要求广泛的政策上的专业知识以及行政官僚的职业能力。而芬纳认为，行政责任可以通过立法或公众的监督确保从官僚内部得以实现，因为内部权力或监督最终会导致腐败。这两种途径之间的紧张关系仍在继续。因此，如何在信任官员职业道德与限制官员职责能力之间寻求一个平衡点是行政问责制度改革的挑战，即平衡政府官员把自己最好的职业辨识力用在公共利益上的信任度与通过立法委员会或执行评估机构来近距离地观察官员以至于限制他们职责的能力发挥的约束度。

行政问责两难选择需要深入思考民主政府和公共行政之间是如何联结的，它们之间的关系是如何运行的。在民主社会中，行政官员被要求在民主问责体系内工作，并对这个复杂制衡体系做出回应，并且受到官方审计师、大众传媒以及公众监督者和揭发者的约束（正如芬纳所提倡的那样）。但是，他们最终要独自为自己的伦理和荣誉行为负责（如同弗里德里克所主张的那样）。在世界上的大多数社会中，担任官职从而成为一名公共行政人员，个人私利的动机就是为了能够任意地做决定，能够给亲友提供好处，能够接受贿赂，能够做出任何不合乎伦理的——甚至是不人道的——行为；而组织公利的目标则要求每个行政人员权力有限、权利受到严格限制，要求秉公处理社会争议，公平地对待社会差距，公正地帮助弱势群体，恰当地使用自由裁量权，最大限度地降低社会矛盾，以维护组织的良好声誉。因此，行政问责的直接目的就是要在个人利益与组织声誉之间寻求结合点。

2. 过度问责与避免问责

行政问责的困境如同天平，过度问责和避免问责始终是其两端，指针一会儿摆到一端，一会儿又摆到另一端，始终难以长期稳定在平衡点。过度问责表现为：(1) 治理规则和章程设置的各种标准程序过细，导致为这些细节花去的时间比它们值得花的时间要多得多；责任被设置于程序之中而不是个人头脑中，其基本原则就是诚实行政太过重要了，不能将其留给个人自由裁量。(2) 赋予行政人员自由裁量权太少，以至于许多不经济的做法留存于组织活动之中；政府的“官僚机构”及其相关的高额费用不能而且也不应该被消灭。(3) 将个案作为普遍现象来处理，所以繁文缛节越来越多。(4) 公众对政府行为高要求的“洁癖”。政府是责任“缠身”的组织。政府中“一点点的不诚实”就是一种会迅速地传染给整个机体的腐蚀性疾病。

避免问责表现为：公众确实期望行政首长们能够对其选择的下属的行为负责，不论首长是否真的知晓这一行为。对下属的选择和其行为的监控是行政首长的责任。因此，一旦出错，行政首长就将责任推给下属，并进行自保；或者将责任归咎上级决策部门。为了改善上下级关系，调节行政人员与公民的关系，避免问责，要调整立法机关的监督形式，将听证、个人调查等多种形式的监督逐步引入其中。宪法和法律框架本身就意味着对公共行政人员的自由裁量行为施以一种消极的民主控制，而那些强有力的民选代表们则会施以更为积极的控制。

3. 责任政府的建设

责任政府建设是一项艰巨而复杂的使命，随着政府和政治体系成熟而不断增加新的任务。从宏观层面上看，责任政府的建设需要解决三个根本性问题：扩大政治参与如何同加强国家权力及其合法性的目标协同起来？非竞争性政治如何同公共利益的概念协调起来？中央政府庞大的财政汲取需求如何同地方社会的巨大需要协调起来？这三个问题实质上是如何通过制度设计解决“合法性、合理性和满意度”之间关系。

从中观层面上看，责任政府的建设也需要解决三个重大问题：多层级政府的权力集中如何同责任的层级分散之间有机适配起来？公共决策上层化如何同政策执行的基层化之间有机对接起来形成公共政策过程回路？公共服务专业化供给如何同民众对公共服务个性化需求之间协调起来？这三个问题实际上是如何通过机制设计解决“权责一致、决策与执行一体、供需平衡”的矛盾。

从微观层面上看，责任政府的建设还需要解决三个重要问题：政府中民选领导的政治责任如何同考试录用的公务员的行政责任对接起来？政府部门中以工作为本的任务分配如何同以人为本的目标确定之间协调起来？公务员作为执法者角色如何同作为服务者角色之间协调起来。这三个问题实际上是如何通过组织设计解决“将组织中每个成员视为组织的目的而非工具，促使每个成员都感觉到自己是组织的一部分，从而激发成员的创造力、增加组织行动的成效，改变科层组织中的冷酷无情、反应迟钝”的问题，以及“官僚体系中个人的非工作的功能失常”的问题。

公共管理人员经常会遇到一些可能相互矛盾和冲突的要求：既要高效运作，又要积极回应行政长官、立法机构、公民和民主治理的要求。这种“效率”和“回应性”之间的矛盾是公共行政人员面临的许多问题的共同特征。

12.3　公共伦理建设

12.3.1　伦理与道德

1. 个人道德与公共伦理

伦理与道德是密切相连的概念，经常被放在一起使用。但是，伦理与道德仍有区别。严格来说，道德是个人操守的最高标准，伦理是处理某种关系的原则。道德与行为是相连的，即一个人的行为被认为是正确行为的应该具有的要求。伦理是一组指导行为的原则，为行动提供了一个基本框架，因此，伦理被认为是指导行为的规范或体系。建立伦理是为了生成某种秩序而确定一种关系。长期以来，伦理是在道德规范下，个人于特定环境下与其他人所形成的合理的群体与个体之间的关系。伦理学也被誉为研究一定情境下人与人关系所遵循的准则的学问。

伦理学发展至今日，伦理研究不仅包括人与人之间的关系研究，而且包括人与自然之间的关系，即人际伦理和生态伦理。人际伦理是人与人之间的一种价值关系，这种价值关系涉及人对人的义务和责任问题。生态伦理则是人与自然之间的一种价值关系，是人对自然承担的义务和责任。道德是关于人的行为正确与否的判断，也是对蕴藏于行为中的价值以及执行中的规则的判断。因此，人际伦理是对道德标准的寻求。人际伦理是研究道德原则和道德行为的一个哲学分支。因此，人际伦理常常用伦理道德所指代，并未严格区分伦理与道德的差异。

何谓公共伦理？从目前国内外研究而言，大概有三个向度：一是公共管理的伦理向度，即公共管理伦理学，是基于公共管理实践发展而形成的、处理管理关系的一些基本原则；二是公共领域的伦理向度，即市民社会伦理学（又称社会组织与国家组织关系伦理学），是处理市民社会公共领域中社会组织与国家政治组织交往关系的基本准则；三是民主政治的伦理向度，即政治伦理分支的公共伦理，是处理公民与国家政权组织关系的基本规则。尽管上述三种向度仍然争议不断，但是公共管理伦理无疑接受范围最广，公共伦理被等同于公共管理伦理。关于公共管理伦理也有两种观点：其一是将公共管理伦理等同于行政伦理，视其为公共管理或公共服务的职业伦理；其二是将公共管理伦理称为一种新的伦理，是后工业社会的产物，它体现了国家治理与社会治理范式的根本转换，它不仅是一种职业道德，更是一种与后工业社会相适应的新型道德形态。①

实质上，有关公共伦理范畴的争议是由公共管理模式的发展引发的，也是由争议的视角不同造成的，有的站在政府的角度，有的立足于社会的角度，有的则立足于公民的角度，不一而足。公共伦理之所以受到关注，其根本原因在于公共事务及其管理受到关注。因此，从这一意义上可以说公共伦理就是公共管理人员处理公共事务应该遵循的原则或规

① 张康之. 公共管理伦理学的基础和特征. 东南学术，2002（5）.

则。公共事务包括社会公共事务和公共组织或公共部门内部的事务。传统公共行政、新公共管理和新公共治理模式中因参与公共事务的主体不一、作用不同，导致它们之间关系的准则也略有差异。

公共伦理既包括人际伦理，也包括生态伦理。人际伦理主要是指行政伦理，生态伦理则重点关注政策中人与自然的关系。行政伦理是行政人员之间以及行政人员与公民或当事人之间的关系。在传统的公共行政模式中，行政伦理主要是指处理行政组织与行政人员、行政人员之间以及行政人员与公民之间关系的准则。在新公共管理模式中，行政伦理新增加了行政组织与公共服务传递者、公共服务供给者与顾客之间关系的准则。而新公共治理的行政伦理又新增了行政组织与非政府组织、公益企业之间关系的原则。此外，生态伦理在新公共治理中受到越来越多的关注。总之，行政伦理是公共伦理中的核心部分。

美国伦理学家库珀将行政伦理分为行政人员伦理和行政组织伦理。① 行政伦理是公共行政和公共服务中的一个主要关注点，增进公共雇员和机构的伦理行为必须成为公共管理人员优先考虑的内容。公共服务从本质上说，意味着全体公民将其信任和信息寄于公务员身上。比较私营部门，政府作为公共利益的守卫者更加关注伦理，并坚持“更高的”伦理标准。效力于政府意味着行政人员在一个充满规则和规定的环境中进行工作，承担工作是为了实现公共利益，因而也必须遵守更高的伦理规范。遵从伦理应成为行政的核心价值，通过规则掌控公共组织中的恰当行为与不恰当行为，只不过是一种灌输遵从这一核心行政价值的方法而已。

行政伦理属于应用伦理学的研究范畴。伦理学可以分为元伦理学应用伦理学。元伦理学研究道德语言、道德逻辑等方法论层面的内容。应用伦理学发展出了规范伦理学和美德伦理学，其中，规范伦理学研究道德的规范体系，美德伦理学研究道德品质的培养和塑造。应用伦理学则研究如何在特定的时空条件下解决伦理道德问题。应用伦理学发展出了三种不同的伦理观：康德所主张的义务论，边沁的结果论，柏拉图、亚里士多德的德性论。义务论伦理认为，不应考量行为本身的后果，行为本来就有对错的分别，行为必须遵照道德规则，例如诚实、勇敢、慷慨等美德。义务论伦理包括形式原则和权利伦理。形式原则指“判断一项行为的对与错，应当依据它与某个或某些形式原则的符合程度”；而权利伦理则指出，权利意味着责任，因为个人拥有权利，所以他人有尊重这些权利的明确责任。结果论伦理则主张为最大多数人谋取最大的福利，例如利己利人、尊重多数民意。以结果为标准的伦理的要素（如生产力、效率、竞争力和绩效）成为新公共管理运动的目标。结果论伦理是功利主义伦理，主张最大多数人的最大快乐便是对与错的衡量标准。德性论强调“实践智慧”，是伦理的主观路径，它重视决策者的性格特征，即在能够做某事之前，某个人必须成为能够做该事的人。

义务论伦理认为，应该根据行动的性质对行为做出评价。这是一个以规则为基础的理论，告诉人们每个人都必须遵循的准则。罗斯认为，道德行为有以下几个正确作为的特征：行善的义务、不作恶的义务、正义的义务、自我改进的义务、补偿的义务，以及守诺的义务。义务论伦理以规则及显见义务为基础，表明应该做什么，而且也考虑了所有的规

① 库珀. 行政伦理学：实现行政责任的途径. 张秀琴，译. 北京：中国人民大学出版社，2010.

则。说真话以及诚实是基本的义务。但是，有时候这些规则也有冲突。这是平衡这些准则需要一种元规则的原因，而这种元规则就是判断是否以合理的方式对义务进行平衡的规则。这些元规则的例子包括“己所不欲，勿施于人”，或是康德提出的“你只能按照你希望能够成为普遍规律的行为准则去行动”，而且“总是将人性视作一种目的，而不只是手段”。这一理论认为，不应撒谎是一条规则，即使其后果可能很有吸引力；但是当另一个更为重要的规则介入时，诚实这一基本规则将被取代。所以，在不作恶即不伤害他人这一义务面前，忠诚这一义务就需退居次席。公共行政的根本原则之一就是要求公职人员依照法律法规履行职责。一般来说，绝大多数国家的公务员法都规定了公务员的主要职责和义务。

马克斯·韦伯强调公务员的行为首先要受到规则的约束。公务员必须遵循规定行事而不受其个人情感影响。但是，人们有时候也认为，对于只有遵循这种规则的理解也有可能导致公共管理者冷漠、倦怠、消极、效率低下、无礼、起不到帮助作用并滥用权力，而且也很可能导致目标倒置，规则本身成了目的和行政程序，并不被视作一种方法，而是成为价值本身。一些学者对此批评道，官僚们为了自身利益会尽最大可能增加正式程序，并将其当成一种仪式，其结果是有了标准操作程序而忽视了行为的后果。遵循规则和程序成为目标本身被认为是一种良好治理的象征，但这并不是良好治理，反而可能成为“行政之恶”。

结果论伦理（结果主义）提出，一个人的行为的结果至关重要。结果论伦理认为，行为的结果有好有坏，行为结果的好坏决定了该行为是否符合伦理。因此，如果不诚实，信任就会受到侵蚀，人们会受骗因而做出错误的选择，而信心也会受到损害。由于诚实带来的结果比说谎更积极，因此诚实就是正确的。只有在说实话的效益成本率比说谎话的效益成本率更低的情况下才能说谎。例如，当一个危险的状况远未得到控制时，你却告诉人们情况已得到控制从而避免了恐慌。由此，结果论伦理认为说谎是一个正当行为。但是，当这一谎言使人们进入实际上并未得到控制的地方，并且危及他们的生命时，说谎就是一个不正当的行为了。所以，一个人的行为正当与否完全取决于其行为结果。道德行为被定义为最大限度平衡善恶。道德行为的评判标准是其对人类的贡献和伤害的避免。结果论背离了功能甚至公理的理性。它是一种实用性理论，其基础主要是对不同选择进行成本与效益的计算，其原则是选择具有最大功用的行为。

美德很早以来就是公共服务的传统核心原则。当美德被视为一种良好品质时，它可以被放入更宽泛的价值概念中。在公共行政领域，它可能包括道德意识、遵纪守法、自我激励、个人适应力、无畏、坚持不懈、政治敏锐性、领导力和沟通技巧等。所有这些当中，最容易的就是遵守规则。亚里士多德的德性论伦理和美德伦理观认为：“有道德的生活，更多地涉及人们抱负的排序，以及在个人生活和职业中去追求那些激动人心并获得我们人类赞美的事情。”美德是个人的品质，因其自身崇高而被重视和推崇。美德不仅使生活更美好，也是美好生活的一部分。美德是通过反思和行为获得的性格特征，是思想和感觉的集合体，存在受控的可能、冲突的趋势。

2. 伦理与价值观

价值指人们愿意拥有或享受的事物或关系。政府经常主张的价值包括公开性、公平、需要和回应性等。美国行政学家马克·H. 穆尔认为，公共部门的工作就是要创造“公共”价值①，即创造公众愿意拥有或享受的事物和关系。伦理作为一套原则，既包括借以区分对错并正确行事的程序，也包括在决定恰当行为中的理性运用。创造公共价值被认为是实践部门突破新公共管理运动做法的新取向。公共管理模式的每次新发展也必然带来伦理准则的新发展，问题在于何种力量在推动公共管理模式以及伦理准则发展。米歇尔·S. 德弗里斯和金判锡认为，是价值观，价值观改变了公职人员的伦理和动机。② 尽管价值观有不同定义，但也有一种较好的有效的定义，即价值观就是在判定事物是否合意和良好的重要性上所持的共同、持久的信念或理想。因此，价值观也是指导、判断（组织的和社会的）行为和政策的标准、原则或指标。③ 个人价值观是指一个人对周围的客观事物（包括人、事、物）的意义、重要性的总评价和总看法。伦理道德是价值观的实践方式。因此，它既是一种探询的过程（想好如何决策），也是一套行为准则（治理行为的一套标准）。伦理道德是一套对错系统，同时也是一种根据对错系统进行生活的方式。它是对美好生活的一种追寻和理解。立足于价值观，并慎重考虑伦理道德问题，这是职业责任对相关专业人员行使自由裁量权的要求。④

公共价值被定义为在以下几个方面形成规范性共识的价值：(1) 公民应该（或不应该）被赋予的权利、利益和权力；(2) 公民对社会、国家和其他公民的义务；(3) 政府及其所制定的政策都需要遵循的规则。多年来，公共价值一直是公共行政的核心，主要的公共价值包括公平、公正、正义、诚实、廉洁、持续性、保密性、问责性、透明性、回应性等。

如果说，传统公共行政模式是政府利用公务员和公共资金提供公共服务和公共物品，那么，新公共管理模式中的政府则使用公共资金向社会各种组织购买公共服务和公共物品，由此减少了政府公职人员的数量；而在新公共治理模式中，政府则试图利用社会资金以及社会组织、公民一道供给公共服务和公共物品。这些模式的发展是公职人员的价值观的产物。在新公共治理模式中，公共价值观管理成为政府维系新公共治理模式的新任务。公共价值观管理被认为涉及了公共物品、市场失灵的补救措施以及制度的安排，这些制度安排可以通过法治、产权保护和合同执行来实现市场的运转以及秩序的建立。公民个人从这些准则和结构中受益，但他们之所以看重这些准则和结构，也有超越自身利益的原因，认同规范的承诺及目的，如公平、民族自豪感以及对社会弱势群体的关注。⑤

我国是从国家、社会和公民个人三个层面把社会主义核心价值观作为价值标准，并用这些准则来指导组织、个体的行为和行动的。社会主义核心价值观共 24 个字，分属三个层面：富强、民主、文明、和谐是国家层面的价值目标；自由、平等、公正、法治是社会层面的价值取向；爱国、敬业、诚信、友善是个人层面的价值准则。社会主义核心价值观

---

① 穆尔. 创造公共价值：政府战略管理. 伍满桂，译. 北京：商务印书馆，2016：49.

② 德弗里斯，金判锡. 公共行政中的价值观和美德：比较研究视角. 熊缨，耿小平，等译. 北京：中国人民大学出版社，2014：20.

③ 同②3.

④ 鲍曼，等. 职业优势：公共服务中的技能三角. 张秀琴，译. 北京：中国人民大学出版社，2005：55.

⑤ 同②29.

决定着社会主义伦理秩序的根本性质和价值标准。

3. 增进伦理行为的途径

可以通过两种途径来增进公务员的伦理行为：一是通过在制度上加强对公务员行为的控制，即通过规则来控制行为；二是依据伦理或道德指南来引导行为，即内心甘愿奉守伦理。前者是“以行为为中心的限制观”，它通过采用正式的规则和限制来掌控伦理行为，通过法律规范行为并为行为设置参照标准，以确保伦理行为，这一观点也被称为“规则驱动的伦理”。后者是“以结果为中心的义务观”，鼓励雇员仔细考虑他们的行为可能给公众或其客户造成的结果，并以此确定伦理规范的指导原则。所有公共雇员都担负一定的工作，因而必须本着对公众负责的态度履行完成工作的义务。

通过个人遵从伦理或规则驱动的途径来增进伦理行为，取决于雇员所受激励的程度。大多数人倾向于受内在因素和外在因素的激励。外在激励意指人们从外部因素或物质奖励中（例如薪水、工作津贴、奖金和其他形式的有形褒奖）获得工作的动力。但是，与私营部门相比，公共部门标准化的薪水结构、各种规则控制的晋升制度以及各种限制性的工作规定，所有这些对于公共雇员提供的外在激励并不很强。由于制度赋予了人的权利、地位，建立了奖惩办法，因此，公共部门实施奖惩制度时必须遵循规则。因此，针对公共部门制定出“促廉洁、反欺诈、反腐败”等方面的措施，比如实施行为的规范以及违反规范的惩处措施，是法治政府建设的必然路径。同时，这些奖惩措施更加强调主流价值观，并且以道义论和目的论等形式倡导道德行为，引导公共管理人员遵纪守法和恪守公序良俗。

受内在精神因素驱动的个人在致力于为他人服务中获得满足感和激励力量。这些个人将影响公众、增强公众意识和扩大参与式民主视为自己行动的价值观。而这些行动的价值观对公务人员来说极其重要。提供公共服务是公务人员工作的本分。公务人员在工作中得到的外在奖励是有限的，加之法律和规则也不可能对每一种潜在的伦理状况和困境都做出规定，所以公务人员必须具备根据伦理准则判断自己行为对错的能力，并继续致力于做出符合伦理的表现。在决策过程中，公共领导者应该将伦理关怀视为决策时应遵循的首要准则。

12.3.2 伦理观与伦理思考

1. 伦理观

行政伦理在中国古代称为“官箴”，是行政人员或行政组织对其行为或决策的对错好坏所进行的一种反思和原则取向的规范判断。同时，行政伦理也是行政机关及行政人员根据自身所在的系统的特性，所坚持的正当关系及正当行为规范。这些规范是建立在道德和价值基础之上的；换言之，行政伦理是行政人员的道德共识及道德自律。

行政伦理具有特殊性和情景性两个方面的特点。所谓特殊性，指的是不同的文化及社会环境对公务员会有不同的行为期待与要求，因此，古今中外并无完全一致的行政伦理体系。所谓情景性是指行政行为的是非判断不能单单以是否合乎抽象的伦理原则为基础，还要视此行为发生的特定情景决定。

对伦理的看法有两种不同的观点，即防御性行政伦理和促进性行政伦理。防御性行政伦理又称消极性的伦理作为，它集中探讨如何防范公务员贪污、贿赂、滥用职权、渎职、盗窃、欺诈等行为。这一行政伦理偏向传统行为的理论与实务，基本上以是否合法作为判断的标准。由于防御性行政伦理是以行政人员的行为合法作为组织规范的，因此，它有时会限制行政人员积极作为的动机，使行政人员产生一种消极作为的状况。

促进性行政伦理又称积极性的伦理行为。受到现代管理思潮和新公共行政运动的影响，社会正义、多元利益、公民参与、政治回应即专业精神等理念日趋流行，行政理论不仅超越了不违法即可的消极伦理，而且提出了诸多积极的价值，如公平、正义、道德、良善、公益等。换言之，一个好公务员不仅仅是“不贪污腐败”，而且要提升公共利益、积极为民服务或者创造公共价值。

行政伦理中的理念和规范是公务员心中的道德量尺。它能使唤醒公务员对自身角色的自觉，以产生积极的作为，它也能为公务员使用法律赋予的自由裁量权提供规范。因此，行政伦理是公务体系中不可或缺的一环。但是，伦理不具有强制性，也往往与现今功利社会的现实相抵触。因此，伦理的吊诡之处在于：尽管它是匡正行政行为的依据，却缺乏法律的制裁力量；它是改善社会风气的治本良方，却可能是不切实际的空谈。

2. 伦理思考

伦理学是从事价值分析的学科，所以伦理分析实际上就是价值分析。价值分析包括目标价值分析和行政价值分析，目标价值关注目的，行政价值关心方式。

伦理思考的步骤如下：首先，必须弄清事情真相。大多数伦理问题都同时涉及事实和价值两个方面。事实真相是解决问题的基础，对实情的把握将有助于特定伦理问题的解决，但是单凭事实无法解决问题。这里涉及第二个问题，即对基本原则的认同。这些基本原则包括广泛的道德标准（如自由、正义）、得到社会认可的法律法规，或者适用于特定团体或组织的行为准则。如果基于对基本原则的认同而采取行动，将有助于问题的解决。最后，对不同立场观点的论争进行分析，然后做出决定并加以执行。

在实际操作过程中，伦理思考有两种办法：第一种办法是考虑在不同的行动方案中，谁将受益而谁将遭受损失，然后找出可以以最小的代价换取最大收益的方案。第二种办法则是寻找一个能对特定案例各方面进行测量的伦理准则。在第一种办法中，人们关注的是行为的结果；而在第二种办法中，人们寻找的是行为的普适准则。因此，伦理思考最为普遍的形式之一是功利主义。

道德推理的方法与功利主义伦理思考恰好相反。它寻求的是指导行为的基本原则，通常被称为“义务论”。“义务论”认为，关于对错的普适原则是可以建立起来的，它取决于行为的结果。

伦理困境是公共政策制定中经常遭遇的。行政伦理学家詹姆斯·斯瓦纳认为，行政人员之所以会出现选择的困境，其原因是不同的路径，如基于康德的义务论路径就会强调行政人员的责任，基于原则的路径就会在进行选择时强调规则的重要性，基于美德的路径则侧重于行政人员是好人，而基于结果的路径则倡导功利主义。因此，他提出用“伦理三角模型”来解决路径分歧问题。这一模型指出公共行政人员必须使用一种全面的路径，把职责放在中心位置，同时将美德、原则和结果纳入其中，其目的在于让行政人员树立这样一种理念：行政人员必须通过寻求美德、原则和良好结果的平衡，履行其职责以提升公共利益。例如，行政人员决策过程中要追求最大多数人的最大利益，在伦理三角模型中，行政人员的责任是为公共利益服务，原则是不对任何人造成伤害，美德是公平与正义，只要不越过这些伦理准则，每一种路径都会产生"善"果。

心理学家劳伦斯·科尔伯格（Lawrence Kohlberg）则认为，行政人员要在不同的道德发展层次做出决策，这才是伦理困境的成因。他将道德发展分为三个层次，即前常规层次，常规层次和后常规层次（见表 12-1）。

表 12-1　科尔伯格行为导向型道德发展层次论

层次	自我认知	导向阶段	"正确"的行为	参考框架
前常规层次	外部团体	1. 惩罚和遵从 2. 工具-相对论	1. 避免惩罚，遵从权力 2. 对需求的满意度	1. 行为的物理后果 2. 人际关系向市场
常规层次	内部团体	3. 好男/女孩 4. 法律法规	3. 能使他人愉悦或帮助他人 4. 履行义务和维护社会秩序	3. 多数派或"自发"行为 4. 自律和固守社会规则
后常规层次	超越所有团体	5. 社会契约 6. 普遍伦理	5. 根据个人权利和自由协议 6. 有意识的选择，遵守伦理准则	5. 宪法/民主共识，社会团结 6. 普遍强制性、正义与人权

前常规层次。道德推理反映的是避免惩罚（第一阶段）或工具性导向（第二阶段）；人们在这个阶段是自私的，而且会恐惧他人或利用他人。一般而言，前常规层次形成于孩童时期。孩童开始形成有关对错的理念判断。他们通过自身行为的结果或是他们周围其他行为的心理力量来理解这些理念。

常规层次。人们认为，正确的行为就是遵从重要任务的期盼（第三阶段）或遵守更为广泛意义上的社会秩序（第四阶段）；人们的参照点是某个群体，可以是小型的、私有化的群体，也可以是大型的、政治性的群体。最常见的是人们以家庭、集体或国家的行为标准或以约定俗成的准则来行动。

后常规层次。人们的判断将源于道德自律性，而这种自律性则是对社会契约（社会秩序建立的基础）活动中的价值观进行批判考察的结果（第五阶段），或者是坚持先验论伦理准则的结果（第六阶段）；在这一层次上，人们是独立活动的个体，他们接受了道德准则，并依其行事，因为他们深知只有自己才能证明这些准则的正确性。

一般而言，道德层次发展从前常规层次到常规层次是常见的心理发展现象，且大多数人都处于常规层次。而要发展到后常规层次则要求具备不同寻常的献身精神和思考能力。作为具有专业技能的行政人员在实践中做决定，需要后常规层次的道德发展，否则就容易滥用自己的职业技能或技术为个体或某个社会团体谋求利益。因此，要求行政人员的道德发展到第三层次不是要否定自我利益或集体利益，而是试图引导专业人员遵守更高的人类尊严要求，也就是崇高的职业精神。简言之，职业精神所要求的是精湛的专业技术和崇高的职业伦理。

12.3.3　公共伦理建设的途径

1. 国家荣誉制度建设

从西方国家历史来看，现代荣誉的概念起源于古希腊和古罗马的共和精神与个人诚信。荣誉曾经专用于贵族，18 世纪开始迅速平民化。随着专制政府的减少，国家荣誉（曾经只是君主个人关心的问题）开始成为影响全体民众的事情。①

荣誉先于伦理，因为一个没有荣誉感的人不会有什么伦理标准，而且不知道用什么方式可以使其变得有道德。荣誉是公共事务的本质，因为在古代，人们只信赖有荣誉的人并由其负责公共事务。当然，荣誉概念是有一定环境背景的，它总是受主流社会团体和政治文化的影响。

荣誉包括很多方面，最显而易见的就是依照职权行事。荣誉还代表着外界对一个人名声的评价。荣誉不是为了自身价值而存在的，它只是最佳策略和众多选择中的一个而已。但是，真正的荣誉不同于策略性荣誉，它是一个君子的根本。有荣誉的人是诚实可信的。这才是荣誉的真正核心。诚信的人履行自己规定的原则和价值，最重要的是他们言出必行。言出必行的人用自己的全部信念和声誉来履行诺言。诚实守信在行政领域是非常重要的。一个人把事情告诉另一个人，事情才能开展。真诚沟通是组织正常运转所必需的，组织事实上就是一个信息处理机构。诚实正直是完整的力量或者品性。如果人们认为政府官员具有坚定的信念和正义感，这会帮助官员们免于正直行动中的其他责任，例如官员参与追捕小偷中碰坏商铺的物品时就无须承担赔偿责任。诚实的政府官员知道他们要履行民众要求的特殊伦理义务，他们谨慎地使用自己的权力。

国家荣誉是国家给予个人的最高评价。2015 年，中国出台了《中华人民共和国国家勋章和国家荣誉称号法》，其目的是褒奖在中国特色社会主义建设中做出突出贡献的杰出人士，弘扬民族精神和时代精神，激发全国各族人民建设富强、民主、文明、和谐、生态的社会主义现代化国家的积极性，实现中华民族的伟大复兴。国家设立共和国勋章，授予在中国特色社会主义建设和保卫国家中做出巨大贡献、建立卓越功勋的杰出人士。国家设立友谊勋章，授予在我国社会主义现代化建设和促进中外交流合作、维护世界和平中做出杰出贡献的外国人士。国家设立国家荣誉称号，授予在经济、社会、国防、外交、教育、科技、文化、卫生、体育等各领域各行业做出重大贡献、享有崇高声誉的杰出人士。国家设立国家功勋簿，记载国家勋章和国家荣誉称号获得者及其功绩。国家勋章和国家荣誉称号为国家最高荣誉。国家勋章和国家荣誉称号终身享有，除非因严重的违法、违纪行为而被撤销。国家勋章和国家荣誉称号获得者受到国家和社会的尊重，享受崇高礼遇和国家规定的待遇。

2. *行政伦理的层次建设*

公共行政人员经常面临着许多相互冲突的职责和义务。因此，很有必要在公共行政中构建一个伦理等级层次，不同等级层次的伦理有不同的职责规定，从而最低限度降低个人道德与公共伦理之间的冲突。具体而言，包括以下几个层次：

第一层次的伦理是个人品德，即个人的基本是非观。它是我们个人经历的一部分，取决于父母的影响、宗教信仰、文化、社会习俗以及自己的亲身经历等因素。个人品德是每个公民所应具有的，既有很多共同的部分也有差异性部分。应该说，社会对公共行政人员的个人品德要求往往高于普通人。

① 沙夫里茨，拉塞尔，伯里克．公共行政导论．刘俊生，等译．北京：中国人民大学出版社，2011：132.

第二层次的伦理是职业道德，即公共行政人员逐渐认可的一套职业规范和准则，这些规范和准则强制他们以某种“职业的”方式进行活动。这些准则是由各种职业委员会或专业协会等编纂的，如美国公务员伦理规则是由美国公共行政学会编纂的。然而，有些职业，例如法律和医学，当它们在公共行政的范围内运行时，同样拥有它们自己独立的职业规范。

第三层次的伦理是组织伦理。每个组织都有包括正式和非正式道德行为规则的环境和文化。公共组织在这方面是很典型的，公法、行政命令、机构的规则和章程都可以作为正式组织的伦理行为规则。

第四层次的伦理是社会公德。社会公德要求特定社会中的成员以既能保护个人又能促进作为一个整体的群体发展的方式来行动。就社会公德隐藏于特定社会的法律之中而言，社会公德是正式的；就它们作为个人社会意识的一部分而言，它们又是非正式的。①

3. 公共伦理建设的方法

(1) 组织角色锚定法。这一方法通常指的是公共组织或长期执政的政党对其成员的职业角色或身份设置一定的标准，并根据这些标准来要求其成员。一般而言，这些标准包括普通标准和特殊标准，普通标准是针对成员身份角色的基本标准，要求较低；而特殊标准则是针对成员具体身份角色的职业标准，要求较高。例如，中国公务员的角色锚定就包括四个部分：一是合格公民的标准。公务员首先都是公民，可用社会主义核心价值观来要求。二是公务员职业标准，即通过《公务员法》和公务员职业规范等确定。三是党员标准。由于中国公务员多数具有中国共产党党员身份，因此，《中国共产党廉洁自律准则》对共产党员坚持“公私分明，先公后私，克己奉公”“崇廉拒腐，清白做人，干净做事”“尚俭戒奢，艰苦朴素，勤俭节约”“吃苦在前，享受在后，甘于奉献”等廉洁自律方面的要求，也给作为共产党员的公务员设置了标准。四是党的领导干部标准。由于中国公务员中领导干部多数具有中国共产党党员身份，因此，《中国共产党廉洁自律准则》对党员领导干部的要求——“廉洁从政，自觉保持人民公仆本色”“廉洁用权，自觉维护人民根本利益”“廉洁修身，自觉提升思想道德境界”“廉洁齐家，自觉带头树立良好家风”，也是对公务员领导干部的要求。

从四种标准来看，标准要求是自公民标准、职业标准、党员标准向领导干部标准的逐步提高，体现出党规高于国法的基本理念。

(2) 对话式伦理法。在新公共治理中，道德行为并不一定是私人的行为或决定。此类行为或决定可以以现今所称的“对话式伦理”为基础来加以证实。在行政实践的每个方面，对话都扮演着中心角色，对话式伦理也因联合领导/共治的宽泛概念而得以建立。这类伦理认为这些基准如果不能获得每个利益相关者首肯的话，将是无用的。标准只有通过向全人类开放的对话才能确立。善恶标准不应该由个人的推理而决定，而应该由人们公开而自由地展开讨论来决定。参与讨论的人唯一的驱动机理是对更佳观点的追求。

公共行政人员作为政府决定的实践者，必须忠实地投身于他们被托付的任务中。因此，公共行政人员不仅要履行政治责任和技术责任，而且还要履行道德伦理责任，弘扬公

① 沙夫里茨，拉塞尔，伯里克. 公共行政导论. 刘俊生，等译. 北京：中国人民大学出版社，2011：153-154.

民意识。正因为如此，几乎每个国家都制定了自己的公共行政伦理准则，要求公共行政人员遵守。然而，制定规则只是迈出第一步，公共部门执行和整合这些规则是一个更加复杂的问题。随着社会分工和职业分群的持续发展，公共领域治理的专业化倾向越来越明显。尽管如此，我们可以看到，新公共治理模式中的参与者更多关注的是公共价值观，而较少关注个体美德。

价值观与美德对于今天所称的良治来说至关重要。在建立良好治理时，对效率的强调已经达到了极限。仅仅强调操作技能、操作标准和操作知识而不注重将公共行政的相关个人（他们能够为自己着想，有适当的判断力，有批判性的态度，善于自省，以实践为导向，并能发展自我）转变成为人民服务的、社会化的个人，将威胁到公共行政的质量。

第 13 章

公共管理改革与发展

13.1 公共管理改革

13.1.1 公共管理改革的动因和目标

公共管理改革通常构成了公共管理的一部分，因为公共管理的内外部环境一直在发生变化，公共管理必须通过调整或改革来适应这样的变化。同时，公共管理有时需要进行有些前瞻性的变革来引领变化，从而为公共管理的发展创造条件。因此，公共管理改革是一种常态，尽管改革的形式、规模和深度可能在不同的时期会有不同的表现。

引发公共管理改革的环境因素，从大的方面来说，有两个：一是制度因素；二是技术因素。制度因素中最重要的就是国家。国家是一种制度安排，在诺斯看来，国家的目标有两个：一是界定形成产权结构的竞争与合作的基本规则，即在要素和产品生产上界定所有产权结构，这能使统治者的租金最大化；二是在第一个目标框架中降低交易费用，以使社会产出最大化，从而使国家税收增加。换言之，它既要使统治者的租金最大化，又要降低交易费用以使全社会总产出最大化，从而增加国家税收。但这两个目标是矛盾和冲突的。在诺斯看来，这两个最大化是一个不可兼得的两难选择。理由在于国家的一个职能是生产和出售一种确定的社会产品，即安全和公正。但是，国家要有钱才能运转，国家的活动不是免费进行的，它必须付钱给公职人员、法官和军队。税收实际上是公民交给国家保护公共财产权和其他权利的一种费用。因此，公共管理改革背后的深层因素，是国家想降低它管理社会的交易成本，这通常也被认为是自上而下的改革也就是强制性变革背后的动机。

对影响公共管理改革的制度做一个大的分类，可以分成政治制度和经济制度两类。就政治和经济的关系而言，按照马克思的理论，经济基础决定上层建筑。就经济制度与政府的关系而言，计划经济制度需要的是一个权力集中的政府，它的运行原则是自上而下，政府是指挥者；而市场经济制度需要的是一个权力边界清楚的政府，它的运行原则是自下而上，政府是监管者和服务者。因此，当经济制度发生变化的时候，政府的角色及其运作方式就需要发生变化。比如，当中国的计划经济体制被市场经济体制取代后，公共管理改革的一项重要任务就是转变政府的职能，使政府的职能能够适应市场体制的要求。这一转变，事实上引发了政府许多方面的转变。比如，它引发了政府运作方式和运作流程的转变，政府从原来的一个指挥者的角色转变成一个监管者和服务者的角色。它也引发了政府理念的变化，服务、责任、透明、效率、成本-效益、参与等日益成为政府运作的指导原则。由经济制度变革引发的对政治制度方面的要求也影响了我国的公共管理改革，比如，公共管理中的干部体制改革、领导体制改革、政府权力运用规则等都顺应了经济和政治体制变革的要求。

环境中的技术因素是引发公共管理改革的一个重要因素。从历史上来看，由技术的进步导致的政府管理变革有很多。比如，20 世纪初美国泰勒的科学管理就对政府管理改革产生了重要的影响。科学管理倡导的效率不仅风行当时的企业，也波及了政府。20 年代出现了政府向企业学习的运动，作为这一运动的产物，美国一些中等城市的议会-城市经理体制一直保持到现在。到 80 年代后，企业的运作方式和技术被大量地运用到政府中，比如绩效评估、治理结构改革、委托人-代理人的实践、“无边界组织”的运作方式，所有这些都对政府的改革产生了影响，比如委托人-代理人的实践产生了英国的执行局，“无边界组织”带来了“无缝隙政府”，等等。当然，从技术角度讲，20 世纪末以互联网为标志的信息技术革命给政府的运作带来了重要而深远的影响，网络行政、电子政府也应运而生。这一技术极大地改变了政府的运作方式，甚至改变了政府的组织方式。比如，建立在信息技术之上的网格化管理将政府管理的精细化程度提到了一个新的高度；网络行政为政府的公共服务提供了便捷的手段，它也使公众在更大程度上参与到公共管理中来；网络状的外包运作（信息技术在其中起了重要的作用）使得政府在原有的自上而下的等级组织结构中增添了一个横向的平行运作结构。此外，信息技术的发展也开始改变政府的一些理念，效率、服务、问责等被提到了新的高度，因为政府被置于一个更透明的环境中。

当然，环境因素不仅仅包括制度和技术，它还包括社会在政治、经济、文化等方面发生的变化，这些变化也往往促成了公共管理的改革。比如，新公共管理首先发生在英国，是同当时由石油引发的全球经济危机联系在一起的，这一危机导致政府财政紧张，从而使得社会福利下降。由于福利社会通常与一个大的政府相连，因此，对政府的改革也是势所必然。再比如，当前中国经济进入新常态以及市场在资源配置中起决定性作用，这一变化带来了力度较大的行政审批改革，以促进简政放权，适应这一新的变化。

引发公共管理改革的环境因素不仅有外部的（这一因素可以简单地归纳为公共管理的现状无法适应外部环境的变化，因而引发改革），也有内部的。首先是政府的组织结构不良，通常表现为结构臃肿、层次过多、边界不清、僵化重叠、碎片化等。其次是政府的运作过程不畅通，通常表现为流程不畅，如职能交叉、多头指挥、规则冲突等。最后是组织的行政文化落后，主要表现为观念落后、价值追求混乱、凝聚力低、难以达成共识、士气低落等。这些内部的因素往往也构成了改革的来源。

还有一种改革不是被动反应型的，而是主动型的，我们通常称之为前瞻性改革，也就是在还没有明显感觉外部和内部的压力的情况下所采取的一些比较超前的政策和措施。这一改革通常更多地与领导人有关，领导人个人的判断力、胆识、能力和气魄是非常重要的，领导人对现状的了解和对发展趋势的把握（他审时度势的能力）以及他个人的价值观（通常站在历史的进步方面）是促成此类改革的一个重要因素。

环境因素会影响公共管理的改革，倒过来，改革也会影响环境因素。这是一个互为补充、相辅相成的过程。历史上不乏一些改革推动历史进步的例子。尤其是在中国这样一个政府具有重要作用的国家，公共管理的改革在形塑社会关系、提高国家治理能力以及促进制度进步方面起着至关重要的作用。

公共管理改革通常是围绕目标进行的。这一目标有两个层次，首先是国家的治理目标体系，其次是行政系统的目标体系。由于行政系统是国家治理体系的次级体系，因此，它的目标需要与国家的治理目标相一致。以中国而言，国家治理想要达到的目标是什么？简言之，就是建立一个现代国家。这一现代国家的最基本的特征，就是“市场经济……民主政治和法治国家”①。那么，围绕着这一目标的公共管理改革想达到的目标是什么？简单地说，就是建立一个高效的治理型政府，这样的一个政府对于推进市场经济、民主政治和法治国家是必不可少的。

目标一般表现在制度、运作和理念三个层面上。首先是制度层面。公共管理改革的制度层面的目标取向是提高行政体制的民主程度，走向民主治理。这主要表现在公众对国家事务的参与和管理上，它构成了国家治理的一个重要组成部分。传统行政的一个特点在于政府是公共管理的唯一主体，它代表了公共利益。随着民主和管理的进展以及治理的兴起，传统行政的这一特点已经变得不完全了。在社会利益日益多元的今天，政府事实上也已经成为社会诸多利益中的一种。公共利益究竟应该如何表达？如何更好地处理日益纷繁复杂社会矛盾？利益相关者要求介入政府政策过程的呼声变得日益强烈，所有这些使得原有的管理模式捉襟见肘。治理的提出以及建立“人民满意的政府”正是顺应了这样的一种变化。

其次是运作层面。公共管理改革运作层面的目标取向毫无疑问是效率，效率是政府永恒的追求。职能科学、结构优化、运作规范是高效的组织方面的保证。中国以往历次改革所涉及的机构的精简和人员的精减、组织的重组、职能的转变、体制的创新等无一不是为了使政府取得高效率。效率体现了政府作为一个办事机构的一个最重要的特征。与效率相联系的是效益（两者有时候也在同一意义上使用），效益体现了行政活动的价值和意义。今天，政府几乎比以往任何时候都更积极（相对早期的守夜人政府而言）地在向社会提供公共产品和社会服务，输出公共政策。如果政府的这些活动产生不了任何效益，对社会的利益没有任何增进，那么政府本身的存在就是没有意义的。如果这些活动产生的效益要低于对它的投入，那么这个政府就是不经济的。政府的效益包括社会效益和经济效益，政府

---

① 关于深化行政管理体制改革的意见.（2008-03-04）[2017-05-16]. http://www.gov.cn/jrzg/2008-03/04/content_909225.htm.

的行政活动无疑要产生它的社会效益，因为这符合“为民造福”这一政府行政活动的宗旨。但同时，政府在追求社会效益时必须考虑成本-效益问题。不计代价地去追求社会效益不仅是不可取的，而且是有害的。“用更少的钱做更多的事”是所有政府都要追求的一个目标。

最后是理念层面。公共管理改革理念层面的目标是建立新的行政文化。文化的重要性，在于它影响着组织中的每一个人。正如阿尔蒙德指出的，“政治文化影响着政治体系中每一个政治角色的行动”①，行政文化也如此。崇尚“有限政府”和“政府管得少就管得好”的行政价值会产生一个其结构和功能都受到严格制约的政府；对社会平等的偏重可能使政府产生福利色彩较浓的行为；主张集权可能产生一个等级森严、权力高度集中的政府体制；具有服务理念的公务员会视自己为人民的仆人，如此等等。从西方国家的角度来看，其行政文化经历了传统公共行政模式和新公共管理模式的交融，这一行政文化的要点表现为公正、无偏私、奉献、忠诚、服务、效率、经济、理性、负责。我国公共管理改革要建立的新的行政文化，从大的方面讲，也无外乎上述要点。它与西方的一个可能的区别在于，中国传统文化中的一些精华部分可能会被吸纳到新的行政文化中。

无论国家治理的目标是建立一个现代国家，还是公共管理改革的目标是建立一个高效的政府，事实上，在这些目标后面有一个终极的目标，即人的全面发展和人的幸福。人的发展和幸福离不开人活动于其间的社会环境和社会条件，而这一环境和条件的创造在相当程度上有赖于行政体系的作用。从这个意义上讲，公共管理改革就具备了更深层次上的意义。

13.1.2 公共管理改革的过程

公共管理改革是一个过程，如何理解这一过程？第一，从行为的角度理解。库尔特·卢因的“解冻—变革—再冻结”三阶段说提供了一个有益的分析框架。“解冻—变革—再冻结”分别对应了整个改革过程的三个阶段，也就是改革前、改革中和改革后。解冻指的是在改革前激发人们认识变革的需要。在变革发生之前，通常存在着两股力量。一股力量是维持现有状况的力量，这股力量多为既得利益者，他们通常对现状较为满意，没有或缺乏改革的意愿和兴趣，因为一旦改革起来，就有可能触犯他们的利益，因此这些人往往会成为改革的阻力。另一股力量是想打破现有状况的力量，我们通常称之为改革的动力。改革意味着打破现有的平衡，这里首先要激发人们改革的愿望。在卢因看来，解冻的方法有三个：一是增加动力，二是减少阻力，三是两者同时进行。动力一方可以通过运用一些积极的或消极的激励因素来激发阻力一方。然而，如果改革要打破或改变现有的利益格局，那么动力的增进往往也会导致阻力的增加。与第一种方法相比，减少阻力可能更为合理，因为减少阻力费力较少，减少阻力允许现有力量对改革产生影响，能产生一种更容易控制的局面，因为减少阻力会使紧张程度降低，稳定性和可预期性较高。与前两种方法相比，第三种方法也就是两者同时进行的方法可能是更好的选择。增加动力可以为改革增添新的

① 阿尔蒙德，鲍威尔. 比较政治学. 曹沛霖，等译. 上海：上海译文出版社，1987：29.

力量。此外，解冻的效应随着积极动机的激发而可能扩大。从理论上说，被唤起的积极动机可能会证明在新的平衡上的一些紧张和矛盾是有道理的，并非所有的紧张都是不好或令人不快的。

第二个阶段是变革阶段。随着增加的或减少的力量使一些行为偏离原有的平衡，解冻会引发一些变化。然而情况并非一直如此。除了力场的理性选择，当现有的力量被操控时，新的力量有可能进来，其原因在于人们乐意容忍不确定和模糊性，而不愿意沿着不想走的方向前进。当解冻没有产生足够的变化时，改革者有必要分析和重组力场。反对变革是因为考虑到改革可能会带来不可预计的结果和需要额外的努力。这样，变革过程就需要由心理和物质的改进来加以支持。

第三个阶段是再冻结阶段。随着变革的进行，新的平衡会被建立起来。在前两个阶段，变革者提供的心理支持和激励通常会加速这两个过程，一旦变革完成，一些力量会退出，改革者会对问题失去兴趣，因为问题已经解决，改革的成果需要加以巩固。但是，长时期维持这些力量是不可行的，因为新的不平衡会产生。如果要使新的平衡得以维持的话，一些力量的离去后就需要有其他的力量来填补。做不到这一点，行为就会回到原来的状态中。基本上，这一阶段包括以更长久的力量来系统地取代一些暂时的力量。①

第二，从过程的角度理解，其遵循的逻辑表现为认识问题—选择解决方案—寻找改革力量—激发创造性—检验改革成果—改革成果的扩散和普及。改革一般来说是由压力引起的，这一压力或许来自外部，或许来自内部，或许同时来自内外部。改革的动力通常也是由这一压力引发的。比如，新公共管理改革在英国首先就是由财政压力引发的，因为它对福利国家造成了巨大的冲击。对于这一压力（也就是问题）的理解非常重要，因为这是采取改革措施的基础，成功的改革首先来源于对问题的正确理解。这一正确的理解需要透过现象看本质，需要理解问题之间的联系和因果关系，以及它可能造成的后果以及后果的严重性。

选择解决方案需要考虑问题的性质和解决的难度。有些问题可以采取短期的措施来加以解决，但有些问题的解决可能需要一个很长的过程，有些问题可以通过渐进的方式解决，但有些问题则需要采用激进的方式解决，有些问题可能比较简单，但有些问题可能就比较复杂，牵扯了大量的利害关系。有些问题的解决可能会引发新的问题，比如英国在通过私有化改革来解决效率问题的过程中又出现了逆私有化的现象。因此，方案的选择需要从长期和短期、战略和策略、可行性和现实性等角度加以考虑。在这里，可行性的考虑也是非常重要的，因为设计得再好的方案如不具备可行性，或无法得到很好的执行，那么这一方案最终也只能被束之高阁，或达不到改革的目标。

寻找改革的力量。改革通常涉及利益的调整，一些人会在改革中受益，他们往往成为改革的动力；一些人会在改革中利益受损或失去利益，他们往往成为改革的阻力。按照列温的说法，动力大于阻力，改革就会往前走；动力阻力相当，改革就会停滞；阻力大于动力，改革就会往后退。改革不可能使所有的人受益，因此让多数人在改革中受益应该是改

① LEWIN K. Group decision and social change//SWANSON G E. Readings in social psychology. New York: Holt, 1952: 459-473.

革的一个原则，舍此改革就没有力量来推动。另外，对阻力也可以分化瓦解，变阻力为动力。

激发创造性。改革意味着打破现有状况，按部就班的做法有时无法解决问题，因此，改革需要有想象力，需要发挥人的创造性，尤其是改革陷入困境的时候，更需要想象力和创造力的发挥。创造力的发挥不能仅仅寄希望于领导人，事实上，在一般的改革追随者中蕴藏着极大的创造力和想象力。创造力的发挥应该是一个上下互动、互相弥补和彼此激发的过程。

检验改革成果。检验改革成果就是将改革结果与当初的设想或当初制定的改革目标做一比较，这是一个动态的过程，并不是到终点才做这样的检验。有必要在改革发展过程中设立一些阶段性的目标，并在这样的一些阶段进行检验，因为有时候问题并不出在改革的执行上，而是改革的目标有问题。因此，及时发现这样的问题并加以改正，可以避免在后来造成大的损失。有时前一阶段的改革会产生一些意想不到的结果，因此就需要加以调整，比如过度的分权可能产生碎片化，就像英国在新公共管理改革中搞的执行局一样，然后引发了强调整体性的调整。

改革成果的扩散和普及。改革的成果要惠及尽可能多的人，这样可以激发更多的人支持改革，同时减少改革的阻力。改革的成果要制度化，以制度的方式将改革成果确定下来，有助于巩固这些成果，改革成果不会因改革者或领导人有变化而流失。制度化也有助于形成一种新的稳态，有助于培育一种遵循新的规则和做法的心理。当然，这些改革成果也是动态的，因为内外部环境会发生变化，当这些新的规则和做法无法适应这些新的变化，那么又一轮的改革也就开始了。

公共管理改革的过程是一个涉及政治、组织和心理的过程。作为政治过程，公共管理改革（尤其是大规模的改革）集中表现在对社会政治资源的组织和动员上，也就是不断地激发改革的动力。正如前面所指出的，改革是一个利益重新调整和分配的过程，它势必会因触犯某些既得利益而受到阻力和反抗，而这种阻力和反抗也会因既得利益与权力的结合而增强。改革如果不能有效地动员和组织社会的政治资源为自身的前进扫除障碍，就会难以推进，或有半途而废的危险。改革也是一个组织过程。公共管理改革不仅改变着政府的外观（比如从一个机构臃肿、办事拖拉的政府转向一个精干高效的政府），也改变着政府内在的运作机制，更改变着政府与社会和公众的一种传统关系，也就是从以往的政府对社会的单独治理走向与公众一起来治理社会。就政府来说，其外观和内在机制的统一是非常重要的，因为它涉及政府的形象和被人民接受的程度。在今天，基于共同价值基础的、与公众一起的治理（用登哈特的话来说就是“基于价值的共同领导”①）可能是更重要的。这一组织公众参与管理的过程，也是政府治理能力的一个重要表现。公共管理改革也是一个心理的过程。改革不仅要打破人们在原有体制下形成的一种心理稳态，而且还要培育人们对改革，对新的行政体制、规章制度和新的行政文化的认同，这种认同对于巩固改革成果并推行进一步的改革是非常重要的。

---

① 登哈特 J V，登哈特 R B. 新公共服务：服务，而不是掌舵. 丁煌，译：北京：中国人民大学出版社，2004：148.

13.1.3　公共管理改革的策略选择

改革策略的选择对于达到改革的目标来说是十分重要的，策略的好坏对错都会对目标的达成产生影响。一般来说，策略选择需要考虑以下几个原则：

首先是公共利益最大化原则。正如前面所指出的，改革是一个利益调整的过程，也是一个利益博弈的过程。公共管理改革在某种程度上可以说是改革现有的利益格局，因为这一利益格局提升了国家管理公共事务的交易成本，妨碍社会的进一步发展和公共管理的有效进行。因此，改革打破这一利益格局是必需的，在这里，需要坚守的原则和追求的目标是公共利益的最大化。改革需要动力，只有代表大多数人的利益（终极意义上的）、坚持公共利益最大化才能在最大程度上聚集改革的力量，从而推进改革。在这里，首先要善于识别国家利益和部门利益。在"国家利益部门化"的今天，有些部门打着国家的旗号来维护和争取自身利益。比如，都以"国家安全"为名来强调自己的重要性，来争取更多的资源，或打压另外的部门。同时，在不当的利益诉求面前要坚持原则。尽管事实上一些利益或利益的边界在制度或法规上有明确的规定，但由于人情、关系、潜规则等因素，以致重则官商勾结、权钱交易，轻则明知故犯、丧失原则之类的现象时有发生。另外，坚持公共利益要防止民粹主义的倾向，防止一种动不动就打着"人民"的旗号来绑架国家政策的现象。

其次是成本–收益原则。公共管理改革是要付出成本或代价的，除了人力的、物力的、时间的成本外，还可能在一个阶段里产生一些消极的现象，比如官员不当好处被剥夺带来了一些官员的消极怠工或不作为、有能力的官员的流失或效率下降等。正像经济发展会带来环境污染问题一样，愿不愿意付出这一代价或成本是根据改革可能带来的收益决定的，也就是改革获得的净收益。收益大于成本，就会去改，反之就不会去改。如果官员不当好处被剥夺能带来政治清明、政风良好和官民关系改善，那么这样的改革就值得，然后在改革过程中把改革产生的问题解决掉。在计算成本和收益时，有时事先的判断是不确定的，一些意想不到的代价和成本会出现。因此，在这里，底线思维是需要的。比如公共管理改革不能危及社会的稳定和秩序，不能危及政府的正常运转，不能危及基本的行政道德伦理，不能伤害人们的基本权利等。此外，成本还有大小的问题。尽管可以获得净收益，但有些是用比较大的代价获得的，而有些是用比较小的代价获得的。毫无疑问，以尽可能小的代价获得尽可能多的收益是一条行事的准则。

再次是初始效应原则。改革要非常注意初始效应，也就是改革产生的最初成果。之所以如此，是因为这一成果对于改革的推进具有重要的影响。判断初始成果的一个标准是公众在改革中是否获益以及获益的程度，获益以及获益程度越高，人们就越支持改革。比如，改革初期农村的家庭联产承包责任制一下子把农民从原有体制的束缚中解放出来，极大地提高了生产力，因为农民从这一新的政策中直接获得了好处。反过来，如果无法从改革中获益，公众就会感到改革同他们没有什么关系，就会与改革渐行渐远。从这个意义上讲，改革出台的政策或措施需要在出台前精心策划。改革是一个过程，这个过程应该是一个不断让人获益的过程。当然，在这一过程中，并非出台的所有政策或措施都会使公众马上获益，有的甚至会使一些人的利益受到伤害，但新的政策或措施至少要让人看到潜在的获益，让人有一个获益的预期，或者看到对所受伤害的补偿，看到从长期来讲能够获得的好处。

最后是公众参与原则。公共管理改革不仅涉及政府部门和官员，而且涉及社会公众，因为从治理的角度来看，两者都是公共管理的主体（尽管作用有区别）。因此，改革必须让公众尤其是有利益关系的公众参与进来，这对于推进改革是很重要的。一些改革局限在内部可能成效不大，但如果有外部的介入，效果可能会更好。比如对官员的监督，仅仅通过改革来加强内部的监督是不够的，如果公众能够对官员进行监督，其效果会更好。当然，对于公众的参与需要一些程序性的规定，使公众的参与不至于走向无序和混乱。

在策略和路径的选择过程中，从宏观上讲，还需要注意处理好以下几对关系：

（1）顶层设计与基层创新。公共管理改革是一个上下互动、互为补充的过程，这一过程的完成需要上下两方的努力。毫无疑问，改革需要顶层设计。顶层设计的必要性在于，由于顶层站得高，因此它对全局有一个比较好的把握和了解。当需要有一个整体性的、全局性的改革计划并协调改革的具体进展时，只有顶层能够承担这样的使命。因此，从公共管理改革的角度来说，顶层设计的重要性自不待言。但是，顶层设计的重要性不能被夸大。顶层设计也是有其局限性的。首先，不能保证顶层设计一定是正确的。顶层设计也是由人来设计的，既然是人，那么其理性和知识总是有限的。这种有限性决定了顶层设计有时候也会犯错误。其次，顶层设计一般来说来自两个方面：一是来自理论、意识形态或想象力；二是来自实践，而实践有时恰恰是顶层设计的短板。此外，顶层设计还有一个能否得到贯彻的问题。顶层设计的价值在于设计目标的实现，如无法实现，顶层设计再好也是没有意义的。

顶层设计固然重要，但改革不能忽略基层的首创。之所以如此，是因为基层有直接的问题意识，有直接的压力。这种压力往往成为一种通过改革来解决问题的推动力。同时，相较于上层，基层所受到的制约相对较少，考虑的问题也相对单一，不必左右环顾。当然，基层首创也有它的局限性。如果基层的首创无法获得上层的认可，那么这种首创充其量只具微小的影响，无法产生全局性的影响，哪怕这一改革举措实际上具有非常高的价值。如果受到上层的打压，那么这种创新就无法摆脱昙花一现的命运。另外，围绕一些共性问题上的基层首创如不能及时有效地被上层采纳，从而加以推广，转变成一种共同的规范，那么从全局的角度来讲，就会产生成本较高的问题。对于一些不具可持续性的改革之举，如果不适时加以制止，则更是如此。基层的首创往往会受制于现有行政体制和政治体制的约束，从而降低成功的概率。

（2）利益补偿与社会效益增进。公共管理改革是一个利益重新调整和配置的过程，这里就提出了一个对在这一过程中利益受到伤害的人的补偿问题，因为如果不这样做，他们就会阻碍或反对改革，使改革的有效性受到伤害。在改革过程中经常采用的“老人老办法，新人新办法”就是一种抵消改革阻力的做法。但改革总会使一些人的利益受到损害，改革能够出现的一种最好的状况是帕累托最优，也就是在不伤害一个人的情况下使所有的人都得益，但现实中很少出现这种状况，因而也就有了帕累托改进。根据帕累托改进，在改革必须伤害一些人的情况下，要对这些受到伤害的人进行补偿，补偿以后，社会的效益还是得到了增进。这里必须考虑的一个问题是不能为补偿而补偿，如果补偿后社会效益没得到增进或反而减少，那么这种改革就是没有意义的。既要补偿，又要增进社会效益，那么如何来平衡这两者？一个可行的原则是由受到伤害而形成的改革阻力必须小于改革的动力。补偿不一定会令人满意，也不可能让所有的人都满意，因此，除了尽可能对利益进行补偿外（当然以补偿后社会效益有增进为原则），改革还必须去发掘动力，使改革往前走。

（3）渐进改革与激进改革。这是改革通常采用的两种方法，二者各有利弊。渐进改革的优点在于，由于渐进的方式是在维持原有制度、政策、做法等基本不变的情况下所做的小步修正（通过这些小步修正的不断积累，或改良或最终改变原有的制度、政策等），没有政策上大起大落的变化，因而可以保持稳定。正是因为这一优点，这一方法几乎成了我国行政体制改革唯一的路径选择。但是，这一方式也是有缺点的，它会增加改革的实施成本和改革的时间成本。比如，我国行政体制改革中涉及的政企分开、政资分开、政事分开改了几十年，但收效甚微，其原因之一，便是与我们选择的渐进方式有关。根据制度经济学的理论，初始的路径选择是非常重要的，因为它决定了未来的制度变迁。渐进方式是我国改革的初始路径选择，问题在于，随着改革带来的成功，我们在一定程度上产生了一种"渐进路径的崇拜"，为了求得稳定一味采取渐进的方式而不考虑其他的方法，以至于忽略了这一方法的缺陷，造成一些改革进展缓慢，并面临越来越强大的阻力。采用渐进方式的一个考虑是保持稳定，但从另一个意义上说，这种考虑也是对某种现有利益的迁就和容忍，以至于渐进的方式无法再将改革向前推进。因此，当改革无法往前推进的时候，有必要采用"壮士断腕式"的激进改革方法，这一方法可能会带来一定程度的振荡，但不如此，问题解决不了。不断腕，生命可能不保。如果我们不是在经济体制改革中坚决抛弃旧的计划经济体制而采用全新的市场经济体制，而是对原有计划经济体制做小修小补渐进式的改革，那么中国社会不会取得像今天这样巨大的进步。

（4）实践先行与理论指导。改革有时并没有现成的理论可以指导，这就需要实践先行。"摸着石头过河"就是这样的一种比喻，它指的是一种在没有桥也没有路线图的情况下，也就是在没有现行理论的情况下实践先行的做法。这种实践先行的做法在改革中永远是需要的，因为不可能做任何事情都有现成理论的指导，况且理论本身也是来自实践的。就中国的改革而言，这一改革在相当程度上是一种前无古人的实践，没有现成的理论可以提供指导，这就需要在实践中进行摸索。我们不能因为没有桥和路线图就不过河。因此，从这一意义上说，"摸着石头过河"所体现的实践精神是值得肯定的。未来的改革还需要"摸着石头过河"。但是，改革也不能总是"摸着石头过河"，因为"摸石头"毕竟有种盲目性，摸不到了就得停下来，这里就有巨大的时间成本问题。"摸着石头过河"基本上还停留在经验层面上，改革需要在实践中产生理论，产生过河的路线图，否则我们或许到不了彼岸，或许最后又会回到此岸，或许要付出极大的代价才能到达彼岸。在这里，理论的重要性显而易见，路线图的重要性显而易见。理论的创建要求我们打破框框，在自身的实践中进行理论的提炼和突破。

（5）系统思考与整体推进。行政体制是国家治理体系的一个部分，它与政治体制、经济体制、文化体制和社会体制一起支撑了国家的治理体系。因此，公共管理的改革需要在一个更大的系统中去加以思考。系统理论指出，任何系统都是一个由各个部分组成的有机整体，每一部分在系统中都处于一定的位置，起着特定的作用。部分之间相互关联，彼此影响，构成了一个不可分割的整体。要使系统产生贝塔朗菲指出的整体效应（也就是“整体应当大于部分的简单相加”），就必须处理好整体和部分之间的关系。“全面深化改革”不是推进一个领域的改革，也不是推进几个领域的改革，而是推进所有领域的改革。因此，需要从国家治理体系和治理能力的角度来考虑公共管理改革。改革的目标之一就是完善国家治理体系并使国家的治理能力得到提升。

可以从两个层面来考虑公共管理改革的整体和部分的关系。一是国家治理体系是整体，行政体制是其中的一个部分。从这个角度出发，公共管理改革必须考虑如何与经济体制改革、政治体制改革、文化体制改革和社会体制改革进行良性互动和优势互补。改革如果单兵突进而没有其他几个方面尤其是政治体制改革的呼应和配合，正如改革的历史告诉我们的，这一改革涉及的一些重大问题就无法得到有效的解决。二是公共管理改革是整体，改革涉及的结构和流程是其中的两大部分。结构更多地指的是关系层面，如党政关系、政企关系、政事关系、政府与社会市场的关系、政府与立法机构的关系等，这一关系涉及政府权力的配置和权力边界，以及对权力的制约。这一方面的改革仅凭政府自身的改革是难以解决的，它更多涉及了政治体制方面的改革，这也就是为什么要把公共管理的改革置于整体的改革中去的一个原因。流程更多地指的是运作层面，如职能的履行、行政产出、绩效管理、市场化、企业化运作方式等等，更多涉及的是政府的工作效率。在我国，以机构改革名义出现的公共管理改革曾经历了一个从结构流程同步改革到转向流程改革的过程，以至于流程的改革由于缺乏结构改革的支持而使得一些改革进展缓慢。因此，公共管理改革在考虑与其他方面的改革互动的同时，必须考虑自身结构与流程的互动，这一互动影响着改革自身的整体成效。

13.2 西方国家的公共管理改革

13.2.1 新公共管理改革的背景与取向

新公共管理一般以英国首相撒切尔夫人 1979 年上台开启的“私有化”运动为起点，之后这场改革运动几乎波及了所有的西方国家（尤其是英语国家）。尽管一些国家改革的起点与英国并不相同，比如，美国以政府管理的企业化为开端，但最后的改革取向都是市场化和企业化。

改革首先在英国开始，这是与英国的“福利国家”特征联系在一起的。撒切尔政府之前的英国工党政府长期奉行“福利主义”的原则，把“国有化”作为一种重要的政策加以推行，在撒切尔夫人上台之前，工党甚至把老百姓的住房都公有化了。这造成两个方面的问题：一是政府财政压力增大；二是政府规模扩大。什么都要政府管的背后肯定存在着一个庞大的政府机构和大量的政府工作人员。当财政充裕的时候，这些可能都不是问题，福利毕竟是人人喜欢的东西。但资源永远是有限的。20 世纪 70 年代由石油引发的一场经济危机一下子就使英国产生了财政困难，福利水平开始下降，人们表示不满，保守党上台，撒切尔夫人在这样的背景下开始了她的改革。撒切尔夫人是以“私有化”开始她的改革的。在她看来，私有的东西才有效率，因此，公有的东西能够卖掉的全部卖掉。同时，卖掉公有的东西对政府来说就是政府的瘦身、政府的苗条化，“公有”政府太臃肿、太缺乏效率。

事实上，撒切尔夫人的政府少管，让市场去发挥更多的作用的政策有其深刻的思想背景。西方政府长期以来的“守夜人”消极角色到 20 世纪 30 年代美国罗斯福总统时发生了一个变化，罗斯福运用凯恩斯的理论实行“新政”，把国家从一场巨大的经济危机中挽救了过来。凯恩斯主张政府可以通过投资来刺激需求，从而创造就业。新政的成功开启了一个政府在经济和社会事务中扮演积极角色的新的阶段，这一阶段一直持续到 20 世纪 70 年代石油危机的发生。凯恩斯的理论无法解决当时的经济滞胀问题，哈耶克的新自由主义便开始受到追捧。实际上，哈耶克在 20 世纪三四十年代凯恩斯主义最流行的时候就与凯恩斯唱反调，他继承了自由主义的传统，主张应该让市场而不是政府发挥主要的作用，但是当时凯恩斯的光芒把他遮蔽了。当凯恩斯的药方无法解决面临的问题时，哈耶克的新自由主义开始大行其道，被当作解决危机的一帖良药，新自由主义后来在华盛顿共识中达到了顶点，主导了西方国家后来几十年的发展。撒切尔夫人就说过，哈耶克是她的精神导师。因此，可以说，这场新公共管理改革运动的指导原则是新自由主义，这场运动的基本取向(让市场和社会发挥更大的作用）就是继承了新自由主义的衣钵。

新公共管理改革除了当时面临的危机和思想方面的背景外，还有社会背景方面的因素。从国际背景来看，一个经济全球化的过程正在形成，这一过程在加速企业之间的竞争的同时，也把国家竞争力提上了议程，而国家竞争力在相当程度上是与政府的能力相连的。由于传统的行政模式缺乏竞争力，因此改革势在必行。从国内的背景来看，出现了从生产者社会向消费者社会的转变。这一转变同样要求政府改变以往的管理模式，也就是从以往官僚式的、以作为公共产品生产者的政府为主的管理模式转向以服务于作为消费者的公众的管理模式。

改革的取向来自改革要解决的问题。西方国家当时面临的共同的问题就是如何“用更少的钱做更多的事”，如何提供政府的效率，如何向社会提供高质量的公共服务。选择市场化和企业化的取向，事实上就是对传统公共管理模式的一种偏离。根据登哈特的说法，传统公共管理模式的特点是以政治法律为取向，这主要表现在传统模式的两大支柱——官僚制和政治与行政两分。这一以官僚政治为主的、以政府为唯一公共服务提供者的模式显然有它的优点。以官僚制而言，正如马克斯·韦伯指出的：“推进官僚主义制度的决定性理由一直是它超过其他组织形式的纯技术上的优越性……精确、快速、明确……减少摩擦、降低人和物的成本，在严格的官僚主义治理中这一切都被提到最佳点。”但是这一模式在一些改革者或改革的理论家看来，已经无法适应新的形势的需要，“工业化时代发展起来的官僚主义的体制机构，不管在公营部门还是在私营部门，越来越让我们失望”①。经济合作与发展组织认为：传统的行政组织现在走向了它最终的限制：政治系统不是满足需求的有效的资源分配者，行政不是一个有效的生产者，未经测试和不经济的负担落到了

① 奥斯本，盖布勒．改革政府：企业精神如何改革着公营部门．周敦仁，等译．上海：上海译文出版社，1996：1.

官僚和个人身上。任务的规范和复杂性压倒了传统行政的能力。经济理论以及经济术语的运作事实表明，公共部门的供应品中存在着固有的成本，这一成本只有在严格阶段的情况下才被证明是有理的。在宪法的框架中，政治权威有责任平衡经济效率与其他价值，但是相关的经济损失的程度将取决于公共部门的成本的有效性。然而，无风险地做这样的决定所需要的质量是不充分的。因此，政府需要再造。

再造的实质是把传统的官僚制政府打造成企业化的政府，也就是"对公共体制和公共组织进行根本性的转型，以大幅度提高组织效能、效率、适应性以及创新的能力，并通过改变组织目标、组织激励、责任机制、权力结构以及组织文化等来完成这种转型过程。政府再造就是用企业化体制来取代官僚体制，即创造具有创新惯性和质量持续改进的公共组织和公共体制，而不必靠外力驱使。政府再造就是创造具有内在改进动力的公共部门"①。改革的目标在于建立一个新的政府，那么，这个新的政府应该是什么样的政府？

戴维·奥斯本和特德·盖布勒在《改革政府：企业精神如何改革着公营部门》一书中勾勒了新政府的 10 个特征：(1) 起催化作用的政府，掌舵而不是划桨。政府再造的一个原则是把掌舵和划桨分开。政府的职责是掌舵而不是划桨。但长期以来，政府掌舵和划桨不分。比如直接提供服务就是划桨，但政府并不擅长划桨。因此，掌舵和划桨的分开使公共服务的提供者和决策管理部门得以分开，并且使政府自己提供服务成为可供选择的手段之一，而不是全部。(2) 管辖社区的政府，授权而不是服务，服务由社区提供。传统的行政把种种服务的所有权从社区拿走，交到了专业人员和官僚的手中。这实际上削弱了社区的力量，损害了人民的利益。服务让社区提供有诸多好处，比如花费更少、更了解互相之间的问题等。但是服务让社区提供并不意味着政府责任的结束，政府不能放弃它掌舵的职责。(3) 竞争性的政府，把竞争机制注入提供服务中去。竞争可以带来的好处是提高效率、对顾客的需要做出反应、奖励革新以及提高公共部门人员的自尊心和士气。竞争包括三种形式：公对私的竞争、私对私的竞争、公对公的竞争。政府可以同工商界竞争并且能够取胜，在竞争环境下，公营组织的表现和私营组织的表现一样好。当然，要使竞争方式起作用，政府必须对市场仔细加以组织和管理，否则，市场就会产生不公正。(4) 有使命感的政府，改变照章办事的组织。政府实施的每一套规章制度几乎都蕴藏着一种控制人的力量，尽管制定规章制度的初衷是美好的，但日积月累，它的作用是阻碍性的。政府组织必须是有使命感的政府，必须放手让雇员以他们能找到的最有效的方法去完成组织的使命。与照章办事的组织相比，有使命感的组织更有效率，办事更有成效，更有革新精神，更有灵活性，士气更高。(5) 讲求效果的政府，按效果而不是按投入拨款。官僚主义的政府由于不衡量效果，也就很少取得效果。因此，必须讲求效果，必须对政府的业绩进行测量。这一测量的方法主要有三种：按业绩测量，按业绩进行管理，按效果做预算。(6) 满足顾客的需要，而不是官僚政府的需要。民主政府是为它的公民服务而存在的。当社会进入知识员工占主导地位的阶段时，有差别的服务的要求也应运而生。但传统的公共部门仍

---

① 奥斯本，盖布勒. 改革政府：企业精神如何改革着公营部门. 周敦仁，等译. 上海：上海译文出版社，1996：15.

然只提供一种规格来适应所有的服务，传统管理旨在方便管理者，而不是顾客。因此，让顾客掌握资源很重要。当服务提供者都坐在驾驶员的位置上时，顾客只能希望“司机”把他们开到想去的地方，但是，当顾客控制了资源时，他们就能选择目的地和路线了。(7) 有事业心的政府，有收益而不浪费。企业集中注意资产负债表的两边：支出和收入。它们关心支出一边不如关心收入一边：它们将支出必要的钱，以使回报增加到最大限度。但政府只注意总账的政策一边，它们忽视回报，把注意力集中到使费用降低到最低限度。因此，衡量在投资上的回报，可以使政府懂得什么时候花钱会为它们省钱。(8) 有预见的政府，预防而不是治疗。传统的服务提供一直要等到问题变成危机时才对受影响的人提供新的服务。但是，预防是更重要的，预防疾病要比治疗疾病容易并且花费较少。除了预防，政府还要预料未来。政府的战略规划是在预料未来的基础上建立起来的。(9) 分权的政府，从等级制到参与和协作。信息时代使得传统的权力集中的机构难以应付新的情况。分权的机构与集权的机构相比，有如下的优点：更多的灵活性，更有效率，更具创新精神，能产生更高的士气、更强的责任感、更高的生产率。(10) 以市场为导向的政府，通过市场力量进行变革。市场导向的政府是信息时代的直接产物，这是因为市场机制有胜过行政机制的许多优点。当然，这也不是指“让市场解决一切”。政府规范市场需要有一些条件和方法，比如主要的方法有制定市场规则、创造或扩大需求、改变公共投资政策等。

简言之，新公共管理模式力图通过市场化和企业化的改革来达到这样的目标：提高公共部门资源配置的效率，缩小政府规模，减少政府支出，提高政府服务质量。

13.2.2　新公共管理改革的实践

新公共管理改革的基本取向是市场化和企业化，因此，它的改革举措涉及的主要是政府流程和技术性方面的改革，比如政府职能的外包、无缝隙式的政府运作、网络行政、绩效管理、服务的精细化、竞争性手段在服务过程中的运用、重结果而不重过程、政府采购、公私合作式的服务提供等等。胡德将新公共管理改革归纳为 7 个要点：(1) 公共政策领域中的专业化管理。这意味着让管理者管理，“由高层人员对组织进行积极的、显著的、裁量性的控制”。对此最为典型的合理解释是“委以责任的前提是对行为责任进行明确的区分”。(2) 绩效的明确标准和测量。这需要确立目标并设定绩效标准，“委以责任需要明确描述目标，提高效率需要牢牢盯住目标”。(3) 格外重视产出控制。根据所测量的绩效将资源分配到各个领域，因为“需要重视的是目标而非过程”。(4) 公共部门内由聚合趋向分化。这包括将一些大的实体分解为“围绕着产品组成的合作性单位”，它们的资金是独立的，彼此之间在保持一定距离的基础上相互联系。“在公共部门的内部与外部”，既可以对这些单位进行管理，又可以“获得特定安排所带来的效率上的优势”，其必要性证明了这种做法的合理性。(5) 公共部门向更具有竞争性的方向发展。这包括“订立合同条款以及公开招标程序”，其合理性在于“竞争是降低成本和达到更高标准的关键所在”。(6) 对私营部门管理方式的重视。这包括“不再采用军事化的公共服务伦理观”，在人员雇用及报酬等方面更具有弹性，这种转变的合理性在于，“需要将私营部门经证实有效的管理手段转到公共部门中加以运用”。(7) 强调资源利用要具有更大的强制性和节约性。

这是“压缩直接成本，加强劳动纪律，对抗工会要求”，降低“使职工顺从企业的成本”。“对公共部门的资源需求进行检查，少花钱多办事”的必要性证明这种做法是合理的。[①] 事实上，胡德的归纳与奥斯本的新政府的10个方面基本上是相似的。

如何实现改革的目标？政府的再造，即改变政府的基因需要通过什么样的途径去完成？奥斯本在改革的过程中提出了五项改革战略，而在后来西方的改革运动中，可以在不同程度上看到这五种战略的运用。[②] 一是核心战略。核心战略的杠杆是目标。实施核心战略的途径有三：(1) 明确目标，准备行动。一旦领导者准备行动，就必须剔除那些对核心目标不再有用的职能。比如在英国，每五年要对行政机构进行一次评估。评估中，执行机构要回答的问题有：这种活动有持续的必要吗？政府亲自去做，还是可以承包给其他组织去做？如此等等。(2) 明确角色，掌舵与划桨分离，将目标根本不同的职能分属不同的组织，使掌舵和划桨组织各司其职，扮演好各自的角色。(3) 明确方向，改进目标。掌舵与划桨一旦分离，就改进掌舵的能力。掌舵是制定目标，选择达成目标的战略和实施这些战略的组织，以及测量结果并根据情况做出调整。二是后果战略。后果战略为公共部门的人员提供激励因素，其实现的途径是：(1) 企业化管理。有些公共组织可以像企业那样运作。企业化管理利用的是市场力量（而不是合同竞标和行政绩效目标）来创造绩效后果。它的优点是可以使各个机构直接向顾客负责并促使绩效持续改进。(2) 有序竞争。企业化管理并不适用所有的政府组织，因为一些公共组织不是在市场上向顾客收费的。在这种情况下，有序竞争便成了一种选择。它要求政府服务的潜在提供者（私人公司或其他组织）以绩效为基础展开合同竞争。在这一过程中，政府构建公平的竞争环境，设计有效的竞标过程，并扮演好监督者的角色。(3) 绩效管理。绩效管理让政府工作人员认识到结果意味着什么，当达到这一结果时，可以获得什么样的奖励。绩效管理通常运用的工具有绩效奖励（如带薪休假、奖金、增益分享）、绩效工资、效率红利等。三是顾客战略。公共部门的顾客可以指一般意义上的公众，也可以指个人、家庭或团体。促使公共部门对顾客负责的主要途径有：(1) 让顾客选择公共组织。顾客选择主要运用于服务性组织，它可以促进组织的变革。(2) 竞争性选择，即通过允许顾客控制资源，并将其置于互相竞争的服务提供者之中，把顾客战略与后果战略结合起来。竞争性选择主要运用于服务部门，对于那些不完全是“私人物品”的服务而言，竞争性选择通常成为一种较好的选择。(3) 顾客质量保证，即制定顾客服务标准，并对那些很好地满足了顾客需要的组织进行奖励，否则就进行惩罚。比如，英国的公民宪章就对有关公共服务的提供制定了六项原则，如提供物有所值的服务等。美国也制定了类似的规定，比如，为公众提供的服务的质量标准应该是：与最好企业等值的顾客服务。四是控制战略。控制战略将权力移交给一线人员、组织管理者和社区，它改变了公共组织决策权所处的位置，颠覆了官僚制与集权控制的信条。控制权向下转移的途径有三：(1) 组织授权。组织授权指的是通过废除中央行政机构、立法部门、行政部门及高层政府强加的规则和控制来对组织进行授权，授权增加了组织的灵活

① 休斯. 公共管理导论. 彭和平，等译. 北京：中国人民大学出版社，2001：73.

② 奥斯本，普拉斯特里克. 摒弃官僚制：政府再造的五项原则. 谭功荣，刘霞，译. 北京：中国人民大学出版社，2002：50-260.

性。(2) 雇员授权，即通过减少或废除组织内部的层级管理控制，将权力下放给一线雇员，其方法有减少中间管理层、组织分权（将控制权从组织高层管理者转至一线单位）等。(3) 社区授权。与大型的官僚机构相比，社区的服务提供更具灵活性和创造性，对其客户更关切，能更有效地实施行为规范，与专业的服务提供商相比，社区更了解自己的问题，花费更少。五是文化战略。组织文化是组织成员内化的、共同的系列行为、情感和心理结构。它有有形的一面，如风俗习惯，也有隐形的一面，如思想、信仰。组织要获得成功，就必须采用适当的态度和行为。同样，要改变行为，就要改变文化。变革组织文化通常通过三个途径：(1) 改变习惯。将人们置于新的经历中，这样可以开启人们的情感与思维，更重要的是可以改变行为。(2) 撼动心灵。这种过程具有强烈的个体性，它要求个体的需要能够得到满足。(3) 赢得心智。开发新的心智模式可以帮助雇员重新理解组织的目的、作用、目标、价值、原则和战略。

新公共管理改革实践的一个重要特点在于它是一种有理论指导的实践，除了有新自由主义思想的指引之外，还有像奥斯本所提出的那种可以用来具体指导改革进行的理论和方法，这使得改革有明确的目标和行动步骤。此外，新公共管理的改革实践也得益于企业的一些成功做法。尽管将它们引入公共部门需要进行一些具有创造性的移植或改造，但这些成功的做法毕竟减少了改革的时间成本。

13.2.3　对新公共管理改革的批评

新公共管理改革在其实践过程中遭到了许多批评，在这些批评意见中，影响最大的是罗伯特・登哈特和珍妮特・登哈特的公共服务理论。在登哈特夫妇看来，公共行政至今已经形成了三种不同的模式：一是建立在政治和法律之上的传统公共行政；二是建立在经济考虑和市场考虑之上的新公共管理；三是强调民主标准或社会标准的新公共服务。第三种模式在登哈特夫妇看来正在出现，也是他们竭力推行的模式。

登哈特夫妇对新公共管理的几个主要的观点和做法进行了批评。首先，登哈特夫妇不同意理性选择理论对人是自我利益最大化者的假定，而这种自利理论成了传统管理或新公共管理的一个出发点，薪金、绩效、动机、控制、激励等都是建立在这一假定之上的。在登哈特夫妇看来，公务员是很崇高的，“人们之所以被吸引去从事公共服务，是因为他们被公共服务的价值观所促使。这些价值观——为他人服务、使世界更美好和更加安全，以及使民主发挥作用——体现了在一个社区的服务中作为一个公民的意义的精华。我们需要培育这些更高层次的动机和价值，而不是把人当作一部机器上的嵌齿或者认为似乎他们只具有为自己利益服务的行为就压抑这些动机和价值”①。其次，登哈特夫妇认为，新公共管理吸取了企业的建设和方法，但也吸收了企业的价值。尽管一些技术被证明的确是有益的，但企业价值引入公共部门带来了需要公共行政人员特别谨慎地去考虑的一些棘手问题，比如竞争理念、对解决社会选择的市场机制的偏好、绩效衡量等。再次是掌舵和划

① 登哈特 J V，登哈特 R B. 新公共服务：服务，而不是掌舵. 丁煌，译. 北京：中国人民大学出版社，2016：163.

桨。登哈特夫妇批评了奥斯本和盖布勒的这一说法："掌舵者远远要比划桨者更有能力把握船的方向。"在登哈特夫妇看来，如果真是这样，那么从划桨向掌舵的转变就可能不仅会让行政官员掌控船只——选择船只的目标和方向并且绘制实现目标的路线图，而且还会赋予行政官员更多的权力去掌控船只。因此，当我们急于掌舵时，也许我们正在淡忘谁拥有这条船。重点不应该放在为政府这艘航船掌舵或是划桨上，而应该放在建立明显具有完整性和回应性的公共机构上。① 最后，登哈特夫妇对顾客这一说法提出了异议。企业的服务对象是顾客，但政府的服务对象不是顾客，而是公民。公民与顾客的不同在于，公民是权利的享有者和责任的承担者，而顾客则不同，顾客没有共同的目的，相反，他们试图使自己的个人利益尽可能充分实现。政府必须对更大的公共利益负责，而不仅仅是对个别消费者或顾客的利益负责。民众政府的底线是责任——而不是利润或公民满意——而且顾客服务并没有为责任提供一个良好的代表性测量标准。②

正是在对新公共管理的批评之上，登哈特夫妇主张用一种基于公民权、民主和为公共利益服务的新公共服务模式来取代当前的那些基于经济理论和自我利益的新公共管理模式。(1) 服务于公民而不是顾客。这里涉及两个方面，一是扮演公民角色的公众要为公共利益承担个人责任，二是政府必须关注公民的需要和利益。(2) 追求公共利益，公共利益在政府服务中居于中心地位。公共行政官员不是公共利益的单独主宰者，他只是一个包括公民、团体、民选代表以及其他机构在内的更大治理系统中的关键角色。(3) 公民权比企业家精神更重要。新公共服务主张极大地增强公民对公共政策过程和治理过程的参与，而民主治理和公民参与恰恰是前两个模式所缺乏的。(4) 思考要具有战略性，行动要具有民主性。满足公共需要的政策和项目可以通过集体努力和核准过程得到最有效并且最负责的实施。与传统模式政府产生需要、政府执行以及新公共管理中公民产生需求、政府负责提供服务来满足这些需求不同，新公共服务是公民和官员共同承担责任，一起为执行项目而工作，公民参与是民主政体中决策执行恰当而且必要的组成部分。(5) 承担责任。公务员应该关注的不仅仅是市场，他们还应该关注法令和宪法、社区价值观、政治规范、职业标准以及公民利益。传统行政模式是公共官员对政治负责，新公共管理模式是行政官员充当企业家，对效率、成本-效益和对市场的回应性负责，但是以市场为基础的标准不一定能产生负责任的行为，需要的是公共行政官员即便是在涉及复杂价值判断和重叠规范的情况下也能够并且应该为了公共利益而为公民服务。(6) 政府的职责是服务，而不是掌舵。对公务员来说，越来越重要的是要利用基于价值的共同领导来帮助公民明确表达和满足他们的共同利益，而不是试图控制或掌控社会新的发展方向。要为公民服务，行政官员不仅要了解和管理他们自己的资源，而且还要认识到其他的支持和辅助资源，并将这些资源联系起来，使公民和社区参与这一过程。(7) 重视人而不只是重视生产率。需要对个体的组织成员的价值和利益给予足够的关心，否则，从长远来看，试图控制人类行为的理性做法就可能失败。如果公共组织及其所参与其中的网络基于对所有人的尊重而通过合作和共同领

① 登哈特 J V，登哈特 R B. 新公共服务：服务，而不是掌舵. 丁煌，译. 北京：中国人民大学出版社，2016：25.

② 同①58-59.

导来运作的话，那么，从长远来看，就更有可能获得成功。

如果说登哈特夫妇是从价值的角度来批评新公共管理的话，那么登力维则是从时代变迁也就是数字治理时代的角度来批评新公共管理的。在他看来，新公共管理强调分散、竞争和激励性变革。新公共管理在提升政府解决问题的能力、在服务提供者竞争过程中引入多样性等方面取得了不少的成功，但是，新公共管理也使政府机构碎片化，极大地增加了决策系统制度上的复杂性，同时也减少了人们解决自身问题的自主能力。新公共管理通过掏空公共部门的人员和能力以及将一种以合同为基础的风险和障碍带进政府决策过程而阻碍了政府信息技术的现代化。他认为一些冠之以“后官僚”之类描述后新公共管理的说法忽略了一些最主要的东西。在他看来，公共部门组织和管理变革的一个统一的和显著的特征是围绕着信息技术的变革和信息系统的变化而进行的。政府信息技术成了当代公共服务系统理性和现代化变革的中心。数字治理时代的重新整合（比如逆部门化、大部制式治理、重新政府化、恢复或重新加强中央过程、极大地压缩过程成本等）就是对新公共管理出现的问题的反动。

这两个方面的批评在某种程度上抓住了问题的要害。第一种批评反映了对管理主义的批评，使钟摆再次偏向民主和社会，这在美国历史上经常发生。第二种批评指出了信息化这一时代的最重要的背景，尽管数字时代的治理对新公共管理的一些做法提出了批评，但是，从它追求更快、更好、成本更低地为公众提供服务来说，它背后的逻辑事实上是与新公共管理相似的，在这一点上，它有别于新公共服务。

13.3　中国的公共管理改革

13.3.1　改革的历程

中国公共管理改革主要表现为通常所说的机构改革。自改革开放以来，机构改革至今已经进行了 8 次（1982 年、1988 年、1993 年、1998 年、2003 年、2008 年、2013 年、2018 年）。改革涉及的内容基本上可以概括为：(1) 机构的精简和人员的精减。从 1982 年开始的第一次机构改革一直到 1998 年的第四次机构改革，一项令人印象深刻的改革措施就是精简机构，尤其是第四次机构改革，国务院的部门和人员几乎精简（减）了一半。(2) 政府职能转变。从 1988 年的第二次机构改革首次提出转变政府职能，后来的每一次机构改革都是围绕“转变政府职能”展开的，这一职能的转变最先是使政府的职能能够适应社会主义市场经济体制的要求，然后是向服务型政府的转变。第四次机构改革一举撤销了 10 个工业经济管理部门，如电力工业部、化学工业部，这些部门在计划经济体制下担负了配置资源的责任，而现在则由市场取代。第五次机构改革重组了中央的一些部门，建立了像银监会、国资委之类更符合市场要求的机构。而第六次机构改革进行的大部制改革，其出发点则是提高政府的行政与服务效率。(3) 进行了一系列管理体制和制度方面的改革，比如废除了领导干部的职务终身制，在行政系统建立了首长负责制，建立了公务员制度、行政监督制度、财税制度等，另外在行政区划上也进行了一些改革。(4) 权力结构的重组。改革打破了原有的国家一统天下的局面，政府的权力开始被市场和社会分割，国家、社会和市场的格局开始形成，政府掌握社会全部资源的状况被改变。此外，政府内部部门之间的结构和权力关系也进行了调整。

机构改革进行了 30 多年，有四个重要的转折点：一是从党政的改革转向政府的改革。二是由市场经济体制的确立导致的政府改革从单纯的精简机构和缩减人员规模的改革转向以“转变职能”为主旨的改革。三是政府职能的转变从适应市场经济体制的要求进一步转向社会管理和公共服务。四是从注重政府的改革转向党政军群的改革。

第一个转折发生在 1987 年党的十三大以及随之而来的第二次机构改革。第二次机构改革是在政治体制改革的背景下进行的，事实上，它本身就是政治体制改革的一部分，因为它涉及了党和政府的关系，以及与此相关的党与法的关系、党与人大的关系、政府与社会的关系等。由于权力边界没有理顺，政府权力下放和机构改革在一些方面举步维艰。比如，改革需要解决的政企关系、政事关系、政资关系、政府和中介组织的关系等在 20 世纪 80 年代提出后进展不大，以至于差不多 30 年后的 2012 年党的十八大报告还在提要加快这方面的改革。

第二个转折是机构改革的基础即经济体制发生的变化，也就是从计划经济向市场经济的转变，它影响了后来尤其是第四次和第五次机构改革的走向和进程。这两次机构改革都以政府适应市场经济体制为主旨，1998 年第四次机构改革一举撤销了 10 个工业经济管理部门，瓦解了计划经济最重要的基础，这是转变政府职能改革中的一个具有里程碑意义的事件。第五次机构改革在原有改革的基础上进一步重组了政府机构，使它更能适应市场经济体制的需要。

第三个转折是政府职能再一次向社会管理和公共服务转变，这表现在 2008 年进行的大部制改革上。这一改革的背景是 2004 年开始的服务型政府建设。引发服务型政府建设的一个直接的推动力是发生在 2003 年的“非典”事件，它反映了中国政府在公共卫生服务领域里的一种非常窘迫的状况，也引发了对前期大搞 GDP 的一个反思，即搞 GDP 究竟为了什么。反思的结果就是提出了政府的四项职能，即经济调节、市场监管、社会管理和公共服务，尤其是要注重后两个职能。这是中国政府职能的又一次巨大转向。如果说适应市场经济体制的政府职能转变还是以经济为中心的话，那么这一次转折表明政府的重心转向了社会管理和公共服务。第六次机构改革产生的大部制就是要从组织结构上理顺部门之间的关系，解决政府内部部门林立、职能重叠、运作不畅、效率低下的问题，以提高政府的工作效率和服务质量，更好地履行政府的公共服务和社会管理职能。第七次机构改革是在经济进入新常态阶段开始的。这一阶段的一个重要特征是让市场在资源配置中起决定性作用，这意味着政府职能的又一个重大变化。与这一变化相适应的是机构改革将重点放到了行政审批制度的改革上，以此来厘清政府与市场和社会的关系。

由于 20 世纪 90 年代后的改革没有遵循原有的逻辑，在没有解决党政权力的边界问题(在某种意义上讲，就是政治体制改革问题) 和政府权力下放问题的情况下，着重进行了政府自身的改革，这使得政府在下列问题的改革上受到了极大的局限：(1) 机构精简、膨胀以及合并分散的循环问题。(2) 民选官员的产生问题。(3) 对政府及其官员的监督问题，如官员的腐败。(4) 部门利益的扩张以及国家利益部门化的问题。(5) 由利益引发的央地关系问题（在房地产问题上的央地博弈是一个很好的例子）。

在涉及与政府外部的关系时，改革尽管使社会与市场得以产生并与政府分离，但是，由于政府权力边界的不清楚和不确定，政企不分、政事不分、政资不分、政府与中介组织不分的现象一直得不到有效的解决。在经济领域，行政权力随意干预市场机制，国企垄断并缺乏现代治理结构，民营企业缺乏平等的市场主体地位。在社会领域，民间组织受到过多制约，成长空间有限，民众意见表达的渠道依然狭窄。

第四个转折是从注重政府的改革转向党政军群的改革，或者说从局部的改革转向全局或系统的改革，这就是 2018 年以“党和国家机构改革”名义出现的第八次机构改革。这次改革是在新的历史条件下进行的一次改革。这一整体性的改革的思路来自对现有状况的认识，也就是现有的状况（比如在一些领域内，党的机构设置和职能配置还不够健全有力；党政机构重叠、职责交叉、权责脱节；政府机构设置和职责划分不够科学，职责缺位和效能不高；政府职能转变还不到位；中央和地方机构职能上下一般粗，权责划分不尽合理；基层机构设置和权力配置有待完善；军民融合发展水平有待提高；群团组织政治性、先进性、群众性需要增强；事业单位定位不准、职能不清、效率不高；权力运行制约和监督机制不够完善，滥用职权、以权谋私等问题仍然存在；机构编制科学化、规范化、法定化相对滞后）与统筹推进“五位一体”总体布局、协调推进“四个全面”战略布局的要求还不完全适应，同实现国家治理体系和治理能力现代化的要求还不完全适应。事实上，在这些问题中，大部分问题是长期存在的问题，尽管进行了数次改革，但改革的成果不彰。这至少在某种程度上表明，原有的注重政府的改革或局部的改革（主要关注流程）很难解决这些问题，整体性改革的提出恰恰是一种偏向于结构性的改革，因为结构“涉及关系问题，涉及流程或功能之间的排列组合以及由此产生的体制架构问题”①。

第八次机构改革是在加强党的全面领导的主旨下进行的，改革的目标是：“构建系统完备、科学规范、运行高效的党和国家机构职能体系，形成总揽全局、协调各方的党的领导体系，职责明确、依法行政的政府治理体系，中国特色、世界一流的武装力量体系，联系广泛、服务群众的群团工作体系，推动人大、政府、政协、监察机关、审判机关、检察机关、人民团体、企事业单位、社会组织等在党的统一领导下协调行动、增强合力，全面提高国家治理能力和治理水平。”② 与以往几次机构改革相比，2018 年机构改革展现了以下几个特点：

(1) 加强党的全面领导。具体表现在以下三个方面：1) 党政机构部门合一，比如组建国家监察委员会，将原来的监察部等国家机构与中央纪律检查委员会合署办公，履行纪检、监察两项职责，实行一套工作机构、两个机关名称，以加强党对反腐败工作的集中统一领导。2) 改革领导体制。为加强党中央对涉及党和国家事业全局的重大工作的集中统一领导，强化决策和统筹协调职责，将中央全面深化改革领导小组等改成委员会，负责相关领

① 竺乾威. 国家治理现代化与机构改革. 学术界，2016 (11).

② 中共中央关于深化党和国家机构改革的决定. http//baijiahao.baidu.com/s? id=1594017204740822859&wfr=spider&for=pc.

域重大工作的顶层设计、总体布局、统筹协调、整体推进、督促落实。3）党的职能部门进行直接管理。中组部管公务员，中宣部管新闻出版和电影，统战部管宗教和民族事务。

（2）从局部改革走向整体推进。以往的机构改革（除了第二次）涉及的都是政府的改革，改革的内容基本上是围绕提高政府的效率来进行的。2018 年机构改革的一个不同点，在于它是一种整体性的、系统性的改革。国家治理体系和治理能力的现代化、“五位一体”的总体布局和“四个全面”的战略布局需要一种整体性的改革，而不只是仅仅局限于政府的改革。这次机构改革涉及了党政军群四大方面，涉及了机构人员编制问题，也涉及了中央和地方的关系问题，所涉范围之广，是以往的机构改革所不能比的。

（3）从职能组合走向职能和机构的重构。它主要表现在：1）党政职能重构。重构与原来的职能组合的不同点在于跨越了党和政府的边界，在政府管理中加强党的领导。2）机构性质重构。将一些重要的、原来置于一些部门之内的机构进行重新组建，这次引人注目的是退役军人事务部、应急管理部和国家移民管理局的建立。3）机构职能重构。将原来的一些机构撤销，将其职能进行整合，比如撤销中央社会治安综合治理委员会及其办公室等机构，其职能由中央政法委员会、公安部承担。4）党中央决策议事协调机构的重构。这些机构在职能上既与党的职能相关，也与行政职能相关。比如，中央教育工作领导小组的主要职责是研究提出并组织实施在教育领域坚持党的领导，研究部署教育领域思想政治、意识形态工作，审议国家教育发展战略、中长期规划、教育重大政策和体制改革方案，协调解决教育工作重大问题等。

（4）地方机构改革的突破。2018 年机构改革将地方的改革专门作为改革的一部分。与以往相比，其特点在于：1）强调统筹。坚持省市县统筹、党群统筹，统筹设置党政群机构，在省市县对职能相近的党政机关探索合并设立或合署办公，市县加大党政机关合并或合署办公力度。2）在坚持维护中央权威和集中领导，省市县各级与国家法制统一、政令统一、市场统一的机构职能基本对应的情况下，赋予省级以下机构更多自主权，突出不同层级职责特点，允许地方根据本地区经济社会发展实际，在规定限额内因地制宜设置机构和配置职能。3）构建简约、高效的基层管理体制。

13.3.2 机构改革的特征

历次机构改革展示了以下特征：

1. 自上而下的改革方式

自上而下和自下而上涉及的是改革动力来源的问题，一个动力来自上面，一个动力来自下面。中国的机构改革主要是一种自上而下的改革，这表明改革的动力首先来自上层。在新制度经济学理论看来，自上而下的变革是一种强制性变革，这一变革的动力来自国家想降低它管理社会的交易成本。机构改革中不断出现的机构精简和人员精减（比如第一次机构改革将国务院 100 个部减少到 61 个，第四次机构改革将国务院的部门和人员减少了一半），以及机构和部门的重组无一不反映了降低交易成本的这一努力。强制性制度变迁的优点在于可以以最短的时间和最快的速度推进制度变迁，从而降低制度变迁的成本。因此，每一次改革几乎都是手起刀落，速战速决，都以最快的速度进行。但是，强制性变革的问题在于它可能违背一致性同意原则，以至于一些在改革中利益受到伤害的人可能不按照这些制度来规范自己的行为。这就可能使强制性变迁的有效性受到伤害。改革需要考虑对这些人的补偿问题，而补偿不当会影响改革效益的增进问题。

2. 自下而上的改革也有，但不多

自下而上的改革在制度经济学看来属于一种诱致性制度变迁。诱致性制度变迁必须由某种在原有制度安排下无法得到的获利机会而引起，换言之，诱致性制度变迁的发生必须要有来自制度不均衡的获利机会。这种变迁是否会发生，主要取决于个别创新者的预期收益和预期成本的比较。因为对改革者来说，不同制度安排的预期收益和预期成本是不同的。简单地说，当在现有的制度下无法再获利，而认为变革现有制度可以做到时，变革就产生了。但是，自下而上的改革（通常是精简机构）的一个问题是打破了原有组织结构与整个行政系统的对应，而中国单一制的行政体系决定了这种政府机构部门的上下对应是非常重要的。由于不对应，且没有或缺乏配套措施，这种改革不成功的居多，最后的结局要么回归原有体制，要么一直停留在“试验”阶段，既没有回归原有体制，也没有上升为国家层面的统一规范。

3. 问题取向，着重解决当时面临的问题，与长远目标的连接比较抽象

改革无疑要解决问题，问题取向的改革具有针对性，也易于取得阶段性的结果，从而赢得对改革的支持，比如机构和人员的精简会使政府变得精干，政府形象提升。但问题取向的改革还需要考虑问题的解决如何为走向彼岸提供铺垫，在解决问题的同时为达到改革的最终目标做出贡献。这就需要考虑每次改革之间的连贯性，考虑每次改革之间有没有一种一以贯之的内在逻辑。由于中国的市场经济体制和政治体制还处在一个建设和完善的过程中，这就注定了政府机构改革的变动性。但问题是变动的方向，也就是长远目标，或要过的河的对岸在哪里。

4. “摸着石头过河”式的渐进改革

从方法上说，“摸着石头过河”符合渐进决策理论的小步前进、及时反馈修正，通过渐变的积累，最终导致大的变化的思路。渐进改革的优点在于，由于小步前进，可以避免因改革引起的震荡，从而使改革可以在一个相对稳定的情况下向前推进。但是，渐进改革的优点以及这一改革方式带来的成功导致了对这一方式的崇拜，以至于在涉及任何改革的问题上排斥激进的方式。这就使得一些改革陷入了举步不前的状况，正如前面讲到的，差不多 30 年前提出的政企不分、政资不分、政事不分现象至今没有得到有效的解决，成了一种长痛。渐进改革只是减轻了痛的程度而已，但并没有消除痛。如果渐变的积累无法达成最终的变化，或者如果不在恰当的时候以激变的方式给予有力的一击，那么这种痛将一直存在，因为问题没有解决。

5. 改革的不同步和不配套

由于与机构改革相关的政治体制方面的（也就是结构性的）改革进展相对迟缓，着眼于政府自身的机构改革使得改革在进行的同时又滋生了一些仅凭自身改革无法解决的问题。比如，由于缺乏必要的政治体制的改革，政府官员的腐败迟迟得不到有效的遏制，从而影响政府的声誉和改革的声誉。再比如，由于政府与社会的边界不清，一些本来可以放手让社会去做的事情都由政府包揽，从而又导致加重了政府的负担，降低了政府的效率。

此外，由于政府本身具有越来越多的利益，并在某种程度上成了一个既得利益集团，这会使政府缺乏自我改革的决心，导致内部的改革动力减弱。还有，流程的改革基本上也走到了尽头，因为再多的机构精简或重组也无法解决政府与社会和市场的权力配置问题，流程的、技术的改革若不配以结构的改革，那么这种改革到时就会停滞。

13.3.3 公共管理未来的改革

公共管理的改革取决于公共管理的未来会呈现一种什么样的形态。从全球的角度来看，公共管理未来发展有几个趋势是可以看到的。

1. 公众参与公共管理的程度会提高

这主要表现在管理向治理的这一转变上，也就是公共管理从原来的政府单一管理主体向多元管理主体的转变，具体来说，表现在公共产品和公共服务的多元提供上，表现在公众对社会事务的参与上。尽管公共管理的主体多元化并没有改变政府依然是最重要的主体的这一状况，但是一种合作的治理已经开始出现。政府如何在更大程度上让民众和社会参与管理不仅是一个价值问题，同时也是政府节省成本、提高运作效率的一个有效途径。

2. 公共资源的有限性与公众对公共产品和公共服务需求的无限性在未来还会是公共管理面临的一个基本矛盾

从这个意义上讲，新公共管理开创的运用市场化和企业化的方式，从成本-效益的考虑来提高公共服务的质量，增加公共产品的供给的做法还会得到持续，政府已经不能而且未来不可能再垄断公共产品和公共服务的提供。这要求政府正确处理社会、市场和国家的关系，在公共产品和公共服务的提供中充分利用社会和市场的力量。

3. 效率依然是政府运作要追求的目标

事实上，效率从一开始就是政府运作要追求的目标。政府组织的设计、运作方式的改变、新技术新方法的运用等无一不是为了效率的提高。官僚制组织在工业社会被认为是一种达成效率的最好的组织形式，随着时代的发展和科技的进步，新的组织形式在不断出现（比如网络状结构等），在不断适应新的变化。此外，新的技术尤其是信息技术为提高政府效率提供了有利的物质方面的基础。在政府未来的运作中，组织形式还可能发生新的变化，信息技术也会发生新的变化（比如最近的大数据技术），但不管如何，这些变化所追求的目标是统一的，这就是效率。

4. 信息技术在对民主和效率的追求中将发挥更大的作用

电子政务已经成为政府运作的一个趋势，它的一个表现形式就是虚拟政府。在简·芳汀看来，虚拟政府指的是信息流动和传播流动越来越依靠网络而不是官僚渠道或其他正式渠道，政府组织日益存在于组织间网络以及网络化的计算系统内，而不是各自独立的官僚机构内。一个虚拟政府由许多覆盖在正式官僚结构之上的虚拟机构组成。[①] 简·芳汀指出了四种这样的虚拟机构，即机构网站（这使得政府的信息可被世界上任何能接触互联网的人所提取）、机构间网站（这些虚拟机把数个机构的信息及交易共置在一个网站上，提供

① 芳汀．构建虚拟政府：信息技术与制度创新．邵国松，译．北京：中国人民大学出版社，2010：54.

一个网站可以找到多个机构的信息）、机构内部网、跨机构整合系统（虚拟机构包括一群组织在机构内和跨机构地整合它们的一些活动）。这样的虚拟政府在提高行政的民主性方面的作用是毫无疑问的，比如，它为民众的参政议政、对政府的监督和问责提供了一个很好的平台，同时也为政府更有效地提供公共服务提供了一个很好的平台，因为资源、时间、技术、能力可以在这里得到比较好的配置。

对中国来说，未来的改革当然需要从现在起步。与 30 多年前相比，中国社会已经发生了翻天覆地的变化。首先是全球经济一体化加速了中国与世界的交融，中国成了一个开放的国家，政府和人民都具备了开放的意识。其次是信息化程度空前提高，计算机技术的发展使得电子政务成为现实，它极大地提高了政府运作的效率和公众对公共管理的参与。再次是国内经济的快速增长，这一增长使得政府将重心转向提供更多的公共服务成为可能。最后是城市化进程的迅猛推进和城市人口的增多，它改变了政府管理的重心和内容。这些变化表现在：(1) 以规范的、合乎世界通用准则的方式进行管理以及与外部接触。(2) 民众参与公共管理的意愿在增强，参与的手段日益丰富。(3) 公共产品的提供与民众需求之间的矛盾突出，民众对政府服务的要求提高。(4) 公共服务均等化带来了政府公共政策制定与执行的问题。所有这些都对政府的公共管理提出了严峻的挑战。

中国未来的公共管理改革无疑会受到全球公共管理发展趋势的影响，但更重要的是改革取决于未来中国公共管理面临什么样的问题。有几个变化是可以看到的：(1) 中国的经济进入新常态，新常态要求市场在资源配置中起决定性作用，这将重新界定政府与市场和企业的关系。(2) 公共产品的有限性和民众需求的无限性将是未来社会的基本矛盾，政府的服务职能将空前放大，这对政府官员的能力提出了新的要求。(3) 经济增长放缓和民众福利的提高会导致政府财政的紧张，这使得政府公共服务的社会化、市场化和企业化运作会加强，以更少的钱做更多的事。(4) 随着社会化程度的提高，民众的参与意识会增强，合作治理的局面会出现。(5) 随着公共产品供给的短缺和民众需求的增加，由此产生的社会风险会增加。

党的十八届三中全会提出了全面深化改革的总目标——完善和发展中国特色社会主义制度，推进国家治理体系和治理能力现代化，而行政体制的现代化无疑是国家治理体系和治理能力现代化的一个重要组成部分。其所以如此，是因为行政体制与政治体制、经济体制、文化体制和社会体制一起支撑了国家的治理体系。从这一意义上讲，行政体制的优劣影响着国家的治理体系，也正是在这一意义上，公共管理改革获得了空前的重要性。新一轮的党和国家机构改革正是这样的一种努力。未来的改革需要在以下几个方面有所突破：

首先，把机构改革放到全面改革尤其是国家治理体系中去加以考虑无疑是正确的，但这会增加改革的难度，因为它所涉及的利益面会更广，各个系统之间的协调也会更难，执行过程可能会产生更多的冲突和矛盾，如何运用系统整体性的思想去解决这样的问题是必须要考虑的。

其次，顶层设计要与地方的积极性相结合，尤其要鼓励地方自下而上的改革。顶层设计当然重要，尤其当需要有一个整体性的、全局性的考虑的时候，但顶层设计更重要的是指出一个基本的方向和框架，而不是面面俱到、事无巨细的规定，因为各个地方的差异很大，必须让地方在改革中发挥它们的创造性和积极性。从改革的角度讲，地方往往是一种更有生气的力量，有更多的改革愿望，往往也会在改革中先跨出一步，其原因在于地方有直接的问题意识，有直接的压力。这种压力往往成为一种通过改革和创新来解决问题的推动力。这一点在中外莫不如此。约翰·奈斯比特在他那本名著《大趋势》中谈到美国的情况时指出："不论纽约和华盛顿是如何自高自大，几乎没有什么新的东西是发源于这两个地方……新的思想和新的趋势都始于坦帕、哈特福特、圣迭戈、西雅图和丹佛等城市和地方，而不是始于纽约和华盛顿。"① 比如要求公共机构举行公开会议的《阳光政府法》就是由佛罗里达州带头制定，然后遍及每个州的。新公共管理改革中的很多创举也是来自地方的，比如无缝隙的政府管理就是来自明尼苏达州的实践。作为新公共管理代表作的《改革政府：企业精神如何改革着公营部门》一书中列举的许多政府管理创新的例子也都是来自美国州和地方的实践。中国的情况也差不多。比如，最终引发全国农村改革的就是来自小岗村的实践，是小岗村的农民拉开了中国波澜壮阔的改革的帷幕。

再次，要把公务员的能力建设放到一个重要位置上。从公共管理发展的趋势来说，有两个是明显的：一是公共服务的市场化社会化运作，二是电子政务或虚拟政府或网络治理。这就要求公务员具备传统行政中不具备的新的能力。"当政府更少依赖公共雇员而更多依赖合作网络和承包商从事公共事务的时候，政府机构管理网络的能力就会与其管理自身公共雇员的能力一样，左右着机构的成败。"② 因此，对公务员进行相关知识和能力的培养是重要的，也是迫切的。技术、方法的发展一日千里，它所需要的公务员的一些能力都是新的、在官僚制组织结构里涉及不多的能力，比如谈判的能力、商业能力（包括采购能力）、网络技术能力、新的思想能力等等。此外，公务员队伍建设过程中还要培养他们具备高尚的情操和干事的激情。

又次，改革的动力不仅需要从政府内部寻找，更重要的是要从外部去寻找，以结构的改革推动流程的改革。未来机构改革的对象主要是政府自身，这意味着政府要放弃一些不属于它的利益和权力。这一点完全依靠政府的自觉是有困难的，因此，社会和民众的力量的推动有着格外重要的意义。在这里，社会和民众通过体制性的渠道进行参与和推动是保证这种改革顺利进行的一个必要条件，而这种体制性的渠道的建构首先应该是来自政府的努力。

最后，从改革的手段和策略上说，既要运用渐进的方法，但也不能弃激进方法不用。手段是为目的服务的，这意味着哪种手段能解决问题，就应该采用哪种手段。一些长期以来通过渐进手段攻坚攻不下的问题就必须考虑运用比较激进的方法来加以解决，否则问题永远解决不了。尤其是改革过程中形成的既得利益随着时间的推移会变得日益坚固，会加剧问题的严重性，会日益成为一种改革的强大阻力。渐进的、小修小补式的改革对于打破这种阻力和利益格局有时会显得力不从心，以至于我们看到以前的一些改革措施要么难以出台，要么虎头蛇尾，要么受到抵制无疾而终。因此，改革在该出重手的时候就要出重手。

① 奈斯比特．大趋势：改变我们生活的十个新方向．梅艳，译．北京：中国社会科学出版社，1984：2.

② 戈德史密斯，埃格斯．网络化治理：公共部门的新形态．孙迎春，译．北京：北京大学出版社，2008：21.

人大版公共管理类教材

公共管理类专业教材——学科基础课教材

书名	作者
现代管理学原理（第三版）（“十一五”国家级规划教材）	娄成武　魏淑艳
一般管理学原理（第四版）	张康之　周　军
管理学基础（第三版）	方振邦
政治学原理（第三版）	景跃进　张小劲
现代政治学原理（第四版）	石永义　刘玉萼　张　璋
公共管理学（第二版）	陈振明
公共管理学——一种不同于传统行政学的研究途径（第二版）	陈振明
公共管理学（第三版）（数字教材版）（“十二五”国家级规划教材）	蔡立辉　王乐夫
公共管理学（精编版）	王乐夫　蔡立辉
公共管理学（第三版）	张康之　郑家昊
公共管理概论（第二版）	朱立言　谢　明
公共政策导论（第六版）（数字教材版）	谢　明
公共政策概论（第二版）	谢　明
公共政策学——政策分析的理论、方法和技术（“十一五”国家级规划教材）	陈振明
公共政策学（第二版）	杨宏山
政策科学——公共政策分析导论（第二版）	陈振明
公共经济学（第三版）（“十二五”国家级规划教材）	高培勇
公共经济学教程	秦立建
政府经济学（第四版）（“十一五”国家级规划教材）	郭小聪
政府经济学（第四版）	潘明星　韩丽华

公共管理类专业教材——方法课教材

书名	作者
公共管理研究方法	何兰萍　张俊艳
行政学研究方法与应用案例	萧鸣政　等
管理定量分析：方法与技术（第三版）	刘兰剑

公共管理类专业教材——行政管理、公共事业管理专业教材

书名	作者
行政法学导论（第二版）	姜晓萍
公共部门人力资源管理（第四版）	孙柏瑛　祁凡骅
公共部门人力资源开发与管理（第五版）（“十二五”国家级规划教材）	孙柏瑛　祁凡骅
公共部门人力资源管理（第三版）	滕玉成　于　萍
公共部门人力资源管理概论（第二版）	方振邦
公共部门人力资源管理案例	周均旭
行政管理学（第五版）（数字教材版）	郭小聪
公共行政学（第五版）	彭和平
公共行政学（第二版）	张康之　张乾友
行政学导论（第三版）	齐明山

书名	作者
行政管理学导引与案例	陈季修
管理心理学（第三版）	范逢春
公共组织行为学（第三版）（“十一五”国家级规划教材）	孙　萍　张　平
公共组织学（第四版）	李传军
行政组织学（第二版）	张　昕　李　泉
公共组织理论	陆明远　冯　楠
公共事业管理概论（第三版）	朱仁显
公共组织财务管理（第三版）（“十一五”国家级规划教材）	王为民
国家公务员制度（第五版）（数字教材版）（“十二五”国家级规划教材）	舒　放　贾自欣
国家公务员制度概论（第二版）	刘碧强　郗永勤
公务员制度概论	李如海
公务员制度	温志强　王彦平　郝雅立
当代国家公务员制度：理论与实践	胡春艳
行政领导学（第三版）	朱立言　李国梁
领导学（第五版）	邱霈恩
领导学	孙　健
现代市政学（第五版）（数字教材版）	王佃利
市政管理学（第五版）（“十一五”国家级规划教材）	杨宏山
社区管理（第四版）	汪大海　魏　娜　郇建立
社区管理原理与案例	魏　娜
电子政务教程（第三版）（“十一五”国家级规划教材）	赵国俊
电子政府与电子政务（第二版）（“十一五”国家级规划教材）	张锐昕
行政伦理学教程（第四版）（“十二五”国家级规划教材）	张康之　李传军
公共危机管理概论（第二版）	王宏伟
公共危机管理	唐　钧
当代中国政府与政治（第二版）	景跃进　陈明明　肖　滨
当代中国政府与行政（第三版）	魏　娜　吴爱明
地方政府学概论（第二版）	方　雷
地方政府管理（第二版）	陈瑞莲　张紧跟
管理秘书实务（第三版）	赵锁龙
行政秘书学	唐　钧
公文写作与处理	赵国俊
机关管理的原理与方法（第三版）	赵国俊　陈幽泓
公共部门绩效管理（第二版）	方振邦
政府绩效管理（第二版）	方振邦　葛蕾蕾
政府绩效评估	蔡立辉
政府公共关系（第二版）（“十一五”国家级规划教材）	廖为建　张　宁
西方行政学理论概要（第二版）（“十一五”国家级规划教材）	丁　煌
公共行政学史（第二版）	何艳玲
西方公共管理名著导读	汪大海
文化管理学（第三版）（“十二五”国家级规划教材）	孙　萍
文化创意产业导论	魏鹏举
卫生事业管理（第二版）（“十一五”国家级规划教材）	李　鲁
现代公用事业管理	崔运武

公共管理类专业教材——劳动与社会保障专业教材

书名	作者
社会保障概论（第七版）	孙光德　董克用
社会保障学	戴卫东
劳动经济学（“十一五”国家级规划教材）	董克用　刘　昕
劳动法与社会保障法	黎建飞
社会保险学（第四版）	孙树菡　朱丽敏
社会保障基金管理	李春根
社会保障国际比较	仇雨临

公共管理类专业教材——土地资源管理专业教材

书名	作者
土地经济学（第八版）（“十一五”国家级规划教材）	毕宝德
土地法学（第二版）	严金明
土地资源学	张正峰　赵文武
土地资源管理学（第二版）	张正峰
国土空间规划学	张占录　张正峰
国土空间规划学导论	刘润秋　唐　鹏
不动产估价（第二版）（“十一五”国家级规划教材）	叶剑平　曲卫东
土地信息系统	曲卫东　韩　琼
地籍管理（第五版）（“十一五”国家级规划教材）	谭　峻　林增杰

公共管理类专业教材——城市管理专业教材

书名	作者
城市管理学（第四版）	杨宏山
城市管理学：公共视角	陆　军 等
城市经济学（第二版）	叶裕民　周　麟
城市总体规划原理	郐艳丽　田　莉
中国城市管理史概论	郑　国

公共管理类专业教材——应急管理专业教材

书名	作者
应急管理导论：原理与案例	李燕凌　朱正威 张海波　章文光
应急管理概论	王宏伟
应急管理理论与实践	唐　钧
突发事件风险管理	张小明
应急管理新论	王宏伟
新媒体时代的应急管理与危机公关	唐　钧
公共安全风险治理	唐　钧

公共管理硕士（MPA）教材——核心课教材

书名	作者
全国公共管理硕士（MPA）核心课程教学指导纲要	全国公共管理专业学位研究生教育指导委员会
社会主义建设理论与实践（第三版）	李景治　蒲国良
公共管理英语（修订版）	顾建光
学术规范和论文写作	胡宏伟
公共管理学（第三版）（全国优秀教材二等奖）	张成福　党秀云
公共管理学原理（修订版）	陈振明
公共管理导论	竺乾威　朱春奎　李瑞昌
公共政策分析	陈振明
公共政策分析导论	陈振明
公共政策分析概论（修订版）	谢　明
公共部门经济学（第三版）	高培勇　崔　军
公共经济学	唐任伍
行政法学（修订版）	皮纯协　张成福
行政法学概论（第三版）	胡锦光
非营利组织管理概论（修订版）	王　名
非营利组织管理	王　名　王　超
公共管理伦理学（修订版）	张康之
社会研究方法	陈振明
电子政务理论与方法（第五版）	金江军
公文写作概论	高永贵

公共管理硕士（MPA）教材——专业方向必修课、选修课教材

书名	作者
公务员制度教程（第六版）	舒　放　王克良
比较政府与政治（修订版）	卓　越
当代中国政府与政治（第三版）	吴爱明　朱国斌　林　震
公共部门人力资源管理及案例教程（第三版）	陈天祥
公共部门绩效评估（修订版）	卓　越
公共部门危机管理（第三版）	张小明
应急管理通论（第二版）	李雪峰
公共部门战略管理（修订版）	陈振明
MPA 学位论文写作指南	汪大海

图书在版编目（CIP）数据

公共管理导论/竺乾威，朱春奎，李瑞昌著. —北京：中国人民大学出版社，2019.1
公共管理硕士（MPA）系列教材
ISBN 978-7-300-26313-7

Ⅰ.①公… Ⅱ.①竺… ②朱… ③李… Ⅲ.①公共管理-研究生-教材 Ⅳ.①D035-0

中国版本图书馆 CIP 数据核字（2018）第 232030 号

公共管理硕士（MPA）系列教材
公共管理导论
竺乾威 朱春奎 李瑞昌 著
Gonggong Guanli Daolun

出版发行	中国人民大学出版社		
社　　址	北京中关村大街 31 号	**邮政编码**	100080
电　　话	010－62511242（总编室）		010－62511770（质管部）
	010－82501766（邮购部）		010－62514148（门市部）
	010－62511173（发行公司）		010－62515275（盗版举报）
网　　址	http://www.crup.com.cn		
经　　销	新华书店		
印　　刷	固安县铭成印刷有限公司		
开　　本	787 mm×1092 mm　1/16	**版　　次**	2019 年 1 月第 1 版
印　　张	19.25	**印　　次**	2025 年 9 月第 5 次印刷
字　　数	446 000	**定　　价**	55.00 元

中国人民大学出版社　管理分社

教师教学服务说明

中国人民大学出版社管理分社以出版工商管理和公共管理类精品图书为宗旨。为更好地服务一线教师，我们着力建设了一批数字化、立体化的网络教学资源。教师可以通过以下方式获得免费下载教学资源的权限：

- 在中国人民大学出版社网站 www.crup.com.cn 进行注册，注册后进入“会员中心”，在左侧点击“我的教师认证”，填写相关信息，提交后等待审核。我们将在一个工作日内为您开通相关资源的下载权限。

- 如您急需教学资源或需要其他帮助，请加入教师 QQ 群或在工作时间与我们联络。

中国人民大学出版社　管理分社

教师 QQ 群：648333426(工商管理)　114970332(财会)　648117133(公共管理)
教师群仅限教师加入，入群请备注（学校+姓名）

联系电话：010-62515782，82501868，82501048，62514760

电子邮箱：glcbfs@crup.com.cn

通讯地址：北京市海淀区中关村大街甲 59 号文化大厦 1501 室（100872）

管理书社　　人大社财会　　公共管理与政治学悦读坊